21 世纪工业工程专业系列教材

生产计划与控制

胡耀光　编著

机械工业出版社

本书以生产系统为对象，以生产计划为主线，内容包括生产计划与控制相关的基础知识、课程实验和研究选题三部分。全书主线清晰、重点突出、内容丰富，系统阐述了生产、生产系统、生产计划、生产作业计划与排序、库存管理、设施选址与设备布局、生产作业控制等基础知识，并拓展了智能工厂、智能生产、信息物理生产系统等智能生产系统相关内容，给出了研究选题的方法指导。

本书可作为高等院校工业工程专业本科生和硕士研究生的教材，也可供相关企业的工业工程师和生产管理人员阅读参考。

图书在版编目（CIP）数据

生产计划与控制／胡耀光编著 . —北京：机械工业出版社，2023.2
（2025.7重印）

21世纪工业工程专业系列教材

ISBN 978-7-111-72372-1

Ⅰ. ①生…　Ⅱ. ①胡…　Ⅲ. ①工业生产计划–高等学校–教材
Ⅳ. ①F402.1

中国国家版本馆 CIP 数据核字（2023）第 099694 号

机械工业出版社（北京市百万庄大街 22 号　邮政编码 100037）
策划编辑：裴　泱　　　　　责任编辑：裴　泱
责任校对：潘　蕊　梁　静　　封面设计：张　静
责任印制：单爱军
北京盛通数码印刷有限公司印刷
2025 年 7 月第 1 版第 2 次印刷
184mm×260mm·18.5 印张·457 千字
标准书号：ISBN 978-7-111-72372-1
定价：59.80 元

电话服务　　　　　　网络服务
客服电话：010-88361066　机　工　官　网：www.cmpbook.com
　　　　　010-88379833　机　工　官　博：weibo.com/cmp1952
　　　　　010-68326294　金　书　网：www.golden-book.com
封底无防伪标均为盗版　机工教育服务网：www.cmpedu.com

序　一

　　当今时代，数字化浪潮奔涌而来。区块链、云计算、人工智能等新兴信息技术飞速发展，数字经济成为世界百年未有之大变局的关键变量。智能制造作为国家经济发展的新动能，是提升国家制造业整体水平的"发动机"，也是数字经济发展的"倍增器"。国家"十四五"规划和2035远景目标纲要中提出，要深入实施制造强国战略，增强制造业竞争优势，推动制造业高质量发展。

　　当今世界百年未有之大变局加速演进，国际环境错综复杂，世界经济陷入低迷期，全球产业链、供应链面临重塑，不稳定性、不确定性明显增加。从工程管理的视角来看，面对这些不稳定性和不确定性，更需要企业在经济发展的宏观层面加强规划、在企业经营的中观层面加强计划、在企业生产管理的微观层面加强控制。在此背景下，"生产计划与控制"这门课所包含的专业知识就越发重要，对推动智能制造、加快智能工厂建设与智能生产管理也很有帮助。

　　中国特色社会主义进入新时代，"大国重器"成为向世界展现中国的新名片：中国空间站全面建成、时速600km高速磁浮试验样车成功试跑、国产最大直径盾构机"聚力一号"顺利始发……一系列高端装备牢牢掌握在自己手里。这些高端装备技术含量高、资金投入大、涉及学科多、服役寿命长，其研发与制造一般都需要组织跨部门、跨行业、跨地区的力量才能完成。如何科学合理安排生产任务、组织生产，确保大型复杂装备能够按计划、高质量完成研制任务，在交货期、质量、成本、服务与环保等各方面都能满足要求。对于高端装备的研制而言，这是一项系统工程。我国作为装备制造业大国，如何抓住新一代信息技术带来的发展机遇，铸就大国重器，在装备制造智能化的浪潮中取得国际话语权，事关国家经济安全和国防安全，必须有所作为。

　　以物联网、云计算、大数据、人工智能为主要内容的新一代信息技术的发展，深刻影响着高端装备智能制造，正在形成以资源全球化和制造过程协同化为主要特征的全新产业生态和制造模式。以智能工厂和智能生产为两大核心主题的智能制造作为制造强国战略的主攻方向，在推动制造业转型升级过程中发挥着不可估量的作用。蕴含在《生产计划与控制》这本书中的系统优化思想和工程思维，将基础知识与研究选题相结合，更有助于读者理解信息技术与制造业的深度融合，以工程视角学习专业知识，以工程问题驱动专业学习，是一种非常好的教与学的融合促进。

　　把自己的科研成果应用到国家最需要的地方，是我们高校教师和科研人员最大的追求。那么，把科研成果总结提炼，并通过教学改革和创新融入大学的人才培养当中，则是我们高校教师和科研人员追求的本源。 不忘初心，牢记使命，为中华民族的伟大复兴奉献我们的知识与才华。 期待涌现更多精品教材，为党育人，为国育才。

　　是为序。

杨善林教授

中国工程院院士

中国机械工程学会工业工程分会理事长

序 二

　　习近平总书记指出，培养创新型人才是国家、民族长远发展的大计。 教材是学校人才培养的核心载体，编写一本好教材是高校教师最重要的工作之一。 胡耀光老师在他常年主讲的"生产计划与控制"课程的基础上，结合工程教育的成果导向（OBE）教育理念，融入他在工业工程专业持续开展教学改革与创新实践的丰富经验，高质量地编写了《生产计划与控制》一书。 我代表教育部工业工程类专业教学指导委员会感谢胡耀光老师。

　　工业工程是对人员、物料、设备、能源和信息所组成的集成系统，进行规划、设计、实施、评价和改进的一门学科。 现代工业工程的应用范围日益广泛，不仅包含生产系统，也包含服务系统，注重用系统观点和系统方法来处理问题。 工业工程学科已发展成一门技术和管理结合的交叉学科，以生产系统和服务系统为研究对象，以提高系统整体的生产效率、降低成本和提高质量为目的，并以保证人的安全与健康为前提，研究实现生产或服务过程的最优化技术。

　　今天，我们站在数字经济时代的视角进一步审视工业工程专业的人才培养，仍然要十分强调其与工程的紧密联系。 在人类工业化发展进程中，历次大的工业变革都离不开工业工程的支持。 从泰勒的《科学管理原理》和福特 T 型车的第一条汽车流水线生产方式，到 20 世纪六七十年代的 MRP/ERP 和丰田生产方式/精益生产，再到目前快速发展的以"智能工厂和智能生产"为主题的工业 4.0 和中国制造 2025，都蕴含了工业工程专业的知识精髓与学科精华。 工业工程始终伴随着工业的发展而发展，始终伴随着工程科技的进步而进步。

　　《生产计划与控制》这本书紧扣国家制造业发展的人才需求和特点，结合研究型课程改革方面的创新实践，是对工业工程专业培养"创新能力和工程实践能力"的有益尝试。 书中内容将基础知识教学与学生工程实践、项目研究结合起来，既有理论知识、课程实验，又有研究型课程的教学方法总结及对学生研究选题的指导，实现对基础知识的综合运用。

　　随着新科技革命与工业领域的深度融合，全球制造业已进入以智能制造为核心的第四次工业革命进程。 工业工程学科与专业的发展，对推动国家制造强国战略、质量强国战略具有重要的支撑作用。 期待工业工程领域全体同仁携手奋进，为培养工业工程专业人才，为将我国全面建设成为富强民主文明和谐美丽的社会主义现代化强国而奋斗。

郑力教授

清华大学副校长

教育部高等学校工业工程类专业教学指导委员会主任委员

前　　言

随着信息技术与制造业的深度融合，特别是国家将智能制造作为制造强国战略的主攻方向以来，智能工厂、智能生产等新技术、新工艺、新方法在制造业中得到快速发展。生产计划与控制作为企业生产管理的重要职能，在企业数字化、智能化的发展过程中，面临着如何与计算机、大数据等新技术结合，改进已有计划编制、库存控制、作业控制方法，以及如何针对智能工厂、智能生产发展中不断出现的智能设备，如机器人、AGV 等进行作业分配、路径规划等新问题。同时，随着生产系统的智能化水平不断提升，对工业工程等相关专业人才的工程实践能力、创新能力提出了更高要求。以现行教材及授课方式为基础进行的本科生专业能力培养，在提升学生对知识的综合运用、解决实际问题能力等方面，都有很大的改进空间。

"生产计划与控制"作为工业工程专业的核心课程，为达成专业人才培养目标，需要为学生建构起以计划与控制为核心的专业知识体系，并提升学生解决工业工程领域实际问题的能力。作者自 2012 年开始探索研究型课程教学模式，重构课程内容，创新教学方法，主讲的课程"生产计划与控制"于 2019 年通过北京理工大学首批研究型课程认证，同年入选北京市优质本科课程，2020 年获评首批国家级线下一流课程。

本书是在作者多轮次研究型课程教改研究与实践的基础上，融合多年教学改革经验及历届工业工程专业学生课程实践，在北京理工大学"十三五"教材规划专项资助下，历时 3 年编写完成的，体现了模式创新、成果导向、纸媒融合的显著特点。

1）本书按照研究型课程教学模式需要进行内容重构。围绕生产计划与控制的知识体系，重构基础知识模块，新增实验仿真模块和研究选题模块，力求满足研究型课程教学需要。本书以生产系统为对象，以生产计划、作业排序与控制等为核心内容，采用基础知识学习、企业案例分析、课程实验与选题研究等多种方式，并在每章最后给出了习题与研究思考，学生在此基础上围绕基础知识进行研究选题，可以提高解决企业实际生产管理问题的能力。

2）本书按照以学生为中心、以能力和成果为导向的理念，注重体现每个章节的预期学习成果产出。希望学生通过阅读本书并在学习"生产计划与控制"课程的基础上，能够取得以下预期学习成果（Intended Learning Outcomes，ILOs）：

ILOs1：理解生产和生产系统的基本概念，能够准确描述生产系统的构成、结构特点，生产计划的框架体系。

ILOs2：理解生产计划的基本概念、原理，能够准确说明计划之间的逻辑联系、数据关系；掌握物料需求计划的建模与求解过程，能够进行产品物料清单的分析、分解。

ILOs3：掌握生产计划控制的基本内容、方法，能够根据具体的生产计划实施生产进度控制与过程分析。

ILOs4：理解库存管理的基本概念，能够清晰阐述作业控制的基本方法、库存控制的具体指标，能够运用库存控制系统进行库存控制。

ILOs5：能够根据生产计划控制的基本内容、方法，利用现有计划排序、生产调度、库存管理与控制的理论及方法，解决生产作业计划排产、生产调度与库存管理、控制与优化的问题。

ILOs6：通过课后作业、讨论交流及研究选题环节，进一步理解智能工厂、智能生产、信息物理生产系统等先进理念，并结合生产系统实际案例分析，掌握生产线平衡的具体方法，提升解决实际生产管理问题的能力。

3）本书结合慕课（MOOC）、配套视频及多媒体课件，形成了具有"纸媒融合"特点的新形态教材。作者已在中国大学 MOOC 平台开设了"生产计划与控制"在线课程，本书也同时配套了基础知识部分的相关视频，感兴趣的读者可以结合起来进行学习，以事半功倍，更好掌握生产计划与控制的知识精髓。本书将基础知识与课程思政有效融合，在随书配套的多媒体教学课件中，结合具体案例与知识点，给出课程思政元素，便于教师教学。

全书共计 3 篇 10 章，由胡耀光编写。第一篇基础知识包括第 1~6 章，分别阐述了生产与生产系统、生产计划（包括综合生产计划、主生产计划、物料需求计划、生产能力）、生产作业计划与排序、库存管理、设施选址与设备布局、生产作业控制等内容；第二篇课程实验包括第 7、8 章，分别结合企业资源计划系统和流水生产线，介绍了物料需求计划与流水生产线平衡与仿真实验；第三篇研究选题包括第 9、10 章，详细阐述了以"生产计划与控制"课程为依托，开展研究型课程改革的主要方法，包括选题、开展研究并进行选题评价的具体做法。北京理工大学工业与智能系统工程研究所张柏森及作者指导的研究生瞿升、王敬飞、蔡泽参与了本书第 7~10 章相关资料的收集、整理和部分内容的修改工作，张柏森参与了全书的校对工作。

感谢北京理工大学研究型课程教改项目支持，感谢裴泱编辑和机械工业出版社为本书出版付出的努力，感谢浪潮通用软件有限公司对本书第 7 章相关内容编写的支持。

鉴于作者对智能制造及其对生产管理的深刻影响理解有限，书中错误在所难免，敬请读者批评指正。

作　者

目　　录

第2篇　课程实验

第3篇 研究选题

第1篇 ▶
基 础 知 识

基 础 知 识

生产计划与控制作为企业生产管理的重要职能，涉及的专业知识要点十分丰富。为了既突出专业知识要点，又遵循知识脉络主线的原则，本书基础知识篇重点以生产系统为对象，以生产计划为主线，围绕生产计划、作业排序、库存管理、设施选址与设备布局、生产作业控制等核心知识展开。限于篇幅及侧重点，关于准时制、精益生产等内容推荐读者阅读相关专著，以开阔视野。

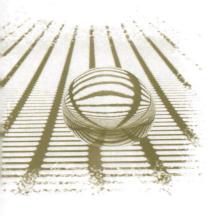

第1章
绪　　论

【学习目标】

1. 能够清晰定义生产、系统、生产系统等相关术语。
2. 能够清晰辨别生产系统的结构、主要类型及其特点。
3. 能够简要分析生产系统开发的主要影响因素。

【知识点思维导图】

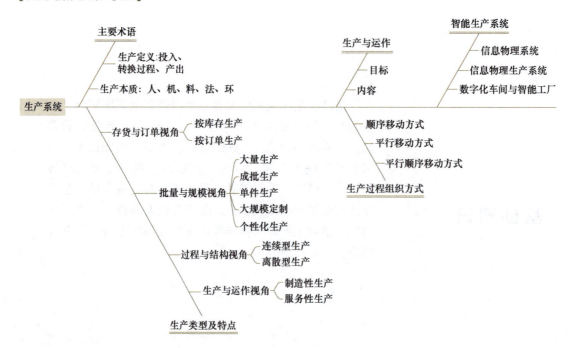

【案例导入】

　　世界上最早的具备工业化特征的生产系统应该是源自亨利·福特（Henry Ford）于1903年创立的福特汽车公司。在1908年生产出世界上第一辆T型车后，福特汽车公司于1913年开发出世界上第一条汽车生产流水线，使每辆T型汽车的装配时间由原来的12h 28min缩短至 90min，创造了 T 型车 20 年累计生产 1500 多万辆的纪录。图 1-1 展示了福特 T 型车生产流水线局部。

而在汽车领域久负盛名的生产系统，则是源自日本丰田公司的丰田生产系统（Toyota Production System，TPS）。TPS 是丰田公司一种独具特色的现代化生产方式。1978 年，日本丰田汽车公司的副社长大野耐一出版了《丰田生产方式》一书，系统揭开了丰田公司卓越发展的秘密，全面阐述了准时化（Just in Time，JIT）、自动化、看板方式、标准作业等生产管理的各种理念。

图 1-1 福特 T 型车生产流水线局部

时至今日，我们可以看到众多的汽车制造厂商仍然采用的是装配流水线的方式组织汽车的生产过程。现代汽车的生产过程，总体上可以划分为四大工艺阶段：冲压、焊装、涂装和总装。按照这四个工艺阶段，形成四个核心作业车间，分别是冲压车间、车身车间、涂装车间和总装车间。

无论是 100 多年前的福特 T 型车，还是当今我们乘坐或驾驶的汽车，其生产制造过程都具有一个共同特征，即都要经历投入原材料到整车下线测试的全过程。而实现这一过程的由人、设备、物料、信息和能源所构成的集成系统，正是本章重点剖析的核心内容。图 1-2 所示为广义汽车制造流程。

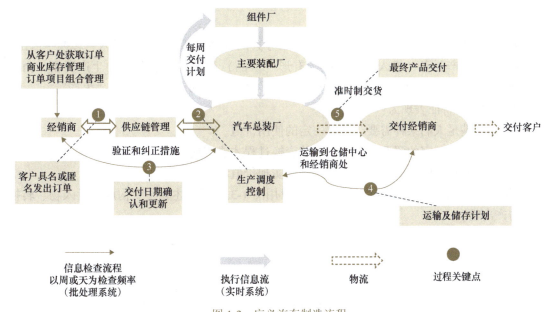

图 1-2 广义汽车制造流程

讨论：

1）福特建立了世界上第一条汽车生产流水线，对今天汽车工业的发展有哪些深远影响？

2）丰田汽车公司的丰田生产系统 TPS，对现代汽车生产有哪些作用？

3）我国汽车工业发展的主要成就有哪些？你对提升国产汽车制造技术有哪些建议？

4）汽车生产过程与"生产计划与控制"这门课的知识有哪些关联？

5）目前，我国新能源汽车保有量世界第一，同时我国也掌握了新能源汽车产业中的关键材料、电机、电池等核心技术和关键零部件。结合制造强国发展战略，你认为这些核心技术与关键零部件对产业发展有哪些重要意义？

1.1 生产与生产系统

视频1-1 课程研究对象——生产系统

视频1-2 生产与生产系统的相关术语

对生产与生产系统的认识与研究，源自对有形产品生产制造过程的组织、计划和控制，称为生产管理学（Production Management）。随着经济发展、技术进步，社会化分工协作越来越细，原来附属于生产过程的一些业务、服务过程相继分离并独立出来，形成了专门的服务业。因此，服务也可以看作是生产的范畴，只不过生产系统产出的是无形的产品，即服务。

1.1.1 生产

无论是有形产品的产出还是无形产品（服务）的提供，都是一种"投入—转换—产出"的过程。"将生产要素（投入物）转换为有形（产品）和无形（服务）的生产财富，由此而增加附加价值（价值增值过程），并产生效用的功能（或过程）"，称为"生产"。

生产的主要特征表现为：

1）能够满足人们某种需要，即有一定的使用价值。

2）需要投入一定的资源，经过一定的变换过程才能实现。

3）在变换过程中需要投入一定的劳动，实现价值增值。

根据以上对生产定义及特征的描述，可以用图1-3概括描述其主要构成：投入物、转换过程与产出物。

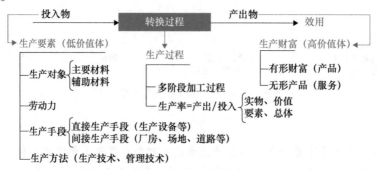

图1-3 生产的主要构成

1）投入物，即生产要素（低价值体），包括生产对象、劳动力、生产手段和生产方法，简称生产的四要素。其中，生产对象，包括生产过程中需要被加工、检测或装配的各种物料；劳动力主要指生产工人；生产手段既包括直接用于生产的各种设备、工具，也包括工厂厂房、测试场地、物流通道等间接生产手段；生产方法则泛指生产过程中用到的各种生产技术、管理技术等。伴随计算机、工业互联网、各类软件等技术的发展，在传统生产方法基础上融入了信息技术，形成信息技术支持下的生产活动。因此，生产方法会随着企业信息技术的深入应用而不断改进、提升，生产系统的数字化、智能化程度也将不断提高。

2）转换过程，即企业从事产品制造和完成有效服务的主体活动。不同行业对应的转换过程的内容和对象有所差异。以制造业、运输业和教育业为例，其投入—转换—产出的内容见表1-1。

表1-1 投入—转换—产出的典型行业及其系统

典型行业	转换方式	系 统	投 入	转 换	产 出
制造业	实物形体转换	汽车制造公司	钢材、零部件、设备、工具	制造、装配汽车	汽车
运输业	位置转移	物流公司	货物、物流车辆、人员	物流配送	交付的货物
教育业	知识转换	学校	学生、教师、教材、教室	传授知识、技能	受过教育的人才

3）产出物，即生产财富（高价值体），包括具有实物特征的产品和没有实物特征的服务。

综合对生产的定义及特征的分析，可以概括生产的本质，即通过"5M1E"达到"Q、C、D"的活动生产，也就是运用人（Man）、机械设备（Machine）、材料（Material），结合作业方法（Method），使用相关检测手段（Measurement），在适宜的环境（Environment）下，达到产品的品质（Quality）、成本（Cost）、交付（Delivery）要求。

1.1.2 生产系统

生产系统是在生产概念的基础上，增加了系统的特征。因此，可以将生产系统定义为：以实现产品生产和服务输出为目标，通过集成人、设备、物料、技术、信息、能源等要素，执行生产和运作一系列活动的集成系统。

图1-4为生产系统的一般形式。主线是"投入—转换—产出"的生产过程，针对客户个

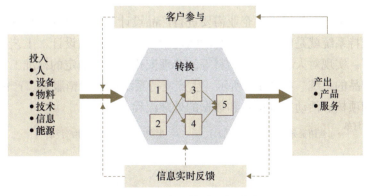

图1-4 生产系统的一般形式

性化定制的产品或服务，会有客户参与到生产过程中。信息实时反馈是指产品生产过程中进行的生产过程工艺状态监测、零件或产品的质量检测，并将获得的生产过程信息实时反馈到生产过程的各个工艺阶段，以实现对产品的质量控制和生产过程的实时管控。

从生产系统的构成来看，一般包括生产设施和生产支持系统两个组成部分，如图 1-5 所示。

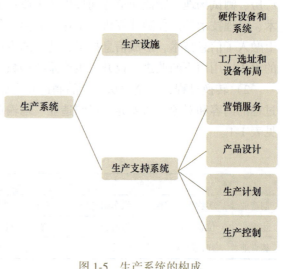

图 1-5　生产系统的构成

1. 生产设施

生产设施是指构成生产系统的物理设备，包括厂房、机床等加工设备，物料运输系统，检测设备，控制生产过程的计算机系统等硬件设备和系统，以及工厂选址和设备布局等。通过对比前述"生产"这一术语中描述的生产要素（投入物），可以将生产设施理解为生产手段。生产设施中的设备布局是指完成零部件及产品的加工、装配等活动的硬件设备、工人等要素进行成组化布置的过程。对于构成生产系统的硬件设备和系统，可以根据人参与的程度划分为三类：手工生产系统、机械制造系统和自动化制造系统。

1）手工生产系统（Manual Work System）。手工生产系统是指在没有动力系统辅助的情况下，依靠工人完成生产全过程的系统。

2）机械制造系统（Worker-Machine System）。机械制造系统是指工人通过操作带有动力的设备，如机床或其他生产设备，实现产品的加工、装配过程的系统。这是当前最为常见的一种生产系统。

3）自动化制造系统（Automated Manufacturing System）。自动化制造系统是指生产过程不需要工人直接参与的生产系统，一般通过控制系统执行事先编制好的程序完成加工、装配全过程的系统。由于很多机械制造系统也包含一些自动化的设备，因此有时很难将自动化系统与机械制造系统明确区分开来。

2. 生产支持系统

为实现生产系统的高效运行，企业需要进行产品设计、工艺设计、计划控制，并确保产品质量。生产支持系统就是确保生产系统的物理设备能够在产品设计、工艺设计、计划控制等功能的支持下，实现对人、设备、物料等的合理安排，按照确定的标准工艺流程生产符合用户质量要求产品的系统。如图 1-6 所示，生产支持系统包含营销服务、产品设计、生产计划和生产控制四项核心活动及其信息和数据的处理流程。

图 1-6　生产支持系统

1.1.3 生产系统的自动化与计算机化

随着自动化技术和信息技术的发展，企业生产系统中越来越多地采用了自动化和计算机化等先进技术手段。生产系统的自动化和计算机化分别体现在硬件设备及系统等的自动化，以及工厂选址和设备布局及生产支持系统等的计算机化，如图1-7所示。在现代生产系统中，自动化与计算机化之间具有紧密联系，表现在自动化系统的执行离不开计算机化，计算机化系统在生产操作及企业经营层面的管理也离不开自动化系统的支持，两者相互依存、相互协调完成生产系统高质量、低成本、高效率生产产品的具体任务。

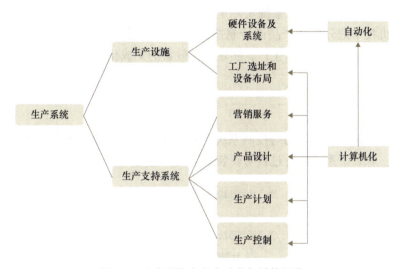

图1-7 生产系统中的自动化与计算机化

1. 硬件设备及系统的自动化

对于硬件设备及系统的自动化，核心是在没有人工直接参与或在较少的人工间接干预下，将原材料加工成零件或将零件组装成产品，在加工过程中实现管理过程和工艺过程自动化。其中，管理过程包括产品的优化设计、程序的编制及工艺的生成、设备的组织及协调、材料的计划与分配、环境的监控等；工艺过程包括工件的装卸、储存和输送，刀具的装配、调整、输送和更换，工件的切削加工、排屑、清洗和测量，切屑的输送、切削液的净化处理，零组件的装配定位、拧紧等操作。

自动化系统一般可以分为三种基本类型：刚性自动化系统、可编程自动化系统及柔性自动化系统。其中，"刚性"是指生产系统只能生产某种或工艺相近的某类产品，表现为生产产品的单一性。刚性自动化系统包括组合机床、专用机床、刚性自动化生产线等。"可编程"是指硬件设备及系统能够根据不同的产品配置需求，通过程序设定加工的工艺过程，具备生产多种不同产品/零件的能力。比较常见的可编程自动化系统包括数控加工中心、工业机器人等。"柔性"是指生产组织形式和生产产品及工艺的多样性和可变性，具体表现为机床的柔性、产品的柔性、加工的柔性、批量的柔性等。柔性自动化系统包括柔性制造单元、柔性制造系统、柔性装配线等。

2. 生产系统的计算机化

生产系统计算机化的本质是对生产支持系统的自动化，其目的是通过运用计算机手段减少在产品设计、生产计划与控制、企业营销活动及设备布局等方面的工人数量，并降低产品生产成本、提高生产效率。现代工厂在生产与运作管理的所有环节都广泛采用了计算机技术。其中具有代表性的是计算机集成制造系统（Computer Integrated Manufacturing System，CIMS），即通过运用计算机技术，实现对企业所有生产与运作相关的业务活动的有机集成，包括产品设计、生产计划与控制、经营管理等所有业务活动及其信息的集成处理。计算机集成制造系统通常包括计算机辅助设计（Computer-aided Design，CAD）、计算机辅助工艺规划（Computer-aided Process Planning，CAPP）、计算机辅助制造（Computer-aided Manufacturing，CAM）。因此，计算机集成制造系统实际上是在信息技术、自动化技术与制造技术的基础上，通过计算机技术把分散在产品设计制造过程中各种孤立的自动化子系统有机地集成起来，形成适用于多品种、小批量生产，实现整体效益的集成化和智能化的生产系统。

1.1.4 生产执行过程

生产执行过程是在生产计划与控制系统的作用下展开的。图 1-8 所示为生产执行过程，由两部分组成：软装备系统执行过程与硬装备系统执行过程。

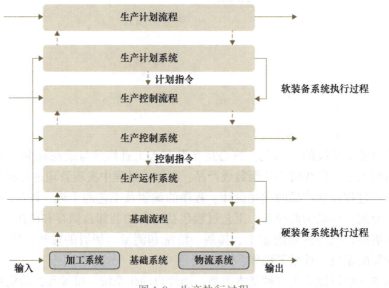

图 1-8　生产执行过程

这里的硬装备系统和软装备系统，与德国工业 4.0 战略、智能工厂的核心——信息物理生产系统是一致的。

（1）硬装备系统　硬装备系统是产品生产制造的基础系统，也就是将原材料转换为半成品、成品/目标产品的物理生产系统，由完成原材料/零部件加工、制造/装配的加工系统和生产物流系统所构成。

图 1-8 中的基础流程，即硬装备系统执行物料加工等实际工作的基本流程，规范构成基

础系统的各个子系统（如加工系统、物流系统等）的运作执行，并可以进一步分解为加工系统、物流系统的子流程，这些流程构成了产品加工的主要工艺流程。各个工艺流程包含具体的工艺步骤，并与特定的加工设备构成加工单元。

（2）软装备系统 软装备系统负责对生产系统的实际控制，包含生产计划系统、生产控制系统和生产运作系统。

1）生产计划系统包含一系列用于制订生产计划及计划指令的计算机及软件。生产计划系统确定生产系统要产出的具体产品（种类及数量）及其产出的时间点，并输出计划指令用于指导基础系统的实际生产过程。生产计划流程决定了何时及何种条件下执行生产计划的相关活动，如重计划/滚动计划或者重调度等。

2）生产控制系统是由一系列用于制订生产控制程序及控制指令的计算机及软件组成的，并影响基础流程。而且，生产控制系统只对已经进入基础流程的（待加工）对象产生影响，与此相对应的控制流程决定了何时及何种条件下特定的生产控制算法应用于具体的生产控制程序当中。

3）生产运作系统负责对基础流程的即时控制，即控制指令通过生产运作系统作用于基础流程。生产运作系统通常包含代表着构成基础系统的各种系统组件及基础流程的加工对象的具体状态，是基础系统与基础流程的映射。通常，生产运作系统执行的结果保存于数据库中，并通过基础流程反馈给生产计划系统和生产控制系统。

生产计划系统、生产控制系统、生产运作系统以及生产经营决策者构成了信息物理生产系统中的"信息系统"。

 ## 1.2 生产与运作

随着服务业的发展，传统生产活动所需要的专业化服务越来越受到企业和客户的重视，生产管理活动也逐步衍生出对服务的管理要求，由此产生了生产与运作管理。因此，生产与运作是对制造产品或提供服务的人、设备、物料、信息和能源等资源进行管理的活动。生产从广义来看，包含有形产品和无形服务两项产出，即广义的生产；而从狭义来看，则只包含有形产品的产出。运作则包含支持产品生产的物流、服务等各项活动。

根据爱德华·布曼（Edward Bowman）和罗伯特·法特（Robert Fetter）（1967）给出的有关生产与运作的主要经济学问题的描述，生产与运作涵盖的主要活动可定义为如下九个方面：

1）库存管理。

2）生产计划与控制。

3）设备选择与更换。

4）维修维护。

5）工厂选址。

6）设施布局与结构。

7）质量控制与抽检。

8）物料运输系统。

9）工作方法学。

尽管已经过去 50 多年，上述九个方面的内容仍然可以代表生产与运作领域最为重要的决策问题。但随着智能制造技术在传统工厂的逐步推广实施，越来越多的智能化要素应用到企业的生产活动中，如智能加工单元、智能检测系统、自动导引车（Automated Guided Vehicle，AGV）等在智慧工厂中的广泛应用，使智能制造时代的生产与运作管理的决策活动更加复杂，人机协作的智能决策逐渐成为生产与运作管理各项活动的主要决策方式。

1.2.1　生产与运作的目标

生产与运作的目标是高效、低耗、灵活、准时地生产合格产品或提供满意服务。高效是指从产品生产周期的角度能够迅速满足用户需要。在当前激烈的市场竞争条件下，谁的交货周期短，谁就可能争取更多用户。低耗是指生产同样数量和质量的产品或提供同样的服务，所耗费的人力、物力和财力最少。低耗才能保证低成本，才能以更低的价格争取用户。低耗也同样意味着节能环保的要求。灵活是指能根据用户的个性化需求，快速生产/开发出满足用户需求的产品或服务，快速响应市场的变化。准时是指在高效的基础上按照用户要求的时间、数量，提供其所需的产品和服务。

1.2.2　生产与运作的内容

从企业的三大管理职能"营销管理、生产与运作管理、财务管理"来看，生产与运作管理所关注的核心对象是生产与运作系统。因此，生产与运作的内容就围绕着生产与运作系统的战略及策略制定、生产与运作系统的设计、生产与运作系统的运行以及生产与运作系统的维护与改进四个方面展开。

1. 生产与运作系统的战略及策略制定

生产与运作系统的战略及策略决定产出什么，如何组合各种不同的产出品种，为此需要投入什么，如何优化配置所需要投入的资源要素，如何设计生产组织方式，如何确立竞争优势等。其目的是为产品生产及时提供全套的、能取得令人满意的技术经济效果的技术文件，并尽量缩短开发周期，降低开发费用。

2. 生产与运作系统的设计

生产与运作系统的设计包括设施选择、生产规模与技术层次决策、设施选址、设备选择与购置、生产与运作系统总平面布置、车间及工作地布置等。其目的是以最快的速度、最少的投资建立起最适宜企业的生产系统主体框架。

3. 生产与运作系统的运行

生产与运作系统的运行是对生产与运作系统的正常运行进行计划、组织和控制。其目的是按技术文件和市场需求，充分利用企业资源条件，实现高效、优质、安全、低成本生产，最大限度地满足市场销售和企业盈利的要求。生产与运作系统的运行包括三方面内容：计划编制，如编制生产计划和生产作业计划；计划组织，如组织制造资源，保证计划的实施；计划控制，如以计划为标准，控制实际生产进度和库存。

4. 生产与运作系统的维护与改进

生产与运作系统只有通过正确的维护和不断的改进，才能适应市场的变化。生产与运作系统的维护与改进包括设备管理与可靠性、生产现场和生产组织方式的维护与改进。生产与运作系统运行的计划、组织和控制，最终都要落实到生产现场。生产现场管理是生产与运作的基础和落脚点，加强生产现场管理，可以消除无效劳动和浪费，排除不适应生产活动的不合理现象，使生产与运作过程的各要素更加协调，不断提高劳动生产率和经济效益。

1.3 生产类型及特点

视频 1-3 生产系统的主要类型

生产类型是按照工业企业生产过程的专业化程度、生产方式等所做的具体分类，也可以称为生产过程的类型。生产类型是影响生产过程组织的主要因素，也是开展生产系统设计开发需要首先确定的重要问题。不同企业在产品结构、生产手段、设备条件、生产规模和专业化程度等方面都有各自的特点，会直接影响生产过程组织及生产系统的设计开发。生产类型可以从不同视角予以划分。

1.3.1 生产与运作视角

从生产与运作视角划分，生产类型可以分为制造性生产和服务性生产两大类。根据生产系统产出的产品或服务类别，制造性生产产出的是有形产品，而服务性生产则是面向客户提供服务。两者之间具有明显的区别，主要表现在五个方面，具体如表 1-2 所示。

表 1-2 制造性生产与服务性生产的主要区别

主要区别项	特 性	制造性生产	服务性生产
产出品形态	产出品的形态	有形的产品	无形的服务
	产品/服务的储藏	可储藏	无法储藏
生产/运作场所的集中性和规模	生产/运作设施规模	大规模	小规模
	生产/运作场地数	少	多
	生产资源的密集度	资本密集	劳动密集
客户参与程度	生产和消费	分开进行	同时进行
	与客户的接触频度	低	高
对客户需求的响应时间	受客户的影响度	小	大
	对客户要求的反应时间	长	短
质量标准及度量方面	对质量/效率的测量	易	难

1. 产出品的形态不同

制造性生产的产出品是有形的，可以被储藏、运输，以用于未来或其他地区的需求，因此，在有形产品的生产中，企业可以利用库存和改变生产量来调节与适应需求的波动；而服务性生产提供的服务是无形的，是不能预先生产出来的，也无法用库存来调节客户的随机性需求。

2. 生产/运作场所的集中性和规模不同

制造业企业的生产设施可远离客户，从而可服务于地区、全国甚至国际市场，比服务业组织更集中、设施规模更大、自动化程度更高、资本投入更多，对流通、运输设施的依赖性也更强；而对服务业企业来说，服务不能被运输到异地，其服务质量的提高依赖于与最终市场的接近与分散程度，设施必须靠近其客户群，从而使一个设施只能服务有限的区域范围，这导致服务业的运作系统在选址、布局等方面有不同的要求。

3. 客户参与程度不同

制造性生产过程基本上不需要客户参与；而服务性生产则不同，客户需要在运作过程中接受服务，有时客户本身就是运作活动的一个组成部分。

4. 对客户需求的响应时间不同

制造业企业所提供的产品可以有数天、数周甚至数月的交货周期；而对于许多服务业企业来说，必须在客户到达的几分钟内做出响应。由于客户是随机到达的，就使得短时间内的需求有很大的不确定性。因此，服务业企业要想保持需求和能力的一致性，难度是很大的。从这个意义上来讲，制造业企业和服务业企业在制订其运作能力计划以及进行人员和设施安排时，必须采用不同的方法。

5. 质量标准及度量方面不同

由于制造业企业所提供的产品是有形的，因此其产出的质量易于度量；而对于服务业企业来说，大多数产出是不可触的，无法准确地衡量服务质量，客户的个人偏好也影响其对质量的评价，因此对质量进行客观度量有较大难度。

1.3.2 过程与结构视角

过程与结构视角是从生产系统在执行生产活动过程是连续组织还是间断组织对生产系统进行划分，不同生产过程决定了生产系统的结构也有所差异。按照过程与结构视角，生产系统可以划分为连续型生产和离散型生产。

（1）连续型生产 连续型生产是指长时间连续不断地生产一种或很少几种产品，生产的产品、工艺流程和使用的生产设备都是固定的、标准的，工序之间没有在制品储存。

（2）离散型生产 离散型生产中，输入生产过程的各种要素是间断性的投入，生产设备和运输装置必须适合多种产品加工的需要，工序之间要求有一定的在制品储存。

1.3.3 批量与规模视角

批量与规模视角是根据生产系统产出的产品品种及单品种生产产量的大小进行划分，不同产量的产品在生产组织方式上有所不同。按照批量与规模视角，生产系统可以划分为大量生产、成批生产、单件生产、大规模定制、个性化生产等类型。

（1）大量生产 大量生产是指在一定生产周期内接连不断地重复生产品种相同的产品。其主要特点有产品品种少、产量大、专业化程度较高，一般可以采用流水线、自动化生产线等方式组织生产，生产重复程度高。其中，流水线生产是一种特殊的大量生产方式，是指生产对象按照一定的工艺路线顺序通过各个工作地，并按照统一的生产速度完成工艺作业的生产过程。其具有工作专业化程度高、生产按节拍进行、工艺过程封闭、生产对象在工序间做单向移动、工作地之间有传送装置连接的特点。

（2）成批生产 成批生产是指分批生产相同的产品，一般产品品种较多，而单一品种产量较小，成批轮番生产，具有周期性重复的特征。

（3）单件生产 单件生产与大量生产相对，企业生产的产品品种多，每种产品仅生产一件或几件，重复程度低。

（4）大规模定制 大规模定制是对大量生产方式的改进，强调在大量生产的情况下保持低成本，通过构建产品族实现对同一产品族中的多个品种进行生产，并满足不同类型产品的客户化定制生产需求。

（5）个性化生产 个性化生产是指针对具体客户的个性化需求，完成产品结构与模块设计、生产或装配的过程，具有按需设计、生产、高度个性化定制的特点。

以上五种生产类型的主要特点见表1-3。

表1-3 五种生产类型的主要特点

生产类型	大量生产	成批生产	单件生产	大规模定制	个性化生产
产品品种	少、稳定	较多、较稳定	多	少、较稳定	很多
单品种产量	大	较多	单件或少量	大	少
生产重复度	重复生产	定期轮番	基本不重复	少量按批重复	基本不重复
工作地专业化程度	高	较高	低	高	低
工人技术水平	专业操作	专业操作较多	多面手	专业操作	多面手
效率	高	中	低	高	低
生产周期	短	中	长	短	长
生产柔性	差	较差	强	较差	强
更换品种	难	一般	易	较难	易

1.3.4 存货与订单视角

存货与订单视角是从生产系统生产产品的目的出发，将生产系统分为按库存生产和按订单生产两种。随着客户个性化需求的不断增加，按订单组织生产的方式正在受到越来越多的重视，尤其是随着智能生产单元和智能制造系统的推广，生产系统的柔性逐步提高，按订单生产会得到更加广泛的应用。

（1）按库存生产 按库存生产即备货生产方式，是在对市场需求量进行预测的基础上，有计划地进行生产，产品有库存。

（2）按订单生产 按订单生产即订货生产方式，是根据客户提出具体订货要求后，才开始组织设计、制造、出厂等工作。

 ## 1.4 生产过程组织方式

视频 1-4　生产组织的主要方式

合理地组织生产过程，不仅要对企业内部各生产单位和部门在空间上进行科学的组织，而且要使劳动对象在车间之间、工段（小组）之间、工作地之间的运动在时间上互相配合和衔接，最大限度地提高生产过程的连续性和节奏性，提高设备利用率，缩短生产周期，加速资金周转，降低成本，提高企业劳动生产率。

生产过程组织方式研究的是产品生产过程各环节在时间上衔接和结合的方式。对于简单的生产过程，由于生产对象按工艺顺序通过各道工序，因此，为了缩短生产过程的时间，需要正确确定零件在工序间的移动方式。零件的移动方式与一次生产的零件数量有关。当一次生产的零件只有一个时，零件只能顺次地经过各工序，而不能同时在不同的工序上进行零件加工；当生产的零件为多个时，即按一定批量进行加工时，零件在工序间就有不同的移动方式。移动方式不同，批量零件的生产周期也是不同的。

在加工装配的成批生产类型企业里，由于零件多种多样，工艺方法、工艺路线和技术装备千差万别。零件在各道工序间的移动方式主要有三种：顺序移动方式、平行移动方式和平行顺序移动方式。

1.4.1 顺序移动方式

顺序移动方式是指每批零件只有在前道工序全部加工完之后，才整批地转送到下道工序进行加工的方式。其主要特点有：

1）零件在工序间按批量运送。

2）顺序移动方式下，零件搬运次数少，设备连续加工，设备利用率高，但加工周期长。

设一批零件在各工序间无停放等待时间，工序间的运输时间忽略不计，则该批零件的生产周期等于该批零件在全部工序上作业时间的总和。

其生产周期用公式表示为

$$T_{顺} = n \sum_{i=1}^{m} t_i \tag{1-1}$$

式中，$T_{顺}$ 表示顺序移动方式下一批零件的生产周期；n 表示零件批量；m 表示工序数；t_i 表示第 i 道工序上的单件工时。

【例 1-1】

某企业生产产品的批量 $n=4$ 件，经过 4 道工序加工，其单件工时为 $t_1 = 10\text{min}$，$t_2 = 5\text{min}$，

$t_3 = 20\text{min}$，$t_4 = 10\text{min}$。试求该批产品的生产周期。

解：

该批产品按顺序移动方式组织生产，如图 1-9 所示，其中 $M_1 \sim M_4$ 为 4 道工序。

$$T_{\text{顺}} = n \sum_{i=1}^{m} t_i = 4 \times (10 + 5 + 20 + 10)\text{min} = 180\text{min}$$

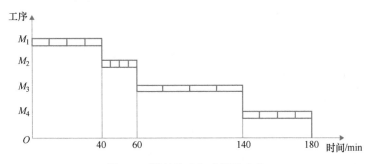

图 1-9　顺序移动方式组织生产

1.4.2　平行移动方式

平行移动方式是指每个零件在前道工序加工完后，立即转移到下道工序进行加工的方式。其主要特点有：

1）当 $t_i > t_{i+1}$ 时，设备停歇；反之，零件等待。

2）平行移动方式下，加工周期短，但零件搬运频繁，设备间歇性加工，不便利用。

其生产周期用公式表示为

$$T_{\text{平}} - \sum_{i=1}^{m} t_i + (n-1)t_e \tag{1-2}$$

式中，$T_{\text{平}}$ 表示平行移动方式下一批零件的生产周期；t_e 表示最长工序单件加工时间；其他变量同式（1-1）。

例 1-1 若采用平行移动方式组织生产，如图 1-10 所示，其中 $t_e = 20\text{min}$，则

$$T_{\text{平}} = \sum_{i=1}^{m} t_i + (n-1)t_e = (10 + 5 + 20 + 10)\text{min} + (4-1) \times 20\text{min} = 105\text{min}$$

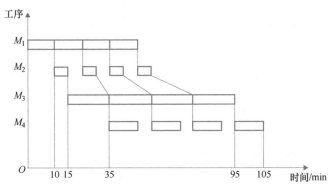

图 1-10　平行移动方式组织生产

1.4.3 平行顺序移动方式

平行顺序移动方式是指既考虑平行性，又考虑顺序性，既保持工期短，又保持加工连续，即前两种方式的结合。这种方式既要求每道工序的设备连续加工，又要求各道工序尽可能平行地加工。其主要特点有：

1）当 $t_i < t_{i+1}$ 时，按平行移动方式移动。

2）当 $t_i \geq t_{i+1}$ 时，以第 i 道工序最后一个零件的完工时间为基准，往前推移 $(n-1)t_{i+1}$ 作为零件在第 $(i+1)$ 道工序的开始加工时间。

其生产周期用公式表示为

$$T_{平顺} = \sum_{i=1}^{m} t_i + (n-1)(\Sigma t_1 - \Sigma t_s) \tag{1-3}$$

式中，$T_{平顺}$ 表示平行顺序移动方式下一批零件的生产周期；Σt_1 表示所有较大工序单件时间之和（相邻两者比较）；Σt_s 表示所有较小工序单件时间之和，操作过程按照该工序与前后相邻的两个工序进行比较，对于头尾两道工序的比较，需要在工序队列的前后分别设置工序时间为 0 的虚拟工序，再进行比较；其他变量同式（1-1）。

例 1-1 若采用平行顺序移动方式组织生产，如图 1-11 所示，则

$$T_{平顺} = (10+5+20+10)\min + (4-1) \times (10+20-5)\min = 120\min$$

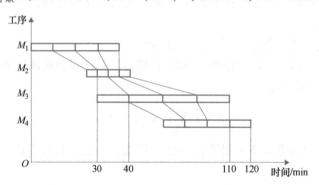

图 1-11 平行顺序移动方式组织生产

综合三种生产组织方式的对比如图 1-12 所示。

通过图 1-12 可以看出，一批零件的移动方式中，平行移动方式时间最短，顺序移动方式时间最长，平行顺序移动方式时间介于两者之间。其具体应用时要根据具体条件考虑下列因素：

1）企业的生产类型。单件小批生产多采用顺序移动方式；大量大批生产，特别是组织流水线生产时，宜采用平行移动方式或平行顺序移动方式。

2）生产任务的缓急。生产任务急，应采用平行移动方式或平行顺序移动方式，以争取时间满足交货期需要。

3）劳动量的大小和零件的重量。工序劳动量不大、重量较轻的零件，宜采用顺序移动方式；工序劳动量大、重量很重的零件，宜采用平行移动方式或平行顺序移动方式。

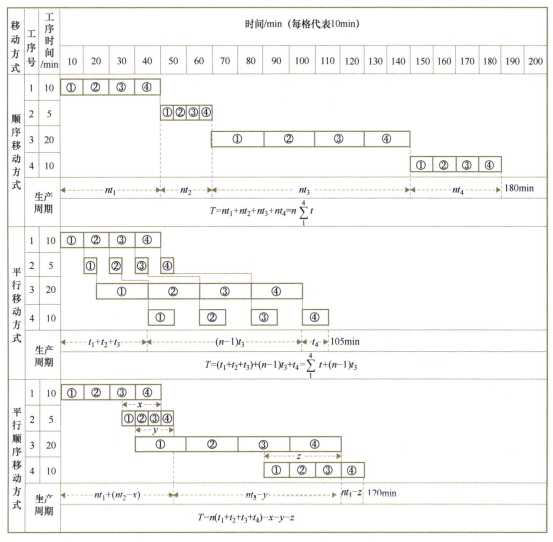

图 1-12　三种生产组织方式对比

注：图中①②③④是工件号；n 是批量；t_1 是第 1 道工序单件加工时间，t_2 是第 2 道工序单件加工时间，余类推；x，y，z 为各工序之间交叉作业时间。

4）企业内部生产单位的专业化形式。对象专业化的生产单位宜采用平行移动方式或平行顺序移动方式；而工艺专业化的生产单位宜采用顺序移动方式。

5）改变加工对象时，调整设备所需的劳动量。如果改变加工对象时，调整设备所需的劳动量很大，不宜采用平行移动方式；如果改变加工对象时，不需调整设备或调整设备所需的劳动量很小，则宜采用平行移动方式。

 ## 1.5　智能生产系统

以智能为特征、以信息物理系统为标志的第四次工业革命，推动了传统生产系统的改造升级。如果把四次工业革命的发展进程按照时间阶段来划分，德国工业 4.0 给出了明晰的刻画，如图 1-13 所示。从历次工业革命发展的核心动因来看，新技术发展带来生产效率的极大提升是核心动因，工业基础能力的不断提高则是促进工业体系更新换代的前提。掌握着关键共性技术、关键基础材料、核心基础零部件（元器件）、先进基础工艺的发达国家引领着世界工业发展的潮流，掌握着工业革命的发展进程。

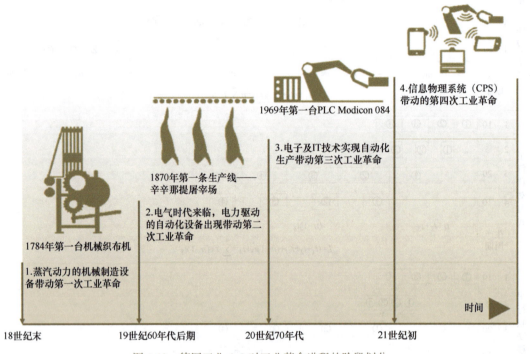

图 1-13　德国工业 4.0 对工业革命进程的阶段划分

在德国工业 4.0 体系中，定义了一个在"智能的、网络化的世界中"，通过不断增加的智能产品和系统构成的垂直网络、端到端的工程、跨越产业价值网络的制造环境，实现"创造智能的产品、系统、方法和流程"的清晰目标。因此，工业 4.0 包含的两大主题——智能工厂和智能生产，都是围绕着"创造智能的产品、系统、方法和流程"的目标。

这两大主题的核心特征就是智能化，本质上要通过信息物理系统（Cyber-Physical Systems，CPS）来实现。

（1）智能工厂　智能工厂的核心是通过智能化的设备、物料、信息等构建智能化的生产系统及过程，以物联网等技术建立网络化分布式生产设施。

（2）智能生产　智能生产的核心是针对智能化的产品、物料，实现整个企业的生产物流的智能化管理，以智能化人机交互及增材制造等智能制造技术在工业生产过程中的应用为重点。

智能工厂和智能生产是工业 4.0 提出的以信息物理系统为核心的两大主题。智能工厂重点研究智能化生产系统及过程，以及网络化分布式生产设施的实现；智能生产主要涉及整个企业生产物流管理、人机互动，以及 3D 技术在工业生产过程中的应用。图 1-14 所示为企业数字化转型提升到工业 4.0 阶段的智能生产系统概念图。通过综合运用制造活动中的信息感知与分析、知识表达与学习、智能决策与执行技术，在制造产品过程中，人与机器共同构成决策主体，在信息物理系统中实施交互，实现人与机器协同运行，并促使产品全生命周期各环节（设计、制造、使用，包括运维服务等）的业务模式发生质的改变，实现生产要素高度灵活配置，低成本生产高度个性化产品，以及客户与合作伙伴广泛参与产品价值创造过程。智能生产系统是综合应用物联网技术、人工智能技术、信息技术、自动化技术、制造技术等实现企业生产过程智能化、经营管理数字化，突出制造过程精益管控、实时可视、集成优化，进而形成快速响应市场需求、精确控制产品质量、实现产品全生命周期管理与追溯的先进制造系统。

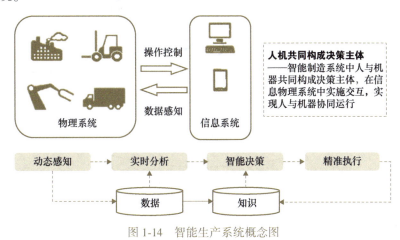

图 1-14　智能生产系统概念图

1.5.1　信息物理系统

信息物理系统（CPS）以环境状态感知为基础，通过深度融合计算、通信和控制能力，使网络化物理设备系统具备可控、可信、可扩展的特性，并以计算和物理进程相互影响而形成的反馈循环机制来扩展系统的功能，使系统中的不同单元和层级深度融合、实时交互，并以安全、可靠、高效和实时的方式被监测或控制。

CPS 技术通过信息空间中信息的传输、交换、计算和控制来实现对物理空间的多维度、多尺度、多层次的全面感知、高效组织、有机调控与协同进化，以达到信息空间与物理空间无缝融合的目的。这种交融模式具有重大的科学意义和广阔的应用前景：一方面，它为人类社会认知和改造自然提供了全新的方式和手段；另一方面，其所孕育的许多新的技术、新的应用模式将从根本上改变人类社会的生产和生活方式。

CPS 的特点可以概括为深度嵌入、泛在互联、智能感知和交互协同。根据功能及所涉技术领域区别，CPS 系统一体化模型可划分为三大实体，即物理实体、计算实体和交互实体。三大实体同核心 3C（通信、计算和控制）技术紧密相连。图 1-15 所示为 CPS 的结构，其具体特点包括：

1）CPS 能够使信息与物理世界交互协同、深度集成，同时其系统结构具有开放、动态和异构的特点，时间和空间的约束同时存在，复杂性高。

2）信息与物理世界之间通过反馈闭环控制密切交互，具备自适应、重配置等智能性，从而自主、自治对物理环境的动态变化做出响应，提高服务的质量。

3）系统的设计和运行必须满足实时性、可靠性和安全性等方面的要求。

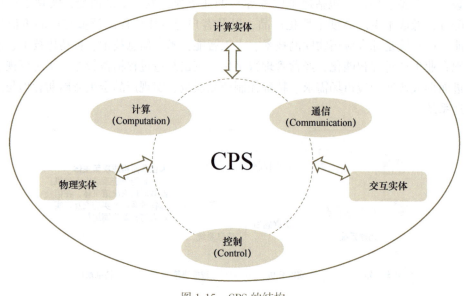

图 1-15　CPS 的结构

1.5.2　信息物理生产系统

信息物理生产系统（Cyber-Physical Production Systems，CPPS）是 CPS 与生产制造相融合，通过计算机技术、通信技术和自动化技术有机结合，将企业规划层、工厂管理层、过程控制层和部分设备控制层的金字塔式层级结构离散化，从而实现制造系统的自主分布式控制，提供了复杂生产环境和需求多变情况下工业生产系统的灵活性和自适应性，进而实现现代工业生产个性化、高效化的智能生产系统。

工业 4.0 正是通过将 CPS 同制造业相结合，利用 CPS 的信息物理融合特性在生产系统的信息层和物理层之间创建基于数据自动流动的状态感知、实时分析、科学决策与精准执行，形成闭环的生产过程。因此，CPPS 也是工业 4.0 在制造业领域应用的具体形式：以 CPPS 为基础构建智能工厂，进而实现智能制造的目标。

CPPS 由具有自治能力、协作能力的元素或子系统组成，这些元素在生产系统的各个层级内根据生产任务动态地建立连接关系，通过元素间的协商和协作完成生产任务。CPPS 能够对生产系统中的实时数据进行响应和决策，自动应对生产系统中的各种不可预见事件，并且能够在运行过程中实现学习和自我进化。

CPPS 将信息物理融合技术应用于生产系统，利用 CPS 的信息物理融合特性，大量采集系统内的实时生产数据，对生产流程进行实时管控，并通过具有分布式智能的 CPS 节点在生产订单执行的各个流程进行协商协作，实现生产任务的分配和执行。CPPS 部分打破了传统制造系统的分层控制架构，将生产系统分为物理层和信息层两个部分：物理层主要实现异构生产元素的集成，实现数据的采集和指令的执行；信息层通过对实时数据进行计算和仿真，实现生产元素管理、生产计划制订、生产过程管理，并对系统内外部的环境变化做出及时响应。物理层和信息层之间可以进行点对点的互操作，实现生产系统内部的信息物理深度融合。

对于 CPPS 的具体实施，可以参照 5C 模型，通过逐步实施智能连接层（Connection）、数据–信息转化层（Conversion）、信息层（Cyber）、认知层（Cognition）、组态层（Configuration）五个层级的步骤，实现 CPPS 从原始数据采集、数据分析到使用数据创造价值的整个流程，如图 1-16 所示。

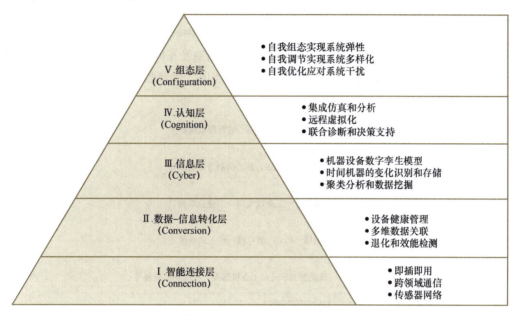

图 1-16　实施 CPPS 的 5C 框架

1.5.3　数字化车间与智能工厂

智能生产系统是综合应用物联网技术、人工智能技术、信息技术、自动化技术、先进制造技术等实现企业生产过程智能化、经营管理数字化，突出制造过程精益管控、实时可视、集成优化，进而提升企业快速响应市场需求、精确控制产品质量、实现产品全生命周期管理与追溯的先进制造系统。智能生产系统是构成工业 4.0 时代智能化工厂的核心，以智能传感器、工业机器人、智能数控机床等智能设备与智能系统为基础，以物联网为核心实现生产过程的智能化。

数字化车间和智能工厂是智能生产系统发展的两个重要阶段。数字化车间是企业生产制造体系的一部分，主要包括车间运行管控系统以及数字化智能装备、数字化生产线等组成部分。智能工厂是在数字化车间的基础上，通过企业产品研发设计的数字化、智能化，经营管理数字化、智能化，以及供应链的协调、优化，实现广义制造系统整体的集成、优化与智能化。

1. 数字化车间

数字化车间是指以制造资源（Resource）、生产运作（Operation）和产品（Product）为核心，将数字化的产品设计数据，在现有实际制造系统的数字化现实环境中，对生产过程进行计算机仿真、优化控制的新型制造方式。相较以人工、半自动化机械加工为主、以纸质为信息传递载体为主要特征的传统生产车间，数字化车间融合了先进的自动化技术、信息技术、先进加工技术及管理技术，是在高性能计算机、工业互联网的支持下，采用计算机仿真与数字化现实技术，实现从产品概念的形成、设计到制造全过程的三维可视及交互的环境，以群组协同工作的方式，在计算机上实现产品设计制造的本质过程。其具体包括产品的设计、性能分析、工艺规划、加工制造、质量检验、生产过程管理与控制等，并通过计算机数字化模型来模拟和预测产品功能、性能及可加工性等各方面可能存在的问题。

从数字化车间的构成来看，既包含构成生产单元/生产线的自动化、数字化、智能化加工单元及生产装备等，又包含辅助产品数字化设计、制造及车间运行管控的软件系统。数字化车间的系统构成如图 1-17 所示，主要包括运作管理层、生产控制层、网络通信层、系统控制层和生产执行层。

图 1-17　数字化车间的系统构成

（1）运作管理层　运作管理层的核心是依托企业资源计划（Enterprise Resources Planning，ERP）系统实现对工厂/车间的运作管理，包括主生产计划的制订、物料清单（Bill of Materials，BOM）及物料需求计划的分解、生产物料的库存管理等。

（2）生产控制层　生产控制层主要是借助以制造执行系统（Manufacturing Executive System，MES）为核心的制造系统软件实现对生产全过程的管理控制，包括生产任务的安排、工单的下发、现场作业监控、生产过程数据采集以及对数字化车间的系统仿真等。其中，对数字化车间的系统仿真包括以下四个方面：

1）数字化车间层仿真：对车间的设备布局和辅助设备及管网系统进行布局分析，对设备的占地面积和空间进行核准，为车间设计人员提供辅助的分析工具。

2）数字化生产线层仿真：主要关注所设计的生产线能否达到设计的物流节拍和生产率。制造的成本是否满足要求，帮助工业工程师分析生产线布局的合理性、物流瓶颈和设备的使用效率等问题，同时也可对制造成本进行分析。

3）数字化加工单元层仿真：主要解决对设备之间和设备内部的运动干涉问题，并可协助设备工艺规划员生成设备加工指令，再现真实的制造过程。

4）数字化加工操作层仿真：在加工单元层仿真的基础上，对加工的过程进行干涉等分析，进一步对可操作人员的人机工程方面进行分析。

通过这四层的仿真模拟，达到对数字化车间制造系统的设计优化、系统性能分析和能力平衡，以及工艺过程的优化和校验。

（3）网络通信层　网络通信层主要是为数字化车间的信息、数据及知识传递提供可靠的网络通信环境。一般以工业以太网为基础实现底层（生产执行层）之间的设备互联，以工业互联网实现运作管理层、生产控制层以及系统控制层、生产执行层之间的互联互通。

（4）系统控制层　系统控制层主要包括可编程逻辑控制器（Programmable Logic Controller，PLC）、单片机、嵌入式系统等，实现对生产执行层的加工单元、机器人及自动化生产线的控制。它是构成数字化车间自动化控制系统的重要组成部分。

（5）生产执行层　生产执行层是构成数字化车间制造系统的核心。它主要包括各种驱动装置、传感器、智能加工单元、工业机器人及智能制造装备等生产执行机构，如工业机器人、智能加工系统、自动化装配检测机器人、自动导引车等，如图 1-18 所示。

a) 工业机器人

b) 智能加工系统

c) 智能输送设备

d) 3D可视化监控系统

e) 自动化装配检测机器人

f) 自动导引车

图 1-18　生产执行层的系统构成

借助工业机器人实现的数字化车间是真正意义上将机器人、智能设备和信息技术三者在制造业的完美融合，涵盖了对工厂制造的生产、质量、物流等环节，是智能制造的典型代表。其主要解决工厂、车间、生产线及产品从设计到制造实现的转化过程。

数字化车间改变了传统的规划设计理念，将设计规划从经验和手工方式转化为计算机辅助数字仿真与优化的精确可靠的规划设计：在管理层，由 ERP 系统实现企业层面针对生产计划、库存控制、质量管理、生产绩效等提供业务分析报告；在控制层，通过 MES 实现对生产状态的实时掌控，快速处理制造过程中物料短缺、设备故障、人员缺勤等各种生产现场管控问题；在执行层，由工业机器人、移动机器人和其他智能制造装备系统完成自动化生产流程。

2. 智能工厂

智能工厂是现代工厂信息化发展的新阶段，是在利用现代信息技术在自动化、网络化、数字化和信息化的基础上，融入人工智能和机器人技术，形成的新一代技术支撑下人、机、物深度融合的新型工厂形态。智能工厂通过工况在线感知、智能决策与控制、装备自律执行，不断提升装备性能、增强自适应能力，以提升制造效率、减少人为干预、提高产品质量，并融合绿色智能的手段和智能系统等新兴技术于一体，构建一个高效节能、绿色环保、环境舒适的工厂。

　　智能工厂的核心是利用 CPS 技术将虚拟环境中的设计、仿真、工艺与工厂的实物生产环境相结合，在生产过程中大量采用数字化、智能化的生产设备和管理工具，利用物联网技术和设备监控技术加强工厂信息管理和服务，使生产制造过程变得透明化、智能化，做到生产全过程可测度、可感知、可分析、可优化、可预防。现阶段，越来越多的企业正在以工业 4.0 为目标，建设专属于自己的智能工厂与智慧物流。随着智能工厂和智慧物流研究的不断深入，未来工厂及物流的工作模式越来越清晰。智慧物流通过大数据、云计算、智能硬件等智慧化技术和手段，提高物流系统思维、感知、学习、分析决策和智能执行的能力，提升整个物流系统的智能化、自动化水平。

延伸阅读

汽车行业智能生产

　　汽车工厂中的生产模式大体可以分为订单生产（Make to Order，MTO）和库存生产（Make to Stock，MTS）两种。订单生产是指企业根据客户订单的需求量和交货期来进行生产安排。其宗旨在于降低库存，不做任何库存存放，有订单才安排生产，无订单则调整生产。

　　现代汽车行业属于传统制造业。在汽车市场上，长久以来奉行的是"汽车企业生产什么、消费者选择什么"的销售理念，定制服务只存在于极少数高档定制服务的汽车企业中，产量很低。汽车工厂的生产计划一般是根据市场调研做出分析后制订的，车型、配置、颜色等在生产前就已经完全确定，汽车零部件的供应商则是根据汽车工厂的生产计划进行配合生产的。汽车工厂的生产过程是大规模、批量化的生产，生产不轻易调节改变。现阶段的汽车生产过程中，绝大多数整车厂宣称实现了"零库存"，而零部件供应商的仓库却很"饱满"。"零库存"对于整车厂来讲节约了生产成本，但对于零配件供应商来说，成本却无法回避。

　　随着信息技术的飞速发展，步入工业 4.0 阶段的汽车生产将进入大规模个性化定制阶段，汽车的个性化定制时代即将到来。汽车的可选择配置会变得多种多样，消费者可以根据自己的喜好订购个性化配置的汽车。汽车企业通过电商平台为消费者提供对所需车辆各项功能组件的个性化组合、个性化定制，并通过柔性化智能生产设备提供的混线生产能力满足消费者的个性化定制需求。生产线上的智能生产设备也将逐步具备移动特征，越来越多可实施多种工作的机器人将取代传统的人工/半自动化设备。未来，承载零部件的 AGV 与承载车体的 AGV，甚至包括承载机器人专用卡具的 AGV 之间可以相互通信编队（工业物联网，万物相连），同进同出装配工位，以防止安装出错，并将生产过程的相关信息反馈至远端数字云平台。

　　当汽车在客户下订单的时候即产生数字化的订单模型（包括客户选择的定制功能）。零部件供应商与汽车企业同步得到订单，这样零部件供应商将不再需要"饱满"的仓库，汽车行业生产成本将进一步降低。这一切全部来自工业 4.0 中供应链的自适应技术与汽车企业生产过程中柔性更高的智能化设备的使用。

　　供应链是指围绕核心企业，通过对信息流、物流、资金流的控制，从采购原材料开始，制成中间产品，最后由销售网络把产品送到消费者手中，将供应商、制造商、分销商、零售商直到最终用户连成一个整体的功能网链结构模式。

基于工业4.0技术，在客户订单产生时，客户定制汽车的所有数据信息已经一并产生，包括汽车所有零部件的供应商，汽车将具体在哪个工厂生产，生产工艺中将使用哪些智能生产设备，以及物流中需要哪家物流供应商等。随着时间的推移，汽车订单中的原料供应商、零配件供应商、物流运输提供商等组成产业链中的每一个环节都可能会因为各式各样的原因而发生改变，甚至客户的定制需求想法都有可能会随时间改变，而这时智能供应链的自适应技术便能施展其能力。

自适应技术是一类新的"智能组件/智能结构"，这些智能组件在工作条件改变的时候具有主动适应和目标优化调节的机械特性。这种特性是组件满足改善系统机械特性、效率、性能及其他特性的要求。自适应技术是一种面向未来的决定性技术，它能在产品的经济性、安全性和舒适性获得最优化的同时，减少乃至避免震荡，以及不希望的畸变和噪声。应用自适应技术的产品和方法能够获得决定性的竞争优势。

工业4.0中的供应链自适应技术将很好地解决供应链中数据改变的问题。对于消费者下达的订单，在云平台中，汽车工厂、零部件供应商及第三方物流服务商共同拥有订单数据信息；而对于消费者中途改变的订单内容，汽车工厂、零部件供应商及第三方物流服务商可以通过平台对生产任务及物流运输的货物进行优化调整，从而实现整个产业链的零库存生产。整个流程不再需要各方管理者做数据计算工作，而只需审核、批准，计算改变所涉及的巨大的信息访问量、运算量等则由云技术完成。

在工业4.0的作用下，汽车行业的生产逐渐实现全程数字化。不仅仅是汽车设计生产模型的数字化，而是整个汽车工厂工作流程、生产工艺的全程数字化，生产过程中整个产业链供给的数字化。对于生产模型、生产流程、生产工艺、产业链的整体调度的复杂数学模型的模拟仿真，远端的云平台计算则显示出其强大的运算能力。虚拟仿真技术与云计算技术相结合，可以快速模拟计算出各种工况对产品生产及工期的影响，最后给出最优的生产方案。而对于实际生产中订单包含的零件供应商的生产状态与库存、零部件在第三方物流中的运输状况以及汽车工厂的生产进度所产生的新状况，云平台都可以实时对情况进行最优化调节。汽车工厂、零部件供应商和第三方物流服务商产生的数据一并存储于云平台，任意端客户可以实时更新查询。这种生产全过程的数字化跟踪优化和数据存储查询在之前的生产过程中是无法想象的，从而带来的是工厂将发生翻天覆地的变化。

【习题与研究思考】

习题

1. 简述什么是生产和生产系统。
2. 简述什么是生产系统的本质。
3. 从生产批量和规模的视角，分析不同生产系统类型的异同点。
4. 对比分析顺序移动、平行移动和平行顺序移动三种生产过程组织方式的异同点。
5. 概括总结智能生产系统的构成与分类。

研究思考

请结合当前我国制造业发展的现状，分析总结未来制造业发展的新趋势，以及生产系统变革的主要趋势。

第2章
生 产 计 划

【学习目标】

1. 能够详细描述生产计划体系的主要构成及各种计划相关术语。
2. 能够恰当运用线性规划方法求解综合生产计划问题。
3. 能够进行产品物料清单分解并求解物料需求计划问题。
4. 能够进行生产能力的综合评价与分析。

【知识点思维导图】

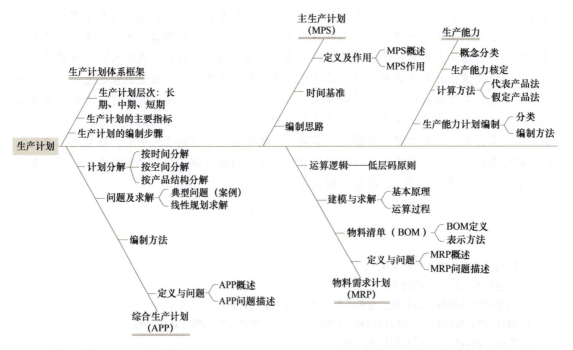

【案例导入】

　　某重型汽车公司是我国三大重车生产基地之一。公司拥有世界先进水平的汽车总装、车桥加工、分动箱加工、联动大型驾驶室覆盖件和车架成型冲压、艾森曼喷漆等大型生产线，生产 20 种基本车型、229 个品种的载重车、自卸车、半挂牵引车、全驱动车，具有年产 6000 辆整车的能力，同时已开发了 99 种改装专用车底盘，目前应用于石油、化工、邮政、铁路、公路、银行、港口、水电、林业、消防、军事等各行各业，成为我国技术档次最高、最具发展潜力的重型汽车生产基地之一。

近年来，国内重车市场发展非常迅速，企业产品和产量进一步扩大，产量由初期的年产 1000 辆增加至 5000 辆，品种更是增加到 300 余种。由于重车本身的制造个性化的特点，尽管设计能力为年产 6000 辆，但此时生产几乎已经到了"捉襟见肘"的地步，一线人员疲于奔命、穷于应付，质量问题时有发生。

随着产量的增加，生产制造部门的矛盾日益突出，主要体现在以下几个方面：

1）整车规格型号太多，导致其预测难度较大（目前的预测精度仅为 20%），而且销售公司针对客户需求提出的特殊车型要求没有统一的规范格式。由于没有建立标准规范，车型配置数据管理混乱，所以很难准确预测销售总量与型号，导致排产计划调整频繁，计划更改和配置变化指令有时候一个月竟然多达 300 条。

2）制造部主要是依据销售公司的预测编制月度生产计划和上线作业计划等，而各级物料计划由各分厂（车桥厂、冲压厂、总装厂及物质供应部门）根据生产计划自行编制，因此，计划的一致性难以保证，经常出现停工待料和紧急采购的现象。

3）生产与技术部门信息沟通滞缓，投产控制所需的基础数据资料，包括整车型谱、基础件明细表、特殊件手册、物料号等，由技术中心制订、维护，在需要时派人定期或不定期去技术中心复制，但明细表等信息几乎每天都在变化，所以投产控制的相关文件资料与技术中心的资料在很多时候不统一、不一致，造成各种计划的不准确。因此，所产车型非用户所需，而需将成品整车返回车间重新改装以满足应急订单的情况时有发生。

4）生产加工过程中缺乏详尽、准确的标准生产工时（或机时）消耗等工艺数据，使制造部在制订相关计划时没有完整、准确的工艺基础数据支持，只能靠经验与估计来判断生产进度，以及安排后续生产计划。

讨论：

1）分析该企业生产管理面临的具体问题有哪些。

2）企业面临的这些问题涉及本课程的哪些知识点？

3）如何建立企业的生产计划与控制体系？

4）有哪些技术手段可以用于解决以上问题？

5）你还能举出哪些重要国产装备的例子？思考一下大型复杂装备生产过程的物料该如何组织。

 ## 2.1 生产计划体系概述

视频 2-1 生产计划体系概述

生产计划是指导企业计划期内生产活动的纲领性方案，是对企业生产系统总体任务的具体规划与安排。根据生产计划在企业生产活动中的指导性作用，从广义的生产计划角度看，生产计划既有对总体生产任务、生产目标的宏观规划，也有在生产作业计划中对具体生产线、生产车间、班组生产活动的详细安排，同时还涉及对生产任务要使用的具体机器设备、人力和其他生产资源进行合理配置。但从狭义的生产计划角度看，其重点关注的是企业在计划期应达到的产品品种、质量、产量、产值和产出期等关键生产指标，生产进度，以及相应的任务布置。本章中对生产计划体系、计划构成的阐述，主要是从狭义的生产计划角度进行的。

2.1.1 生产计划体系框架

从生产计划周期长短的角度，企业生产计划可以分为三层：长期计划层、中期计划层和短期计划层，如图 2-1 所示。其中，中期和短期计划是整个计划体系的核心。

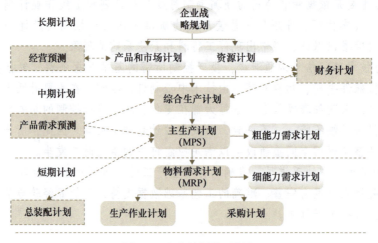

图 2-1　生产计划体系框架

1）长期计划层，即企业战略层计划，主要涉及产品发展方向、生产发展规模、技术发展水平、新生产设备的建造等有关企业经营预测的内容，包括产品和市场计划、资源计划、财务计划等。

2）中期计划层，即企业战术层计划，是确定在现有资源条件下所从事的生产经营活动应该达到的目标，如产量、品种和利润等，重点进行产品需求预测，以综合生产计划、主生产计划、粗能力需求计划为主。

3）短期计划层，即企业作业层计划，是确定日常的生产经营活动的安排，主要包括物料需求计划、细能力需求计划、生产作业计划及采购计划等。对于装配型产品的生产，短期计划层包含了产品的总装配计划。

上述三个层次计划的特点见表 2-1。从战略层到作业层，计划期越来越短，计划的时间单位越来越细，覆盖的空间范围越来越小，计划内容越来越详细，计划中的不确定性越来越小，管理层次由高到低，计划焦点从资源获取、利用再到日常活动处理。

表 2-1　三个层次计划的特点

项　目	战略层计划	战术层计划	作业层计划
计划期	长（≥5 年）	中（1 年）	短（月、旬、周）
时间单位	粗（年）	中（月、季）	细（工作日、班次、小时、分）
空间范围	企业、公司	工厂	车间、工段、班组
详细程度	高度综合	综合	详细
不确定性	高	中	低
管理层次	企业领导层	部门管理层	车间管理层
计划焦点	资源获取	资源利用	日常活动处理

2.1.2　生产计划与控制的层级结构

生产计划与控制系统是构成企业生产系统的核心，计划的制订在时间范围内可以从月到年，称为"计划周期"。在每一个计划周期内，可以细分为以周或月为单位的时间块，所有的计划决策都基于该时间块确定，并能够在有限制造能力的基础上加以执行和实现。同时，在计划制订时就要获得预期的生产结果，即计划是对生产执行过程结果的准确预期，这样才能对订单的执行情况给出恰当的响应。

长期计划层的产品和市场计划、资源计划等属于战略层面；中期计划层的主生产计划则属于战术层面，确定了一段时间内生产的产品及所需的资源，具有更好的操作性。而能力需求计划通常决定了未来能够生产的产品品种、数量的合理搭配（称为产品矩阵）。图 2-2 为生产计划与控制的层级结构，按照时间的颗粒度进行划分。

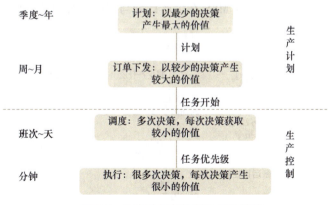

图 2-2　生产计划与控制的层级结构

生产计划的执行和操作可以基于时间驱动、事件驱动或两者结合。在时间驱动下，生产计划通常以"滚动"执行的方式，即在特定的计划执行周期结束后，生产计划决策重新执行，进行滚动计划，并进入下一个计划执行周期。两次滚动计划之间的时间，称为计划间隔期。事件驱动的生产计划执行和操作，一般是对特定订单/生产任务的响应。例如，在订单到达时驱动生产计划，在出现质量缺陷或者设备故障时重新进行计划安排等，都属于事件驱动的生产计划执行和操作。时间和事件混合驱动下的计划执行和操作，是既有计划周期的约束，同时考虑特定事件的影响，进而决定生产计划执行和操作的过程。

订单是生产计划与控制系统的"驱动器"，其分解、汇总、下发决定了生产计划与控制的触发点。其中，对于生产系统而言，订单的下发决定了一系列的生产工艺任务需要在特定的时间点完成。

调度是将生产计划转化为实际控制指令，实现对计划周期内生产资源的合理分配，其目标是优化生产决策过程中的多个目标。生产调度可以对单台设备、加工中心、多台设备的工作单元的加工任务进行优化安排，也可以对所有产品的生产线进行调度优化；同时，调度决策能够对生产物流系统进行调度优化，实现制造单元与物流单元的优化匹配。

执行是针对一系列调度任务（加工或者物流服务）在可用设备和资源上的分配并完成加工或物流服务的过程。在执行阶段，具体任务根据调度阶段确定的优先级，在相应的设备和资源上完成加工或物流服务。在整个生产计划与控制的层级体系上，执行处于最底层，并依据计划指令连续进行。

在图 2-2 所示的生产计划与控制的层级结构中，不同层次之间的交互细节以及各层级的决策活动，通常是基于信息系统（软件及其算法）进行求解的。在典型的制造领域，上述生产计划与控制系统主要依赖 ERP 系统与 MES，分别用于生产计划分解、调度生成，以及从基础系统（生产设备等硬件系统）采集数据。ERP 系统主要用于支持生产计划决策的制定，但由于 ERP 系统在计划决策方面的不足，类似于高级计划排程系统（Advanced Planning and Scheduling，APS）等更为专业的计划调度软件被用于支持生产计划制订环节。MES 则主要用于计划指令与现场控制设备之间的指令传递，以及获取现场数据，支持生产控制决策。MES 在生产计划与控制系统中起承上启下的作用，其中的时间因子表明计划层、执行层和控制层三个层次的应用系统处理的计划的时间颗粒度由粗到细，相当于计划时间颗粒度有数量级的差异。ERP 系统与 MES 在生产计划与控制系统中的作用如图 2-3 所示。

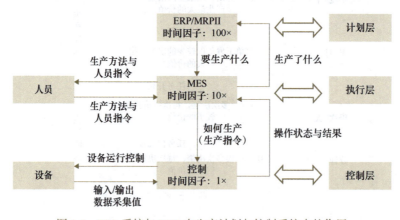

图 2-3　ERP 系统与 MES 在生产计划与控制系统中的作用

计划层强调企业的作业计划，它以客户订单和市场需求为计划源，充分利用企业内部的各种资源，降低库存，提高企业效益。控制层强调设备的控制，如 PLC、数据采集器、条码、各种计量及检测仪器、机械手等的控制。执行层是位于上层的计划管理系统与工业控制系统之间的信息系统，它为操作人员和管理人员提供计划的执行和跟踪以及所有资源的当前状况，主要负责生产管理和调度执行。

MES 是位于上层的计划管理系统与工业控制系统之间的面向车间层的管理信息系统，它为操作人员和管理人员提供计划的执行和跟踪以及所有资源（人员、设备、物料、客户需求等）的当前状况。MES 通过控制包括物料、设备、人员、流程指令和设施在内的所有工厂资源来提高制造竞争力，提供了一种在统一平台上集成诸如质量控制、文档管理、生产调度等功能的方式。

2.1.3　生产计划的主要指标

企业为了生产出符合市场需要或客户要求的产品，通过生产计划确定什么时候生产，在哪个车间生产，以及如何生产。企业的生产计划是根据销售计划制订的，它是企业制订物资供应计划、设备管理计划和生产作业计划的主要依据。生产计划的主要指标有品种指标、质量指标、产量指标、产值指标和产出期指标。

（1）品种指标　品种指标是指工业企业在品种方面满足社会需要的程度，也反映了企业的专业化协作水平、技术水平和管理水平。

（2）质量指标　质量指标通常是指企业在计划期内各种产品应达到的质量标准。

（3）产量指标　产量指标通常是指企业在计划期内应生产的合格产品的实物数量。产量指标反映了企业在一定时期内向社会提供的使用价值以及企业的生产发展水平。

（4）产值指标　产值指标是指用货币表示的产量指标。产值指标可分为总产值、商品产值和工业增加值三种形式。

（5）产出期指标　产出期指标是指为了保证按期交货而确定的产品产出期限。

产品的品种、质量和产量指标是计算以货币表现的各项产值指标的基础，而各项产值指标又是企业生产成果的综合反映。企业在编制生产计划时，应当首先安排落实产品的品种、质量与产量指标，然后据以计算产值指标。

2.1.4　生产计划的编制步骤

生产计划编制的核心是处理好生产任务与生产能力之间的平衡问题。对于长期计划，主要做好目标任务与资源、资金的平衡；对中短期计划，则要处理好生产任务与生产能力的平衡，生产技术与生产技术准备的平衡，以及生产与质量、生产与成本的平衡。

编制生产计划的主要步骤大致可以归纳如下：

1. 调查研究，收集资料

制订生产计划之前，要对企业经营环境进行调查研究，充分收集各方面的信息资料。其主要内容包括国内外市场信息资料及预测、上期产品销售量、上期合同执行情况及成品库存量、上期计划完成情况、企业的生产能力、原材料及能源供应情况、品种定额资料、成本与售价。

2. 确定生产计划指标，进行综合平衡

确定生产计划指标是制订生产计划的中心内容。其主要内容包括产值指标的选优和确定、产品产出进度的合理安排、各个产品的合理搭配生产、将企业的生产指标分解为各个分厂和车间的生产指标等工作。这些工作相互联系，实际上是同时进行的。

综合平衡是制订生产计划的重要工作环节。其内容包括两个方面：一是以利润指标为核心，对生产任务与资源、资金的平衡；二是以生产计划指标为中心，生产计划与生产能力及其他投入资源的平衡。

3. 安排产品产出进度

生产计划指标确定后，需进一步将全年的总产量指标按品种、规格和数量安排到各季、各月中去，制订产品产出进度计划，以便合理分配并指导企业的生产活动。安排产品产出进度应做到：满足交货期的要求，均衡产出，合理配置，以及充分利用企业资源。

 ## 2.2　综合生产计划

综合生产计划（Aggregate Production Planning，APP）又称为生产计划大纲，是根据市场需求预测和企业所拥有的生产资源，对企业计划期内产出的内容、数量，以及为保证产品产出所需劳动力水平、库存等所做出的决策性描述。综合生产计划是企业的整体计划（年度生产计划或年度生产大纲），是各项生产计划的主体。

综合生产计划问题可以用如下数学方法描述，即在已知计划期内，每一段时间 t 的需求预测为 $F(t)$，以生产计划期内成本最小化/利润最大化为目的，确定时段 $t=1$，2，$\cdots$，T 的产量 $P(t)$、存货量 $I(t)$ 和劳动力水平 $W(t)$。

2.2.1　综合生产计划分类及编制方法

视频 2-2　综合生产计划定义及编制方法

1. MTS 型综合生产计划

MTS 是按库存组织生产，又称为备货型生产。此时企业制订综合生产计划的核心是确定产品品种和产量。

（1）确定产品品种　确定产品品种一般是针对多品种批量化生产进行的品种选择。对于大量大批生产，品种数很少，而且既然是大量大批生产，所生产的产品品种应是市场需求量很大的产品，因此没有品种选择问题。

对于具体企业而言，如果有多个品种要生产，由于生产能力的限制，确定一段时间生产什么品种是一个重要的生产决策问题。确定产品品种可以采取象限法和收入-利润顺序法。

1）象限法。它是象限法又称为波士顿矩阵法（BCG Matrix），也称为市场增长率-相对市场份额矩阵。它是美国著名的管理学家、波士顿咨询公司创始人布鲁斯·亨德森（Bruce Henderson）于 1970 年首创的一种规划企业产品组合的方法，用来协助企业分析与评估其现有产品，利用企业现有资金进行产品的有效配置与开发。

该方法是按"市场引力"和"企业实力"两大因素对产品进行评价，确定对不同产品所应采取的策略，然后从整个企业考虑，确定最佳产品组合方案。市场引力包括企业销售量增长率、目标市场容量、竞争对手强弱及利润高低等。其中最主要的是反映市场引力的综合指标——销售增长率，它是决定企业产品结构是否合理的外在因素。企业实力包括市场占有率、技术、设备、资金利用能力等。其中市场占有率是决定企业产品结构的内在要素，它直接体现企业竞争实力。销售增长率与市场占有率既相互影响，又互为条件：销售增长率高、市场占有率高，可以展现产品发展的良好前景，企业也具备相应的适应能力，实力较强；如果仅有较高的销售增长率，而没有相应的高市场占有率，则说明企业尚无足够实力，则该种产品也无法顺利发展；相反，企业实力强而销售增长率低的产品也预示了该产品的市场前景不佳。

以上两个因素相互作用，会出现四种不同性质的产品类型，形成不同的产品发展前景：①销售增长率和市场占有率"双高"的产品群（明星类产品）；②销售增长率和市场占有率"双低"的产品群（瘦狗类产品）；③销售增长率高而市场占有率低的产品群（问题类产品）；④销售增长率低而市场占有率高的产品群（金牛类产品）。如图 2-4 所示，将上述四类产品置于四个象限，因此，波士顿矩阵法被形象地称为象限法。

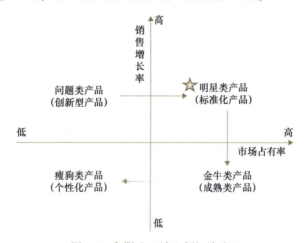

图 2-4 象限法（波士顿矩阵法）

2）收入–利润顺序法。收入–利润顺序法是将生产的多种产品按销售收入和利润排序。表 2-2 所示 8 种产品的销售收入和利润顺序，如图 2-5 所示。

表 2-2 销售收入和利润顺序表

产品代号	A	B	C	D	E	F	G	H
销售收入	1	2	3	4	5	6	7	8
利润	2	3	1	6	5	8	7	4

图中一部分产品在对角线上方，还有一部分产品在对角线下方。对于销售收入高、利润大的产品，即处于图 2-5 左下角的产品，应该生产；相反，对于销售收入低、利润小的产品（甚至是亏损产品），即处于图 2-5 右上角的产品，需要进一步分析。其中一个重要的因素是产品生命周期。如果是新产品，处于导入期，因顾客不了解，销售收入低；同时，由于设计

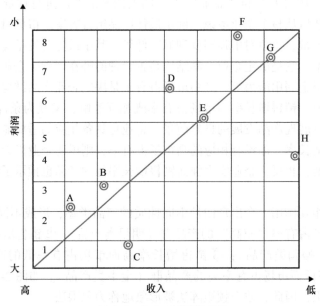

图 2-5 收入-利润顺序图

和工艺未定型，生产效率低、成本高、利润小，甚至亏损，就应该继续生产，并做广告宣传，改进设计和工艺，努力降低成本。如果是老产品，处于衰退期，则需要提高产品质量。

一般来说，销售收入高的产品，利润也大，即产品应在对角线上。对于处于对角线上方的产品，如 D 和 F，说明其利润比正常的小，是销售价格低还是成本高，需要考虑；反之，处于对角线下方的产品，如 C 和 H，利润比正常的大，可能是由于成本低，可以考虑增加销售量，以增加销售收入。

（2）确定产品产量 可以采用两种方法确定 MTS 型综合生产计划中具体产品的产量：盈亏平衡分析法和线性规划法。

1）盈亏平衡分析法。盈亏平衡就是当产量增加到一定界限时，产品所支付的固定成本和变动成本才能为销售收入所抵偿；产品产量小于界限，企业就要亏损；大于这个界限，企业才盈利。这个界限点称为盈亏平衡点。

盈亏平衡点计算公式为

盈亏平衡点的产量=固定成本/（单位产品销售价格-单位产品变动成本）

【例 2-1】

某企业计划明年生产某产品，销售单价为 1.25 元/件，单位产品的变动成本为 0.92 元。预计明年该批产品总的固定成本为 10000 元，试运用盈亏平衡分析法确定该批产品的产量。

解：

临界产量=固定成本/（单位产品销售价格-单位产品变动成本）

= 10000 元÷（1.25-0.92）（元/件）

= 30300 件

即明年计划产量应当超过 30300 件，企业才能盈利，如图 2-6 所示。

2）线性规划法。在确定产量与利润的关系时，有时还要牵涉人力、设备、材料供应，

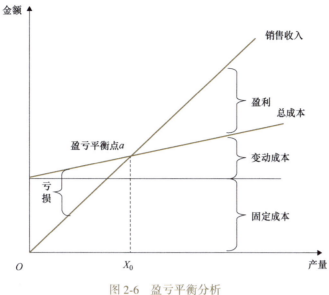

图 2-6　盈亏平衡分析

资金时间等条件的制约，需要综合考虑。这时还可以运用线性规划法来选择最优产量方案。

【例 2-2】

企业同时生产 A 产品和 B 产品，设备生产能力的有效台时为每月 2000 台时，电力消耗每月不超过 3000kW·h，每百件产品台时消耗和电力消耗定额见表 2-3。

表 2-3　设备能力和电力消耗

约束条件	A	B
设备能力（台时）	6	3
电力消耗/(kW·h)	4	6

设 A 产品每 100 件的利润为 50 元，B 产品每 100 件利润为 80 元，试运用线性规划法求 A、B 各生产多少，则企业获利最大。

解：

第一步，建立线性规划模型。

设 A 产品月计划生产 X_1（百件），B 产品月计划生产 X_2（百件）最大利润为 $\max P$，建立模型如下：

目标函数为

$$\max P = 50X_1 + 80X_2$$

约束条件为

$$\begin{cases} 6X_1 + 3X_2 \leqslant 2000 & （设备能力限制） \\ 4X_1 + 6X_2 \leqslant 3000 & （电力限制） \\ X_1, X_2 \geqslant 0 & （产量非负） \end{cases}$$

第二步，通过图解法求解上述方程。由于产量不能是负数，所以，图解范围应当在第一象限，如图 2-7 所示。

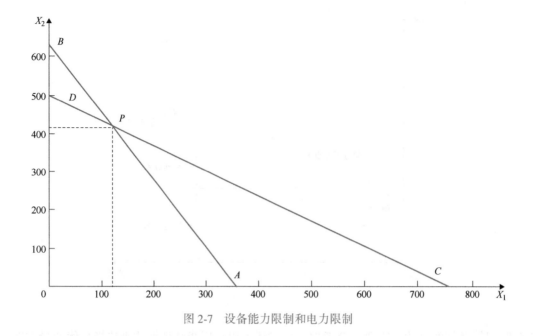

图 2-7   设备能力限制和电力限制

图中直线 AB 满足 $6X_1+3X_2 \leqslant 2000$，直线 CD 满足 $4X_1+6X_2 \leqslant 3000$，两直线相交于 P 点，P 点对应坐标为 $X_1=125$，$X_2=416.67$。

因此，可以得出 A 产品每月生产 $125 \times 100 = 125000$（件），B 产品每月生产 $416.67 \times 100 = 41667$（件），每月最大利润额 $\max P = 125 \times 50 + 416.67 \times 80 = 39583.6$（元）。

上面介绍的是图解法的一个例子。这里要说明一点，上述例子仅有两个变量 X_1 和 X_2，求解比较简单，所以从图形上看是一个平面图形，可以用图解法来解决。如果变量较多，有三个或更多，那就较复杂，就不适合用图解法。在这种情况下，解线性规划的一般方法为单纯形法。

2. MTO 型综合生产计划

MTO 即按订单组织生产，也称为订货型生产，其特点是按用户订单的要求，生产规格、质量、价格和交货期不同的专用产品。随着客户个性化需求的不断增加，企业产品的品种、规格呈现增长趋势，多品种、小批量按单生产的方式越来越受到企业的重视。

单件小批生产是典型的订货型生产，与大量大批生产方式相比，具有快速响应客户需求的特点。大量大批生产以其低成本、高效率与高质量取得优势，使一般中等批量生产难以与之竞争。但是，单件小批生产以其产品的创新性与独特性，依然能够在市场中获取优势。随着客户个性化需求增加，按单生产将越发普遍。大量大批生产与单件小批生产两种方式各具特点。大量大批生产中使用的各种机械设备是专用设备，而专用设备是以单件小批生产方式制造的。随着技术的飞速进步和竞争的日益加剧，产品生命周期越来越短，大量研制新产品成为企业赢得竞争优势的关键。即使新产品要进行大量大批生产，在研究与试制阶段，其结构、性能和规格也要做各种改进。单件小批生产制造的产品大多为生产资料，如大型船舶、电站锅炉、化工炼油设备和汽车厂的流水线生产设备等，这些产品大多为新的生产活动提供手段。

对于单件小批生产，由于订单到达具有随机性，产品往往又是一次性需求，无法事先对计划期内的生产任务做总体安排，也就不能应用线性规划进行品种和产量组合上的优化。但是，单件小批生产仍需要编制综合生产计划。综合生产计划可以对计划年度内企业的生产经营活动和接受订货决策进行指导。

一般来讲，编制 MTO 型综合生产计划时，已有部分确定的订货，企业还可根据历年的销售情况和市场行情，预测计划年度的任务，然后根据资源的限制进行优化。单件小批生产企业的综合生产计划只能是指导性的，产品产出计划是按订单做出的。因此，对单件小批生产企业，接受订货决策十分重要。

（1）订货决策　当顾客订单到达时，企业要做出接不接、接什么、接多少和何时交货的决策。在做出这项决策时，不仅要考虑企业所能生产的产品品种，现已接受任务的工作量，生产能力与原材料、燃料和动力供应状况，交货期要求等，而且要考虑价格是否能接受。因此，这是一项十分复杂的决策。订货决策过程如图 2-8 所示。

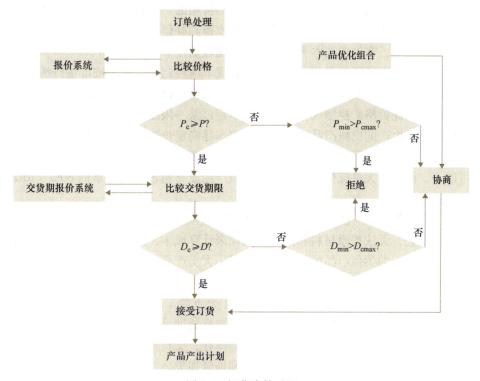

图 2-8　订货决策过程

顾客订货一般包括要订货的产品型号、规格、技术要求、数量、交货时间 D_c 和价格 P_c。在顾客心里可能还有一个最后可以接受的价格 P_{cmax} 和最迟的交货时间 D_{cmax}。若超过此限，则顾客将另寻生产厂家。

对于生产企业来说，它会根据顾客所订产品和对产品性能的特殊要求及市场行情，运用报价系统给出一个正常价格 P 和最低可接受价格 P_{min}，也会根据现有任务情况、生产能力和生产技术准备周期、产品制造周期等，通过交货期设置系统设置一个正常条件下的交货期和赶工情况下最早的交货期 D_{min}。在品种、数量等其他条件都满足的情况下，显然，当 $P_c \geqslant P$ 和 $D_c \geqslant D$ 时，订货一定会接受，接受的订货将列入产品生产计划；当 $P_{min} > P_{cmax}$ 或者 $D_{min} >$

D_{cmax}，订货一定会被拒绝。若不是这两种情况，就会出现很复杂的局面，需经双方协商解决。较紧的交货期和较高的价格，或者较松的交货期和较低的价格，都可能成交。符合企业产品优化组合的订单可能在较低价格下成交；不符合企业产品优化组合的订单可能在较高价格下成交。从接受订货决策过程可以看出，品种、数量、价格与交货期的确定对订货型企业十分重要。

对于订单的处理，除了按照以上方法进行即时决策外，有时还可将一段时间内接到的订单累积起来再做处理。这样做的好处是可以对订单进行优选。

对于小批生产，也可用线性规划法确定生产的品种与数量。对于单件生产，无所谓产量问题，可采用 0-1 型整数规划来确定要接受的品种。

（2）价格与交货期的确定

1）价格的确定可采用成本导向法和市场导向法。成本导向法是以产品成本作为定价的基本依据，加上适当的利润及应纳税金，得出产品价格的一种定价方法。这是从生产厂家角度出发的定价法，其优点是可以保证所发生的成本得到补偿。但是，这种方法忽视了市场竞争与供求关系的影响，在供求基本平衡的条件下比较适用。

市场导向法是按市场行情定价，然后再推算成本应控制的范围。按市场行情定价，主要是看具有同样或类似功能产品的价格分布情况，然后再根据本企业产品的特点，确定顾客可以接受的价格。按此价格来控制成本，使成本不超过某一限度，并尽可能低。

对于单件小批生产的机械产品，一般采用成本导向定价法。由于单件小批生产的产品的独特性，它们在市场上的可比性不是很强，因此，只要考虑少数几家竞争对手的类似产品的价格就可以了。而且，大量统计资料表明，机械产品原材料占成本比重的 60%~70%，按成本定价是比较科学的。

由于很多产品都是第一次生产，而且在顾客订货阶段，只知道产品的性能、重量指标，并无设计图和工艺，无法按原材料和人工的消耗来计算成本，因此往往采取类比的方法来定价，即按过去已生产的类似产品的价格，找出同一大类产品的价格与性能参数、重量之间的相关关系，来确定将接受订货的产品价格。

2）产出期与交货期的确定对单件小批生产十分重要。产品产出后经过发运才能交到顾客手中，交货迅速而准时可以争取顾客。正确设置交货期是保证按期交货的前提条件。交货期设置过松，对顾客没有吸引力，还会增加成品库存；交货期设置过紧，超过了企业的生产能力，造成误期交货，会给企业带来经济损失和信誉损失。

3. 非均匀需求情况下的综合生产计划

上述 MTS 型或 MTO 型综合生产计划的制订，前者假定客户需求是均匀的，即客户对具体产品的需求量每个月固定在一定的数量范围内，后者则根据客户的订单确定具体需求量。对于非均匀变化的市场需求，企业的综合生产计划制订具有一定的难度和不确定性。因此，从实际生产运作的角度，可以采用反复试验法制订非均匀需求情况下的综合生产计划。在实际求解过程中，可以采用纯策略和混合策略。纯策略是指采用改变库存水平、改变员工数量和改变生产速率三种策略中的一种；混合策略则是对上述三种纯策略的任意组合。

通过改变企业的库存水平，有利于将内部生产与外部需求隔开，维持内部生产的均衡，能够充分利用设备和人力，有利于产品质量稳定和生产管理；但同时会带来库存量大、资金占用多的问题。通过改变生产率，能够实现较好的市场适应性并降低库存费用；但同时会带来生产不均衡的问题，也不利于稳定产品质量，还需要经常调整设备和人力，给企业的生产管理带来难度。因此，企业可以考虑采用混合策略制订综合生产计划，既考虑需求的变动性，同时又考虑生产过程的稳定性。

【例 2-3】

某公司产品各月份生产需求量及工作天数安排情况见表 2-4。假定该产品每件加工时间为 20h、工人每天工作 8h，且生产中无废品和返工。根据劳动力市场情况，预计招收工人需各种招聘费用，合计雇用一个工人 300 元，裁减一个工人需付解雇费 200 元。公司根据市场需求情况，设定 1000 件产品作为安全库存，单位维持库存费为 6 元/（件·月）。现假定公司每年的需求基本相同，即在计划年度开始时的工人数等于计划年度结束时的工人数，产品库存量也近似相等。

现在公司决定采用反复试验法确定该产品的综合生产计划。

表 2-4　某公司产品各月份生产需求量及工作天数

（1）月份	（2）预计月生产需求量（件）	（3）累计需求量（件）	（4）每月正常工作天数（天）	（5）累计正常工作天数（天）
4	1600	1600	21	21
5	1400	3000	22	43
6	1200	4200	22	65
7	1000	5200	21	86
8	1500	6200	23	109
9	2000	8700	21	130
10	2500	11200	21	151
11	2500	13700	20	171
12	3000	16700	20	191
1	3000	19700	20	211
2	2500	22200	19	230
3	2000	24200	22	252

策略一：仅改变工人数量。

采取仅改变工人数量这种纯策略，需假定随时可以雇到工人，具体费用发生情况见表 2-5。

表 2-5　仅改变工人数量纯策略下的费用发生情况

（1）月份	（2）预计月生产需求量（件）	（3）所需生产时间（h）20×（2）	（4）月生产天数（天）	（5）每人每月生产时间（h）8×（4）	（6）需工人数（人）（3）÷（5）	（7）月初增加工人数（人）	（8）月初裁减工人数（人）	（9）变更费（元）300×（7）或200×（8）
4	1600	32000	21	168	190		37	7400
5	1400	28000	22	176	159		31	6200
6	1200	24000	22	176	136		23	4600
7	1000	20000	21	168	119		17	3400
8	1500	30000	23	184	163	44		13200

(续)

（1）月份	（2）预计月生产需求量（件）	（3）所需生产时间（h）20×（2）	（4）月生产天数（天）	（5）每人每月生产时间（h）8×（4）	（6）需工人数（人）（3）÷（5）	（7）月初增加工人数（人）	（8）月初裁减工人数（人）	（9）变更费（元）300×（7）或200×（8）
9	2000	40000	21	168	238	75		22500
10	2500	50000	21	168	298	60		18000
11	2500	50000	20	160	313	15		4500
12	3000	60000	20	160	375	62		18600
1	3000	60000	20	160	375			0
2	2500	50000	19	152	329		46	9200
3	2000	40000	22	176	227		102	20400
合　计						256	256	128000

由表 2-5 可得，由于每个月的人员变更产生的总费用为 128000 元。每个月维持 1000 件安全库存，需要的库存维护费用为 1000×6×12＝72000（元）。因此，在仅改变工人数量纯策略下的总费用为 128000＋72000＝200000（元）。

策略二：仅改变库存水平。

仅改变库存水平的纯策略下，允许延迟交货。在此情况下，首先需要确定每个工作日平均生产量。根据 252 天内生产 24200 件的总需求量，则平均每个工作日生产 96.03 件，需 96.03×20＝1920.63（h），每天需工人 1920.63/8＝240.08（人），取 241 人，则每天平均生产 241×8/20＝96.4（件），见表 2-6 第（3）列，由此计算得到仅改变库存水平纯策略下的总费用为 209253 元。

表 2-6　仅改变库存水平纯策略下的费用发生情况

（1）月份	（2）累计生产天数（天）	（3）累计产量（件）（2）×96.4	（4）累计生产需求（件）	（5）月末库存（件）（3）－（4）＋1000	（6）维持库存费（元）6（月初库存量+月末库存量）/2
4	21	2024	1600	1424	7272
5	43	4145	3000	2145	10707
6	65	6266	4200	3066	15633
7	86	8290	5200	4090	21468
8	109	10508	6200	4808	26694
9	130	12532	8700	4832	28920
10	151	14556	11200	4356	27564
11	171	16484	13700	3784	24420
12	191	18412	16700	2712	19488
1	211	20340	19700	1640	13056
2	230	22172	22200	972	7836
3	252	24293	24200	1093	6195
合　计					209253

策略三：混合策略。

混合策略可以采用改变工人数量、改变库存水平和改变生产率三种纯策略中的任意组合。如考虑到需求的变化，可在前一段时间采取相对低的均匀生产率，在后一段时间采取相对高的均匀生产率。而生产率的改变不是通过加班加点，而是通过改变工人数量来实现。

因此，由表2-4可得，4月初需生产1600件，每天需生产76.19件。设前一段时间采用80件/天的生产率，则每天需工人$80 \times 20 \div 8 = 200$（人）；生产到8月底，累计109天生产了$109 \times 80 = 8720$（件）。在余下的$252 - 109 = 143$（天）内，要生产$24200 - 8720 = 15480$（件）产品，平均每天生产$15480 \div 143 = 108.25$（件），需工人$108.25 \times 20 \div 8 = 270.6$（人），取271人。因此，9月初要雇用71人，每天可生产$271 \times 8 \div 20 = 108.4$（件）产品；到计划期末需要再裁减71人，保证公司工人数量与期初数量一致。

具体情况见表2-7，这种混合策略下的总费用为$143775 + 35500 = 179275$（元）。

表2-7 改变工人数量与生产率混合策略下的费用发生情况

（1） 月份	（2） 累计生产 天数（天）	（3） 生产率	（4） 累计产量 （件）	（5） 累计需求 （件）	（6） 月末库存（件） （4）-（5）+1000	（7） 维持库存费 （元）	（8） 改变工人数量 费用（元）
4	21	80	1680	1600	1080	6240	
5	43	80	3440	3000	1440	7560	
6	65	80	5200	4200	2000	10320	
7	86	80	6880	5200	2680	14040	
8	109	80	8720	6200	3020	17100	
9	130	108.4	10996	8700	3296	18948	$71 \times 300 = 21300$
10	151	108.4	13273	11200	3073	19107	
11	171	108.4	15441	13700	2741	17442	
12	191	108.4	17609	16700	1909	13950	
1	211	108.4	19777	19700	1077	8958	
2	230	108.4	21836	22200	636	5139	
3	252	108.4	24221	24200	1021	4971	$71 \times 200 = 14200$
合 计						143775	35500

对比上述三种策略下的综合生产计划，采用改变工人数量与改变生产率的混合策略，在同样满足生产需求的情况下，发生的总费用最小。

2.2.2 产品产出计划的编制方法

视频 2-3 综合生产计划的求解策略

产品产出计划的编制方法，取决于企业的生产类型和产品的生产技术特点。大量大批生产企业安排产出进度的主要内容是确定计划年度内各季、月的产量。具体采用以下方法：

1）各期产量年均分配法，也叫均匀分配法，即将全年计划产量平均分配到各季、月。这种方法适用于社会对该产品需要比较稳定的情况。

2）各期产量均匀增长分配法，即将全年计划产量均匀增长地安排到各季、月。这种方法适用于社会对该产品需要不断增加的情况。

3）各期产量抛物线型增长分配法，即将全年计划产量按照开始增长较快，之后增长较慢的要求安排各月任务，使产量增长的曲线呈抛物线形状。这种方法适用于新产品的开发，且对该产品的需求不断增加的情况。

成批生产的产品，由于各批的数量不一，企业在计划内生产的产品种类必然比较多。因此，安排产品产出进度更为复杂。通常采用以下方法：

1）对产量较大的产品，用"细水长流"的方式大致均匀地分配到各季、月生产。

2）对产量较小的产品，用集中生产方式，参照用户要求的交货期和产品结构工艺的相似程度及设备负荷情况，安排当月的生产。集中生产可以减小生产技术准备和生产作业准备的工作量，扩大批量，有利于建立生产秩序和均衡生产，但其可能与用户要求的交货期不完全一致。

3）安排老产品，要考虑新老产品的逐渐交替。

4）精密产品和一般产品、高档产品和低档产品也要良好搭配，以充分利用企业的各种设备和生产能力，为均衡生产创造条件。

对于单件小批生产企业，由于产品品种多、产量少，同一种产品很少重复生产。在编制年度生产计划时，不知道全年具体的生产任务，应灵活安排生产任务。单件小批生产任务时紧时松，设备负荷忙闲不均，安排生产进度的出发点只能是尽可能提高企业生产活动的经济效益。为此，安排进度时应注意到：

1）优先安排延期罚款多的订单。
2）优先安排国家重点项目的订货。
3）优先安排生产周期长、工序多的订货。
4）优先安排原材料价值和产值高的订货。
5）优先安排交货期紧的订货。

2.2.3　综合生产计划分解

在制订企业综合生产计划后，结合生产计划体系，可以将其按照时间、空间和产品结构进行分解，并为后续制订中、短期计划提供依据。

1）按时间分解：把年、季等较长期的任务分解到月、旬、周、日、轮班、小时。
2）按空间分解：把全厂任务分解到各车间、工段、班组、个人。
3）按产品结构分解：把整台产品分解到部件、组件、零件、毛坯、工序。

2.3 主生产计划

视频 2-4 主生产计划的定义与作用

主生产计划（Master Production Schedule，MPS）是对企业综合生产计划的细化，是详细陈述在可用资源的条件下何时要生产出多少物品的计划，用以协调生产需求与可用资源之间的差距。主生产计划确定每一个体的最终产品在每一具体时间内的生产数量。

主生产计划是整个生产计划体系的核心。在运行主生产计划时，要同时运行粗能力需求计划。在完成供需平衡后，主生产计划作为物料需求计划的输入，推动企业生产计划体系的滚动运转。主生产计划必须是现实可行的，确保生产需求量和需求时间的一致性。主生产计划编制和控制是否得当，很大程度上影响企业的生产运作。因此，主生产计划在生产计划体系中起着"主控"的作用，具体表现在：

1）主生产计划的细节度比综合生产计划要高。综合生产计划基于产品族，主生产计划则针对每个终端产品，它将综合生产计划扩展为对每一个产品族的单个最终产品的需求，以及产品需求的日期和数量。

2）综合生产计划控制主生产计划，主生产计划中的产品生产总量应该等于综合生产计划中的产品生产总量。例如，如果综合生产计划计划在某一周生产 1000 辆自行车，则主生产计划计划生产不同型号的自行车总数就应该等于 1000 辆。在这一前提下，主生产计划应平衡市场的需求与制造部门的物料、人力及设备可用性。

3）主生产计划驱动物料需求计划，公司生产的最终产品由原材料和零部件构成，这些原材料和零部件必须及时以正确数量供给，以支持主生产计划。物料需求计划根据主生产计划的需要，安排这些原材料和零部件的采购和生产。

4）主生产计划是生产部门的计划。它反映市场需求和生产部门的能力，形成一个优先计划让生产部门遵循。

5）主生产计划也是市场销售部门的计划。它在市场销售部门和生产部门之间建立以下重要联系：主生产计划使企业对客户订单承诺成为可能，它计划生产什么及何时生产，并告知市场销售部门和生产部门产品在什么时候可以交付客户使用。因此，主生产计划是市场销售部门和生产部门之间的契约，它是一个双方认可的计划。

如图 2-9 所示，主生产计划以需求预测、综合生产计划和客户订单为输入，在企业生产能力和产品提前期的限制下，对生产需求与可用资源进行平衡，最终输出生产品种、生产时间及生产数量。因此，企业主生产计划的核心目的是识别生产品种、安排生产时间和确定生产数量。

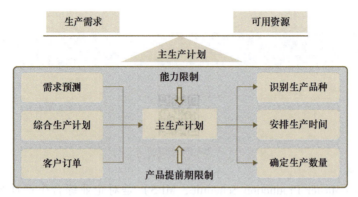

图 2-9　主生产计划的输入和输出

2.3.1　主生产计划的时间基准

视频 2-5　主生产计划时间基准与计算过程

主生产计划按照时间基准进行计划编制。主生产计划的时间基准主要有计划期、时段、时区和时界。

1. 计划期

计划期又称为计划展望期，是指主生产计划起作用的时间范围。计划期往往与企业的生产性质密切相关，至少必须等于完成该计划所需的时间。对于主生产计划，其计划期最短等于产品的最长的累计提前期。如图 2-10 所示，某产品 A 由 B、C、D 三种零件构成，零件 D 则由原料 E 加工而成，该产品/零件的提前期（LT）见图中括号。

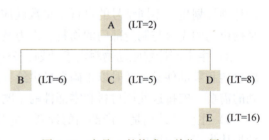

图 2-10　产品 A 的构成（单位：周）

根据前述对计划期的定义，产品 A 的累计提前期为 A+D+E =（2+8+16）周 = 26 周，因此，其计划期最短不能少于 26 周，否则原料 E 就不能及时订购，也就不能履行按时送货的承诺。

2. 时段

时段对应的英文是"Time Bucket"，表示时间持续的一个长度单位，即微观计划的时间周期单位。主生产计划的时段可以按天、周、月或季度来表示。当月的生产与装配计划一般是按周编排的，并且常常按天表示。时段越短，生产计划越详细。

3. 时区

对于产品生产而言，从计划制订、物料采购、投入生产直到最后产出，要经历一个完整的时间周期。在这个周期内，可能会因需求变化、设备故障、质量问题等影响产品生产，因而生产计划会做出及时调整。但对于这种计划变更，因生产所处时段不同，产生的影响也不同。在主生产计划中，一般将计划期按顺序划分为三个时间区段，每个时间区段包含若干个计划时段，由此产生了时区和时界的概念。

时区用于说明产品生产所处时刻在计划期内的时间位置。一般主生产计划将计划期划分需求时区、计划时区和预测时区，如图 2-11 所示。

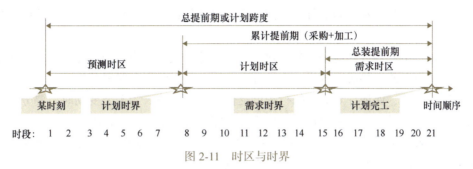

图 2-11　时区与时界

1）需求时区是产品总装提前期的时间跨度，即产品最终装配的时间跨度。在需求时区，产品订单已经确定并执行到总装阶段，此阶段产品数量和交货期一般不能变动。

2）计划时区是在产品累计提前期的时间段内，超过需求时区以外的时段，即产品零部件的采购与加工阶段。此阶段产品生产数量和交货期一般不能由主生产计划改动，变动需要经企业高层批准。

3）预测时区是在产品总提前期或计划跨度的时间段内，超过需求时区和计划时区以外的时段。此阶段客户需求不确定，产品数量和交货期可根据需要任意变动。

根据上述时区的划分，主生产计划将订单分成三种不同的状态，即计划订单、确认订单和下达订单。

1）计划订单，即处于预测时区的订单需求。处于计划状态的订单，是系统生成的建议性计划订单，在情况出现变动时，允许系统自动修改。

2）确认订单，即处于计划时区的订单需求。在计划订单基础上已经确认的订单，此时计划订单的数量和时间可以固定，计算机不能自动修改，只有计划人员可能修改。

3）下达订单，即处于需求时区的订单需求。订单已确认且已经下达生产任务，此阶段订单已经授权生产指定的数量。

4. 时界

时界对应的英文是"Time Fence"，也被翻译为时间栏、时间警戒线。时界表示时间界限，是一个时刻，是主生产计划中的计划参考点。不同时区的分割点就是时界，表明跨过这一点，编制计划的政策或过程将有变化。时界作为主生产计划中计划的参考点，是控制计划变化的参考与根据，以保持计划的严肃性、稳定性和灵活性。主生产计划设有两个时界点：需求时界（Demand Time Fence，DTF）和计划时界（Planned Time Fence，PTF）。

（1）需求时界　需求时界是需求时区和计划时区之间的分界点，通常设定在最终装配计划的提前期，表示在该界限之前，需求量由实际客户订单决定，不考虑预测的情况，生产必须按照订单数量执行。

（2）计划时界　计划时界是计划时区和预测时区之间的分界点，通常设定在累计提前期，表示在该界限之前，需求量取客户订单数量与预测数量两者之间的较大者，并确认和下达执行，开始零部件采购和加工。在计划时界以内，主生产计划不能自动确定主生产计划订单计划，而只能由主生产计划人员确认安排。在计划时界这个界限以后，主生产计划将自动编制主生产计划订单，但必须由主生产计划人员审核调整。主生产计划人员核实计划订单以后，对系统生成的计划订单做必要的调整（如改变提前期、批量或安全库存的默认值），认为在物料、能力、数量和时间上都没有问题后，对计划订单加以确认，形成确认的订单，准备下达。

在实际生产中，客观环境是不断变化的，生产计划应当适应客观变化。但是，如果一味追随变化，朝令夕改，势必造成生产上的混乱。因此，对时区和时界的设定，为主生产计划人员控制计划变动、保证计划的可执行程度提供了重要保障。当需要变动时，要分析变动计划的限制条件、难易程度、需要付出的代价并确定审批权限，从而谋求一个比较稳定的主生产计划。时界表明了修改计划的困难程度。修改的时间越接近当前时间，则修改的困难越大。但当以下情况出现时，主生产计划不得不进行修改：

1）客户变更或取消订单。

2）生产能力发生显著变化（如机床故障）。

3）无法提供原计划所需材料（如供方失约、原材料短缺等原因），不得不停止或减少生产。

4）出现过多废品或残次品。

表 2-8 为对应图 2-11 的时区和计划变动之间的关系。

表 2-8　时区和计划变动之间的关系

时　区	需求时区	计划时区	预测时区
跨度	总装提前期	累计提前期	总提前期
需求依据	客户订单	情况1：客户订单和预测二者取较大值 情况2：仅客户订单或者仅预测 情况3：客户订单和预测二者之和	预测
订单状况	下达状态	确认状态	计划状态
计划变化难易程度	难，改动代价极大	ERP系统不能自动修改，需要人工干预，改动代价大	ERP系统自动修改，改动代价小
计划变动审批权	企业主管领导	主生产计划人员	计划人员

2.3.2　主生产计划的编制思路

1. 编制步骤

主生产计划编制过程包括编制主生产计划项目的初步计划、进行粗能力需求平衡和评价主生产计划初步计划三个方面。涉及的工作包括收集需求信息、编制主生产计划、编制粗能力需求计划、评估主生产计划、下达主生产计划等。

制订主生产计划的基本思路可表述为以下步骤：

1）根据综合生产计划和计划清单，确定对每个最终项目的生产预测。

2）根据生产预测、已收到的客户订单、配件预测，以及该最终项目作为非独立需求项的需求数量，计算毛需求。

3）根据毛需求量和事先确定好的订货策略和批量，以及安全库存量和期初库存量，计算各时区的主生产计划产出量和预计可用库存。

4）计算可供销售量供销售部门决策选用。

5）用粗能力需求计划评价主生产计划备选方案的可行性。

6）评估主生产计划。

7）批准和下达主生产计划。

2. 基本变量

在主生产计划编制过程中，经常用到几个基本数量的概念：预测量、订单量、毛需求量、计划接收量、预计可用库存量、净需求量、计划产出量、计划投入量和可供销售量。

1）预测量是企业生产计划部门根据企业的经营计划或销售计划，采用合适的预测方法预测的最终产品项目将要生产的数量。

2）订单量是企业已经明确得到的、将要为客户提供的最终产品的数量，是企业明确的生产目标。

3）毛需求量（Gross Requirement）是根据预测量和订单量计算得到的初步需求量。毛需求量的计算与时区的确定、企业的生产政策有关，在主生产计划中，毛需求量是除了预测量和订单量之外的其他量的计算基础。在需求时区，毛需求量就是实际需求，即确定的订单量（或合同量）；在计划时区，毛需求量是预测量和实际需求中最大者；在预测时区，毛需求量就是预测量。

4）计划接收量（Scheduled Receipts）是指正在执行的订单量。在制订主生产计划时，往往把制订计划日期之前已经发出的、将要在本计划期内达到的订单数量作为计划接收量处理。如果希望手工修改主生产计划，也可以把手工添加的接收量作为计划接收量处理。

5）预计可用库存量（Projected Available Balance，PAB）是指现有库存中扣除预留给其他用途的已分配量之后，可以用于需求计算的那部分库存量。预计可用库存量=前一时段末的可用库存量+本时段计划接收量-本时段毛需求量+本时段计划产出量。

6）净需求量（Net Requirement，NR）是根据毛需求量、安全库存量、本期计划产出量和期初结余计算得到的数量。其计算公式为

净需求量=本时段毛需求量-前一时段末的PAB-本时段的计划接收量+安全库存量

7）计划产出量（Planned Order Receipts）是指在计算PAB时，如果出现负值，表示需求不能被满足，需要根据批量政策计算得到的供应数量。计划产出量只是一个计算过程中的数据，并不是真正的计划投入数据。

8）计划投入量（Planned Order Releases）是根据计划产出量、提前期等数据计算得到的计划投入数量。

9）可供销售量（Available to Promise，ATP）是指销售部门可以销售的产品数量。可供

销售量（ATP）= 本时段计划产出量+本时段计划接收量−下一次出现计划产出量之前各时段订单量之和。如果在某一个时区内需求量大于计划量（即出现负的 ATP），超出的需求可从早先时区的可供销售量中预留出来。这种调整是从计划期的最远时区开始，由远及近地逐个时区进行的。

在可供销售量基础上，可以计算累计可供销售量。从最早的时区开始，将各个时区的可供销售量累加到所考虑的时区，即是这个时区的累计可供销售量。它指出在不改变主生产计划的前提下，积累到目前所考虑的时区为止，以此为基础，还可向客户做出多大数量的供货承诺。

除预测与订单外，有时把其他包括厂际需求、备品备件、分销量等单独列出合并称为"其他需求"。如何把预测量和订单量组合得出毛需求量，在各个时区取舍方法是不同的。这里假定合并为仅考虑预测量和订单量两个因素，具体的关系组合方式如下：

方式 1：毛需求量=预测量，适合存货型生产企业

方式 2：毛需求量=订单量，适合订货型生产企业

方式 3：毛需求量=预测量或订单量中最大者

方式 4：毛需求量=预测量+订单量

方式 5：毛需求量（在需求时区）=订单量

毛需求量（在需求时区外）=预测量

方式 6：毛需求量（在需求时区）=订单量

毛需求量（在需求时区外）=预测量或订单量中最大者

方式 7：毛需求量（在需求时区）=订单量

毛需求量（在预测时区）=预测量

毛需求量（在计划时区）=预测量或订单量中最大

【例 2-4】

假定某叉车厂期初库存为 160 台，安全库存量为 20 台，生产批量为 200 台，需求时界 2（周），计划时界 6（周），需要制订主生产计划。

具体计算过程如图 2-12 所示。具体步骤如下，结果见表 2-9。

表 2-9 某叉车厂主生产计划

项　　目	需求时区		计划时区				预测时区					
时段（周）	1	2	3	4	5	6	7	8	9	10	11	12
预测量（台）			80	80	80	80	80	80	80	80	80	80
订单量（台）	72	100	92	40	64	112	0	8	0	60	0	0
毛需求量（台）	72	100	92	80	80	112	80	80	80	80	80	80
PAB 初值（台）	88	−12	96	16	136	24	56	64	−16	104	24	−56
净需求量（台）		32		4			76		36			76
MPS 计划产出量（台）		200		200			200		200			200
预计可用库存量（PAB）（台）	88	188	96	216	136	24	144	64	184	104	24	144
可供销售量（ATP）（台）	88	8		−16			192		140			

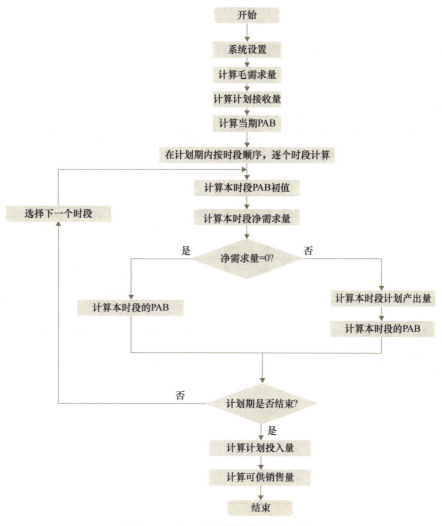

图 2-12 主生产计划编制的基本过程

1）推算毛需求量。毛需求量由预测量和订单量组合得出。

2）计算当期预计可用库存量。考虑已分配量，计算计划初始时刻当期预计库存为

当期预计可用库存量＝现有库存量−已分配量

3）推算 PAB 初值。考虑毛需求量，推算特定时段的预计可用库存量为

PAB 初值＝上期末预计可用库存量＋计划接收量−毛需求量

4）推算净需求量。考虑安全库存量，推算特定时段的净需求量为

当 PAB 初值≥安全库存量时，净需求量＝0；

当 PAB 初值<安全库存量时，净需求量＝安全库存量−PAB 初值。

5）推算计划产出量。考虑批量推算特定时段的计划产出量为

当净需求量>0 时，计划产出量＝N（N 为正整数）×批量。

满足：计划产出量≥净需求量>（$N-1$）×批量。

6）推算预计可用库存量。推算特定时段的预计库存量为

$$预计可用库存量 = 计划产出量 + PAB 初值$$

7）递增一个时段，分别重复进行第 3）~6）步，循环计算至计划期终止。

8）推算计划投入量。考虑提前期，推算计划期全部的计划投入量。

9）推算可供销售量。在有计划产出量时，往后倒推到上一个计划产出量位置计算。

【例 2-5】

假定某电子厂对物料号为 100001 的电子游戏机编制主生产计划。现有库存量 80 台，安全库存量 50 台，生产批量为 100 台，批量增量 100 台，生产提前期是 1 周，需求时界 3（周），计划时界 8（周），则编制主生产计划见表 2-10。

表 2-10 某电子厂主生产计划

项　　目		需　求　时　界			计　划　时　界					预　测　时　界		
时段（周）	当期	1	2	3	4	5	6	7	8	9	10	11
预测量（台）		60	60	60	60	60	60	60	60	60	60	60
订单量（台）		110	80	50	70	50	60	110	150	50		20
毛需求量（台）		110	80	50	70	60	60	110	150	60	60	60
计划接收量（台）		100										
PAB 初值（台）	现有量	70	-10	40	70	10	50	-60	-10	30	70	10
预计可用库存量（PAB）（台）	80	70	90	140	70	110	50	140	90	130	70	110
净需求量（台）			60	10		40		110	60	20		40
计划产出量（台）			100	100		100		200	100	100		100
计划投入量（台）		100	100		100		200	100	100		100	
可供销售量（ATP）（台）		70	20	-20		-10		90	-50	50		
调整后 ATP（台）		70	20					90		50		

2.4　物料需求计划

物料需求计划（Material Requirements Planning，MRP）是生产和采购产品所需各种物料的计划，根据产品结构和主生产计划，综合考虑物料库存情况，确定满足生产需求的物料数量及要求到货的时间。

狭义上的物料指原材料，即生产的加工对象；广义上的物料是包含原材料、自制品（零部件）、成品、外购件和服务件（备品备件）的更大范围的物料。在制造业中，由于物料需求来源的依据不同，MRP 将物料分为相关需求（Dependent Demand）和独立需求（Independent Demand）。相关需求是指在制造过程中，需方的需求不可以任意改变，它完全取决于产品的结构、工艺和生产提前期，因而是可以预见的。独立需求是相对相关需求而言的，是指某种物料的需求量是由外部市场决定的，与其他物料不存在直接的对应关系。

2.4.1 物料需求计划的输入

在整个生产计划体系中，物料需求计划起到承上启下的作用，以主生产计划作为物料分解的主要依据，以物料清单（Bill of Materials，BOM）、库存信息作为主要约束，在完成物料需求计划运算后，可以为制订生产作业计划、采购订单提供依据，同时产生有关库存预测、计划执行情况分析报告等，如图 2-13 所示。

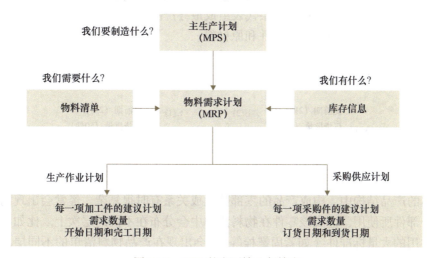

图 2-13 MRP 的主要输入与输出

在物料需求计划运算过程中，主生产计划（MPS）作为物料需求计划（MRP）的驱动力量，是其主要输入。物料清单，即表征产品结构的文件，是物料需求计划运算的基础。库存信息通过库存状态文件保存了每一种物料的有关数据，包括在物料需求计划运算过程中有关"订什么、订多少、何时发出订货"等重要信息。物料需求计划运算过程中，物料清单是相对稳定的，而库存状态文件因生产过程对物料的消耗，以及物料采购等业务的发生，处于不断变动之中。因此，库存信息是动态变化的。

2.4.2 物料清单

视频 2-6 物料需求计划及物料清单

在物料需求计划运算过程中，物料清单是一项至关重要且基础性的数据。物料清单又称为产品结构文件，描述了构成一个产品的各种物料之间相互关系的信息，包括所需零部件的清单、产品项目的结构层次、制成最终产品的各个工艺阶段的先后顺序等。物料清单约定了产品中所有零部件和毛坯材料的品种单台份数量、它们之间的隶属关系以及各项物料的提前期等。

利用物料清单可以准确地计算相关需求的信息。其中所包含的物料可分成两类：一类是自制项目，另一类是采购项目（包括所有的原材料、外购件和外协件）。物料需求计划展开后，自制项目的物料需求计划便形成相应的生产作业计划，采购项目的物料需求计划形成相应的采购供应计划。

为便于物料需求计划求解，需要采用一种简易、结构化的方法，表征产品的物料构成。树状结构是一种直观表达物料清单的方法，可称为产品结构树，如图 2-14 所示。在产品结构文件中，各个物料处于不同的层次，每一层次表示制造最终产品的一个阶段。通常，最高层为第 0 层，代表最终产品项；第 1 层代表组成最终产品项的物料；第 2 层为组成第 1 层物料的物料……依此类推，最低层为零件和原材料。

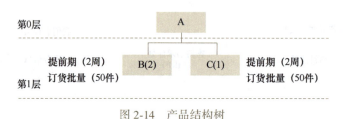

图 2-14　产品结构树

在具体的产品结构中，构成产品的零部件组成关系有时很复杂，经常会出现同一零件被产品的各个部件所使用，造成该零件在物料清单中会分布在不同的层次上。比如，很多机械产品中最常用的大量标准件（如紧固螺栓等），会出现在产品物料清单的不同层次上。这种特点给相关需求的计算带来了困难，一般采用低层码技术来处理（详见 2.4.6 节）。

图 2-15 所示为某类共享自行车，其基本构成包括车架、车把、前叉组件、车座组件、车轮、驱动组件、刹车组件、车锁、车筐等零组件。根据物料清单的表示方法，可以采用产品结构树将自行车的物料清单表示为如图 2-16 所示，其中省略了各个零组件的提前期和订货批量，给出了相关物料的数量关系。

图 2-15　某类共享自行车

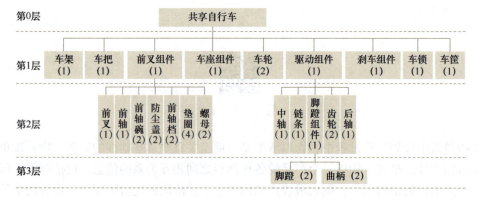

图 2-16　某类共享自行车的物料清单

如图 2-17 所示是一个三抽屉文件柜，包含一个柜体、三层抽屉、锁等零组件。根据物料清单的表示方法，可以采用产品结构树将三抽屉文件柜的物料清单表示如图 2-18 所示，其中 L_A、L_B、L_C 等表示 A、B、C 等零件的提前期。

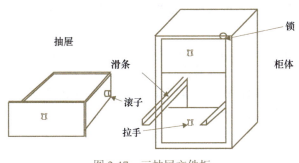

图 2-17　三抽屉文件柜

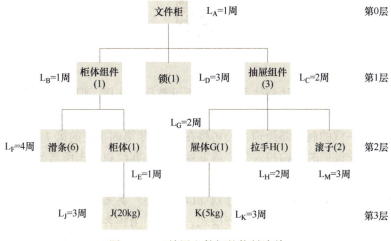

图 2-18　三抽屉文件柜的物料清单

2.4.3　库存状态文件

物料需求计划中的库存状态文件的数据主要有两部分：一部分是静态数据，是在运行物料需求计划之前就确定的数据，如物料的编号、描述、提前期、安全库存等；另一部分是动态数据，如总需求量、库存量、净需求量、计划发出订货量等。在实际进行物料需求计划求解时，需要考虑库存的变化情况，即动态数据。

在库存状态文件中，以下参数非常重要，直接影响物料需求计划的求解结果。

1）总需求量。如果是产品级物料，则总需求量由主生产计划决定；如果是零件级物料，则总需求量来自上层物料（父项）的计划发出订货量。

2）预计到货量，指在将来某个时间段某项目的入库量。它来源于正在执行中的采购订单或生产订单。

3）库存量，为相应时间的当前库存量。它是仓库中实际存放的可用库存量。

4）已分配量，指已经分配给某使用者，但还没有从仓库中领走的物料数量。

5）净需求量，当库存量和预计到货量不能满足总需求量时，就会产生净需求量。

6）计划接收订货量，当净需求量为正时，就需要接收一个订货量，以弥补净需求量。计划接收订货量取决于订货批量的考虑，如果采用逐批订货的方式，则计划接收订货量就是净需求量。

7）计划发出订货量，与计划接收订货量相等，但是时间上提前一个时间段，即订货提前期。订货日期是计划接收订货日期减去订货提前期。

另外，有的系统设计的库存状态数据可能还包括一些辅助数据项，如订货情况、盘点记录、尚未解决的订货、需求的变化等。

2.4.4　物料需求计划的基本原理

视频 2-7　物料需求计划基本原理

物料需求计划在整个生产计划体系中具有不可替代的作用。但其如何发挥作用？换句话说，物料需求计划的基本原理是什么？

假如你是长春一汽的制造部经理，公司将在 2023 年第四季度的第 7 周生产 1000 辆红旗轿车。你如何决定应该何时开始投入生产或下达订单外购红旗轿车所需的物料？需要生产或外购的数量又是多少呢？

对于上面的问题，能否用物料需求计划加以解决呢？答案是肯定的。物料需求计划是一种以物料为中心进行生产组织的有效生产模式，体现了为顾客服务、按需定产的宗旨。通过物料需求计划进行生产组织的模式可以概括为：将企业产品中的各种物料分为独立物料和相关物料，并按时间段确定不同时期的物料需求，基于产品结构的物料需求组织生产，再根据产品完工日期和产品结构制订生产计划，从而解决库存物料订货与组织生产问题。

以前面假设生产红旗轿车所需物料的问题，先考虑所需车轮、轮胎和轮毂的数量及时间。按照通常 1 辆汽车需要 4 个车轮，外加 1 个备胎，若第四季度第 7 周生产 1000 辆红旗轿车，那么在第四季度第 6 周需要 5000 个车轮（假定红旗轿车的提前期是 1 周，且不考虑现有库存情况）。按照这个方法推算，从后向前推算各个物料所需时间，自顶向下推算各个物料所需要的数量，可以得到如图 2-19 所示的结果。

再以如图 2-20 所示的产品 A 的物料清单为例。构成产品 A 需要部件 B（由零件 C 和零件 D 组成）及零件 C；零件 C 既是部件 B 所需零件，也是产品 A 所需零件。物料需求计划的运算过程中，首先准备物料需求计划处理所需的各种输入，将主生产计划作为确认的生产订单下达传给物料需求计划。

根据产品 A 的物料清单，从第 1 层项目起，逐层处理各个项目，直至最低层处理完毕为止，如图 2-21 所示。

综合分析上述例子中的物料需求计划运算过程，可以总结出如下特点，即物料需求计划

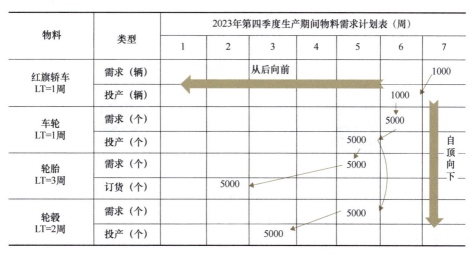

物料	类型	2023年第四季度生产期间物料需求计划表（周）						
		1	2	3	4	5	6	7
红旗轿车 LT=1周	需求（辆）	从后向前 →						1000
	投产（辆）						1000	
车轮 LT=1周	需求（个）						5000	
	投产（个）					5000		
轮胎 LT=3周	需求（个）					5000		
	订货（个）		5000					
轮毂 LT=2周	需求（个）					5000		
	投产（个）			5000				

图 2-19 红旗轿车所需车轮、轮胎和轮毂的情况

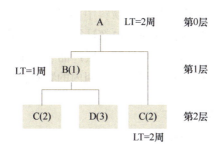

图 2-20 产品 A 的物料清单

产品项目	提前期(LT)	项目	周次										
			1	2	3	4	5	6	7	8	9	10	11
A（第0层）	2周	总需求量（件）								10			(15)
		预计到货量（件）											
		库存量（件）	0 → 0	0	0	0	0	0	0	-10	-10	-10	-25
		净需求量（件）								10			(15)
		计划发出订货量（件）						10			(15)		
B（第1层）	1周	总需求量（件）						10			(15)		
		预计到货量（件）	10										
		库存量（件）	2 → 12	12	12	12	12	2	2	2	-13		
		净需求量（件）									(13)		
		计划发出订货量（件）								(13)			
C（第2层）	2周	总需求量（件）						20		(26)	30		
		预计到货量（件）		10									
		库存量（件）	5 → 5	15	15	15	15	-5	-5	-31	-61		
		净需求量（件）						5		(26)	30		
		计划发出订货量（件）				5		(26)	30				

图 2-21 物料需求计划运算过程

的基本原理：物料需求计划从最终产品的主生产计划推导出对相关物料的需求量和需求时间，再根据物料的需求时间和生产（订货）周期推出其开始生产（订货）的时间。

2.4.5 物料需求计划的运算过程

视频 2-8　物料需求计划建模与求解　　　　视频 2-9　物料需求计划求解验证

为编制准确的物料需求计划，首先要正确编制产品结构图和各种物料、零件的用料明细表，正确掌握各种物料和零件的实际库存量，正确规定各种物料和零件的采购交货日期，以及订货周期和订购批量；再通过物料需求计划的逻辑运算确定各种物料和零件的总需求量以及实际需求量；最终向采购部门发出采购通知单，或向本企业生产车间发出生产指令。

物料需求计划的逻辑运算过程如图 2-22 所示。整体分为两个循环过程：一是以周期 t 为变量的内循环，即针对物料清单中的某一层物料中的具体计算对象 j，按照物料需求计划周期计算每个计划期的需求量，当该计划周期内都计算完成后，进入外循环；外循环是以物料清单的层次数为变量，即分别对物料清单的第 0 层产品、第 1 层物料、第 2 层物料……直到第 n 层物料，按层求解每一层的物料全部计划周期内的物料需求量。

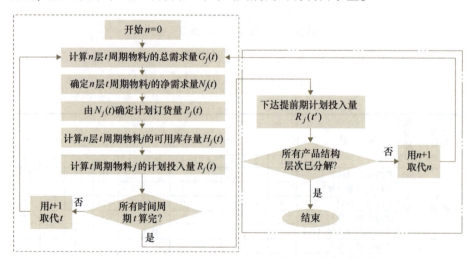

图 2-22　MRP 的逻辑运算过程

上述运算过程中，按步骤主要涉及物料的总需求量、净需求量、计划订货量、可用库存量、计划投入量的计算。这些要求解的计算量的具体含义在库存状态文件的参数定义中已做说明。具体计算过程如下：

（1）总需求量 $G_j(t)$

物料总需求量＝上层物料计划投入量×物料清单中每个零部件的用量+独立需求量

（2）净需求量 $N_j(t)$　　当可用库存量不足该期总需求量时，其短缺数量即为净需求量，

即净需求量=总需求量−可用库存量−预计到货量。用公式表示为

$$N_j(t) = G_j(t) - H_j(t-1) - S_j(t) \tag{2-1}$$

式中，$S_j(t)$ 为预计到货量，指在将来某个时间段某项目的入库量，它来源于正在执行中的采购订单或生产订单，因为是正在执行的订单，所以数量是已知的；$H_j(t-1)$ 为可用库存量，为相应时间的当前库存量，它是仓库中实际存放的可用于下一个周期的库存量。当期可用库存量可以用下式计算得到，即当前可用库存量=上期库存量+预计到货量+计划订货量−总需求量。

$$H_j(t) = H_j(t-1) + S_j(t) + P_j(t) - G_t(t) \tag{2-2}$$

（3）计划订货量 $P_j(t)$　向生产部门或供应部门下达的订货任务量，是按照批量规则将净需求量 $N_j(t)$ 调整后的结果。批量规则为

$$\begin{cases} N_j(t) \leqslant 0, \ 则 \ P_j(t) = 0 \\ 0 < N_j(t) \leqslant 批量, \ 则 \ P_j(t) = 批量 \\ N_j(t) > 批量, \ 则 \ P_j(t) = N_j(t) \end{cases} \tag{2-3}$$

（4）计划投入量 $R_j(t)$　需投入生产或提出采购的最终需求物料的数量。计划投入量与计划订货量 $P_j(t)$ 相等，投入生产或提出采购的时间则从交货时间反推一个提前期，以得到投入的时间。

$$R_j(t') = P_j(t-LT) \tag{2-4}$$

式中，LT 表示物料的生产提前期或采购提前期。

【例 2-6】

假如你是某汽车公司的制造部经理，公司将在 2023 年第四季度的第 7 周生产 1000 辆红旗轿车。你如何决定应该何时开始投入生产或下达订单外购轿车所需的物料？需要生产或外购的数量又是多少呢？图 2-23 所示为红旗轿车的物料清单，试求解车轮的物料需求计划。

已知：

1）红旗轿车的第四季度生产期间内第 1~7 周每周投产量分别为 200 辆、300 辆、500 辆、500 辆、600 辆、600 辆、1000 辆。

2）所需车轮的当前库存为 2500 辆，提前期为 1 周，经济批量为 2500 辆，第 1、2 周期的计划入库分别为 2000 辆和 2500 辆。

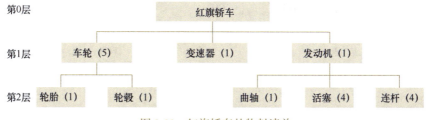

图 2-23　红旗轿车的物料清单

按照图 2-22 的物料需求计划逻辑运算过程，分别计算各周需要生产的红旗轿车数（顶层物料），再计算第 1 层物料车轮各周所需数量，按照总需求量、净需求量、计划订货量、计划投入量等分别计算，结果见表 2-11。

表 2-11　车轮的物料需求计划结果

物料项目：车轮（提前期为 1 周，经济批量为 2500 个）							
项　　目	0	1	2	3	4	5	6	7
红旗轿车投产量（辆）		200	300	500	500	600	600	1000
总需求量（个）		1000	1500	2500	2500	3000	3000	5000
计划入库量（个）		2000	2500					
可用库存量（个）	2500	3500	4500	2000	2000	1500	1000	0
净需求量（个）		−3500	−4500	−2000	500	1000	1500	4000
计划订货量（个）		0	0	0	2500	2500	2500	4000
计划投入量（个）				2500	2500	2500	4000	

2.4.6　MRP 中的低层码

根据 MRP 运算的基本原理和运算过程可知，在运用数学模型及计算机进行 MRP 运算时，要遵循 MRP 运算的处理逻辑，即外循环以 BOM 层次为变量，内循环以需求时间（周期）为变量，且要从 BOM 结构的顶层开始逐级往下计算。

除了上述规则外，当 MRP 运算过程中构成产品的物料被多次使用，且出现在 BOM 结构的不同层级时，还需要遵循低层码原则。

低层码（LOW-Level Code，LLC）是在进行 MRP 运算时，分配给 BOM 上的每个物料一个从 0 至 N 的数字码，一般取 BOM 结构中该物料所处最低层次的数字（层级数值最大的）作为低层码。

图 2-24 所示为产品 X 的 BOM 结构，其中零件 B 既直接从属于产品 X，也从属于零件 D，因此，零件 B 分布在 BOM 结构的第 1 层和第 2 层。按照低层码的定义，零件 B 的低层码就是 2。

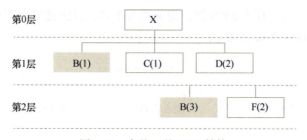

图 2-24　产品 X 的 BOM 结构

在 MRP 运算中引入低层码，就是保证可用库存量优先分配给处于最低层的物料，保证时间上最先需求的物料先得到库存分配，避免需求晚的物品提前下达计划并占用库存。为此，在 MRP 运算过程中，如果物料被多个产品或零件使用时，还需要遵循以下原则：

1) 如果层次码<低层码，各种最终产品对物料的毛需求量汇总并保存，即 MRP 运算时，如果当前运算的物料所属层次码小于其低层码，现有库存暂时不分配给该物料。

2) 如果层次码=低层码，毛需求量汇总，然后求净需求量，并求计划产出量，即 MRP

运算时，如果当前运算的物料所属层次码等于低层码时，将之前运算过的各层次对该物料的需求量进行汇总，将现有库存分配给该物料，再进行净需求量的计算。

【例 2-7】

以图 2-24 所示产品 X 为例，所有物料的提前期均为 1 周、批量为 1 件，物料 B 现有库存量为 10 件，其他库存量均为 0。给定产品 X 第 1~9 周的主生产计划如图 2-25 所示，求物料 B 的需求量和需求时间。

X　　　　　提前期=1周　批量=1件　库存量=0

时段（周）	1	2	3	4	5	6	7	8	9
计划产出量（件）							10		
计划投入量（件）						10			

图 2-25　产品 X 的主生产计划

遵循低层码原则，物料 B 的 MRP 运算过程如下：

1）根据主生产计划，从 BOM 的顶层开始计算，则第 1 层物料 B 的需求量为 10 件，需求时间为第 6 周，如图 2-26 所示。

由于当前计算的物料 B 处于产品 X 的 BOM 结构的第 1 层，层级码 1<低层码 2，此时，将物料 B 的毛需求量结果暂存，不参与 MRP 运算。

由于物料 D 需要物料 B，因此在第 1 层的 MRP 运算时，需要同时计算物料 D 的需求量和需求时间，结果如图 2-26 所示。

X　　　　　提前期=1周　批量=1件　库存量=0

时段（周）	1	2	3	4	5	6	7	8	9
计划产出量（件）							10		
计划投入量（件）						10			

B　　　　　提前期=1周　批量=1件　库存量=10件

第 1 层

时段（周）	1	2	3	4	5	6	7	8	9
毛需求量（件）						10			

D　　　　　提前期=1周　批量=1件　库存量=0

第 1 层

时段（周）	1	2	3	4	5	6	7	8	9
毛需求量（件）						20			
计划产出量（件）						20			
计划投入量（件）					20				

图 2-26　物料 B（第 1 层）和物料 D（第 1 层）的需求量及需求时间

2）根据 MRP 运算逻辑，计算第 2 层物料 B 的需求量和需求时间。此时，既要考虑物料 D 对物料 B 的需求量和时间，同时还需要注意到第 2 层物料 B 的层级码刚好等于低层码，所以要把第 1）步暂存的物料 B 的需求量合并考虑，最终得到物料 B 的需求量和需求时间。在获得全部汇总的物料 B 的需求量和需求时间后，再将物料 B 的现有库存量分配给所需的具体时间，得到最终物料 B 的计划投入量（净需求量）为第 4 周 50 件、第 5 周 10 件，结果如图 2-27 所示。

X　　　　　提前期=1周　批量=1件　库存量=0

时段（周）	1	2	3	4	5	6	7	8	9
计划产出量（件）							10		
计划投入量（件）						10			

B　　　　　提前期=1周　批量=1件　库存量=10件

	时段（周）	1	2	3	4	5	6	7	8	9
第1层	毛需求量（件）						10			

D　　　　　提前期=1周　批量=1件　库存量=0

	时段（周）	1	2	3	4	5	6	7	8	9
第1层	毛需求量（件）						20			
	计划产出量（件）						20			
	计划投入量（件）					20				

B　　　　　提前期=1周　批量=1件　　　　库存量=10件

	时段（周）	1	2	3	4	5	6	7	8	9
第2层	毛需求量（件）					60	10			
	现有库存量（件）	10	10	10	10	0	0			
	计划产出量（件）					50	10			
	计划投入量（件）				50	10				

图 2-27　物料 B 的需求量和需求时间

视频 2-10　物料需求计划单元小结

2.5　生产能力

2.5.1　生产能力的概念与分类

视频 2-11　生产能力及其分类

　　生产能力是指在一定时期内直接参与企业生产过程的固定资产，在一定的技术组织条件下，经过综合平衡后，所能生产的一定种类产品最大可能的产量。企业生产能力一般分为以下三种：

（1）设计能力　设计能力是企业根据所生产产品工艺、市场需求等因素，在设计生产系统、生产设备时，在设计任务书和技术文件中所规定的生产系统、生产设备应该达到的生产能力，是在理想条件下可获得的最大的生产能力。其中，理想条件指设备不发生故障、原材料供应充分、生产系统满负荷运行、生产计划组织良好等。设计能力通常作为生产能力的最大极限或约束，是确定具体生产能力的一个参考值。

（2）计划能力　计划能力又称有效生产能力，是企业在计划期内能够达到的能力，是编制生产计划的依据。计划能力是在设计能力的基础上，考虑到具体的产品组合、一定的生产进度计划方法、设备维修和一定的质量要求等因素，做出相应扣除而得到的生产能力。

计划能力(有效生产能力) = 设备利用率×设计能力

（3）实际能力　实际能力是在有效生产能力的基础上，以企业现有的固定资产、当前的产品方案、协作关系和生产技术组织为保障，考虑到实际生产中可能出现的由于管理、技术上的失误、工人的缺勤或怠工、停电停水、待料和废品等造成的工作时间损失等因素，做出相应扣除，即在综合考虑设备工作效率的基础上所能达到的生产能力。

实际生产能力 = 效率×计划能力(有效生产能力)

2.5.2　生产能力的核定

视频 2-12　生产能力核定及求解方法

企业生产能力的大小取决于许多因素，但起决定作用的主要有以下三个因素：

1) 固定资产数量，是指企业在计划期内拥有的全部能够用于生产的设备数量。

2) 固定资产工作时间，是指按企业现行工作制度计算的设备全部有效工作时间。

3) 固定资产工作效率，是指单位设备的产量定额或单位产品的台时定额。

企业生产能力的核定应从基层开始，一般说来可以分为两个阶段：首先，查定设备组、作业场地和车间流水线等各生产环节的生产能力；然后，综合平衡各个生产环节生产能力的基础，核定企业的生产能力。

1. 设备组生产能力的计算

$$M = F_e SP \quad \text{或} \quad M = \frac{F_e S}{t} \tag{2-5}$$

式中，M 是设备组的生产能力；F_e 是单位设备有效工作时间；S 是设备数量；P 是产量定额；t 是时间定额。

2. 作业场地生产能力的计算

$$M = \frac{FA}{at} \tag{2-6}$$

式中，M 是作业场地（生产面积）的生产能力；F 是单位面积有效工作时间；A 是作业场地的生产面积；a 是单位产品占用生产面积；t 是单位产品占用时间。

3. 流水线生产能力计算

$$M = \frac{F_e}{R} \tag{2-7}$$

式中，M 是流水线生产能力；F_e 是流水线有效工作时间；R 是节拍。

2.5.3 多品种生产条件下生产能力的计算方法

对于单一品种产品生产的生产能力可以直接按设备组生产能力的计算公式计算；当设备组（或工作地）生产多种品种时，由于产品品种结构的差异，不能简单把不同品种产品的产量相加，而必须考虑品种之间的换算。在多品种情况下，企业生产能力的计算方法主要有代表产品法和假定产品法等。

1. 代表产品法

以代表产品计算生产能力，首先要选定代表产品。代表产品是反映企业专业方向、产量较大、占用劳动较多、产品结构和工艺上具有代表性的产品。下面举例说明代表产品法。

【例 2-8】

某机加工企业生产 A、B、C、D 四种产品，各种产品在车床组的台时定额分别为 40 台时、60 台时、80 台时、160 台时，车床组共有车床 12 台，两班制生产，每班工作 8h，年节假日为 59 天，设备停修率为 10%。试求车床组的生产能力。

解：以产品 C 为代表产品，则车床组的生产能力为

$$M = \frac{F_e \times S}{t} = \frac{(365-59) \times 8 \times 2 \times (1-10\%) \times 12}{80} = 660(件)$$

计算设备组的生产能力之后，为了对生产任务进行平衡，还需要将各种产品的计划产量折合为代表产品的产量，将其总和与生产能力进行比较。具体产品折合为代表产品产量，其计算见表 2-12。

设备负荷系数 $\eta = 600/660 = 0.909$。因为 $\eta < 1$，即车床组的生产能力大于计划产量。

表 2-12　代表产品法计算生产能力

产品名称	计划产量（件）	单位产品的台时定额（台时）	代表产品的台时定额（台时）	换算系数	折合代表产品产量（件）
A	100	40		0.5	50
B	200	60		0.75	150
C	300	80	80	1	300
D	50	160		2	100
合计					600

2. 假定产品法

当企业产品品种比较复杂，各种产品在结构、工艺和劳动量差别较大，不易确定代表产品时，可采用假定产品（即假想一种产品）法计算生产能力。计算步骤如下：

1）确定假定产品台时定额。

假定产品台时定额 = $\sum$（具体产品台时定额 × 该产品产量占总产量的百分比）

2）计算设备组生产假定产品的生产能力。

$$以假定产品为单位的生产能力 = \frac{设备台数×单位设备有效工作时间}{假定产品台时定额}$$

3）根据设备组假定产品的生产能力，计算出设备组各种计划产品的生产能力。

计划产品的生产能力 = 假定产品的生产能力×该产品占总产量的百分比

【例 2-9】

某机加工企业生产 A、B、C、D 四种产品，各产品在车床组的台时定额及计划产量见表 2-13a。设备组共有车床 16 台，每台车床的有效工作时间为 4400h，试用假定产品法计算车床组的生产能力。

表 2-13a　车床组的台时定额及计划产量

产 品 名 称	计划产量（件）	在车床组的台时定额（台时）
A	750	20
B	600	25
C	1200	10
D	450	40
合　计	3000	

解：详细计算及结果见表 2-13b。

表 2-13b　车床组生产能力计算表

产品名称	计划产量（件）	计划产量占总产量的比重（%）	在车床组的台时定额（台时）	假定产品的台时定额（台时）	生产假定产品的能力（件）	折合成具体产品的生产能力（件）
(1)	(2)	(3)	(4)	(5)=(3)×(4)	(6)	(7)=(6)×(3)
A	750	25	20	5		880
B	600	20	25	5	$\frac{4400×16}{20}$	704
C	1200	40	10	4		1408
D	450	15	40	6		528
合计	3000	100		20	3520	3520

2.5.4　生产能力计划编制

1. 生产能力计划的分类

在如图 2-1 所示的生产计划体系框架中，各层级的生产计划都要以生产能力为基础，对应主生产计划和物料需求计划，需要编制粗能力需求计划（简称粗能力计划）和细能力需求计划（简称细能力计划）。

企业生产能力计划就是对生产能力的合理规划，目的是保证各级生产计划的实现。进行生产能力规划的主要任务包括：

1）将物料需求计划转化为对车间的设备、人力等资源的能力需求，以掌握企业及各车间、各工作中心在一定时期内的能力。

2）按照时段和设备组（或工作中心）对所需要的能力进行汇总，以判断在当前生产计划下，企业及各车间、各工作中心需要承担多大的负荷，是否超过实际生产能力。

3）用能力需求报告或负荷图检查能力与负荷之间的差异，并提供解决能力与负荷之间差异的措施基本计算模型，以便当生产能力不能满足负荷需要时，企业能够采取适当的处理措施。

粗能力计划是将产品的生产计划转换成对与产品相关工作中心的能力需求，是针对关键工作中心的生产能力和负荷进行平衡的能力计划。其作用是确保关键工作中心的生产能力能够满足生产计划的要求。其中，生产计划可以是以综合计量单位表示的综合生产计划，或是产品、产品组的较详细的主生产计划。

细能力计划又称详细能力计划，是在闭环 MRP 通过 MRP 运算得出对各种物料的需求量后，计算各时段分配给工作中心的工作量，判断是否超出该工作中心的最大工作能力，并做出调整的能力计划。生产计划人员决定当前能力供应能否满足生产需求，如果能力无法满足需求，或者能力不够均衡，则要么调整生产任务数量或时间，要么调整有效工作日，直至能力供应满足所有生产任务需要为止。

根据粗能力计划与细能力计划的定义及作用，比较两者之间的异同点：

1）参与闭环 MRP 计算的时间点不一致。粗能力计划在主生产计划确定后即参与运算；而细能力计划在 MRP 运算完毕后才参与运算。

2）粗能力计划只计算关键工作中心的负荷，运算时间较短；而细能力计划需要计算所有工作中心的负荷情况，运算时间长，不宜频繁计算、更改。

粗能力计划和细能力计划的对比见表 2-14。

表 2-14　粗能力计划与细能力计划的对比

生产能力计划类型	粗能力计划	细能力计划
能力计划对象	关键工作中心	所有工作中心
计划所处阶段	主生产计划	物料需求计划
物料对象	独立需求物料	相关需求物料
计划的订单类型	计划和确认的订单，不包含已下达未完工订单	全部订单，包含已下达未完工订单

2. 粗能力计划的编制方法

为编制生产能力计划，首先要辨析清楚与生产能力相关的几个关键概念。在上述生产能力规划的任务中，主要涉及对企业设备、设备组或者工作中心能力的核定。所谓工作中心（Work Center），是指各种生产能力单元，它可能是一台设备，也可能是由一组功能相同的设备组成的设备组、一个成组单元、一条生产线，或者在某些条件下，具体的装配或者仓储的场地也可以作为一个工作中心。因此，工作中心不属于固定资产或设备管理的范畴。它是进行生产计划的单位。能力需求计划都必须以明确的工作中心作为对象，因此属于生产计划与控制的范畴。在 MRP 运算中，工作中心的划分是进行能力计划的基础，只有先划分出工作中心，才能建立工作中心主文件，编制工艺路线。

在生产能力规划中，与工作中心相关的另一个需要注意的概念是关键工作中心。关键工作中心是指实际生产能力经常小于或者等于需求生产能力的工作中心。根据约束理论，瓶颈的存在制约了企业生产能力的发挥。因此，在生产系统中，通常也将瓶颈所在的工作中心称为关键工作中心（Critical Work Center 或 Bottleneck），并将其单独列出作为粗能力计划的对象。但关键工作中心并不是一成不变的，它会随着产品方案、加工工艺、生产条件等技术组织条件变化而变化。在企业生产管理中，要提高整个生产系统的生产能力，就需要针对关键工作中心进行重点管理，若关键工作中心的能力得不到提升，则其他工作中心的能力提升越多，富余的能力就越多，起不到提升整体能力的作用。为此，企业必须保证关键工作中心的有效输入与有效运行，输送到关键工作中心的物料必须保证合格，以及必须保证能源动力等因素的供应，不得将不合格的原材料或半成品送入关键工作中心，必要时为关键工作中心储存一定的缓冲物料，避免出现停工待料现象。

（1）综合因子法 综合因子法是一种相对简单的能力计划方法，适合产品组合基本固定的企业进行粗生产能力计划。运用综合因子法进行生产能力计划，其数据主要由主生产计划确定，还包括生产某物料所需的总时间，以及每一关键工作中心所需总时间的百分比。以下通过举例说明采用综合因子法进行粗生产能力计划的过程。

【例 2-10】

某企业生产的两种产品 X 和 Y 的主生产计划见表 2-15。产品 X 和 Y 的物料清单（不考虑提前期和生产批量）如图 2-28 所示；两种产品的工艺路线和标准工时数据见表 2-16。企业生产两种产品共有三个关键工作中心，编号分别是 100、105 和 110。试求企业生产两种产品 X 和 Y 的粗能力计划。

表 2-15 某企业产品 X 和 Y 的主生产计划

产品	周期（周）							
	1	2	3	4	5	6	7	8
X（件）	20	20	20	25	25	25	30	30
Y（件）	10	10	10	15	15	15	10	10

图 2-28 产品 X 和 Y 的物料清单

表 2-16 某企业产品 X 和 Y 的工艺路线和工时数据

产品/物料	工艺路线及工时数据				
	工步	工作中心	单位准备时间/h	单位作业时间/h	单位总时间/h
X	1	100	0.015	0.035	0.05
Y	1	100	0.025	1.125	1.15
A	1	105	0.025	0.125	0.15
	2	110	0.025	0.125	0.15

（续）

产品/物料	工艺路线及工时数据				
	工步	工作中心	单位准备时间/h	单位作业时间/h	单位总时间/h
B	1	105	0.020	0.180	0.20
C	1	105	0.020	0.180	0.20
D	1	105	0.025	0.125	0.15
E	1	105	0.025	0.175	0.20
	2	110	0.025	0.125	0.15

根据图 2-28 所示产品 X 和 Y 的物料清单，以及表 2-16 所示产品 X 和 Y 的工艺路线和工时数据，可以计算得出产品 X 和 Y 的单位能力需求：

产品 X：$0.05+(0.15+0.15)+0.20×2+0.20×2=1.15(h)$

产品 Y：$1.15+0.20+0.20×2+0.15+(0.20+0.15)×2=2.6(h)$

进一步根据表 2-15 给出的产品 X 和 Y 的主生产计划，计算未来 8 周总的能力需求。如计算第 1 周的能力需求为 $1.15×20+2.6×10=49$（h），依此类推，可以得到第 1~8 周产品 X 和 Y 的总能力需求，结果见表 2-17。

表 2-17 生产 X 和 Y 的总能力需求

总能力需求/h	周期（周）							
	1	2	3	4	5	6	7	8
	49	49	49	67.75	67.75	67.75	60.5	60.5

根据上述计算结果，将总能力需求分配到各个关键工作中心。假设该企业三个关键工作中心上一年的工作量分配比例为 60%、30% 和 10%，则以该比例作为各个工作中心的负荷因子，估算各个周期三个关键工作中心的能力需求量。以第 1 周期为例，各个工作中心分配的能力需求如下：

工作中心 100 所需工时 $=49×60\%=29.4(h)$

工作中心 105 所需工时 $=49×30\%=14.7(h)$

工作中心 110 所需工时 $=49×10\%=4.9(h)$

进一步计算其他各个周期三个关键工作中心所需工时，即得到粗能力计划，见表 2-18。

表 2-18 综合因子法得到各个关键工作中心的粗能力计划　　　　　　（单位：h）

工作中心	分配比例	周期（周）							
		1	2	3	4	5	6	7	8
100	60%	29.4	29.4	29.4	40.65	40.65	40.65	36.3	36.3
105	30%	14.7	14.7	14.7	20.325	20.325	20.325	18.15	18.15
110	10%	4.9	4.9	4.9	6.775	6.775	6.775	6.05	6.05
总计		49	49	49	67.75	67.75	67.75	60.5	60.5

基于综合因子法完成各个工作中心的能力需求分配后，再结合各个关键工作中心的额定工作能力和最大能力，比较分析关键工作中心的能力状况，以便验证各工作中心是否能够满足主生产计划的需求。

（2）能力清单法　能力清单又称资源清单，是以产品工艺路线及其在各个工作中心的工时消耗为基础，结合主生产计划在各个关键工作中心安排相应产量及其单位总工时，得到各个关键工作在各个时段上的生产负荷，即完成产品主生产计划所需要的能力需求量。能力清单法是为在产品主生产计划和各关键工作中心的能力需求之间提供更多相关关系的一种粗略计算方法。这种方法需要的数据比综合因子法多，必须提供准备时间和机器加工时间。表 2-16 列出了产品 X 和 Y 在各个关键工作中心需要的工作时间的数据。与综合因子法相比，能力清单法是根据产品物料清单展开得到的，它是最终产品在各个关键工作中心上的细能力清单，而不是总的能力需求；各个关键工作中心所需总时间的百分比不是根据历史数据得到的，而是根据产品的工艺路线及标准工时数据得到的。

因此，能力清单的计算过程要结合产品物料清单及其工艺路线和标准工作，具体如下：

假定有 n 个主生产计划的物料，工作中心 i 的产品 k 的能力清单为 a_{ik}，期间 j 的产品 k 的主生产计划数量为 b_{kj}，则期间 j 在工作中心 i 所需的生产能力为

$$所需能力 = \sum_{k=1}^{n} a_{ik} b_{kj}（对于所有的 i 和 j）$$

由图 2-28 所示产品 X 和 Y 的物料清单以及表 2-16 所列的时间数据进行展开，可以得到产品 X 和 Y 相对三个关键工作中心的能力清单，见表 2-17。如产品 X 对各个关键工作中心的能力需求计算为：

1）产品 X 的最终装配对工作中心 100 有需求，装配时间 0.05h，对工作中心 105 和 110 都没有需求。

2）产品 X 所需的物料 A、B、C 都对工作中心 105 有需求，需要的工时分别是 0.15h、0.40h、0.40h。同时，由于物料 A 要经过两个工步，在第 2 个工步对工作中心 110 有需求，工时是 0.15h。

3）汇总以上产品 X 对各个工作中心的能力需求。

同理计算产品 Y 对各中心的能力需求，结果见表 2-19。

表 2-19　产品 X 和 Y 的能力需求清单

工作中心	X 的能力需求/h	Y 的能力需求/h
100	0.05	1.15
105	0.95	1.15
110	0.15	0.30

根据表 2-15 所列产品 X 和 Y 的主生产计划以及表 2-19 所列的能力需求清单，由能力需求清单计算公式得到各个关键工作中心的能力需求，见表 2-20。以第一周为例，三个关键工作中心的能力需求分别为

工作中心 100：$0.05 \times 20 + 1.15 \times 10 = 12.5$（h）

工作中心 105：$0.95 \times 20 + 1.15 \times 10 = 30.5$（h）

工作中心 110：$0.15 \times 20 + 0.30 \times 10 = 6$（h）

表 2-20　能力清单法得到各个关键工作中心的能力需求计划　　（单位：h）

工作中心	周期（周）							
	1	2	3	4	5	6	7	8
100	12.5	12.5	12.5	18.5	18.5	18.5	13	13
105	30.5	30.5	30.5	41	41	41	40	40
110	6	6	6	8.25	8.25	8.25	7.5	7.5
总计	49	49	49	67.75	67.75	67.75	60.5	60.5

3. 细能力计划的编制方法

细能力计划的编制是在物料需求计划的基础上，经过数据收集、计算各个工作中心负荷、负荷和能力分析、负荷或能力调整几个关键步骤后，形成详细的能力需求计划。收集的数据主要有加工单、工作中心、工艺路线和工厂日历等。其中，加工单是经过 MRP 运算及生产作业计划安排后，面向工作中心下达的具体加工任务书；工作中心包括每天的生产班次、每班工作小时数、每班人数、设备效率、设备利用率等数据，以上数据作为工作中心的基本档案数据存于 MRP 系统中；工艺路线主要有物料加工工序、工作中心和加工时间等数据；工厂日历是企业用于编制生产计划的具体工作日历。数据收集完毕后，就要计算各个工作中心的负荷及能力，将负荷和能力进行比较后，在出现偏差时对负荷或能力进行调整，最后形成详细的能力需求计划，该能力需求计划必须满足生产计划的能力要求。

细能力计划一般又分为有限能力计划和无限能力计划。有限能力计划认为工作中心的能力是固定的，通常按照物料的优先级安排计划，任务优先级高的物料先安排，如果工作中心负荷不能满足要求，则优先级相对比较低的物料将被推迟加工。物料的优先级一般用紧迫系数来衡量，紧迫系数一般用需求日期减去当前日期再除以剩余的计划提前期来表示。因此，在当前日期不变的情况下，需求日期越近，紧迫系数越小，表示其优先级越高，则应优先安排。

无限能力计划是指当将工作分配给一个工作中心时，只考虑它需要多少时间，而不考虑完成这项工作所需的资源是否有足够的能力，也不考虑在该工作中心中每项资源完成这项工作时的实际顺序。因此，无限能力计划通常仅检查关键资源，大体上看看它是否超出负荷。这里所说的无限能力计划暂时不考虑能力的约束，只是尽量平衡和调度能力，发挥最大的能力或增加能力，目的是满足市场需求。

以下结合【例 2-10】中产品 X 的主生产计划，计算其细能力计划。

假设当前日期是 9 月 10 日，不考虑物料的安全库存，所有物料的批量、现有库存量、计划接收量等数据见表 2-21。

表 2-21　产品 X 及所有相关物料的批量等数据

物　料	批量（件）	现有库存量（件）	计划接收量（件）	提前期（周）	到　期　日
X	100	100	100	1	9 月 12 日
A	200	450	200	1	9 月 19 日
B	200	300	200	1	9 月 19 日
C	300	1200	300	1	9 月 19 日

假设所有物料要经过三个工作中心甲、乙、丙，所有的物料工艺路线及相应的准备时间和加工时间等见表 2-22。

表 2-22 生产产品 X 所需物料工艺路线等数据

物 料	工作中心	批量（件）	每批准备时间/min	每件加工时间/min
X	甲	100	25	3.0
A	乙	200	20	0.5
	甲	200	20	1.0
B	丙	200	10	1.0
	乙	200	20	0.8
C	丙	300	30	0.4
	甲	300	30	0.3
	乙	300	15	0.5

在编制细能力计划时，需要已知工作中心的可用能力，见表 2-23。工作中心的负荷计算见表 2-24。对于工作中心的负荷计算，采用以下方法：

每件作业时间即完成该工序时间的计算公式为

每件作业时间=每批作业时间/批量+单件加工时间

=单件准备时间+单件加工时间

如果计算物料的加工提前期，还需要考虑排队时间和转运时间，即加工提前期为

物料的加工提前期=排队时间+转运时间+准备时间+（加工时间×标准批量）

表 2-23 三个工作中心的可用能力

工 作 中 心	可用能力/min
甲	2500
乙	2000
丙	2400

表 2-24 三个工作中心的负荷

物料	作业序列	工作中心	批量（件）	每批准备时间/min	单件准备时间/min	每件加工时间/min	每件作业时间/min	BOM 中数量（件）	总作业时间/min
X	1	甲	100	25	0.25	3.00	3.25	1	3.25
A	1	乙	200	20	0.10	0.50	0.60	1	0.6
	2	甲	200	20	0.10	1.00	1.10	1	1.1
B	1	丙	200	10	0.05	1.00	1.05	2	2.1
	2	乙	200	20	0.10	0.80	0.90	2	1.8
C	1	丙	300	30	0.10	0.40	0.50	2	1.0
	2	甲	300	30	0.10	0.30	0.40	2	0.8
	3	乙	300	15	0.05	0.50	0.55	2	1.1

基于以上运算，得到三个工作中心的总负荷见表 2-25。

表 2-25　三个工作中心的总负荷

工作中心	单位产品 X 的负荷/min
甲	5.15
乙	3.5
丙	3.1

将表 2-25 的结果与表 2-15 中产品 X 的主生产计划对应相乘，可以得到第 1~8 周每个工作中心的负荷，见表 2-26。

表 2-26　3 个工作中心的分时段总负荷 　　　　　　　　　　　（单位：min）

工作中心	周期（周）							
	1	2	3	4	5	6	7	8
甲	103	103	103	128.75	128.75	128.75	154.5	154.5
乙	70	70	70	87.5	87.5	87.5	105	105
丙	62	62	62	77.5	77.5	77.5	93	93
总计	235	235	235	293.75	293.75	293.75	352.5	352.5

【习题与研究思考】

习题

1. 用简图描述生产计划体系的主要构成。

2. 衡量生产计划的主要指标有哪些？

3. 什么是综合生产计划？

4. 某企业计划生产某产品，销售单价为 1.4 元，单位产品变动成本为 0.9 元，预计明年该批产品总的固定成本为 10000 元，试运用盈亏平衡分析法确定该批产品的产量。

5. 某农机制造企业 2022 年 1~6 月份玉米收获机预计的市场需求量见表 2-27。假设 1 月份的期初库存量为零，该企业在三种不同生产方式下的生产能力和相应的单位制造成本数据见表 2-28。单位产品每月的存储成本为 200 元，试确定该企业 2022 年 1~6 月份的综合生产计划。

表 2-27　某农机制造企业 2022 年 1~6 月份的玉米收获机预计需求量

月　份	1	2	3	4	5	6
需求量（辆）	300	360	520	600	500	440

表 2-28　某农机制造企业生产能力与成本相关数据

生产方式	生产能力（辆/月）	单位制造成本（元/辆）
正常生产	400	2000
加班生产	60	2100
外包生产	100	2200

6. 什么是主生产计划？

7. 主生产计划的时间基准有哪些？

8. 主生产计划的时区和时界有哪些异同？

9. 主生产计划编制过程主要涉及哪些参数？各项参数如何计算？

10. 什么是物料需求计划？

11. 什么是物料清单？

12. 请简要描述物料需求计划的运算逻辑。

13. 请描述物料需求计划的基本原理。

14. 请简述物料需求计划运算需要遵循的主要原则。

15. 产品 X 由 2 个单位的 Y 与 3 个单位的 Z 组成；Y 由 1 个单位的 A 与 2 个单位的 B 组成；Z 由 2 个单位的 A 与 4 个单位的 C 组成。产品 X 及其物料 Y、Z、A、B、C 的提前期见表 2-29。

表 2-29　产品 X 及其物料的提前期

产　　品	X	Y	Z	A	B	C
提前期（周）	1	2	3	2	1	3

试画出产品 X 的物料清单（产品结构树）。如果第 10 周需要 100 单位的 X 产品，画出一张物料需求计划时间表，以显示每一种物料应在什么时间订货及订货量。

16. 什么是生产能力？

17. 如何进行生产能力的综合评价与分析？有哪些具体方法？

18. 某企业生产的产品 X 由零件 A 和 B 组装而成，产品结构如图 2-29 所示。该企业 MRP 系统中记录的产品 X 及零件 A 和 B 的相关数据分别见表 2-30~表 2-32，表 2-33 给出了企业各工作中心对应加工 A 和 B 两种零件以及产品 X 的装配工时等数据。

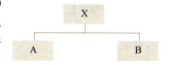

图 2-29　产品 X 的结构

假定每个工作中心的额定生产能力均为 8h，最大生产能力为 16h，请根据以上数据制订每个工作中心每个周期的能力需求计划，并绘制相应的负荷图，分析各个工作中心的负荷情况。

表 2-30　产品 X 的相关数据

X	周期（周）					
	1	2	3	4	5	6
毛需求量（件）	25	25	25	25	25	25
预计到货量（件）						
现有库存量（件）	30	5	20	35	10	25
计划发出订货量（件）	40	40		40		

表 2-31　零件 A 的相关数据

A	周期（周）					
	1	2	3	4	5	6
毛需求量（件）	40	40		40		
预计到货量（件）	20					
现有库存量（件）	20	0	20	20	10	10	10
计划发出订货量（件）	60		30			

71

表 2-32　零件 B 的相关数据

A	周期（周）					
	1	2	3	4	5	6
毛需求量（件）	40	40		40		
预计到货量（件）	50					
现有库存量（件）　10	20	30	30	40	40	40
计划发出订货量（件）	50		50			

表 2-33　工作中心对应的时间定额

主要任务	工作中心	生产准备时间	加工/装配时间
生产零件 A	R1	2h	5min
生产零件 B	R2	3h	9min
组装产品 X	R3	2h	10s

研究思考

1. 根据 MRP 图解法及数学模型，运用 Python/C 语言等编程工具或 MATLAB，编写物料需求计划求解程序，并给出一个算例。

2. 结合低层码原则，在例 2-7 的基础上，如果同期生产的产品 X 和 Y 都使用了物料 B，请根据图 2-30 所示产品结构示意图，以及产品 X 和 Y 的主生产计划等相关信息，求解物料 B 的需求量和需求时间。

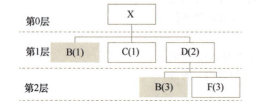
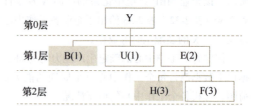

X		提前期=1周　批量=1件　库存量=0					
时段	4	5	6	7	8	9	
计划产出量（件）				10			
计划投入量（件）			10				

Y		提前期=1周　批量=1件　库存量=0					
时段	4	5	6	7	8	9	
计划产出量（件）		5		10			
计划投入量（件）	5		10				

图 2-30　产品 X 和 Y 的物料清单及主生产计划

3. 在生产计划体系中，物料需求计划以主生产计划为输入，结合产品物料清单进行分解运算，以求得构成产品各种物料的需求量和需求时间。请结合本章内容思考以下两个问题：

1）针对按订单生产的产品，其主生产计划如何制订？

2）对于按订单生产的产品，物料需求计划方法是否仍然适用？为什么？

第 3 章
生产作业计划与排序

【学习目标】

1. 能够清晰描述生产作业计划及期量标准的相关术语。
2. 能够准确描述工件排序的评价指标并计算其数值。
3. 能够熟练运用生产作业排序的基本定理解决计划排序问题。
4. 能够使用 Johnson-Bellman 算法、启发式算法求解实际的生产计划问题。

【知识点思维导图】

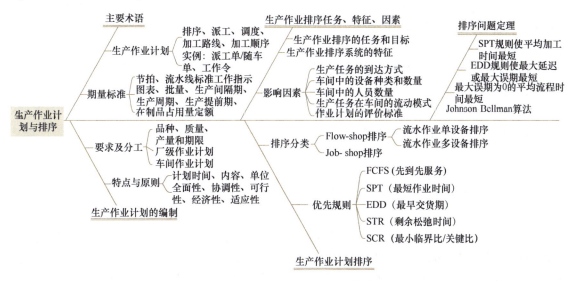

【案例导入】

　　一次企业精益生产培训课上，北京 718 厂学员曾提出一个问题：企业生产相似型号/规格电子元器件的不同生产线，有的生产线非常繁忙、连续加班，但也完不成生产任务；有的生产线却十分轻松、能够按时完成生产任务，还有一定的空闲。是否有办法可以改善这种生产状况？这是一个与"生产计划与控制"课程内容高度相关的问题，也是很典型的生产线平衡问题。

　　电子元器件生产企业通常包括多条生产线，每条生产线生产不同类型的产品。根据产品种类的不同，每条生产线包含的加工工序也有所差别，但各个加工工序都拥有自动化程度较高的设备。例如，某电阻生产企业拥有片式电阻器、金属膜电阻器、合金箔电阻器、高压电阻器、功率电阻器、电阻网络等多条生产线；某半导体封装企业拥有模拟电路、数字电路和集成稳压器三条生产线。它们的生产过程通常可分为制造和检验两部分。每条线的制造环节由于加工工艺路线不同，所采用的工艺和设备也不同，基本上不存在设备共用的问题。但针对产品各个工序加工后的检验环节，完全依靠工人手工完成检测、筛选等后续作业任务，占用了大量的工人。以电阻外观检测为例，几十名检验工人依靠放大镜、测阻仪等简易工具/设备，对电阻的外观质量及阻值进行检验，完成每一个要交付给客户的产品。在这种人机混杂的作业环境下，解决生产线平衡问题，实现有序生产更具难度。

进一步分析电子元器件的产品质量检验环节，绝大部分产品均需要在制造完成后进行加速检验，该检验需要老化设备对产品进行老化处理，不同生产线存在共用老化设备的问题。目前，大部分电子元器件企业将老化工序整合在一起，建立统一的老化车间。但由于电子元器件企业属于多品种变批量生产，老化周期通常较长，且不同产品的老化时间差异较大，批量的不同也影响着老化设备的使用率。加上订单的交付期要求严格，质量要求严格，需要百分百检验，这些因素共同导致老化工序成为瓶颈工序。根据调研，某企业在老化车间拥有若干不同类型的老化设备，如老化板。完成制造的产品整齐地排放在老化板上，老化时将老化板放入老化设备的通道中，设置电压、时间等关键参数进入老化阶段。老化车间存在新旧程度不同的老化设备，不同设备的通道数不同，老化板可以进入任意设备的某一个通道。但是，一种老化板适用于特定几种类型的产品。对于在某一段时间内到达的订单，每个订单需要的产品类型、批次数量和交货期不尽相同，如何合理利用老化设备、老化板来完成调度生产成为当前生产亟待解决的问题。

讨论：

1）有哪些方法可以改善电子元器件企业不同生产线的任务不均衡问题？
2）在电子元器件的生产组织中，生产作业计划安排与哪些因素相关？
3）在产能约束的条件下，如何对老化车间中的各种资源进行调度优化？
4）围绕老化车间的任务订单安排，有哪些因素会影响其作业的先后顺序？

3.1 生产作业计划概述

从生产计划体系框架来看，生产作业计划是企业操作层的计划，即生产车间作业任务的执行性计划，规定了各车间、工段、班组以及每个工人在具体工作时间，如月、旬、周、日以至轮班和小时内的具体生产任务，从而保证按品种、质量、数量、期限和成本完成企业的生产任务。

生产作业计划是指基于物料需求计划确定各车间的零部件投入产出计划，将产品产出计划分解为各车间的具体生产任务，并以此详细规定在每个具体时期（如月、旬、周、天、小时等），各车间、工段、班组以至每个工作地和工人的具体生产任务。对于最终产品的装配，生产作业计划则是在产品产出计划的基础上，详细规定在每个具体时期（如月、旬、周、天、小时等），总装车间各工段、班组以至每个工作地和工人的具体生产任务。

在企业的实际生产中，生产作业计划常用的两种具体表现形式为派工单/随车单和工作令。以汽车/拖拉机变速器装配为例，生产作业计划是以"派工单"的方式体现的，如图3-1

×××集团 ×××工厂	装配派工单	工序标记	产品代号	33200002	工位号	010A	共 5 页	第 3 页
			产品名称	轮式拖拉机	工位名称	前后变速箱对接		

零部件

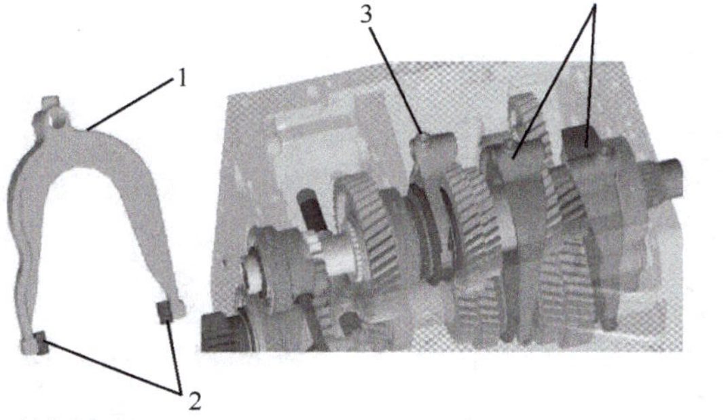

序号	零部件图号	零部件名称	数量
1	P5M37401110	一档、三档拨叉	2
2	P5M37401111	滑块	4
3	P5M37401112	四五档拨叉	1

设备及工艺装备

序号	规格	名称	数量

辅助材料

序号	规格	名称	数量
1	3#	锂基润滑脂	1

控制特性	检验频次		重要度	管理手段
	自检	专检		

工步内容　工时/min

工步 20　各档拨叉装配

①将 4、5 档拨叉（序号 3）放到输入轴同步器上，注意与螺纹孔距离远的一端冲向主离合器方向

②将两个预装好的 1 档拨叉滑块（序号 2）预装到 1 档拨叉（序号 1）上

③将预装好的 1 档拨叉滑块放到靠近中间轴前端部的同步器上，注意与螺纹孔距离近的一端冲向主离合器方向

④将两个预装好的拨叉（序号 2）预装到 2、3 档拨叉（序号 1）上

⑤将预装好的 2、3 档拨叉放到中间轴中部的同步器上，注意与螺纹孔距离远的一端冲向主离合器方向

图 3-1　变速器装配的派工单

所示。在该装配派工单中，详细规定了装配工位"前后变速器对接"装配的具体零部件，包括六角头螺栓 10 个、滚针轴承 1 个、调整垫片 1 个以及齿轮 1 个；还规定了装配过程中的具体设备及工艺装备、用到的辅助材料等信息；同时，具体给出了装配的具体工步、关键工步的控制特性等。

以电子元器件的生产为例，工作令是电子元器件企业生产过程执行时的重要依据，它既是车间生产计划的体现，也是制造过程信息记录的载体，如图 3-2 所示。

令号		镀膜令号		镀膜材料			初阻		
终阻		精度		数量			开令人		
温度系数范围/均值				工序变化范围/均值					
记事									
刻槽（关键）	投入数		序号	时间	X_1	X_2	X_3	X_4	X_5	均值	极差

令号		镀膜令号		镀膜材料		初阻	
终阻		精度		数量		开令人	
温度系数范围/均值			工序变化范围/均值				
记事							

刻槽（关键）	投入数		序号	时间	X_1	X_2	X_3	X_4	X_5	均值	极差
			1								
	产出数		2								
			3								
	设备号		4								
			5								
	砂轮片型号		6								
	槽宽		7								
	操作人		8								
	日期		$\overline{X}=$				$\overline{R}=$				
刻槽后处理	投入数	清晰时间	一遍		一遍		一遍		一遍		
	产出数	操作人				日期					

图 3-2 ×××型高稳定金属膜固定电阻器工作令

生产作业计划与综合生产计划、主生产计划相比，具有以下特点：

1）计划期更短。主生产计划的计划期常常为季、月，而生产作业计划详细规定每周、每日和每小时的工作任务。

2）计划内容更具体。主生产计划是全厂的计划，而生产作业计划则把生产任务落实到车间、工段、班组和工人。

3）计划单位更小。主生产计划一般只规定完整产品的生产进度，而生产作业计划则详细规定各零部件，甚至工序的进度安排。

3.2　生产作业计划的期量标准

视频 3-1　生产作业计划的相关术语

期量标准，即生产作业计划标准，是指为制造对象（如产品、部件、零件等）在生产期限和生产数量方面所规定的标准数据，是编制生产作业计划的重要依据，也是保证生产的配套性、连续性和充分利用设备能力的重要条件。制定合理的期量标准，对于准确地确定产品投入和产出时间，做好生产过程各环节的衔接，缩短产品生产周期，节约企业在制品占用，都有重要作用。

　　由于期量标准是有关生产期限和生产数量的标准，因企业的生产类型和生产组织形式不同而不同。表 3-1 所示为对大量（流水）生产、成批生产和单件生产的期量标准的对比描述。描述大量（流水）生产的期量标准包括节拍、流水线标准工作指示图表和在制品占用量定额；描述成批生产的期量标准包括批量、生产间隔期、生产周期、生产提前期和在制品占用量定额；而描述单件小批生产的期量标准主要有生产周期和生产提前期。下面分别介绍每种期量标准的具体含义。

表 3-1　不同生产类型的期量标准

主要期量标准	大量（流水）生产	成批生产	单件小批生产
节拍	√		
流水线标准工作指示图表	√		
批量		√	
生产间隔期		√	
生产周期		√	√
生产提前期		√	√
在制品占用量定额	√	√	

3.2.1　节拍

　　节拍是指流水线上连续产出两个相同制品之间的时间间隔。作为一种重要的期量标准，节拍决定了流水线的生产能力、生产速度和效率，是组织大量流水生产的依据。它是根据计划期内的计划产量和计划期内的有效工作时间确定的。在精益生产方式中，节拍是个可变量，它需要根据月计划产量做调整，这时会涉及生产组织方面的调整和作业标准的改变。

　　在大量流水生产模式下，节拍的计算公式为

$$R = T_{效}/Q \tag{3-1}$$

式中，R 是节拍，单位为 min/件；$T_{效}$ 是计划期有效工作时间，单位为 min；Q 是计划期制品产量，单位为件。

　　除计划中规定的任务外，还包括不可避免的废品。

　　计划期有效工作时间 $T_{效}$ = 计划期制度工作时间 $T_{制}$ × 时间利用系数 K，即 $T_{效} = T_{制}K$。其中，计划期制度工作时间 = 全年制度工作日数 × 班次 × 每班工作时间；时间利用系数 K 一般取值为 0.9~0.96 之间。

【例 3-1】

　　某制品流水线计划年销售量为 20000 件，另需生产备件 1000 件，废品率 2%，每年工作

254 天，两班制工作，每班 8h，时间有效利用系数 95%，求流水线的节拍。

解：

根据流水线节拍的定义及式（3-1），首先计算计划期有效工作时间 $T_{效}$：

$$T_{效} = 254 \times 2 \times 8 \times 60 \times 95\% = 231648 \, (min)$$

再计算计划期制品产量 Q：

$$Q = (20000 + 1000) / (1 - 2\%) = 21429 \, (件)$$

再根据式（3-1）计算流水线的节拍 R：

$$R = T_{效} / Q = 231648 / 21429 = 11 \, (min/件)$$

3.2.2 流水线标准工作指示图表

流水线标准工作指示图表又称流水线标准作业指示图表，是为确保流水线按规定的节拍工作而对每个工作地制定的详细工作制度，以确保大量流水生产中每个工作地都按一定的节拍反复完成规定的工序。正确制定流水线标准工作指示图表，对提高生产效率、提高设备利用率和减少在制品起着重要作用，它还是简化生产作业计划、提高生产作业计划质量的有效工具。一般情况下，流水线标准工作指示图表是根据流水线的节拍和工序时间定额来制定的，随流水线的工序同期化程度不同而不同。

连续流水线的工序同期化程度很高，各个工序的节拍基本等于流水线的节拍，工作地的负荷率高，也不存在工人利用个别设备不工作的时间去兼顾其他设备的问题。因此，连续流水线标准工作指示图表比较简单，只要规定每条流水线在轮班内的工作中断次数、中断时刻和中断时间即可。图 3-3 是连续流水线标准工作指示图表的一个例子，图中每个黑色方块代表间断一次，每次间断时间为 10min。

流水线特点	时间/h								一班总计		
	1	2	3	4	5	6	7	8	间断次数（次）	间断时间/min	工作时间/min
装配简单产品		■			■				2	20	460
装配复杂产品		■			■				2	30	450
机加工（使用耐用期长的工具）		■	■		■	■			4	40	440
机加工（使用耐用期短的工具）	■		■		■	■			6	60	420
热处理	■	■	■		■	■	■		6	60	420

（注：4、5 之间为"中间休息"）

图 3-3 连续流水线标准工作指示图表

间断流水线由于各工序的生产率不一致，因此编制间断流水线标准工作指示图表比较复杂。其步骤一般包括：①确定看管期；②确定看管期内各工作地的产量及负荷；③计算看管期内各工作地的工作时间长度；④确定工作起止时间；⑤确定每个工作地的人员数量及劳动组织形式等。

流水线的看管期是指员工依次到所看管的设备上工作，经历一个工作循环所需要的时间。看管期越长，流水线生产的连续性、节奏性越差，生产线积存的在制品越多，因而占用的生产面积和流动资金也越多。

间断流水线由于各工序的工序节拍与流水线的节拍不同步，各道工序的生产效率不协调，生产中会出现停工停料或等停加工的现象。间断流水线工作与中断时间交替如图 3-4 所示。

流水线产品名称				班次	日产量（件）	节拍（min/件）	运输批量（件）	节奏（min/件）	看管周期/h	看管周期产量（件）
××零件				2	300	2	1	2	2	60
工序号	工时定额/min	工作地号	工人号	劳动组织	每一个看管期（2h）标准工作进度					看管期产量
					10 20 30 40 50 60 70 80 90 100 110 120					
1	4	01	01	多机床看管						30
		02	01							30
2	2	03	02							60
3	3	04	03	兼管06工作地						40
		05	04							20
4	1	06	04							60
5	2.5	07	05	兼管09工作地						48
		08	06							12
6	1.5	09	06							60
7	2.8	10	07							60

图 3-4　间断流水线工作与中断时间交替

间断流水线标准工作指示图表中所规定的内容如下：

1）每个工作地在看管期内的工作延续时间。当只有一个工作地工序时，它的工作延续时间 T_s 等于流水线看管期产量 P_L 与单件工时 t_0 的乘积，即 $T_s = P_L t_0$，式中，看管期产量 $P_L = T_L/R$。

如图 3-4 所示，图中的看管期 T 为 2h（即 120min），节拍为 2min/件，因此看管期产量 $P_L = 120/2 = 60$（件）。当有多个工作地（S_0）且各工作地的工作时间相等时，它的工作延续时间 $T_s = (P_L/S_0)t$。

图 3-4 中，工序 1 有 01、02 两个工作地，工时定额 $t = 4min$，所以 $T_s = 60/2 \times 4 = 120$（min）。当有多个工作地且各个工作地时间不等时，可尽可能使负荷集中在一个工作地，而将剩余的负荷分配给其他工作地。

2）规定各工作地在看管期内的工作起止时间以及工人任务的分配。对于工作延续时间小于看管期长度的工作地，要根据是否有可能使工人兼做其他工序，充分发挥工人在工时利用上的潜力的原则，安排工人的工作起止时间。

3.2.3 批量和生产间隔期

批量和生产间隔期是成批生产的重要期量标准。成批生产是企业按一定时间间隔依次轮番生产多种产品，因此需要妥善安排所需生产产品的轮番顺序及每个批次的产量，保证有节奏地均衡生产所需产品。

批量是指在成批生产方式下，同时投入生产并消耗一次准备时间，所制造的同种零件或产品的数量。

生产间隔期是指在成批生产方式下，两批相邻相同产品（零件）投入或产出的时间间隔。根据该定义，可知生产间隔期是批量的时间表示，两者之间关系的表达式为

$$批量 = 生产间隔期 \times 平均日产量 \tag{3-2}$$

式中，平均日产量＝计划期产量÷计划期工作日数。

3.2.4 生产周期

生产周期是从原材料投入生产开始，到成品产出为止的整个生产过程所需的日历时间（或工作日数），如图3-5所示。成批生产中的生产周期是按零件工序、零件加工过程和产品进行计算的。其中，零件工序生产周期是计算产品生产周期的基础。

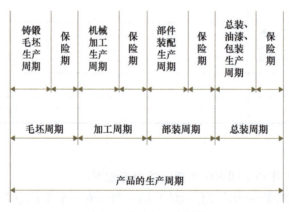

图 3-5　产品的生产周期

产品的生产周期一般由产品进度计划网络图中关键路径的长度来确定，如图3-6所示。

1. 零件工序生产周期

零件工序生产周期是一批零件在各道工序上的制造时间。其表达式为

$$T_{op} = \frac{Q}{SF_e K_t} + T_{se} \tag{3-3}$$

式中，T_{op} 是批零件的工序生产周期；F_e 是有效工作时间总额；K_t 是工时定额完成系数；S 是同时完成该工序的工作地数；Q 是零件批量；T_{se} 是准备结束时间。

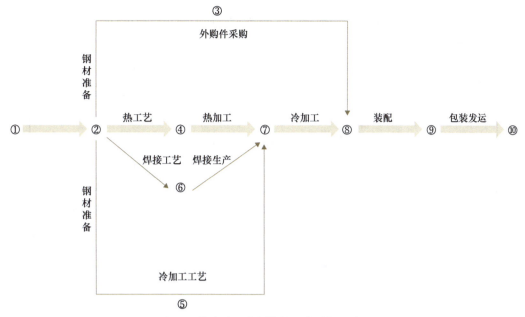

图 3-6　某产品生产周期的进度计划网络图

2. 零件加工过程的生产周期

在成批生产中，零件是成批加工的，因此，零件加工过程的生产周期在很大程度上取决于零件在工序间的移动方式。通常先按顺序移动方式计算一批零件的生产周期，然后用一个平行系数加以修正。第 1 章 1.4 节详细介绍了零件在各道工序间的移动方式，主要包括三种：顺序移动方式、平行移动方式和平行顺序移动方式。因此，根据这三种移动方式可以计算零件加工过程的生产周期（具体参见本书 1.4 节内容）。

3. 产品生产周期

在零件加工过程生产周期确定后，并按此计算毛坯制造、产品装配及其他工艺阶段的生产周期。在此基础上，根据装备系统图及工艺阶段的生产同期的平衡衔接关系，编制出生产周期图表，确定产品生产周期。

3.2.5　生产提前期

生产提前期是产品（毛坯、零件）在各工艺阶段产出（或投入）的日期比成品产出的日期应提前的时间。产品装配产出期是计算提前期的起点，生产周期和生产间隔期是计算提前期的基础。提前期分为投入提前期和产出提前期。

投入提前期是指各车间投入的日期比成品产出日期应提前的时间。其表达式为

$$某车间投入提前期 = 该车间产出提前期 + 该车间生产周期 \tag{3-4}$$

产出提前期是指各车间产出的日期比成品产出日期应提前的时间。其表达式为

$$某车间产出提前期 = 后一车间投入提前期 + 保险期 \tag{3-5}$$

上述两个公式是前后车间批量相等情况下提前期的计算方法。实际上，计算生产提前期主要是根据生产周期，以此为基础再加上保险期。当前后车间批量不相等时，还需要考虑生产间隔期。

生产计划与控制

生产提前期的计算可按产品/零件的工艺过程及其加工顺序连锁进行，如图 3-7 所示。

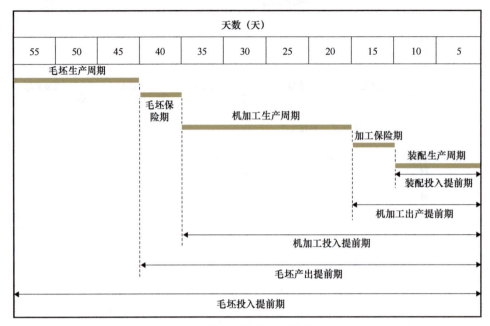

图 3-7　某机械企业车间提前期

投入提前期计算的是本车间的产出提前期加上本车间的生产周期，都是本车间内部的。一般来说，车间之间的批量可以不等，而车间内部的投入和产出批量相等。所以，即使车间之间的批量不等，也不会影响车间投入提前期的计算。

某车间产出提前期要以后一车间投入提前期为基础，加上一个保险期。因此，当后一车间的批量与本车间的批量不等时，还要加上本车间生产间隔期和后一车间生产间隔期之差，即前后车间的生产间隔期之差。由于前后车间的批量不等，所以前后车间的生产间隔期也不等，生产间隔期与批量成正比。

【例 3-2】

给定某企业毛坯车间的批量是 500 件，机加工车间的批量是 250 件，每月任务是 500 件，保险期为 2 天，假设一个月有 24 个工作日，试计算投入产出提前期。

解：

由已知条件知，毛坯车间是一个月一批，机加工车间则是一个月两批，机加工一批工作日是 12 天。因此

毛坯车间投入提前期＝一个月工作日天数+毛坯车间产出提前期

毛坯车间产出提前期＝机加工车间投入提前期+保险期+两车间生产间隔期之差

机加工车间投入提前期＝机加工车间产出提前期+机加工车间产出日期＝0+12＝12(天)

毛坯车间产出提前期＝12+2+(24−12)＝26(天)

毛坯投入提前期＝24+26＝50(天)

加上前后车间间隔期之差的目的在于前一车间生产一批要供后一车间两批使用，前一车间毛坯是 500 件，后一车间需要两批加工，先用一半，隔一段时间再用一半，所以等待的时间要长一些。

3.2.6　在制品占用量定额

在制品是指从原材料投入到产品入库为止，处于生产过程中尚未完工的所有零件、组件、部件和产品的总称。

在制品占用量定额是指在一定的时间、地点和生产技术组织条件下为保证生产的连续进行而制定的必要的在制品数量标准。

在制品占用量按存放地点可分为流水线（车间）内在制品占用量和流水线（车间）间在制品占用量；按性质和用途可分为工艺占用量、运输占用量、周转占用量和保险占用量。在制品占用量分类如图 3-8 所示。

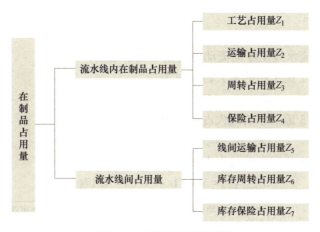

图 3-8　在制品占用量分类

如图 3-8 所示，大量流水生产的流水线内在制品占用量可分为工艺占用量、运输占用量、流动占用量和保险占用量；流水线间在制品占用量可以分为线间运输占用量、库存周转占用量、库存保险占用量。

1. 工艺占用量（Z_1）

工艺占用量是指正在流水线各道工序内的每个工作地上加工、装配或检验的在制品数量。其表达式为

$$Z_1 = \sum_{i=1}^{m} S_i g_i \tag{3-6}$$

式中，S_i 是第 i 道工序的工作地数；m 是流水线的工序数目；g_i 是第 i 道工序上工作地同时加工的零件数。

2. 运输占用量（Z_2）

运输占用量是指处于运输过程中或放置在运输装置上的在制品占用量。它取决于运输方式、运输批量、运输间隔期、零件体积及存放地的情况等因素。

当采用连续输送装置运送时，其表达式为

$$Z_2 = \frac{L}{l} \times n_t \tag{3-7}$$

式中，L 是运输装置的长度，单位为 m；l 是相邻两个运输装置的距离；n_t 是运输批量。

3. 周转占用量（Z_3）

由于平衡前后相邻工序生产率周而复始积存的在制品占用量，称为周转占用量，也称工序间流动占用量。工序间流动占用量可将分析计算法和图表法结合起来加以确定。

（1）分析计算法 其表达式为

$$Z_{max} = \frac{t_s s_i}{t_i} - \frac{t_s s_j}{t_j} \qquad (3-8)$$

式中，t_s 是两相邻工序同时工作的时间；i 是前工序；j 是后工序；s_i、s_j 是第 i、j 工序的工作地数；t_i、t_j 是第 i、j 工序的单位工时。

t_s 为正值，表明最大占用量是在同时工作结束时形成的；如为负值，表明最大占用量是在同时工作前形成的。

【例 3-3】

图 3-9 为某间断流水线工序间流动占用量变化示意图，可求：

第 1 道工序与第 2 道工序的最大占用量为

$$Z_{max\ 1-2} = 50 \times (2/8 - 1/2) = -12.5(件)$$

第 2 道工序与第 3 道工序的最大占用量为

$$Z_{max\ 2-3} = 50 \times (1/2 - 1/4) = 12.5(件)$$

第 3 道工序与第 4 道工序的最大占用量为

$$Z_{max\ 3-4} = 50 \times (1/4 - 1/6) = 4.17(件)$$

流水线名称		工作班次	平均节拍（min/件）	运输批量（件）	运输节拍（min/件）	每班看管次数（次）	看管周期/min	
螺钉流水线		2	4	1	4	4	100	
工序号	看管期任务（件）	时间定额/min	工作地号	工作地负荷（件）	工人号	工人去处	时间/min	最大占用量（件）	看管期末流动占用量（件）
							0 — 50 — 100		
1	25	8	1 / 2	100 / 100	1 / 2				
2	25	2	3	50	3	6		-12.5	12.5
3	25	4	4	100	4			12.5	0
4	25	6	5 / 6	100 / 50	5 / 3			4.17	0

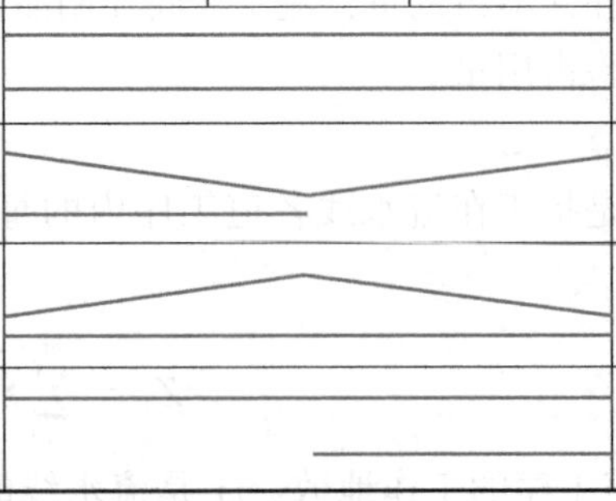

图 3-9 某间断流水线工序间流动占用量变化

（2）图解法 根据上述计算结果，并通过对图 3-9 的分析，可以看出：第 1 道工序有 2 个工作地，在与第 2 道工序同时工作的 50min 内，共生产 12.5 件在制品；第 2 道工序有 1 个工作地，50min 内生产 25 件在制品。所以，为了保证第 2 道工序能不停歇地生产，在同时工作开始前，第 1 道工序就应给第 2 道工序准备 12.5 件在制品。如果不这样，3 号工人在第 2 道工序时做时停，就不可能在后 50min 内兼做第 4 道工序，因而使整个流水线要另外增加一名工人。当第 2 道工序停止工作后，第 1 道工序仍然继续生产，在后 50min 内为第 2 道工序准备 12.5 件在制品的占用量，如此周而复始，在第 1 道工序和第 2 道工序之间，在制品从最大占用量逐渐减少到 0，再由 0 逐渐增加到最大占用量。

4. 保险占用量（Z_4）

为整个流水线设置的保险占用量常集中在流水线的末端，是用来弥补出现废品和生产故障时造成零件供应中断而设置的在制品；为工作地设置的专用保险占用量，常集中于关键的工作地旁边。其表达式为

$$Z_4 = 消除故障时间/工序单件工时 \tag{3-9}$$

由以上可知，车间内部占用量 $Z_{in} = Z_1 + Z_2 + Z_3 + Z_4$。

5. 线间运输占用量（Z_5）

线间运输占用量与流水线内在制品占用量中的运输占用量（Z_2）相同。

6. 库存周转占用量（Z_6）

库存周转占用量是指车间或流水线之间为协调工作而占用的零部件或毛坯数量。它是由于前后两车间或流水线之间生产效率不等以及工作制度（班次或起止时间）不同而形成的在制品的占用量。其表达式为

$$Z_6 = Z_{in}(P_1 - P_h) \tag{3-10}$$

式中，Z_{in} 是生产效率较低的车间或流水线的班产量；P_1 是生产效率较低的车间或流水线的班次；P_h 是生产效率较高的车间或流水线的班次。

7. 库存保险占用量（Z_7）

库存保险占用量是由于供应车间（或流水线）交付延期或出现大量废品，为保证需用车间正常生产而设置的在制品的占用量。其表达式为

$$Z_7 = T_{in}/R \tag{3-11}$$

式中，T_{in} 是供应车间（或流水线）的恢复间隔期；R 是供应车间（或流水线）的生产节拍。

由以上可知，流水线间在制品占用量 $Z_{st} = Z_5 + Z_6 + Z_7$。

在确定在制品占用量定额时，需要特别注意，对不同车间（或流水线）应明确哪种占用量在生产中起主导作用。例如，毛坯车间的在制品占用量包括工艺占用量、周转占用量和保险占用量三种，其中周转占用量所占比重最大；机加工车间的在制品占用量包括工艺占用量、运输占用量、周转占用量和保险占用量四种，其中工艺占用量所占比重最大。同时，在制品占用量定额是按一种零件分别计算的，计算时应考虑生产过程的衔接，结合标准作业计划加以确定，然后按存放地点汇总成分零件的占用量定额表。

在制品占用量定额一经批准，就成为企业生产计划工作中的一个非常重要的期量标准，对稳定生产作业计划秩序和协调生产活动有着极重要的作用。因此，要注意定额水平的变动情况并进行定期调整，以满足企业生产需要。

3.3　生产作业计划的编制

视频 3-2　生产作业计划的编制方法

编制生产作业计划，就是把生产计划中所规定的有关任务，按照月、旬、周、日以至小时安排轮班，合理地分配到车间、工段、小组以至工作地和个人，从而保证整个企业生产计划规定的生产任务能够按品种、质量、产量和期限完成。

在规模化的批量生产模式下，编制生产作业计划的主要依据是综合生产计划、主生产计划和各项订货合同、前期生产作业计划的预计完成情况、前期在制品周转结存预计、产品劳动定额及其完成情况、现有生产能力及其利用情况、原材料、外购件、工具的库存及供应情况、设计及工艺文件或其他有关技术资料、产品的期量标准及其完成情况等。根据企业类型和生产规模的不同，生产作业计划的安排不尽相同。在编制车间生产作业计划时，总体上需要考虑以下几个编制原则：

1) 全面性。全面性即生产作业计划应把主生产计划所规定的品种、产量、质量和交货期全面安排和落实。

2) 协调性。协调性即使生产过程各阶段、各环节在品种、数量、进度和投入产出等方面都协调配合、紧密衔接。

3) 可行性。可行性即充分考虑企业现有条件和资源，使其能够保证生产作业计划的顺利执行。

4) 经济性。经济性是指生产作业计划要有利于提高生产效率和经济效益。

5) 适应性。适应性是指生产作业计划要适应企业内外条件和环境的变化，并能根据生产条件和外部环境及时调整、补充和修正。

3.3.1　厂级生产作业计划

厂级生产作业计划是由厂级生产管理部门根据企业年度（季度）生产计划，编制的各车间的月（旬、周）生产作业计划，包括产出品种、数量（投入量、产出量）、日期（投入期、产出期）和进度（投入进度、产出进度）。为各车间分配生产任务时必须与生产能力相平衡，并且使各车间的任务在时间和空间上相互衔接，保证按时、按量、配套地完成生产任务。编制厂级生产作业计划时，首先要确定编制计划时所关注的生产对象，即从产品、部件、零件组或者零件中选择编制计划的具体对象；然后再确定各车间的生产作业任务。

1. 计划对象的选择

计划对象的选择，是编制生产作业计划时规定生产任务所用的计算单位，反映了生产作业计划的详细程度，即各级分工关系。

（1）以产品为计划对象　以产品作为编制生产作业计划时分配生产任务的计算单位。采用这种单位规定车间生产任务的特点是不区分装配产品需用零件的先后次序，也不论零件生产周期的长短，只统一规定投入产品数、产出产品数和相应日期，不具体规定每个车间生产的零件品种、数量和进度。以产品为计划对象进行厂级作业计划编制，便于工厂内各个车间根据自己的实际情况灵活调度；缺点是整个生产的配套性差，生产周期长，在制品占用量大。

（2）以部件为计划对象　以部件作为分配生产任务的计算单位。采用部件计算单位编制生产作业计划时，根据装配工艺的先后次序和主要部件中主要零件的生产周期，按部件规定投入和产出的品种、数量及时间。这种作业计划编制的优点是生产的配套性较好，车间也具有一定的灵活性；缺点是编制计划的工作量大。

（3）以零件组为计划对象　以生产中具有共同特征的一组零件作为分配生产任务的计算单位。同一组零件中的各零件，加工工艺相似，投入装配的时间相近，生产周期基本相同。如果装配周期比较长，而且各零件的生产周期相差悬殊，这时采用零件组计算单位可以减少零件在各生产阶段中及生产阶段间的搁置时间，从而减少在制品及流动资金占用。采用这种计算单位的优点是生产配套性好，在制品占用少；缺点是计划工作量大，不容易划分零件组，车间灵活性较差。

（4）以零件为计划对象　以零件作为各车间生产任务的计算单位。采用零件为计算单位进行厂级作业计划编制，首先，根据生产计划规定的生产任务层层分解，计算出每种零件的投入量、产出量、投入期和产出期要求。然后，以零件为单位为每个生产单位分配生产任务，具体规定每种零件的投入量、产出量、投入期、产出期。大量流水生产企业中采用这种计算单位比较普遍。它的优点是生产的配套性好，在制品及流动资金占用少，生产周期短，同时，当发生零件的实际生产与计划有出入时，易于发现问题并调整处理；缺点是编制计划的工作量很大。

目前，以 MRP 为核心的企业生产计划管理软件，如制造资源计划（MRP Ⅱ）、企业资源计划（ERP）等已在企业中广泛应用，使生产计划编制的工作量大大减少。企业可以通过生产计划管理软件完成生产作业计划编制工作。尽管如此，在进行生产作业计划编制时，对于不同的计划对象仍然要注意区分其各自的优缺点。不同计划对象进行生产作业计划编制的优缺点对比见表 3-2。

表 3-2　不同计划对象进行生产作业计划编制的优缺点对比

计 划 对 象	生产配套性	占 用 量	计划工作量	车间灵活性
产品	差	最大	小	强
部件	较好	较大	较大	较强
零件组	好	较少	大	较强
零件	好	少	大	差

2. 确定各车间生产任务

编制厂级生产作业计划的主要任务是根据企业的生产计划，为每个车间正确地规定每一种制品（部件、零件）的产出量和产出期。安排车间生产任务的方法随车间的生产类型和生产组织形式而不同，主要有在制品定额法、提前期法（累计编号法）、生产周期法。

（1）在制品定额法　在制品定额法也称连锁计算法。它根据在制品定额来确定车间的生产任务，保证各车间生产的衔接。大量流水生产企业中各车间生产的产品品种较少，生产任务稳定，各车间投入和产出数量及时间有密切的配合关系。大量流水生产企业生产作业计划的编制，重点在于解决各车间在生产数量上的协调配合。这是因为同一时间各车间都在完成同一产品的不同工序，这就决定了"期"不是最主要的问题，而"量"是最主要的，在制品定额法正好适合这种特点，并可以很好地控制在制品数量。

因此，大批大量生产条件下，需要着重解决各车间在生产数量上的衔接。在制品定额法就是根据大量大批生产的这一特点，用在制品定额作为调节生产任务数量的标准，以保证车间之间的衔接。也就是运用预先制订的在制品定额，按照工艺反顺序计算方法，调整车间的投入和产出数量，顺次确定各车间的生产任务。车间产出量和投入量计算如下：

$$本车间产出量=后续车间投入量+本车间半成品外售量+ \tag{3-12}$$
$$（车间之间半成品占用定额-期初预计半成品库存量）$$

$$本车间投入量=本车间产出量+本车间计划允许废品数+ \tag{3-13}$$
$$（本车间期末在制品定额-本车间期初在制品预计数）$$

具体车间投入量和产出量的计算见表 3-3。

表 3-3　车间投入量与产出量计算表

位　　置	序　号	项　　目	数量（台）	
		产品名称	130 汽车	
		产品产量（辆）	10000	
		零件编号	A1-001	A1-012
		零件名称	齿轮	轴
		每辆件数（件）	1	4
装配车间	1	产出量（辆）	10000	40000
	2	废品及损耗（件）	—	—
	3	在制品定额（件）	1000	5000
	4	期初预计在制品结存量（件）	600	3500
	5	投入量（1+2+3-4）（件）	10400	41500
零件库	6	半成品外售量（件）	—	2000
	7	库存半成品定额（件）	900	6000
	8	期初预计结存量（件）	1000	7100
加工车间	9	产出量（5+6+7-8）（件）	10300	42400
	10	废品及损耗（件）	100	1400
	11	在制品定额（件）	1900	4500
	12	期初预计在制品结存量（件）	600	3400
	13	投入量（9+10+11-12）（件）	11700	44900
毛坯库	14	半成品外售量（件）	500	6100
	15	库存半成品定额（件）	2000	10000
	16	期初预计结存量（件）	3000	10000
毛坯车间	17	产出量（13+14+15-16）（件）	11200	51000
	18	废品及损耗（件）	900	—
	19	在制品定额（件）	400	2500
	20	期初预计在制品结存量（件）	300	1500
	21	投入量（17+18+19-20）（件）	12200	52000

（2）提前期法（累计编号法）　提前期法又称累计编号法。这种方法适用于成批轮番生产的企业，特别是生产大型高价产品的企业。成批生产的厂级生产作业计划，其内容包括安排各车间投入、产出的制品种类、时间与数量。成批生产的生产作业计划编制思路与大量

生产类似，但在具体方法上又有不同。在大量生产情况下，由于生产任务稳定，可以通过控制在制品数量实现生产作业计划的编制；而在成批生产情况下，由于生产任务不稳定，故无法采用在制品定额法编制生产作业计划，但是，通过产品的交货日期可以逆序计算出各工艺阶段的提前期，再通过提前期与量之间的关系，将提前期转化为投入量与产出量。这种基于提前期的方法就称为累计编号法。

从"期"的衔接到以"量"的衔接。这就是将预先制定的提前期转化为提前量，确定各车间计划期应达到的投入和产出的累计数，减去计划期前已投入和产出的累计数，求得车间计划期应完成的投入和产出数。提前期的原理就是首先解决车间之间在生产期限上，也就是时间上的联系，然后再把这种时间上的联系转化为数量上的联系。

采用累计编号法时，生产的产品必须实行累计编号，即从年初或开始生产该型号的产品起，按照成品产出的先后顺序，为每一个产品编一个累计号码。在同一个时间点，产品在某一生产工艺阶段上的累计号码同成品产出的累计号码之差称为提前量，其大小与提前期成正比。累计编号法的一般步骤如下：

1）确定各个生产环节的提前期定额与批量定额。提前期包括投入提前期与产出提前期。某车间投入提前期=车间产出提前期+车间生产周期。而产出提前期的计算需要考虑前后两车间的批量是否相同：若批量相同，则某车间产出提前期=后一车间投入提前期+保险期；若批量不同，某车间产出提前期=后一车间投入提前期+保险期+（本车间生产间隔期-后一车间生产间隔期）。

2）计算各车间在计划期末产品产出和投入应达到的累计编号。累计编号过程中可以发现两点：第一，前一车间的累计编号一定大于后一车间的累计编号；第二，各车间累计编号有大有小，各车间累计编号的相差数就是提前量。提前量的计算式为

$$提前量 = 提前期 \times 平均日产量 \qquad (3\text{-}14)$$

对应的，车间产出累计编号和投入累计编号的计算式为

本车间产出累计编号-最后车间产出累计编号+本车间产出提前期×最后车间平均日产量

$$(3\text{-}15)$$

本车间投入累计编号=最后车间产出累计编号+本车间投入提前期×最后车间平均日产量

$$(3\text{-}16)$$

【例 3-4】

某公司 4 月份编制 5 月份的作业计划，需要计算 5 月底各车间应达到的累计编号。计划期末（5 月底）成品产出的累计编号假定为 195 号；假定 1~3 月的实际产量为 100 台，即累计编号是 100 号；另外预计 4 月份产量为 35 台，根据生产计划要求，5 月份要完成 50 台，则 5 月底成品产出累计编号就应达到 185 号。给定市场日产量，假定 5 月份工作日按 25 天计算，平均日产量为 50/25=2（台/天）。物料的提前期数据如图 3-7 所示。

解：

具体计算过程如下：

1）装配车间产出累计编数 = 185+0×2=185（号）

2）装配车间投入累计编数 = 185+10×2=205（号）

3）机加工车间产出累计编号 = 185+15×2=215（号）

4）机加工车间投入累计编号 = 185+35×2=255（号）

5）毛坯车间产出累计编号=185+40×2=265（号）

6）毛坯车间投入累计编号=185+55×2=295（号）

有了投入和产出累计编号，就可以确定本车间在计划期的产出（或投入）量：

计划期车间产出(或投入)量=计划期末产出(或投入)累计编号

装配车间计划期末应达到的产出累计编号是185号，计划期初已产出的累计编号可以通过统计得知，假定为125号，两者相减是60号，这就是装配车间在计划期内（5月份）的产出量，即60台。这是用绝对数表示的产量任务。同样道理，用装配车间计划期末应达到的投入累计编号205号减去通过统计得知的计划期初已达到的投入累计编号（假定为145号），就是装配车间在计划期内（5月份）的投入量，计算结果是60台。

其余车间：加工车间产出量=215-150=65（台）；机加工车间投入量=255-195=60（台）；毛坯车间产出量=265-205=60（台）；毛坯车间投入量=295-245=50（台）。

（3）生产周期法　生产周期法适用于单件小批生产。单件小批生产企业一般是按订货来组织生产，因而生产的数量和时间都不稳定，因此不能用累计编号法，更不能用在制品定额法。单件小批生产企业编制作业计划要解决的主要问题是各车间在生产时间上的联系，以保证按订货要求如期交货，这一点与大量流水线生产及成批生产是不一样的，大量大批生产主要是解决数量上的联系。从这个特点出发，单件小批生产采用生产周期法，即用计算生产周期的方法来解决车间之间在生产时间上的联系。

生产周期法的具体步骤如下：

1）为每一批订货编制一个产品生产周期进度表。这个表是单件小批生产编制生产作业计划的依据，实际上也是一种期量标准。

2）为每一批订货编制一份订货生产说明书。有了产品生产周期进度表以后，各车间在生产时间上的联系已经可以确定，但是具体的投入和产出日期还没说明，因此需要进行推算，见表3-4。

表3-4　订货生产说明书示例

订货编号	交货日期	成套部件编号	工艺路线	投　入　期	出　厂　期
302	3月25日	126	铸造车间	1月20日	2月15日
—	—	—	机加工车间	2月25日	3月10日
—	—	—	装配车间	3月15日	—

3）把有关资料汇总成各车间的生产作业计划。为将订货生产说明书中各车间的生产任务下达到车间进行作业执行，需要从各订货生产说明书中摘录出各车间的具体任务，再按照车间分别汇总，进而形成车间的生产作业计划。

综上所述，因为生产类型的不同，作业计划所要解决的具体问题不同，有的是解决数量上的联系，有的是解决时间上的联系；解决数量上的联系时，有的生产比较稳定，有的不太稳定。此外，不同生产类型的生产条件也不同。因此，根据生产类型的不同采取不同的方法，如大量生产采用在制品定额法，成批生产采用提前期法（累计编号法），单件小批生产采用生产周期法。

3.3.2　车间生产作业计划

　　车间生产作业计划主要包括对车间生产作业计划任务、工段（班、组）生产作业任务，以及工段（班、组）内部生产作业任务等内容的具体安排。车间生产作业计划的编制工作由车间及工段计划人员完成。

　　在大量流水线生产条件下，一条流水线可以完成零件的全部工序或大部分主要工序。工段的生产对象也就是车间的生产对象，这是企业给车间下达的计划所规定的产品品种、数量和进度，也就是工段的产品品种、数量和进度。若厂级生产作业计划采用的计算单位是零件，则对其略加修改就可作为车间内部的生产作业计划，不必再做计算；若采用的计算单位是产品或部件，则首先需要分解，然后再以零件为单位将任务分配到各流水线（工段）。

1. 车间生产作业计划的编制原则

　　进一步把生产任务落实到工作地和工人，并使之在生产的日期和数量上协调衔接。其内容包括工段、工作地月度或旬的生产作业计划和工作班的安排。

　　车间内部生产作业计划编制的原则有：

　　1）保证厂级生产作业计划中各项指标的落实。

　　2）认真进行各工种、设备生产能力的核算和平衡。

　　3）根据任务的轻重缓急，安排零件投入、加工和产出进度。

　　4）保证前后工段、前后工序互相协调、紧密衔接。

2. 大量（大批）**生产工段**（小组）**作业计划的编制方法**

　　对于产品品种少、生产稳定、节拍生产的流水线，车间内部作业计划的编制工作比较简单，一般只需从厂级月度作业计划中，将有关零件的产量按日均匀地分配给相应工段（班组）即可。通常用标准计划法对工段（小组）分配工作地（工人）生产任务，即编制出标准计划指示图表，把工段（小组）所加工的各种制品的投入产出顺序、期限和数量，以及各工作地的不同制品次序、期限和数量全部制定成标准，并固定下来。可见，标准计划就是标准化的生产作业计划，有了它就可以有计划地做好生产前的各项准备工作。严格按标准安排进行生产活动，就不必每日都编制计划，而只需要对每月产量任务做适当调整即可。

3. 成批生产车间内部作业计划的编制方法

　　成批生产车间内部作业计划的编制方法取决于车间内部化生产组织形式和成批生产的稳定性。如果工段（小组）是按对象原则组成的，各工段（小组）生产的零件也就是车间零件分工表中所规定的零件，因此，工段（小组）月计划任务只要从车间月度生产任务中摘出，无须进行计算；如果工段（小组）是按工艺原则组成的，那么可采用在制品定额法或累计编号法，通过在制品定额和提前期定额标准安排任务，并编制相应的生产进度计划。

4. 单件（小批）**生产车间内部作业计划的编制方法**

　　单件小批生产品种多，工艺和生产组织条件不稳定，不能编制零件分工序进度计划。根据单件小批生产的特点，对于单个或一次投入一次产出的产品，先对其中的主要零件、主要工种安排计划，用以指导生产过程中各工序之间的衔接。其余零件可根据产品生产周期表中所规定的各工序阶段提前期类别，或按厂部计划规定的具体时期，以日或周为单位，按各零件的生产周期规定投入和产出时间。

3.4 生产作业排序概述

视频 3-3 生产作业排序的影响因素与评价

编制生产作业计划实质上是要将资源分配给不同的任务，按照既定的优化目标，进而确定各种资源利用的时间问题。由于每台机器都可能被分配了多项任务，而这些任务受到加工路线的约束，就带来了零件在机器上加工的顺序问题。

作业排序就是在企业运用物料需求计划确定了各项物料的生产、采购计划之后，把企业加工工件的生产计划转变为每个班组、每个人员、每台设备的工作任务。因此，生产作业排序是指确定每台设备、每个人员每天的工作任务和工件在每台设备上的加工顺序的过程。

一般来说，作业计划（Scheduling）与作业排序（Sequencing）具有不同的含义。作业排序只是确定工件在机器上的加工顺序；而作业计划则不仅包括确定工件的加工顺序，而且还包括确定机器加工每个工件的开始时间和完成时间。因此，只有作业计划才能指导每个工人的生产活动。

在编制作业计划时，有时一个工件的某道工序完成之后，执行下一道工序的机器还在加工其他工件，这时工件要等待一段时间才能开始下一道工序，这种情况称为"工件等待"；有时一台机器已经完成对某个工件的加工，但随后要加工的工件还未到达，这种情况称为"机器空闲"。

由于编制作业计划的关键是解决各台机器上工件的加工顺序问题，而且在通常情况下都是按最早可能开/完工时间来编制作业计划的，因此当工件的加工顺序确定之后，作业计划也就确定了。所以，人们常常将"排序"与"编制作业计划"这两个术语不加区别地使用。为清晰区分生产作业计划编制及排序中的主要术语，列表如下：

- 编制作业计划或日程安排：确定零件的加工顺序；加工任务的分配；确定加工每个零件的开始时间和完成时间。
- 排序：确定零件在机器上的加工顺序。
- 派工：根据任务排序，将工作安排到具体设备和工人。
- 机器：可以是工厂里的各种机床，也可以是维修工人；可以是轮船要停靠的码头，也可以是计算机的中央处理单元、存储器和输入/输出单元。
- 零件：代表"被加工对象"，可以是单个零件，也可以是一批相同的零件。
- 加工路线：是零件加工的工艺过程决定的，它是零件加工在技术上的约束。
- 加工顺序：表示每台机器加工 n 个零件的先后顺序，是排序和编制作业计划要解决的问题。
- 调度：是编制作业计划后实施生产控制所采取的一切行动。"编制作业计划"是加工制造发生之前的活动。

3.4.1　生产作业排序的任务和目标

在某机器上或某工作中心决定哪个作业首先开始工作的过程称为排序或优先调度排序。工作中心生产作业排序的主要目标如下：

1）满足交货日期。

2）极小化提前期。

3）极小化准备时间或成本。

4）极小化在制品库存。

5）极大化设备或劳动力的利用。

具体而言，在生产作业排序系统的设计中，必须满足各种不同功能活动的要求。有效的生产作业排序系统应该能够做到：

1）对将要做的工作进行优先权设定，以使工作任务按最有效的顺序排列。

2）针对具体设备分配任务及人力，通常以可利用和所需的能力为基础。

3）以实施为目标分配工作，以使工作任务如期完成。

4）不断监督以确保任务的完成。周期性检查是保证分配的工作如期完成的一种常用方法。

5）对实施过程中出现的问题或异常情况进行辨识，这些问题或异常情况有可能改变已排序工作的状况，需要探索、运用其他解决问题的方法。

6）基于现存状况或订单变化情况对目前的作业排序进行回顾和修改。

3.4.2　生产作业排序系统的特征

在工艺专业化情况下，工件需按规定路线在各个按功能组织的工作中心之间移动。当一个工件到达一个工作中心时，生产作业排序设计决定了工件加工顺序，以及分配相应的机器来对这些工件进行加工。生产作业排序系统相互之间的区别主要取决于以下两个特征：

（1）作业排序时是如何考虑生产能力的：无限负荷或有限负荷

1）无限负荷。无限负荷是指当将工作分配给一个工作中心时，只考虑它需要多少时间，而不直接考虑完成这项工作所需的资源是否有足够的能力，也不考虑在该工作中心中每项资源完成这项工作时的实际顺序。判定资源是否超负荷，可以根据各种作业顺序下的调整和加工时间标准来计算出一段时间（通常是一周）内所需的工作量。当使用无限负荷系统时，提前期由期望作业时间（调整和运行时间）加上由于材料运输和等待订单执行而引起的期望排队延期时间估算出。

2）有限负荷。有限负荷是指使用每一订单所需的调整时间和运行时间对每一种资源详细地计划。实质上，该系统明确规定了在工作日中的每一时刻，每一种资源将做什么。如果由于部件缺货而造成作业延迟，则整个系统会停下来等待，直到可从前面的作业中获得所缺的部件。

（2）作业排序时是如何考虑订单的交货期因素的：前向排序或后向排序

1）前向排序。前向排序是指系统接受一个订单后对订单所需作业按从前向后的顺序进行排序。前向排序能够计算出订单能完工的最早日期。通常在作业排序中最常用的是前向排序。

2）后向排序。后向排序是从未来的某个日期（可能是一个约定交货日期）开始，按从后向前的顺序对所需作业进行排序。后向排序能计算出为了按规定日期完成订单必须开始的最晚时间。

3.4.3　生产作业排序的影响因素

影响生产作业排序的主要因素包括生产任务的到达方式、车间中的设备种类和数量、车间中的人员数量、生产任务在车间的流动模式、作业计划的评价标准等。

1. 生产任务的到达方式

在实际生产过程中，尤其是在单件小批生产条件下，反映生产任务的订单的到达方式有两种：一种是成批到达（称为静态到达）；另一种是在一段时间段内按某种统计分布规律到达（称为动态到达）。静态到达并不意味着用户同时提出订单，只是计划人员将一段时间内的订单汇总，一起安排生产作业计划；而在动态到达情况下，生产任务随到随安排，这就要求对生产作业计划不断进行修改，以反映这些追加的生产任务。

2. 车间中的设备种类和数量

设备种类和数量的多少明显影响作业排序的过程。如果只有一台设备，作业排序问题将非常简单；而当设备种类及数量增多，各种生产任务由多台设备的加工才能完成，则问题将变得较为复杂，很可能找不到有效的排序方法。

3. 车间中的人员数量

在进行生产任务的排序时，不仅是将生产任务分配给设备，同时也是分配给相应设备的操作人员。对于特定的生产操作人员数量少于设备数量的情况下，尤其是针对服务系统，生产操作人员成为排序时必须考虑的关键资源。

4. 生产任务在车间的流动模式

在单件小批生产条件下，生产任务在车间内的流动路线是多种多样的。如果所有流动路线相同，则称为流水车间或定流车间。与流水车间相对应的另一个极端是流动路线均不一样的情形，工件是按照某种概率分布从一台设备流向满足加工需要的设备中的某一台设备，称为单件车间或随机路线车间，这类排队服务系统在医院中是常见的。在现实生产中更多的是介于两者之间的混合式加工车间。

5. 作业计划的评价标准

作业计划的评价标准包括达到企业整体目标的程度（如总利润最大、生产费用最小）、设备利用的程度（如设备利用率最大）以及任务完成的程度等标准。对于任务完成的程度，可以用总流程时间（$F_{\min}$）最短、平均流程时间（$\overline{F}$）最短、最大延迟（$L_{\max}$）或最大误期（$T_{\max}$）最短、平均延迟（$\overline{L}$）或平均误期（$\overline{T}$）最短、总调整时间最短等指标进行衡量。

1）总流程时间，指一批工件从进入某一车间或工艺阶段开始，到这批工件加工完，全部退出该车间或工艺阶段为止的全部完工时间。如果这批工件完全相同，则总流程时间与这批工件的生产周期或加工周期相同；如果不同，则总流程时间与这批工件的实际生产周期或加工周期（等待时间与加工时间之和）中的最大值相同。

2）平均流程时间，指一批工件的实际生产周期或加工周期的平均值。

3）延迟，指工件的实际完成时间与预定的交货期之间的差，一般指比预定交货期晚；比预定交货期早的则为提前。

4）平均延迟或平均误期，指延迟或误期的平均值。

5）总调整时间。在加工一批不同工件时，每加工一个工件，设备需要调整一次，则该批工件的调整时间之和称为总调整时间。

3.5　生产作业排序的规则与定理

视频 3-4　生产作业排序的主要规则与定理

生产作业排序有不同的分类方法。在制造业和服务业领域中，有两种基本形式的生产作业排序：一种是劳动力作业排序，主要是确定人员何时工作；另一种是生产作业排序，主要是将不同工件安排到不同设备上，或安排不同的人员做不同的工作。

在制造业中，由于加工工件或产品的产出是生产活动的主要焦点，因此，生产作业排序优先于劳动力作业排序。生产作业排序的绩效度量标准主要包括按时交货率、库存水平、制造周期、成本和质量等，且直接与排序方法有关。除非企业雇用了大量的非全时人员或企业一周 7 天都要运营，否则生产作业排序总是优先于劳动力作业排序。

在服务业中，由于服务的及时性是影响企业竞争力的主要因素，而劳动力是提供服务的核心要素，因此，劳动力作业排序优先于生产作业排序。劳动力作业排序的主要绩效度量标准包括顾客等待时间、排队长度、设备（或人员）利用情况、成本和服务质量等，都与服务的及时性有关。

在制造业的生产作业排序中，还可进一步按设备、工件和目标的特征分类。

按照设备的种类和数量不同，可以分为单台设备排序和多台设备排序。对于多台设备排序，按工件加工的路线特征，又可以分成单件车间（Job-Shop）排序和流水车间（Flow-Shop）排序。工件的加工路线不同，是单件车间排序的基本特征；而所有工件的加工路线完全相同，则是流水车间排序的基本特征。生产作业排序的分类如图 3-10 所示。

按工件到达车间的情况不同，可以分成静态排序和动态排序。当进行排序时，若所有工件都已到达，可以依次对它们进行排序，即静态排序；若工件陆续到达，要随时安排它们的加工顺序，即动态排序。

按目标的性质不同，也可划分不同的排序。例如，同是单台设备排序，目标是使平均流程时间最短和使误期完工的工件数最少，实质上是两种不同的排序。按目标的情况，还可以划分为单目标排序和多目标排序。

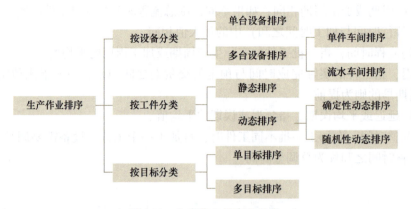

图 3-10　生产作业排序的分类

由此可见，设备、工件和目标的不同特征，以及其他因素的差别，构成了多种多样的排序及相应的排序方法。

3.5.1　生产作业排序的优先规则

考虑 M 个任务 $J_i(i=1,2,\cdots,M)$，在 N 台设备 $M_k(k=1,2,\cdots,N)$ 上的生产作业排序。生产作业排序的一般假设如下：一台设备不得同时加工两个或两个以上任务；一个任务不能同时在几台设备上加工；每个任务必须按照工艺顺序进行加工。

进行排序时，所需的有关生产信息为：任务 J_i 在第 j 个工序 $O_{ij}(j=1,2,\cdots,N;i=1,2,\cdots,M)$、在相应的设备 $M_{ij}(i,j=1,2,\cdots,N)$ 上所需要的加工时间为 t_{ij}。J_i 的可能开始时刻为 r_i，应完工的交货期为 d_i。

因此，在处理 O_{ij} 时，如果该设备 M_{ij} 不空闲，则产生了在实际加工开始之前的等待时间 W_{ij}，则任务 J_i 的完工时间表达式为

$$C_i=r_i+W_{i1}+t_{i1}+W_{i2}+\cdots+W_{iN_i}+t_{iN_i}=r_i+t_i+W_i \tag{3-17}$$

式中，$t_i=\sum_{j=1}^{N_i}t_{ij}$；$W_i=\sum_{j=1}^{N_i}W_{ij}$。

任务 J_i 的流程时间 $\qquad F_i=C_i-r_i=T_i+t_i \tag{3-18}$

任务 J_i 的延迟 $\qquad L_i=C_i-d_i=F_i+r_i-d_i \tag{3-19}$

任务 J_i 的延期 $\qquad T_i=\max\{0,L_i\} \tag{3-20}$

对于式（3-17）与式（3-19），关于 i 取 M 个数字之和并除以 M，有

$$\overline{C}=\overline{r}+\overline{t}+\overline{W} \tag{3-21}$$

$$\overline{L}=\overline{C}-\overline{d}=\overline{F}+\overline{r}-\overline{d} \tag{3-22}$$

在进行生产作业排序时，需用到优先调度规则。基于规则的生产作业排序是一种最为简单和直接的排序方法，在实际生产中发挥了重要作用。但规则的产生依赖于生产者的实际工作经验，要在大量的生产实践中不断加以总结，并通过实际检验。迄今为止，人们已经提出了上百个优先调度规则，以下介绍十个比较常用的优先调度规则。

1) FCFS（First Come First Served，先到先服务）规则，即优先选择最先到达的任务工

件进行加工，也就是按任务下达的先后顺序进行加工，体现了待加工各个任务工件的公平性。

2）SPT（Shortest Processing Time，最短作业时间）规则，即优先选择所需加工时间最短的任务工件进行加工，适用于追求在制品占用量最少或者平均流程时间最短的目标。

3）EDD（Earliest Due Date，最早交货期）规则，即优先选择完工期限紧的任务工件进行加工，适用于保证所有任务工件的交货期，即工件最大延迟时间最短的目标。

4）STR（Slack Time Remaining，剩余松弛时间）规则，即优先选择剩余松弛时间最短的任务工件进行加工。STR 是交货期前剩余时间减去剩余加工时间所得的差值。

$$STR = DD - CD - \sum L_i \tag{3-23}$$

式中，STR 表示松弛时间；DD 表示交货期；CD 表示当前日期；L_i 表示剩余工序的加工周期，不包含等待时间。

5）SCR（Smallest Critical Ratio，最小临界比或最小关键比）规则，即优先选择临界比最小的任务工件进行加工。临界比或关键比是指工件允许停留时间与工件剩余加工时间之比。

$$CR = (DD - CD) / \sum L_i \tag{3-24}$$

式中，CR 表示临界比（关键比）。

6）MWKR（Most Work Remaining，剩余加工时间最长）规则，即优先选择剩余加工时间最长的任务工件进行加工，适用于保证工件完工时间尽量接近的目标。

7）LWKR（Least Work Remaining，剩余加工时间最短）规则，即优先选择剩余加工时间最短的任务工件进行加工，适用于工作量小的工件尽快完工的目标。

8）MOPNR（Most Operations Remaining，余下工序最多）规则，即优先选择余下工序最多的任务工件进行加工。

9）QR（Queuing Ratio，排队比率）规则，即优先选择排队比率最小的任务工件先执行。排队比率是用计划中的剩余松弛时间除以计划中的剩余排队时间得到的。

10）LCFS（Last Come First Served，后到先服务）规则，即最后到达的工件优先安排。该规则经常作为缺省规则使用，因为后来的工单放在先来的上面，而操作人员通常先加工上面的工单。

上述优先调度规则各有特色，有时运用一个优先规则还不能唯一确定下一个应选择的工件，这时可使用多个优先规则的组合进行任务排序。例如，可以结合 SPT 规则＋MWKR 规则＋随机选择的方式进行生产作业排序，即先选用 SPT 规则选择下一待加工的任务，若同时有多个任务被选中，则采用 MWKR 规则再次选择，若仍有多个任务被选中，再采用随机选择的方式从剩余的任务工件中选择一个作为下一个待加工的任务。

按照这样的优先排序方法，可赋予不同工件不同的优先权，可以使生成的排序方案按预定目标优化。但实际生产环境下的调度不能仅依靠上述优先调度规则进行排序。决定实际生产中大量生产任务工件在众多工作地（设备）上的加工顺序是一件非常复杂的工作，需要有大量数据和丰富的生产作业经验，这是调度问题复杂性的具体表现。

对于每一个待排序的工件，生产计划人员都需要准确获知工件具体的加工要求和当前设备状况等生产工况数据。加工要求数据包括预定的完工日期、工艺路线、作业交换的标准工时、加工时间等。生产工况数据包括工件的现在位置（在某台设备前排序等待或正在被加工），现在完成了多少工序（如果已开始加工），在每一工序的实际到达时间和完工时间、实际加工时间和作业交换时间，以及各工序所产生的废品量等相关信息。运用优先规则进行生产作业排序很大程度上依赖这些数据来为每个工作地决定工件的加工顺序，并估计工件按照其加工路线到达下一个工作地的时间等计划信息。

3.5.2 单设备排序问题

单设备排序问题是最简单的生产作业排序问题，但对于多品种小批量生产中关键设备的任务安排具有重要意义，能够有效缩短工件等待时间、减少在制品占用量、提高设备利用率、满足不同用户的个性化需求。在单设备排序问题中，有三个定理较常应用于实际生产。

定理 1：对于单设备排序问题，SPT 规则使平均加工时间最短。

设 t_1，t_2，…，t_n 为 n 个工件的加工时间（包括必要的准备时间），引用下列符号 < > 表示在顺序中的位置，如 $t_{<1>}$，表示在顺序中第一个位置的作业的加工时间。将工件按加工时间非减顺序排列为 $t_{<1>} \leqslant t_{<2>} \leqslant \cdots \leqslant t_{<n>}$，则

$$\overline{F} = \frac{\sum_{k=1}^{n} F_{<k>}}{n} = \frac{\sum_{k=1}^{n} \sum_{i=1}^{k} t_{<i>}}{n} = \frac{\sum_{i=1}^{n} (n-i+1) t_{<i>}}{n} \tag{3-25}$$

$$F_{<k>} = \sum_{i=1}^{k} t_{<i>} \tag{3-26}$$

式中，$(n-i+1)$ 是一个递减序列；$t_{<i>}$ 是一个非递减序列，用代数方法可以证明；$\overline{F}$ 取最小值。

该定理的最优性还可以用另一种很有用的方法加以证明，即相邻对交换（Adjacent Pairwise Interchange）法。

设顺序 S 不是 STP 顺序，则在 S 中必存在一对相邻的工件 J_i 和 J_j，J_j 在 J_i 之后，有 $t_i > t_j$。现将 J_i 和 J_j 相互交换，其余保留不动，得到一个新的顺序 S'，如图 3-11 所示。

图中，B 表示在 J_i 和 J_j 之前的工件集，而 A 表示在 J_i 和 J_j 之后的工件集。显然，对两个顺序 S 和 S' 来说，A 和 B 是完全相同的。现在比较两个顺序的平均停留时间 $\overline{F}$。因为 n 相同，只要比较 $\sum_{k=1}^{n} F_{<k>}$ 即可。

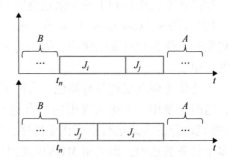

图 3-11　用相邻工件对交换法证明 SPT 规则图

先看顺序 S 的情况：

$$\sum_{k=1}^{n} F_{<k>}(S) = \sum_{k \in B} F_{<k>}(S) + F_j(S) + \sum_{k \in A} F_{<k>}(S)$$

$$= \sum_{k \in B} F_{<k>}(S) + (t_B + t_i) + (t_B + t_i + t_j) + \sum_{k \in A} F_{<k>}(S) \tag{3-27}$$

再试试顺序 S'：

$$\sum_{k=1}^{n} F_{<k>}(S') = \sum_{k \in B} F_{<k>}(S) + (t_B + t_j) + (t_B + t_j + t_i) + \sum_{k \in A} F_{<k>}(S') \quad (3\text{-}28)$$

式中

$$\sum_{k \in B} F_{<k>}(S) = \sum_{k \in B} F_{<k>}(S), \sum_{k \in A} F_{<k>}(S) = \sum_{k \in A} F_{<k>}(S') \quad (3\text{-}29)$$

$$t_i > t_j \quad (3\text{-}30)$$

$$\sum_{k=1}^{n} F_{<k>}(S) > \sum_{k=1}^{n} F_{<k>}(S'), \overline{F}(S) > \overline{F}(S') \quad (3\text{-}31)$$

由此可见，对于不符合 STP 规则的顺序，只要通过相邻工件的对换，就能使 $\overline{F}$ 减小，所以，顺序的平均通过时间 $\overline{F}$ 为最小。

在很多情况下，所有工件并不是同样重要的。设每个工件有一个表示重要性的权值 W_j（W_j 越大，工件越重要），希望确定 n 个工件的顺序，使平均加权停留时间最短（WSPT 规则）。

$$\overline{F}_W = \frac{\sum_{i=1}^{n} W_j F_i}{n} \quad (3\text{-}32)$$

只要按以下顺序进行排列即可：

$$\frac{t_{<1>}}{W_{<1>}} \leqslant \frac{t_{<2>}}{W_{<2>}} \leqslant \cdots \leqslant \frac{t_{<n>}}{W_{<n>}} \quad (3\text{-}33)$$

定理 2：对于单设备排序问题，EDD 规则使最大延迟或最大误期最短。

再次用相邻对交换法进行证明。设顺序 S 不符合 EDD 规则，则在 S 中一定存在一对相邻的工件 J_i 和 J_j，J_j 在 J_i 之后，但 $d_i > d_j$。将 J_i 和 J_j 互换，其余保留不动，得到一个新顺序，则

$$L_i(S) = t_B + t_i - d_i, L_i(S') = t_B + t_j - d_j \quad (3\text{-}34)$$
$$L_j(S) = t_B + t_i + t_j - d_j, L_i(S') = t_B + t_j + t_i - d_i \quad (3\text{-}35)$$

根据已知条件 $L_i(S) > L_i(S')$ 和 $L_j(S) > L_j(S')$，因此
$$L_j(S) > \max\{L_i(S'), L_i(S')\}$$

令

$$L = \max\{L_k | K \in A \text{ 或 } K \in B\}$$

由于 L 在 S 和 S' 中的相同，于是

$$L_{\max}(S) = \max\{L, L_i(S), L_j(S)\} \geqslant \max\{L, L_i(S'), L_j(S')\} = L_{\max}(S') \quad (3\text{-}36)$$

也就是说，将工件 J_i 和 J_j 互换不会增加 $L_{\max}$，实际却使 $L_{\max}$ 减小。由此可得，EDD 规则将使最大交货期时差最小。

类似地，可证明定理的后半部分：

$$T_{\max}(S) = \max\{0, L_{\max}(S)\} \quad (3\text{-}37)$$
$$T_{\max}(S') = \max\{0, L_{\max}(S')\} \quad (3\text{-}38)$$
$$T_{\max}(S) \geqslant T_{\max}(S') \quad (3\text{-}39)$$

定理 2 得证。

定理 3：如果对于某单设备排序问题，存在使最大误期为 0 的工件排序方案，则在交货期比考虑中的工件的作业时间之和大的工件中，将作业时间最长的工件安排在最后的位置，如此反复进行，可得到使平均流程时间最短的最优工件排序。

对 $d_H \geqslant \sum\limits_{i \in l} t_i$ 和 $d_j \geqslant \sum\limits_{i \in l} t_i$ 的所有工件 j，当 $t_H \geqslant t_j$ 时，H 排在 j 后。

操作步骤：找出所有交货期大于所有作业时间之和的作业，比较这些作业，将作业时间长的排在最后，之后去掉排最后的作业，再重复该步骤。

以下通过举例证明上述定理。

【例 3-5】

以下共计 5 个工件，其作业时间和交货期见表 3-5。

表 3-5 5 个工件的作业时间和交货期   （单位：天）

工件号	J_1	J_2	J_3	J_4	J_5
作业时间	3	7	1	5	4
交货期	23	20	8	6	14

1）运用 SPT 规则，对 $J_1 \sim J_5$ 工件进行单设备排序，求平均流程时间和最大误期。

2）运用 EDD 规则，对 $J_1 \sim J_5$ 工件进行单设备排序，求平均流程时间和最大误期。

3）运用定理 3，对 $J_1 \sim J_5$ 工件进行单设备排序，求平均流程时间和最大误期。

解：

对于问题 1，运用单设备排序定理 1，得到排序结果见表 3-6。

表 3-6 运用单设备排序定理 1 后的结果   （单位：天）

工件排序	J_3	J_1	J_5	J_4	J_2
作业时间	1	3	4	5	7
交货期	8	23	14	6	20
开始时间	0	1	4	8	13
结束时间	1	4	8	13	20
延迟 L	-7	-19	-10	7	0
误期 T	0	0	0	7	0

由表 3-6 可以看出，最大误期为 7 天，平均流程时间为

$$\overline{F} = \frac{1+4+8+13+20}{5} = \frac{46}{5} = 9.2（天）$$

对于问题 2，运用单设备排序定理 2，得到排序结果见表 3-7。

表 3-7 运用单设备排序定理 2 后的结果   （单位：天）

工件排序	J_4	J_3	J_5	J_2	J_1
作业时间	5	1	4	7	3
交货期	6	8	14	20	23
开始时间	0	5	6	10	17

（续）

工件排序	J_4	J_3	J_5	J_2	J_1
结束时间	5	6	10	17	20
延迟 L	−1	−2	−4	−3	−3
误期 T	0	0	0	0	0

由表 3-7 可以看出，最大误期为 0，平均流程时间为

$$\overline{F} = (5+6+10+17+20)/5 = 11.6（天）$$

对于问题 3，运用单设备排序定理 3，得到排序结果见表 3-8。

表 3-8　运用单设备排序定理 3 后的结果　　　　　　　（单位：天）

工件排序	J_3	J_4	J_1	J_5	J_2
作业时间	1	5	3	4	7
交货期	8	6	23	14	20
开始时间	0	1	6	9	13
结束时间	1	6	9	13	20
延迟 L	−7	0	−14	−1	0
误期 T	0	0	0	0	0

由表 3-8 可以看出，最大误期为 0，平均流程时间为

$$\overline{F} = (1+6+9+13+20)/5 = 49/5 = 9.8（天）$$

通过比较上述三个问题，可以看出根据定理 3 排序所得结果既保证了最大误期为 0，同时还保证了平均流程时间比只用 EDD 规则要短。

3.5.3　多设备排序问题

视频 3-5　生产作业的多设备排序问题

1. 流水作业排序问题

流水作业排序问题又称为 Flow-shop 调度问题（Flow-shop Scheduling Problem，FSP），是许多实际流水线生产调度问题的简化模型，在制造业被广泛应用。流水作业排序问题的基本特征是每个工件的加工路线都一致。这是一种特殊的排序问题，称为排列排序问题或"同顺序"排序问题。

（1）最长流程时间（$F_{\max}$）的计算　这里所讨论的是 $n/m/P/F_{\max}$，问题。其中，n 为工件数；m 为机器数；P 表示流水线作业排列排序问题；$F_{\max}$ 为目标函数。目标是使最长流程时间最短。最长流程时间又称加工周期，它是从第一个工件在第一台机器开始加工时算起，到最后一个工件在最后一台机器上完成加工时为止所经过的时间。由于假设所有工件的

到达时间都为零（$r_i=0$，$i=1$，2，$\cdots$，n），所以 F_{max} 等于排在末位加工的工件在车间的停留时间，也等于一批工件的最长完工时间（C_{max}）。

设 n 个工件的加工顺序为 $S=(S_1,S_2,S_3,\cdots,S_n)$，其中，$S_i$ 为第 i 位加工的工件的代号。以 C_{kS_i} 表示工件 S_i 在机器 M_k 上的完工时间，$p_{S_i^k}$ 表示工件 S_i 在 M_k 上的加工时间，$k=1$，2，$\cdots$，m，$i=1$，2，$\cdots$，n，则 C_{kS_i} 的表达式为

$$C_{1S_i}=C_{1S_{i-1}}+p_{S_i^1} \tag{3-40}$$

$$C_{kS_i}=\max\left\{C_{(k-1)S_i},C_{kS_{i-1}^k}\right\}+p_{S_i^k} \tag{3-41}$$

式中，$k=2$，3，$\cdots$，m；$i=1$，2，$\cdots$，n。

当 $r_i=0$，$i=1$，2，$\cdots$，n 时

$$F_{max}=C_{mS_n} \tag{3-42}$$

在熟悉以上计算公式之后，可直接在加工时间矩阵上从左向右计算完工时间。

【例 3-6】

有一个 $6/4/p/F_{max}$ 问题，其加工时间见表 3-9。当按顺序 $S=(6,1,5,2,4,3)$ 加工时，求 F_{max}。

表 3-9　加工时间矩阵　　　　　　　　　　　　　　（单位：min）

i	1	2	3	4	5	6
P_{i1}	4	2	3	1	4	2
P_{i2}	4	5	6	7	4	5
P_{i3}	5	8	7	5	5	5
P_{i4}	4	2	4	3	3	1

解：

按顺序 $S=(6,1,5,2,4,3)$ 列出加工时间矩阵见表 3-10。按式（3-40）计算，将每个工件的完工时间标在其加工时间的右上角。对于第 1 行第 1 列，只需把加工时间的数值作为完工时间标在加工时间的右上角；对于第 1 行的其他元素，只需从左到右依次将前一列右上角的数字加上计算列的加工时间，将结果填在计算列加工时间的右上角。对于第 2 行到第 m 行，第一列的算法相同，只要把上一行右上角的数字和本行的加工时间相加，将结果填在加工时间的右上角；从第 2 列到第 n 列，则要从本行前一列右上角和本列上一行的右上角的数字中取大者，再与本列加工时间相加，将结果填在本列加工时间的右上角。这样计算下去，最后一行的最后一列右上角数字即为 C_{mS_n}，也就是 F_{max}。计算结果见表 3-10。本例 $F_{max}=46$。

表 3-10　顺序 S 下的加工时间矩阵　　　　　　　　（单位：min）

i	6	1	5	2	4	3
P_{i1}	2^2	4^6	4^{10}	2^{12}	1^{13}	3^{16}
P_{i2}	5^7	4^{11}	4^{15}	5^{20}	7^{27}	6^{33}
P_{i3}	5^{12}	5^{17}	5^{22}	8^{30}	5^{35}	7^{42}
P_{i4}	1^{13}	4^{21}	3^{25}	2^{32}	3^{38}	4^{46}

（2）$n/2/P/F_{\max}$ 问题的最优算法 单机问题调度问题表明，多项任务在单台设备上加工，不管任务如何排序，从第 1 项任务开始加工起，到最后一项任务加工完毕的时间（称作全部完工时间）都是相同的。但这个结论在多项任务多台设备的排序问题中不再适用。在这种情况下，加工顺序不同，总加工周期和等待时间都有很大差别。根据 Johnson-Bellman 算法所提出的动态规划最优化原理可以证明：加工对象在两台设备上加工的顺序不同时的排序不是最优方案，即最优排序方案只能在两台设备加工顺序相同的排序方案中寻找，以保证总加工周期最短。

对于流水作业两台设备排序的问题 $n/2/P/F_{\max}$，约翰逊（S. M. Johnson）于 1954 年提出了一个有效算法，即著名的 Johnson-Bellman 算法。为了叙述方便，以 a_i 表示 J_i 在 M_1 上的加工时间，以 b_i 表示 J_i 在 M_2 上的加工时间，每个工件都按 $M_1 \rightarrow M_2$ 的路线加工。Johnson-Bellman 算法建立在 Johnson 法则（定理 4）的基础之上。

定理 4：如果 $\min(a_i, b_j) < \min(a_j, b_i)$，则工件 i 应该排在工件 j 之前；如果中间为等号，则工件 i 既可排在工件 j 之前，也可以排在它之后。

根据 Johnson 法则，可以确定每两个工件的相对位置，从而得到 n 个工件的完整的顺序。还可以按 Johnson 法则得出比较简单的求解步骤，称这些步骤为 Johnson-Bellman 算法：

1）从加工时间矩阵中找出最短加工时间。

2）若最短加工时间出现在 M_1 上，则对应的工件尽可能往前排；若最短加工时间出现在 M_2 上，则对应工件尽可能往后排。然后，从加工时间矩阵中去掉已排序工件的加工时间。若最短加工时间有多个，则可以任意安排。

3）若所有工件都已排序，即停止；否则转步骤 1）。

【例 3-7】

求表 3-11 所示的 $5/2/P/F_{\max}$ 问题的最优解。

表 3-11 加工时间矩阵

工 件	J_1	J_2	J_3	J_4	J_5
M_1	12	4	5	15	10
M_2	22	5	3	16	8

解：

应用 Johnson-Bellman 算法。从加工时间矩阵中找出最短加工时间为 3 个时间单位，它出现在 M_2 上。所以，相应的工件（工件 J_3）应尽可能往后排。即将工件 J_3 排在最后一位；去掉工件 J_3 的加工时间，剩余加工时间中的最小者为工件 J_2 的时间——4 个时间单位，它出现在 M_1 上，相应的工件（工件 J_2）应尽可能往前排，于是排到第一位；去掉工件 J_2 的加工时间，继续按 Johnson-Bellman 算法安排剩余工件的加工顺序。排序过程可简单表示，见表 3-12。

表 3-12 排序过程

步 骤	第 1 位	第 2 位	第 3 位	第 4 位	第 5 位
1					J_3
2	J_2				J_3

（续）

步　骤	第1位	第2位	第3位	第4位	第5位
3	J_2			J_5	J_3
4	J_2	J_1		J_5	J_3
5	J_2	J_1	J_4	J_5	J_3

最优加工顺序为 $S=(J_2,J_1,J_4,J_5,J_3)$。其加工顺序甘特图如图 3-12 所示。

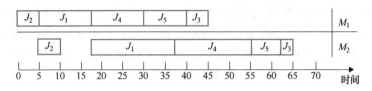

图 3-12　加工顺序甘特图

求得最优顺序下的 $F_{\max}=65$。

（3）一般 $n/3/P/F_{\max}$ 问题　对于 3 台机器的流水车间排序问题，只有几种特殊类型的问题找到了有效算法。研究表明，3 台以上机器的 Flow-shop 调度即为一个典型 NP-hard 问题。因此，至今还没有一个多项式复杂性的全局优化算法，只能对快速求解问题的次优解进行研究。工程领域的研究人员提出过许多求解 Flow-shop 调度问题的方法，如精确方法、神经网络法、启发式方法和智能算法等。精确方法由于其计算量和存储量大，仅适合小规模问题求解。神经网络方法通过动态演化来达到优化解的稳定状态，但对网络参数和能量函数要精心设计，且算法较复杂。启发式方法中有 PALMER、CDS 等方法，优点是构造解的速度快，但质量还不够理想。智能算法由于具有全局解空间搜索与隐含并行性的特点，同时又是一种优化质量较高的改进性搜索方法，因此在求解次优解过程中往往优于其他方法，加之搜索效率比较高，被认为是一种切实有效的方法，在生产调度等领域得到了广泛应用，如遗传算法。对于一般的流水车间排序问题，可以用分支定界法。用分支定界法可以保证得到一般 $n/m/P/F_m$ 问题的最优解，但对于实际生产中规模较大的问题，计算量相当大，以致计算机也无法求解。

1）帕尔默算法。1965 年，帕尔默（D. S. Palmer）提出按斜度指标排列工件的启发式算法，称为帕尔默算法。工件的斜度指标计算公式为

$$\lambda_i = \sum_{k=1}^{n} \left[k - (m+1)2 \right] p_{ik} \qquad k = 1, 2, \cdots, n \qquad (3\text{-}43)$$

式中，m 为设备数；p_{ik} 为工件 i 在设备 M_k 上加工的时间。

按照各工件 λ_i 不增的顺序排列工件，可得出令人满意的顺序。

2）关键工件法。具体步骤如下：

① 计算每个工件的总加工时间 $P_i = \sum P_{ij}$，找出加工时间最长的工件 C（$j=m$），将其作为关键工件。

② 对于剩余工件，若 $P_{i1} \leqslant P_{im}$，则按 P_{i1} 不减的顺序排成一个序列 S_a；若 $P_{i1} > P_{im}$，则按 P_{im} 不增的顺序排成一个序列 S_b。

③ 顺序 (S_a, C, S_b) 即为所求顺序。

3）CDS 法。还有一种启发式算法，就是把 Johnson-Bellman 算法用于一般的 $n/m/P/F_{max}$ 问题，得到（$m-1$）个加工顺序，取其中优者。

具体做法是，对加工时间 $\sum\limits_{k=1}^{i} p_{ik}$ 和 $\sum\limits_{k=m+1-l}^{m} p_{ik}$，$l = 1$，2，3，$\cdots$，$m - 1$，用 Johnson-Bellman 算法求（$m-1$）次加工顺序，取其中最好的结果。

4）仿 Johnson-Bellman 算法。若 n 个工件均按相同次序经过设备 1、2、3，当符合下列条件时，可应用 Johnson-Bellman 算法。其条件为

$$\min\{t_{i1}\} \geqslant \max\{t_{i2}\} \tag{3-44}$$

或

$$\min\{t_{i3}\} \geqslant \max\{t_{i2}\} \tag{3-45}$$

两者有一个相符合时即可用 Johnson-Bellman 算法排序。算法步骤为：

第一步，令

$$t'_{i1} = t_{i1} + t_{i2} \tag{3-46}$$
$$t'_{i2} = t_{i2} + t_{i3} \tag{3-47}$$

第二步，将 3 台设备视为 2 台设备按 Johnson-Bellman 算法排序。

【例 3-8】

求如表 3-13 所示的 $4/3/P/F_{max}$ 问题的最优解。

表 3-13 加工时间矩阵

工件	J_1	J_2	J_3	J_4
M_1	15	8	6	12
M_2	3	1	5	6
M_3	4	10	5	7

解：

查加工时间矩阵得到

$$\min\{t_{i1}\} = 6$$
$$\max\{t_{i2}\} = 6$$

符合 $\min\{t_{i1}\} \geqslant \max\{t_{i2}\}$。

因此，将 3 台设备 M_1、M_2、M_3 虚拟为 2 台设备 G、H，并计算 t_{ig} 和 t_{ih}，结果见表 3-14。

表 3-14 工件在虚拟设备上的加工时间

工件	J_1	J_2	J_3	J_4
G：$t_{ig} = t_{i1} + t_{i2}$	18	9	11	18
H：$t_{ih} = t_{i3} + t_{i2}$	7	11	10	13

运用 Johnson-Bellman 算法，针对工件在设备 G 和设备 H 上进行排序，并保持该顺序将加工过程还原到设备 M_1、M_2、M_3，得到结果见表 3-15。

表 3-15　工件的排序结果

工　件	J_2		J_4		J_3		J_1	
M_1	0	8	8	20	20	26	26	41
M_2	8	9	20	26	26	31	41	44
M_3	9	19	26	33	33	38	44	48

最优加工顺序为 $S=(J_2,J_4,J_3,J_1)$。其加工的甘特图如图 3-13 所示。

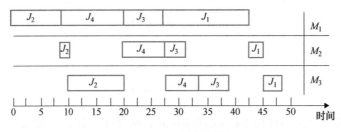

图 3-13　加工顺序甘特图

求得最优顺序下的 $F_{\max}=48$。

（4）一般 $n/m/P/F_{\max}$ 问题　n 个工件在 m 台设备的排序方法，一般采用最小排序系数法，求得近似最优解，其步骤如下：

1）确定中间设备或中间线。当设备台数为奇数时，用"←"标明中间设备；当设备为偶数时，用"⇐"标明中间线。

2）计算排序系数 K。排序系数为某个工件在前半部分设备上的加工时间同在后半部分设备上的加工时间的比值。其表达式为

$$K=\frac{\displaystyle\sum_{j=1}^{m/2}t_{ij}}{\displaystyle\sum_{j=\frac{m}{2}+1}^{m}t_{ij}} \tag{3-48}$$

若设备台数为奇数，则中间设备的加工时间平分于前后各半。

3）按最小排序系数，由小到大进行排序。

【例 3-9】

有 5 个工件，依次在 4 台设备上加工，其作业时间见表 3-16。

用最小排序系数排序步骤：

1）用"→"标明中间线于 M_1、M_2 之间。

2）计算最小排序系数。依据式（3-41）计算各个工件的最小排序系数，见表 3-16。

3）按最小排序系数规则，得最佳排序为 J_1-J_5-J_2-J_4-J_3，通过时间为 51h。

表 3-16　各项目工作在 4 台设备上作业时间表

工　件	J_1	J_2	J_3	J_4	J_5	中　间　线
M_1	4	9	7	3	6	
M_2	6	4	10	9	8	→

（续）

工　件	J_1	J_2	J_3	J_4	J_5	中　间　线
M_3	8	10	4	6	4	
M_4	5	2	7	4	10	
排序系数 K	0.77	1.08	1.55	1.2	1	
加工顺序	1	3	5	4	2	

（5）Flow-shop 调度问题的遗传算法　遗传算法（Genetic Algorithm，GA）是霍兰德（J. Holland）于 1975 年受生物进化论的启发而提出的一种理论。它将问题的求解表示成"染色体"的适者生存过程，通过"染色体"群（Population）的不断进化，经过复制（Reproduction）、交叉（Crossover）和变异（Mutation）等操作，最终收敛到"最适应环境"的个体，从而求得问题的满意解。虽然传统的标准（简单）遗传算法（Simple Genetic Algorithm，SGA）扩大了解的搜索范围并缩短了搜索时间，但在实际使用过程中容易出现早熟、易陷入局部极值点的问题，因此需要根据 Flow-shop 调度问题的具体情况对 SGA 进行改进。

1）编码设计。由于遗传算法不能直接处理生产调度问题的参数，所以必须通过编码将它们表示成遗传空间中由基因按一定结构组成的染色体。在 Flow-shop 调度问题中，用染色体表示工件的加工顺序，第 k 个染色体为 $v_k = [1,2,3,4,5]$，表示 5 个工件的加工顺序为 j_1，j_2，j_3，j_4，j_5。

2）初始种群的产生。遗传算法是对群体进行操作，所以必须准备一个由若干初始解组成的初始群体。在 SGA 方法中，初始群体的个体是随机产生的，这就大大影响了解搜索的质量。改进后的遗传算法在设定初始群体时则采用了如下策略：

① 根据问题固有知识，设法把握最优解所占空间在整个问题空间中的分布范围，然后在此分布范围内设定初始群体。

② 先随机产生一定数目的个体，然后从中挑选最好的个体加入初始群体中。这种过程不断循环，直到初始群体中的个体数目达到预先确定的规模。

采用以上策略就可以产生较好的个体，从而得到比较满意的结果。

3）适应度函数设计。遗传算法遵循自然界优胜劣汰的原则，在进化搜索中用适应度表示个体的优劣，作为遗传操作的依据。n 个工件 m 台设备的 Flow-shop 调度问题的适应度为 $eval(v_k) = 1/C_{max}^k$，其中，C_{max}^k 表示 k 个染色体 v_k 的最大流程时间。

4）选择操作。选择操作是按适应度在子代种群中选择优良个体的算法，个体适应度越高，被选择的概率就越大。具体方法主要有适应度比例法（Fitness Proportional Model）、繁殖池选择法（Breeding Pool Selection）、最佳个体保存法（Elitist Model）等。这里采用适应度比例法，即赌轮选择（Roulette Wheel Selection）。该方法中，个体选择概率与其适应度值成比例。当群体规模为 N，个体 i 的适应度为 f_i 时，个体被选择的概率为

$$p_{si} = f_i \bigg/ \sum_{i=1}^{m} f_i$$

5）交叉操作。交叉方法是模仿自然生态系统的双亲繁殖机理而获得新个体的方法，它可使亲代不同的个体进行部分基因交换组合产生新的优良个体。交叉概率 P_e 较大可以增强

算法开辟搜索区域的能力，但会增加优良子代被破坏的可能性；交叉概率较低又会使搜索陷入迟钝状态。研究结果表明，P_c 应取值在 0.25～1.00 之间。为了使子代能自动满足优化问题的约束条件，改进方法混合使用部分匹配交叉（PMX）与顺序交叉（OX）和循环交叉（CX）来保留双亲染色体中不同方面的特征，以达到获得质量较高后代的目的。例如，对一部分用 PMX，而另一部分用 OX；或者先采用 PMX，得到适应度高的子代后再采用 OX。

6）变异操作。变异的目的是维持解群体的多样性，同时修复和补充选择、交叉过程中丢失的遗传基因，在遗传算法中属于辅助性的搜索操作。变异算子是对个体串中基因座上的基因值做改变，同时为防止群体中重要的基因丢失，变异概率 P_m 一般不能太大。高频度的变异将导致算法趋于纯粹的随机搜索。这里主要使用互换变异与逆转变异相结合的方法。

改进的 GA 采用优质种群选择策略，减少了 SGA 算法优化性能和效率对初始种群的依赖性，同时采用混合交叉操作的方法，不仅可以使子代更好地继承父代的优良基因，而且合适的 P_c 交叉算子也增加了种群的多样性，有利于进化过程的发展。改进的遗传算法提高了标准遗传算法（SGA）的全局收敛性能，可以得到比 SGA 更接近的优质解，因此是解决 Flow-shop 调度问题的一种有效方法。

2. 非流水作业排序

对于工艺路线不同的 n 种任务在 2 台设备上的加工排序，可以采用以下步骤：

1）将工件划分为 4 类

{A} 类，仅在 A 设备上加工。

{B} 类，仅在 B 设备上加工。

{AB} 类，工艺路线为先 A 后 B。

{BA} 类，工艺路线为先 B 后 A。

2）分别对 {AB} 类及 {BA} 类采用 Johnson-Bellman 算法排序：将首序在设备 A 上加工的工件先安排给 A；将首序在设备 B 上加工的工件先安排给 B。

3）将 {A} 类工件排在 {AB} 类后，顺序任意。

4）将 {B} 类工件排在 {BA} 类后，顺序任意。

5）将先安排到其他设备上的工件加到各设备已排序队列后面，顺序不变。

【例 3-10】

某汽车零件加工车间有 10 项作业任务要在 2 台设备上完成，各项任务在每台设备上的作业时间见表 3-17。请为 10 项作业任务在 2 台设备上进行排序，使总完成时间最短。

表 3-17　各项任务在每台设备上的作业时间　　　　　　　　　（单位：h）

加 工 任 务	加 工 顺 序	设备 1（钻机）	设备 2（车床）
A	—	2	—
B		3	—
C	—	—	3
D		—	2
E	先 1 后 2	8	4
F	先 1 后 2	10	7
G	先 1 后 2	5	8

（续）

加工任务	加工顺序	设备 1（钻机）	设备 2（车床）
H	先 2 后 1	7	12
I	先 2 后 1	5	6
J	先 2 后 1	9	4

解：

（1）对任务按设备进行分类

{A，B}：只有一个工序，在设备 1 上作业的工件集合。

{C，D}：只有一个工序，在设备 2 上作业的工件集合。

{E，F，G}：第一工序在设备 1 上作业、第二工序在设备 2 上作业的工件集合。

{H，I，J}：第一工序在设备 2 上作业、第二工序在设备 1 上作业的工件集合。

（2）分别对各类集合进行排序

1）对单机作业进行排序。由表 3-17 可知，设备 1（钻机）上的单机作业 A 作业时间为 2h，B 加工时间为 3h，按照 SPT 规则，两项作业的加工顺序为 A—B。

设备 2（车床）上的单机作业 C 作业时间为 3h，D 作业时间为 2h，按照 SPT 规则，两项作业的加工顺序为 D—C。

2）对双机作业进行排序。按照 Johnson-Bellman 算法，对作业任务 E、F、G 进行排序：作业任务 E 在设备 2 上的作业时间 4h 为最短工时，排到最后。

作业任务 F、G 中的最短工时 5h 为任务 G 在设备 1 上的作业时间，排到第 1 位；可得 {E,F,G} 的排产顺序应为 G—F—E；同理，可得 {H,I,J} 的排产顺序应为 I—H—J。

3）分别在设备 1 和设备 2 上进行作业排序。按照 Johnson-Bellman 算法排序，可得这 10 项作业任务的排序为

设备 1（钻机）：{G,F,E}，{A,B}，{I,H,J}

设备 2（车床）：{I,H,J}，{D,C}，{G,F,E}

4）按各设备的加工顺序列出作业时间表，见表 3-18 和表 3-19。按此表计算出整批工件通过时间为 49h。各设备的作业时间与空闲时间如图 3-14 所示。

表 3-18　设备 1（钻机）各项作业任务时间　　　　　　　　　　（单位：h）

作 业 任 务	作 业 时 间	工序开始时间	工序结束时间
G	5	0	5
F	10	5	15
E	8	15	23
A	2	23	25
B	3	25	28
I	5	28	33
H	7	33	40
J	9	40	49

表 3-19　设备 2（车床）各项作业任务时间　　　　　　　（单位：h）

作 业 任 务	作 业 时 间	工序开始时间	工序结束时间
I	6	0	6
H	12	6	18
J	4	18	22
D	2	22	24
C	3	24	27
G	8	27	35
F	7	35	42
E	4	42	46

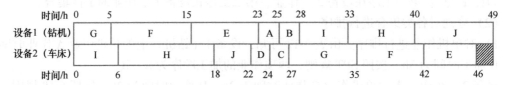

图 3-14　两台设备作业时间与空闲时间分布

注：阴影部分表示空闲时间。

【习题与研究思考】

习题

1. 什么是生产作业计划？

2. 生产作业计划的主要期量标准有哪些？

3. 影响生产作业排序的主要因素有哪些？

4. 工件排序的主要评价指标有哪些？

5. 生产作业排序有哪几种分类？各自有何特点？

6. 简述生产作业排序的主要规则及效果。

7. 某车间的加工中心等候加工的 6 项作业的作业时间（不考虑生产准备时间）与交货日期见表 3-20。假设工件到达顺序与表中顺序相符，试分别按照 FCFS 规则、SPT 规则、EDD 规则求解这批工件的作业顺序、平均流程时间、平均延迟天数及工作中心的平均作业数。

表 3-20　某车间加工中心所加工工件的加工时间与交货日期　　　（单位：天）

作 业 任 务	作 业 时 间	交 货 日 期
A	2	7
B	8	16
C	4	4
D	10	17
E	5	15
F	12	18

8. 某汽车 4S 店有 5 辆待保养汽车，每辆汽车的保养工作包括常规检查和更换机油机滤两项工作。每辆汽车都需要按照先常规检查再更换机油机滤的顺序进行，各车型所需要作业时间见表 3-21。

表 3-21　某汽车 4S 店车辆保养所需时间　　　　　　　　　　　　（单位：h）

汽 车 车 型	常规检查（工序）	更换机油机滤（工序）
A	2	3
B	3	5
C	1	3
D	2	4
E	3	5

试根据以上数据，求解：

1）按照 SPT 规则完成这些汽车保养的作业计划排序。

2）完成 5 辆汽车的保养共需要花费的时间。

3）根据问题 1）确定的作业计划，更换机油机滤（工序）有多少小时处于空闲状态？

4）何时完成 B 车的保养工作？

5）5 辆汽车全部保养完成的总流程时间。

9. 某车间有 5 项作业任务均需要 2 道工序（先 1 后 2）来完成。具体作业任务的各工序时间见表 2-22。

表 3-22　某车间 5 项作业任务的工序时间　　　　　　　　　　　　（单位：h）

作 业 任 务	工序 1	工序 2
A	3	2
B	2	3
C	1	4
D	3	5
E	4	3

试根据以上数据，求解：

1）根据 Johnson-Bellman 算法求出最优作业排序。

2）用甘特图表示出作业任务的执行情况，并求总加工时间。

研究思考

当前，共享单车在全国各个城市广泛推行，城市的地铁站口、公交车站等都可以看到共享单车大量堆放，高校的校园里也经常可以看到大量的共享单车停放在教学楼、学生宿舍、学生食堂等区域。请根据上述现象，分析如何运用本章知识解决共享单车的调度问题，提高共享单车的利用率。

第4章
库存管理

【学习目标】

1. 能够清晰描述库存的定义、分类及作用。
2. 能够准确说明库存控制系统的分类和结构。
3. 能够熟练运用库存控制模型解决单周期和多周期的库存控制问题。

【知识点思维导图】

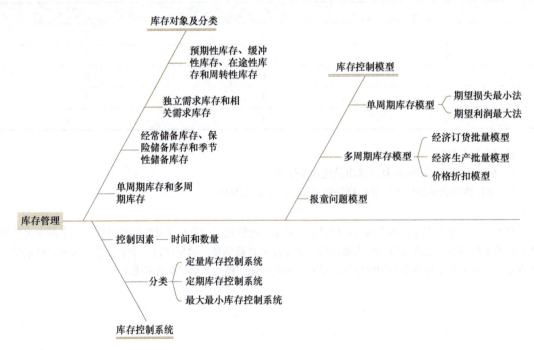

【案例导入】

　　汽车配件的库存管理向来是4S店经营中的"老大难"问题，很多4S店中的配件库存量巨大，其每年的资金占用极大地拉低了企业的整体利润。4S店里通常所说的"配件"是为了缩短汽车维修保养时间而事先准备的各种零部件，相较一般产品，它要求更高的库存水平,而要保持一定库存,就需要占用资金;同时,由于配件与汽车品牌、车型、年款、入场台次息息相关,所需要的配件品种和数量上有着很大的差异,特别是很多车型的零配件不具有通用性,要有一定的备货量才能及时满足客户的需求,致使企业的库存压力巨大。

L集团是我国领先的全国性汽车经销商集团之一,拥有包含众多4S店的全国性服务网络,4S店规模达到200多家。如何管理好集团各个4S店的配件库存,是L集团一直面临的一大难题。

1. 汽车配件库存管理的行业特点

众所周知,汽车行业发展迅速,车型更新换代一年一小改、三年一大改。但即使是"小改"的车型,也有20%的配件不再适用新车型,这对汽车经销商意味着既增加了新品种的库存配件种类,又增加了呆滞库存的风险,同时带来了资金压力。

汽车行业配件的生命周期较短,新车型的上市意味着旧车型的需求量减少和库存积压。汽车经销商要保证原有车型的客户保养,在保持库存量的同时,对旧车型的库存又长时间难以消化。

在汽车行业,库龄大于1年的库存就算呆滞库存了。因此,合理的配件库存标准应该维持在6个月以内的配件一般大于80%,6个月到1年的配件约18%,大于一年的配件应小于2%。但是,绝大多数店的库存高于这个合理水平。旧车型的库存问题,有的品牌不提供换货,有的品牌可小量和厂家置换新配件,但是在行业规则下,实施可行性很低。呆滞库存已经成为汽车销售行业的一个棘手问题。

汽车销售行业有自身的行业特点,如采购来源较单一,无论是汽车品牌专营店,还是汽车品牌独立经销商,在备件采购策略上都要受到汽车厂商的影响,L集团也不例外。汽车厂商从自身利益最大化出发,对汽车经销商强行搭销、强制接收,经销商在备件采购策略上被动地拥有库存,采购主动权受限,进一步增加了配件库存管理的难度。L集团的每个4S店都面临着汽车厂商压货严重的问题,对配件管理只有销售权,在采购和库存控制方面,不得不面对"插不上手"的尴尬局面。

汽车厂商以订货量换畅销车型的策略,变相要求经销商采购配件,造成汽车经销商库存积压问题严重。比如,前几年部分汽车厂商便强迫4S店不顾市场实际情况购货,而4S店因为担心汽车厂商将其资格收回,不得不大量积压库存。汽车厂商通过这样的方式把库存压力转移给汽车经销商,使得汽车经销商资金占用成本很大,甚至影响运营。L集团涉猎多个品牌的汽车销售代理权,对于受汽车厂商牵制的状况深有体会。

针对汽车厂商采购硬性分配问题,如何利用集团优势分解和消化汽车厂商分配的库存、提高库存周转率,成为L集团迫切需要解决的问题之一。

2. L集团自有配件库存分析

L集团要想在行业竞争中占据更多优势,争取最大利润,除了要克服汽车销售行业普遍存在的配件库存管理的现实问题,还需要克服自身在经营管理中的以下几个问题:

(1) 配件分类笼统,加大统一管理难度 汽车销售行业的零部件具有种类繁多、数量庞大、通用性和专用性共存等特征,在配件管理上应该有所偏好。目前L集团对配件的分类基本是依据配件所属汽车部位,较笼统,不利于单店和集团管理。目前的配件分类依据并不能为配件采购和库存管理提供实质性参考。

L集团统采和厂采配件的比例为:统采配件主要是基础通用保养件,如机油、滤芯、养护产品等，日常消耗量大但单价相对较低，占整体 4S 店库存采购金额的 20% 左右；而厂采配件主要是汽车的核心配件，产品单值较高且一般不具有通用性，采购比例占整体库存的 80% 左右。厂采配件由各汽车厂商控制，L 集团没有采购自主权，由此衍生了集团采购控制范围之外的配件库存压货情况，资金成本占用很大，不利于整个公司的成本控制。

（2）集团硬性分配问题，进一步增加库存量　近几年，汽车经销商在与汽车厂商的博弈中，其话语权逐步增强。他们的崛起将改变国内汽车厂商和汽车经销商以往的从属关系，特别是在汽车后市场领域，汽车经销商将占据主导地位。这也是汽车经销商解决配件库存管理问题的突破口。总之，目前国内汽车经销商集团已经开始自行小范围采购零配件。

L 集团也在配件采购和管理方面逐渐摸索前进，设立配件管理中心，负责日常订货，目前集团采购配件的份额达到 30% 左右。同时，由于集团统一采购，与汽车供应商谈判的砝码加大，采购价格优势明显，大大降低了统采配件的成本。集团采购话语权的增强和配件采购量的增长，使得集团化经营的采购成本确实较单体 4S 店降低了，但是伴随着出现了新的问题——集团的二次分配。集团采购时收集的订货信息，往往是"牛鞭效应"的具体体现：订货量往往超出 4S 店日常经营的承受力，集团只能硬性摊派，变成"第二个汽车厂商"。集团采购带来的价格优势自然削弱，反而增加了 4S 店的库存和资金压力。

（3）内部供应链信息共享不畅，内部供应链应用效率低下　L 集团呆滞库存过多，一个很大的原因是没有协调好各店之间的库存调配，造成重复采购，导致极大的资源浪费。L 集团面临的实际问题是店面分布较广，单体店面较多，各店绝大部分库存仍采取独立式管理，库存资源共享度较低。

现阶段的统一库存管理方式，直接导致只有集团层面了解各店库存，而各店之间互不了解库存，不是真正的共享。集团也未建立店面之间有效的库存协调管理机制。例如，同样是华北区的某品牌 4S 店，A 店和 B 店库存平行，没有交集。集团和 4S 店之间的库存共享性不充分，而库存共享是供应链理论的核心基础。

L 集团曾经大量投资引入 ERP 系统管理，是国内最早实现供应链一体化管理的汽车经销商集团之一，但是在实践应用中并没有发挥与供应链价值相匹配的作用。L 集团的管理体系是垂直化管理，由集团统一管理下属 4S 店，而各 4S 店之间又是横向的关联节点，因而信息共享对库存共享、呆滞库存调拨、明确采购信息等都具有很大的经营意义。

L 集团库存信息共享的基础环境已经具备：所有物料统一编码，采购订单、采购入库单、销售出库单一体化连接，所有的采销流程透明化，提高物料出入库及时性，销售信息及时更新。在集团范围内对整体库存进行整合和统一调配管理，可以加强对各 4S 店的库存监管，使集团库存和各店库存具有可控性。因此，L 集团还应进一步优化内部供应链管理流程，使供应链系统和思想发挥出最大的作用。

讨论：

1）对 L 集团面临的汽车配件库存管理问题，可以采取哪些库存管理策略？

2）如果站在汽车配件整个行业的角度来看，如何加强整个行业的配件库存管理？

3）除了库存管理策略外，还可以采用哪些技术或系统（如 ERP）改善汽车行业的配件管理问题？

4）现有 ERP 系统或其他信息系统对改进汽车行业配件管理有哪些优势和不足？如何改进？

4.1 库存的类型与作用

视频 4-1 库存对象及分类

库存水平的高低对企业的生产经营产生重要的影响。必要的库存数量是防止供应中断、交货期延误，保证生产连续和稳定的重要条件，它有利于增强供货弹性、适应需求变动、减少产销矛盾。但是，过多的库存会掩盖生产中的各种问题，如计划脱节、管理不到位、废次品和在制品过多等问题。因此，在一定的生产技术和经营管理水平下，加强库存控制、使库存保持在经济合理的水平上，就显得尤为重要了。

4.1.1 库存的定义

库存又被称为存储或储备，它无论对制造业还是服务业都十分重要。它对保持生产运作的独立性、满足需求变化、增强生产计划柔性、克服原来交货时间的波动等都有着十分重要的意义。当然，库存也会带来一些问题，如占用大量的资金，减少企业的利润，甚至导致企业亏损。

从一般意义上来说，库存是指企业所有资源的储备。这种资源与是否存放在仓库中没有关系，与资源是否处于运动状态也没有关系。如汽车运输的货物处于运动状态，而这些货物是为了未来需要的资源，也是库存，是一种在途库存。这里所说的资源，不仅包括工厂里的各种原材料、毛坯、工具、半成品和成品，而且包括银行里的现金、医院里的药品和病床、运输部门的车辆等。一般地说，人、财、物和信息各方面的资源都涉及库存。例如，专门人才的储备是人力资源的库存，计算机硬盘存储的大量信息是信息的库存。

图 4-1 所示是一种典型的"供应—生产—销售"系统模型。图中，三角形符号所代表的分处在企业物资供应部门（如原材料仓库）的原材料、处于生产线上各个工位的在制品、

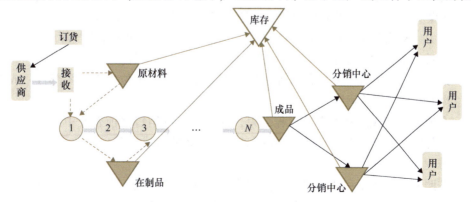

图 4-1 "供应—生产—销售"系统模型

处于企业各个分销中心的产成品等，都属于企业的库存。

库存占用资源，就一定会造成浪费，增加企业的开支。但由于库存的重要作用，一般情况下企业仍然要维持一定量的库存。归纳起来，库存有以下几方面的作用：

1）防止缺货。缩短从接受订单到送达货物的时间，以保证优质服务，同时要防止脱销。

2）降低物流成本。用适当的时间间隔补充与需求量相适应的合理的货物量，以降低物流成本，消除或避免销售波动的影响。

3）保证生产的计划性、平稳性，以消除或避免销售波动的影响。

4）储备功能。在价格下降时大量储存，减少损失，以应灾害等不时之需。

尽管库存有如此重要的功能，但生产运作管理的努力方向不是增加库存，而是不断减少库存。其核心问题是库存掩盖了生产经营过程中的各种矛盾。因此，在尽可能低的库存水平下满足生产运作的实际需求是进行库存控制的重要目的。

4.1.2　库存的分类

不同的企业，库存的对象有所不同。对于以生产实物产品为主的制造企业，如汽车企业、家电企业等，其库存一般是各种原材料、零部件，以及汽车、冰箱、洗衣机等产成品；对于以提供服务为主的企业，如航空公司，其库存主要指航班剩余的座位。因此，对于库存分类，通常将制造企业的库存分为原材料、产成品、零部件和在制品等，而服务业的库存则指用于销售的实物和服务管理所必需的供应品。

1. 制造企业的库存对象

一般而言，制造企业的库存对象主要有以下方面：

（1）原材料　原材料是构成产品主要实体的物资，是重点储备对象，如原棉、原木和原油等，一般称为原料。原料被进一步加工后，作为劳动对象提供的产品，称为材料，如棉花、钢材等。

（2）辅助材料　辅助材料是用于生产过程中有助于产品形成的物料。它在生产过程中起辅助作用，不构成产品主要实体，而是使主要材料发生物理或化学反应的材料，如化学反应中的催化剂、炼铁用的溶剂等。这类物资虽不构成产品的实体，但供应不足会影响生产。

（3）燃料　燃料是辅助材料的一种，不加入产品，仅仅是帮助产品的形成。燃料是工业能源，如煤炭、石油、汽油和柴油等，都是生产中不可缺少的重要物资。

（4）动力　动力包括生产过程中使用的水、电、气、蒸气和压缩空气等。

（5）工具　工具主要是指生产中消耗的刀具、量具和卡具等。

（6）外协件、外购件　外协件、外购件主要是指委托外单位生产的零部件，或者直接从外单位购买的零部件等物资。

（7）产成品　产成品是指生产过程结束，在投入市场销售之前企业中的库存成品。这部分的库存大小取决于生产速度和市场需要速度相互间的增减关系。

2. 库存对象的具体分类

（1）按照库存的作用和性质划分　按照库存的作用和性质，库存可以划分为预期性库存、缓冲性库存、在途性库存和周转性库存。预期性库存是指为预期生产或销售的增长而保持的库存。缓冲性库存是指对未来不确定因素起缓冲作用而保持的库存。在途性库存是指运输过程中的库存。周转性库存是指在进货时间间隔中可保证生产连续性而保持的库存。

（2）按物资的需求与其他物资的需求关系划分　按物资的需求与其他物资的需求关系，库存可以划分为独立需求库存和相关需求库存。来自用户的对企业产品和服务的需求称为独立需求。独立需求最明显的特征是需求的对象和数量不确定，只能通过预测方法粗略地估计。相反，把企业内部物料转化各环节之间所发生的需求称为相关需求。相关需求也称为非独立需求，它可以根据对最终产品的独立需求精确地计算出来。例如，某汽车制造厂年产汽车 30 万辆，这是通过预计市场对该厂产品的独立需求来确定的。一旦 30 万辆汽车的生产任务确定之后，对构成该种汽车的零部件和原材料的数量和需求时间是可以通过计算精确地得到的。对零部件和原材料的需求就是相关需求。相关需求可以是垂直方向的，也可以是水平方向的。产品与其零部件之间垂直相关，与其附件和包装物之间则水平相关。

独立需求库存问题和相关需求库存问题是两类不同的库存问题。相关需求和独立需求都是多周期需求，对于单周期需求，是不必考虑相关与独立的。企业里成品库存的控制问题属于独立需求库存问题，在制品库存和原材料库存控制问题属于相关需求库存问题。

（3）按照库存对象、库存时间及库存目的划分　按照库存对象、库存时间及库存目的，库存可以划分为经常储备库存、保险储备库存和季节性储备库存。经常储备库存是指某种物资在前后两批进厂的供应间隔期内，为保证生产正常进行所必需的、经济合理的物资储备。保险储备库存是指为预防物资到货误期或物资的品种、规格不合要求等意外情况，保证生产正常进行而储备的物资。季节性储备库存是指物资的生产或运输受到季节影响，为保证生产正常进行而储备的物资。

（4）按对物资需求的重复次数划分　按对物资需求的重复次数，库存可以划分为单周期库存与多周期库存。对单周期需求物品的库存控制问题称为单周期库存问题，对多周期需求物品的库存控制问题称为多周期库存问题。所谓单周期需求，即仅仅发生在比较短的一段时间内或库存时间可能不太长的需求，也称作一次性订货量问题。例如，圣诞树问题和报童问题都属于单周期库存问题。多周期需求则指在足够长的时间里对某种物品重复的、连续的需求，其库存需要不断补充。与单周期需求相比，多周期需求问题普遍得多。

单周期需求出现在下面两种情况：①偶尔发生的某种物品的需求；②经常发生的某种生命周期短的物品的不定量需求。其中，第一种情况如由奥运会组委会发行的奥运会纪念章或新年贺卡；第二种情况如易腐物品（如鲜鱼）或其他生命周期短的易过时的商品（如日报和期刊）等。

 4.2　库存控制系统

视频 4-2　库存控制系统

库存控制的目标是防止超储和缺货。针对原材料库存，通过库存控制保证生产的连续、稳定；对于产成品库存，通过库存控制保证对市场的稳定供应。一般通过以下三个指标来衡量企业的库存控制水平：

1）平均库存值，是指某时间段范围内全部库存物品的价值之和的平均值。

2）可供应时间，是指现有库存能满足需求的时间。

3）库存周转率，是指一段时间（如年）销售量（额）/该段时间平均库存量（值）。

因此，可以围绕上述指标，从库存总量控制、库存分类控制和库存费用控制三个方面进行库存控制。

（1）库存总量控制　库存总量控制可以通过库存总价值、库存总价值与销售额的比率、供货天数和库存周转期四个指标进行控制。库存总价值是库存物料成本之和。企业一般都为每一大类物料制定了其投资上限或预算。这种方法忽略了库存的动态性。库存总价值与销售额的比率，反映了库存与销售额之间的动态关系。供货天数等于按成本计算的库存总价值除以按成本计算的每天销售额。库存周转期是指使用和替换物料的周期，它等于年销售产品成本（按成本计算的销售额）与年平均库存值之比，表明一定时间（通常是一年）内库存投资的周转次数。

（2）库存分类控制　库存分类控制是指将库存按照 ABC 分类法进行分类并控制，即将库存物资按照库存物资占总库存的数量与金额的比例加以控制，如图 4-2 所示。

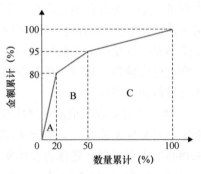

图 4-2　库存分类控制

其中，A 类物资一般数量占库存总量的 20% 以内，而金额占库存总金额的 80%。对于这类物资应实施尽可能严格的控制，包括完整、准确的记录，最高的作业优先权，高层管理人员经常检查，小心、精确地确定订货量和订货点，采取紧密的跟踪措施，以使库存时间最短。B 类物资一般数量占库存总量的

20%~30%，而金额占库存总金额的 15% 以内。对于这类物资的库存控制主要做好记录和固定时间的检查，只有在紧急情况下，才赋予较高的优先权，可按经济批量订货。C 类物资一般数量占库存总量的 50% 以上，而金额仅占库存总金额的 5% 以内。对于这类物资一般进行简单的库存控制，如设立简单的记录或不设立记录，可通过半年或一年一次的盘存来补充大量的库存，给予最低的优先作业次序等。三种库存分类控制在控制程度、存货检查频度和安全库存量方面有较大区别，见表 4-1。

表 4-1　ABC 分类法对比

类　别	A 类	B 类	C 类
控制程度	严格控制	一般控制	简单控制
存货检查频度	频繁	一般	较少
安全库存量	低	较高	高

以一个汽车服务站的库存 ABC 分类及库存控制策略为例，见表 4-2。

表 4-2　某汽车服务站的库存 ABC 分类及库存控制策略

库存类别	具体库存物品	库存控制策略
A	汽油	每周补货一次
B	轮胎、蓄电池、润滑油、液压传动油	每两周补货一次
C	阀门杆、挡风屏用雨刷、水箱盖、软管盖、风扇皮带、汽油添加剂、打光蜡	每月补货一次

（3）库存费用控制　库存费用控制通过计算库存总费用加以控制，计算时一般以年为时间单位。年库存费用包括以下四项：

1）年维持库存费（Holding Cost），以 C_H 表示。顾名思义，它是维持库存所必需的费用，包括资金成本、仓库及设备折旧、税收、保险、陈旧化损失等。这部分费用与物品价值和平均库存量有关。

2）年补充订货费（Reorder Cost），以 C_R 表示。它与全年发生的订货次数有关，一般与一次订多少无关。

3）年采购费（加工费）（Purchasing Cost），以 C_P 表示。它与价格和订货数量有关。

4）年缺货损失费（Shortage Cost），以 C_S 表示。它反映失去销售机会带来的损失、信誉损失以及影响生产造成的损失，与缺货多少、缺货次数有关。

若以 C_T 表示年库存总费用，则 $C_T=C_H+C_R+C_P+C_S$。对库存进行优化的目标就是使 C_T 最小。

4.2.1　库存控制系统的结构

库存控制系统的结构包括输出、输入、约束条件和运行机制四部分，如图 4-3 所示。与生产系统不同，在库存控制系统中没有资源形态的转化，输入是为了保证系统的输出（对用户的供给）。约束条件包括库存资金、空间等的约束。运行机制包括控制哪些参数以及如何控制。一般情况下，在输出端，独立需求不可控；在输入端，库存系统向外发出订货的提前期也不可控，它们都是随机变量。可以控制的一般是订货点（何时订货）和订货量（一次订多少）两个参数。库存控制系统正是通过控制订货点和订货量来满足外界需求，并使总库存费用最低。

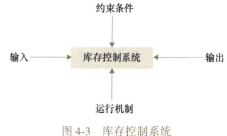

图 4-3　库存控制系统

库存控制系统一般从横向和纵向两个方面进行库存控制。从横向看，企业生产经营过程的各阶段，包括原材料供应阶段、生产制造阶段和产品销售阶段，都涉及库存问题；从纵向看，企业生产的各层次，包括工厂层、车间层和工序之间，也涉及库存问题。在生产制造阶段，车间之间和工序之间的物资库存或者物资储备属于生产进度控制的内容。本书所讨论的库存控制主要集中于工厂层的原材料库存和产成品库存问题。

4.2.2　库存控制系统的分类

企业在库存管理过程中，一般通过对库存的时间和数量两个因素进行库存控制，即库存控制是通过订货的时间和数量实现的。库存控制就是要解决何时订货和每次订多少这两个基本问题，使库存水平在时间和数量上都经济合理。在订货数量一定的条件下，订货时间过迟，将造成物资供应脱节、生产停顿；订货时间过早，将使物资存储时间过长，存储费用和损失增大。在订货时间一定的条件下，订货数量过少，会使物资供应脱节、生产停顿；订货数量过多，会使存储成本上升和存储损耗增大。

因此，库存控制系统必须解决三个问题：隔多长时间检查一次库存量？何时提出补充订货？每次订多少？根据对以上三个问题的不同处理方法，库存控制系统可以分为三类：定量库存控制系统、定期库存控制系统和最大最小库存控制系统。

1. 定量库存控制系统

所谓定量库存控制系统，就是订货点和订货量都是固定量的库存控制系统，如图4-4所示。当库存控制系统的现有库存量降到订货点（RL）及以下时，库存控制系统就向供应厂家发出订货，每次订货量均为一个固定的量（Q）。经过一段时间，称为提前期（LT），所发出的订货到达，库存量增加Q。订货提前期是从发出订货至到货的时间间隔，其中包括订货准备时间、发出订单、供方接受订货、供方生产、产品发运、提货、验收和入库等过程。显然，提前期一般为随机变量。

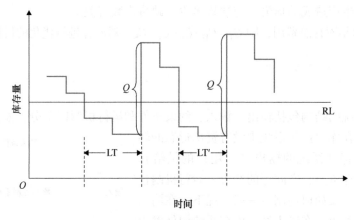

图 4-4　定量库存控制系统

在定量库存控制系统中，如果要判断现有库存量是否到达订货点，必须随时检查库存量。固定量系统需要随时检查库存量，并随时发出订货，这样就增加了管理工作量，但它使库存量得到严格控制。因此，固定量系统适用于重要物资的库存控制。

为了减少管理工作量，可采用双仓系统。所谓双仓系统，是将同一种物资分放两仓（或两个容器），其中一仓使用完后，库存控制系统就发出订货；在发出订货后，就开始使用另一仓的物资，直至到货，再将物资按两仓存放。

2. 定期库存控制系统

固定量系统需要随时监视库存变化，对于物资种类很多且订货费用较高的情况，是很不经济的，而固定间隔期系统可以弥补固定量系统的不足。

定期库存控制系统又称固定间隔期系统，它每经过一个相同的时间间隔发出一次订货，订货量为将现有库存补充到一个最高水平 S。如图4-5所示，当经过固定间隔期 t 之后发出订货，这时库存量降到 L_1，则订货量为 $S-L_1$，经过一段时间（LT）到货，库存量增加 S-

L_1；再经过固定间隔期 t 之后，又发出订货，这时库存量降到 L_2，则订货量为 $S-L_2$，经过一段时间（LT）到货，库存量增加 $S-L_2$，如此循环。

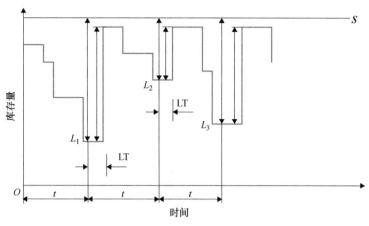

图 4-5　定期库存控制系统

定期库存控制系统不需要随时检查库存量，到了固定的间隔期，各种不同的物资可以同时订货。这样就简化了管理，也节省了订货费。不同物资库存的最高水平 S 可以不同。这种系统的缺点是不论库存量 L 降得多还是少，都要按期发出订货，而当 L 很高时，订货量是很少的。为了克服这个缺点，就出现了最大最小库存控制系统。

3. 最大最小库存控制系统

最大最小库存控制系统也是一种固定间隔期系统，只不过它需要确定一个订货点 s。当经过间隔期 t 之后，如果库存量降到 s 及以下，则发出订货；否则，再经过间隔期 t 后再考虑是否发出订货。最大最小库存控制系统如图 4-6 所示，当经过间隔期 t 之后，库存量降到 L_1，$L_1<s$，发出订货，订货量为 $S-L_1$，经过一段时间（LT）到货，库存量增加 $S-L_1$；再经过间隔期 t 之后，库存量降到 L_2，$L_2>s$，不发出订货；再经过间隔期 t，库存量降到 L_3，$L_3<s$，发出订货，订货量为 $S-L_3$，经过一段时间（LT）到货，库存量增加 $S-L_3$，如此循环。

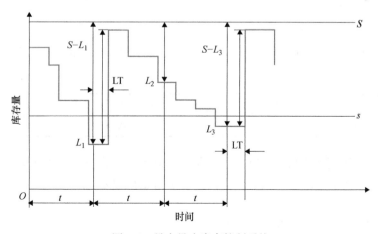

图 4-6　最大最小库存控制系统

4.3 库存控制模型

库存控制的基本模型有单周期库存基本模型和多周期库存基本模型。其中，多周期库存基本模型包括经济订货批量模型、经济生产批量模型和价格折扣模型。

4.3.1 单周期库存模型

视频 4-3　单周期库存模型

对于单周期需求来说，库存控制的关键在于确定订货批量。对于单周期库存问题，订货量就等于预测的需求量，确定最佳订货量可采用期望损失最小法、期望利润最大法等方法。

1. 期望损失最小法

期望损失最小法就是比较不同订货量下的期望损失，取期望损失最小的订货量作为最佳订货量。

$$期望损失 = 超储损失之和 + 缺货损失之和$$

已知库存物品的单位成本为 C，单位售价为 P。若在预定的时间内卖不出去，则单价只能降为 S（$S<C$）卖出，单位超储损失 $C_O = C - S$；若需求超过存货，则单位缺货损失（机会损失）$C_u = P - C$。

设订货量为 Q 时的期望损失为 $E_L(Q)$，则取使最 $E_L(Q)$ 最小的 Q 作为最佳订货量。

$$E_L(Q) = \sum_{d>Q} C_u(d-Q)p(d) + \sum_{d<Q} C_O(Q-d)p(d) \tag{4-1}$$

式中，$p(d)$ 为需求量为 d 时的概率。

【例 4-1】

依据过去的销售记录，顾客在夏季对某商店微风扇的需求分布率见表 4-3。

表 4-3　某商店微风扇的需求分布率

需求 d（台）	0	5	10	15	20	25
概率 $p(d)$	0.05	0.15	0.20	0.25	0.20	0.15

已知，每台微风扇的进价 $C = 50$ 元，售价 $P = 80$ 元。若在夏季卖不出去，则每台微风扇只能按 $S = 30$ 元在秋季卖出去。该商店应该进多少台微风扇？

解：

设该商店买进微风扇的数量为 Q，则

当实际需求 $d<Q$ 时，将有部分微风扇卖不出去，每台超储损失为

$$C_O = C - S = 50 - 30 = 20（元）$$

当实际需求 $d>Q$ 时，将有机会损失，每台欠储损失为

$$C_u = P - C = 80 - 50 = 30(元)$$

当 $Q=15$ 时，则

$$E_L(Q) = [30 \times (20-15) \times 0.20 + 30 \times (25-15) \times 0.15] +$$
$$[20 \times (15-0) \times 0.05 + 20 \times (15-5) \times 0.15 + 20 \times (15-10) \times 0.02]$$
$$= 140(元)$$

当 Q 取其他值时，可按同样方法算出 $E_L(Q)$，结果见表 4-4。由表可以得出最佳订货量为 15 台。

表 4-4　期望损失计算表

订货量 Q（台）	实际需求 d（台）						期望损失 $E_L(Q)$（元）
	0	5	10	15	20	25	
	p $(D=d)$						
	0.05	0.15	0.20	0.25	0.20	0.15	
0	0	150	300	450	600	750	427.5
5	100	0	150	300	450	600	290.0
10	200	100	0	150	300	450	190.0
15	300	200	200	0	150	300	140.0
20	400	300	200	100	0	150	152.5
25	500	400	300	200	100	0	215.0

2. 期望利润最大法

期望利润最大法就是比较不同订货量下的期望利润，取期望利润最大的订货量作为最佳货量。

期望利润 = 需求量小于订货量的期望利润 + 需求量大于订货量的期望利润

设订货量为 Q 时的期望利润为 $E_p(Q)$，则

$$E_p(Q) = \sum_{d<Q} [C_u d - C_O(Q-d)]p(d) + \sum_{d>Q} C_u Q_p(d) \tag{4-2}$$

【例 4-2】

已知数据同例 4-1，求最佳订货量。

解：

当 $Q=15$ 时，则

$$E_p(15) = [30 \times 0 - 20 \times (15-0)] \times 0.05 + [30 \times 5 - 20 \times (15-5)] \times$$
$$0.15 + [30 \times 10 - 20 \times (15-10)] \times 0.20 + (30 \times 15) \times 0.25 +$$
$$(30 \times 15) \times 0.20 + (30 \times 15) \times 0.15 = 287.5(元)$$

当 Q 取其他值时，可按同样方法算出 $E_p(Q)$，结果见表 4-5。由表可以得出最佳订货量为 15，与期望损失最小法得出的结果相同。

表 4-5 期望利润计算表

订货量 Q（台）	实际需求 d（台）						期望利润 $E_p(Q)$（元）
	0	5	10	15	20	25	
	$p(D=d)$						
	0.05	0.15	0.20	0.25	0.20	0.15	
0	0	0	0	0	0	0	0
5	−100	150	150	150	150	150	137.5
10	−200	50	300	300	300	300	237.5
15	−300	−50	200	450	450	450	287.5
20	−400	−150	100	350	600	600	275.0
25	−500	−250	0	250	500	750	212.5

4.3.2 多周期库存模型

1. 经济订货批量模型

视频 4-4 多周期库存模型——经济订货批量模型

经济订货批量（Economic Order Quantity，EOQ）模型最早是由哈里斯（F. W. Harris）提出的。该模型有如下假设条件：①外部对库存系统的需求量已知，需求量均匀且为常量，年需求量以 D 表示，单位时间需求率以 d 表示；②一次订货无最大最小限制；③采购、运输均无价格折扣；④订货提前期已知且为常量；⑤订货费与订货批量无关；⑥维持库存费是库存量的线性函数；⑦不允许缺货；⑧补充率为无限大，全部订货一次交付；⑨采用固定量系统。

在以上假设条件下，库存量的变化如图 4-7 所示。从图 4-7 可以看出，系统的最大库存量为 Q，最小库存量为 0，不存在缺货。库存固定需求率 D 减少，当库存量降低到订货点 RL 时，就按固定订货量 Q 发出订货。经过固定的订货提前期 LT，新的一批订货 Q 到达

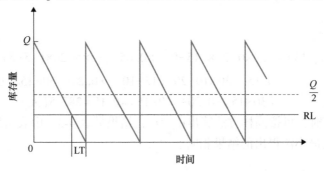

图 4-7 经济订货批量假设下的库存量变化

（订货刚好在库存变为 0 时到达），库存量立刻达到 Q。显然，平均库存量为 $Q/2$。

在 EOQ 模型的假设条件下

$$C_T = C_H + C_R + C_P = H\left(\frac{Q}{2}\right) + S\left(\frac{D}{Q}\right) + PD \tag{4-3}$$

式中，C_T 是年库存总费用；C_H 是年维持库存费；C_R 是年补充订货费；C_P 是年采购费；S 是单位订货费或调整准备费；H 是单位库存维持费，$H = Ph$，P 是单价，h 是资金效果系数/年利息；D 是年需求量。

年维持库存费 C_H 随订货批量 Q 的增加而增加，是 Q 的线性函数；年补充订货费 C_R 与 Q 的变化呈反比，C_R 随 Q 的增加而下降，不计年采购费 C_P，年库存总费用 C_T 曲线为 C_H 曲线与 C_R 曲线的叠加。C_T 曲线最低点对应的订货批量就是最佳订货批量，如图 4-8 所示。为了求出经济订货批量，将式（4-3）对 Q 求导，并令一阶数导数为 0，可得

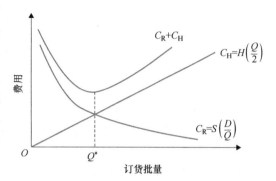

图 4-8　年库存总费用曲线

$$Q^* = \text{EOQ} = \sqrt{\frac{2DS}{H}} \tag{4-4}$$

式中，Q^* 为最佳订货批量或称经济订货批量。

订货点 RL 计算公式为

$$\text{RL} = D \times \text{LT} \tag{4-5}$$

在经济订货批量 Q^* 下

$$C_R + C_H = S\left(\frac{D}{Q^*}\right) + H\left(\frac{Q^*}{2}\right) = \frac{DS}{\sqrt{\frac{2DS}{H}}} + \frac{H}{2}\sqrt{\frac{2DS}{H}} = \sqrt{2DSH} \tag{4-6}$$

从式（4-6）可以看出，经济订货批量随单位订货费 S 增加而增加，随单位维持库存费 H 增加而减少。因此，价格昂贵的物品订货批量小，难采购的物品一次订货批量要大一些。这些都与人们的常识一致。

【例 4-3】

根据生产的需要，某企业每年以 20 元的单价购入一种零件 4000 件，每次订货费为 40 元，资金年利息率为 6%，单位维持库存费按库存价值的 4% 计算。若每次订货的提前期为 2 周，试求经济订货批量、最低年库存总费用、年订货次数和订货点。

解：

由已知可知 $P = 20$ 元/件，$D = 4000$ 件/年，$S = 40$ 元，LT = 2 周。H 则由两部分组成：资金利息和仓储费用，即

$$H = 20 \times 6\% + 20 \times 4\% = 2\,[\text{元}/(\text{件} \cdot \text{年})]$$

因此

$$\text{EOQ} = \sqrt{\frac{2DS}{H}} = \sqrt{\frac{2 \times 4000 \times 40}{2}} = 400\,(\text{件})$$

最低年库存总费用为

$$C_T = PD + \left(\frac{D}{\text{EOQ}}\right)S + \left(\frac{\text{EOQ}}{2}\right)H$$

$$= 4000 \times 20 + (4000/400) \times 40 + (400/2) \times 2 = 80800(\text{元})$$

$$\text{年订货次数 } n = D/\text{EOQ} = 4000/400 = 10(\text{次})$$

$$\text{订货点 RL} = (D/52)\text{LT} = 4000/52 \times 2 = 153.8(\text{件})$$

2. 经济生产批量模型

视频 4-5 多周期库存模型——经济生产批量模型

EOQ 假设整批订货在一定时刻同时到达，补充率为无限大。这种假设不符合企业生产过程的实际。一般来说，在进行某种产品生产时，成品是逐渐生产出来的。也就是说，当生产率大于需求率时，库存是逐渐增加的，而不是一瞬间上去的。要使库存不致无限增加，当库存达到一定量时，应该停止生产一段时间。由于生产系统调整准备时间的存在，在补充成品库存的生产中，也有一次生产多少最经济的问题，这就是经济生产批量问题。经济生产批量（Economic Production Lot，EPL）模型又称经济生产量（Economic Production Quantity，EPQ）模型，其假设条件除与经济订货批量模型第⑧条假设不一样之外，其余都相同。

图 4-9 描述了在经济生产批量模型下库存量随时间变化的过程。生产从库存为 0 时开始进行，经过生产时间 t_P 结束，由于生产率 q 大于需求率 d，库存将以 $(q-d)$ 的速率上升。经过时间 t_P，库存达到 $I_{\max}$。生产停止后，库存按需求率 d 下降，当库存减少到 0 时，又开始了新一轮生产。Q 是在 t_P 时间内的生产量，又是一个补充周期 T 内消耗的量。

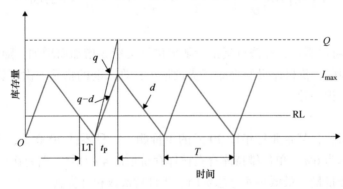

图 4-9 经济生产批量模型下的库存量变化

图 4-9 中，q 为生产率（单位时间产量）；d 为需求率（单位时间出库量），$d<q$；t_P 为生产时间；$I_{\max}$ 为最大库存量；Q 为生产批量；RL 为订货点；LT 为生产提前期。

在 EPL 模型的假设条件下，C_P 与订货批量大小无关，为常量。与 EOQ 模型不同的是，由于补充率不是无限大，这里平均库存量不是 $Q/2$，而是 $I_{\max}/2$。于是有

$$C_T = C_H + C_R + C_P = H\left(\frac{I_{\max}}{2}\right) + S\left(\frac{D}{Q}\right) + PD \tag{4-7}$$

问题现在归结为求 $I_{\max}$。由图 4-7 可以看出 $Q=qt_P$，可以得出 $t_P=Q/q$，所以

$$I_{\max}=\left(1-\frac{d}{q}\right)QHC_T=\frac{H\left(1-\dfrac{d}{q}\right)Q}{2}+S\left(\frac{D}{Q}\right)+PD \qquad (4\text{-}8)$$

式（4-7）与式（4-3）比较，可得

$$\text{EPL}=\sqrt{\frac{2DS}{H\left(1-\dfrac{d}{q}\right)}} \qquad (4\text{-}9)$$

【例 4-4】

根据预测，市场每年对某公司生产的产品的需求量为 9000 台，一年按 300 个工作日计算。生产率为 50 台/日，生产提前期为 4 天，单位产品的生产成本为 60 元，单位产品的年维修库存费为 30 元，每次生产的生产准备费用为 40 元。试求经济生产批量（EPL）、年生产次数、订货点和最低年库存总费用。

解：

这是一个典型的 EPL 问题，将各变量取相应的单位，带入相应的公式即可求解。

$$d=D/N=9000/300=30\,(台/日)$$

$$\text{EPL}=\sqrt{\frac{2DS}{H\left(1-\dfrac{d}{q}\right)}}=\sqrt{\frac{2\times9000\times40}{30\times\left(1-\dfrac{30}{50}\right)}}=\sqrt{60000}=245\,(台)$$

$$年生产次数\ n=D/\text{EPL}=9000/245=36.7\,(次)$$

$$订货点\ \text{RL}=d\text{LT}=30\times4=120\,(台)$$

$$
\begin{aligned}
最低年库存总费用\ C_T&=\frac{H\left(1-\dfrac{d}{q}\right)Q}{2}+S\left(\frac{D}{Q}\right)+PQ\\
&=30\times(1-30/50)\times(245/2)+40\times(9000/245)+60\times9000\\
&=542938\,(元)
\end{aligned}
$$

EPL 模型比 EOQ 模型更具一般性，EOQ 模型可以看作 EPL 模型的一个特例。当生产率 q 趋于无限大时，EPL 公式就同 EOQ 公式一样。

EPL 模型对分析问题十分有用。由 EPL 公式可知，一次生产准备费 S 越大，则经济生产批量越大；单位维持库存费 H 越大，则经济生产批量越小。在机械行业，毛坯的生产批量通常大于零件的加工批量，是因为毛坯生产的准备工作比零件加工的准备工作复杂，而零件本身的价值又比毛坯高，从而单位维持库存费较高。

3. 价格折扣模型

视频 4-6　多周期库存模型——价格折扣模型

为了刺激需求，诱发更多的购买行为，供应商往往在用户的采购批量大于某一值时提供

优惠的价格，这就是价格折扣。如图 4-10 所示：当采购批量小于 Q_1 时，单价为 P_1；当采购批量大于或等于 Q_1 而小于 Q_2 时，单价为 P_2；当采购批量大于或等于 Q_2 时，单价为 P_3。$P_3 < P_2 < P_1$。

价格折扣对于供应厂家是有利的。因为生产批量大，则生产成本低，销售量扩大可以占领市场，获取更大利润。价格折扣对用户是否有利，要做具体分析。在有价格折扣的情况下，由于每次订货量大，订货次数减少，年订货费会降低；但订购量大会使库存增加，从而使维持库存费增加。按数量折扣

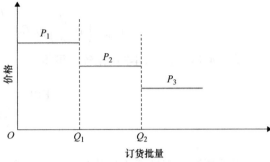

图 4-10 有 2 种数量折扣的价格曲线

订货的优点是单价较低，年订货费较低，较少发生缺货，装运成本较低，而且能比较有效地应对价格上涨。其缺点是库存量大，存储费用高，存货周转较慢且容易陈旧。是否接受价格折扣，需要通过价格折扣模型计算决定。

价格折扣模型的假设条件仅有条件③与 EOQ 模型假设条件不一样，即允许有价格折扣。由于有价格折扣时，物资的单价不再是固定的，因而传统的 EOQ 公式不能简单地套用。图 4-11 所示为有 2 个折扣点的价格折扣模型的费用。年补充订货费 C_R 与价格折扣无关，曲线与 EOQ 模型的一样。年维持库存费 C_H 和年采购费 C_P 都与物资的单价有关。因此，费用曲线是一条不连续的折线。三条曲线叠加，构成的年库存总费用曲线也是一条不连续的曲线。但是，不论如何变化，最经济的订货批量仍然是年库存总费用曲线 C_T 上

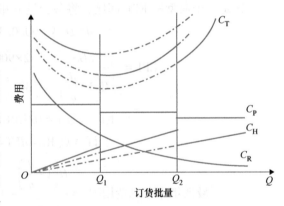

图 4-11 有 2 个折扣点的价格折扣模型的费用

最低点对应的数量。由于价格折扣模型的年库存总费用曲线不连续，所以成本最低点或者是曲线斜率（即一阶导数）为 0 的点，或者是曲线的中断点。有价格折扣的最优订货批量计算步骤如下：

1）取最低价格代入基本 EOQ 公式求出最佳订货批量 Q^*。若 Q^* 可行（即所求的点在曲线 C_T 上），Q^* 即为最优订货批量，停止；否则，转步骤 2）。

2）取次低价格代入基本 EOQ 公式求出 Q^*。如果 Q^* 可行，计算订货量为 Q^* 时的年库存总费用和所有大于 Q^* 的数量折扣点（曲线中断点）所对应的年库存总费用，取其中最小年库存总费用所对应的数量即为最优订货批量，停止。

3）如果 Q^* 不可行，重复步骤 2），直到找到一个可行的 Q^* 为止。

【例 4-5】

某公司每年要购入 3600 台电子零件。供应商的条件如下：

1）订货量 ≥125 台时，单价 32.5 元。

2）订货量 <125 台时，单价 35 元。

每次订货的费用为10元，单位产品的年库存维持费用为单价的15%。试求最优订货量。

解：

这是一个典型的数量折扣问题，求解步骤如下：

第一步，当 $C=32.5$ 元时，$H=32.5$ 元×15%＝4.88元，$S=10$ 元，$D=3600$ 台。
则

$$\text{EOQ}(32.5)=\sqrt{\frac{2\times3600\times10}{4.88}}=121.47(台)$$

因为只有当订货量≥125台时，才能享受单价32.5元的优惠价格，也就是说，121.47台是不可行的（即121.47所对应的点不在曲线 C_T 的实线上）。

第二步，求次低的单价 $C=35$ 元时的情况。此时 $H=35$ 元×15%＝5.25元，$S=10$ 元，$D=3600$ 台。

$$\text{EOQ}(35)=\sqrt{\frac{2\times3600\times10}{5.25}}=117.11(台)$$

当单价为35元时，经济订货批量取117台时，这与供应商的条件是不矛盾的，因而117台为可行的订货量。在这里，订货量大于117台的数量折扣点只有一个，即125台。因此应该分别计算订货量为117台和125台时的年库存总费用 $C_T(117)$ 和 $C_T(125)$。

$$C_T(117)=(117/2)\times5.25+(3600/117)\times10+3600\times35=126614.82(元)$$

$$C_T(125)=(125/2)\times4.88+(3600/125)\times10+3600\times32.5=117593(元)$$

由于 $C_T(125)<C_T(117)$，所以最优订货批量应为125台。

4.3.3　报童问题模型

视频 4-7　报童问题模型

在日常生活中，经常有一些季节性强、更新快的物品，如时装、报纸等；还有一些不易保存的物品，如海产、山货、生鲜食品等。当商店购进这些物品时，购进的数量越多，价格越便宜，则获利越大。

但购进太多可能卖不出去，需要降价处理，人力、物力都受损；如果购进太少，又可能发生缺货，失去销售机会而减少利润。

这就产生一个问题：订货量过多，出现过剩，会造成损失；订货量过少，又可能失去销售机会、影响利润。那么应该如何确定订货策略呢？这是著名的报童问题：报童每天需购进多少份报纸？

[问题的提出]　报童每天清晨从报社购进报纸零售，晚上将没有卖掉的报纸退回。设报纸每份的购进价为 b，零售价为 a，退回价为 c，应该自然地假设为 $a>b>c$。这就是说，报童售出一份报纸赚 $a-b$，退回一份赔 $b-c$。报童每天如果购进的报纸太少，不够卖，会少赚钱；如果购进太多，卖不完，将要赔钱。请为报童筹划一下，他应如何确定每天购进报纸的

数量，以获得最大的收入。

[问题的分析及假设]　众所周知，应该根据需求量确定购进量。需求量是随机的，假定报童已经通过自己的经验或其他渠道掌握了需求量的随机规律，即在其销售范围内每天报纸需求量为 r 的概率是 $f(r)(r=0,1,2,\cdots)$。有了 $f(r)$ 和 a，b，c，就可以建立关于报纸购进量的优化模型。

假设每天报纸购进量为 n，因为需求量 r 是随机的，r 可以小于 n、等于或大于 n，使得报童每天的收入也是随机的。所以，作为优化模型的目标函数，不能是报童每天的收入，而应该是他长期（几个月或一年）卖报的日平均收入。从概率论大数定律的观点看，这相当于报童每天收入的期望值，以下简称平均收入。

[模型的建立及求解]　设报童每天报纸购进量为 n 时的平均收入为 $G(n)$。如果一天的需求量 $r \leq n$，则他售出 r，退回 $n-r$；如果一天的需求量 $r > n$，则 n 份报纸全部售出。考虑到需求量为 r 的概率是 $f(r)$，所以

$$G(n) = \sum_{r=0}^{n} [(a-b)r - (b-c)(n-r)]f(r) + \sum_{r=n+1}^{\infty} (a-b)nf(r) \qquad (4\text{-}10)$$

问题归结为在 $f(r)$，a，b，c 已知时，求 n 使 $G(n)$ 最大。

通常需求量 r 和购进量 n 的取值都相当大，将 r 视为连续变量更便于分析和计算。这时概率 $f(r)$ 转化为概率密度函数 $p(r)$，即

$$G(n) = \int_0^n [(a-b)r - (b-c)(n-r)]p(r) + \sum_n^{\infty} (a-b)np(r)\mathrm{d}r \qquad (4\text{-}11)$$

计算

$$\frac{\mathrm{d}G}{\mathrm{d}n} = (a-b)np(n) - \int_0^n (b-c)p(r)\mathrm{d}r - (a-b)np(n) + \int_0^{\infty} (a-b)p(r)\mathrm{d}r$$

$$= -(b-c)\int_0^n p(r)\mathrm{d}r + (a-b)\int_n^{\infty} p(r)\mathrm{d}r$$

令 $\dfrac{\mathrm{d}G}{\mathrm{d}n} = 0$，得

$$\frac{\int_0^n p(r)\mathrm{d}r}{\int_n^{\infty} p(r)\mathrm{d}r} = \frac{a-b}{b-c} \qquad (4\text{-}12)$$

使报童日平均收入达到最大的购进量 n 应满足式（4-12）。因为 $\int_0^{\infty} p(r)\mathrm{d}r = 1$，所以式（4-12）又可表示为

$$\int_0^n p(r)\mathrm{d}r = \frac{a-b}{b-c} \qquad (4\text{-}13)$$

根据需求量的概率密度 $p(r)$ 的图形很容易从式（4-12）确定购进量 n。在图 4-12 中用 P_1 和 P_2 分别表示曲线 $p(r)$ 下的两块面积，则式（4-12）可记作

$$\frac{P_1}{P_2} = \frac{a-b}{b-c} \qquad (4\text{-}14)$$

式中，当购进 n 份报纸时，$P_1 = \int_0^n p(r)\,\mathrm{d}r$ 是需求量 r 不超过 n 的概率，即卖不完的概率；$P_2 = \int_n^\infty p(r)\,\mathrm{d}r$ 是需求量 r 超过 n 的概率，即卖完的概率。

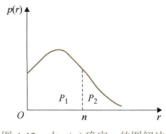

图 4-12　由 $p(r)$ 确定 n 的图解法

所以，式（4-12）表明，购进报纸的份数应该使卖不完和卖完的概率之比恰好等于卖出一份报纸赚的钱（$a-b$）与退回一份赔的钱（$b-c$）之比。显然，当报童与报社签订的合同使报童每份报纸赚的钱和赔的钱之比越大时，报童购进报纸的份数就应该越多。

【习题与研究思考】

习题

1. 简要说明库存基本概念与作用。

2. 库存控制的主要指标及库存控制方法有哪些？

3. 简要描述库存控制系统的分类及各自特点。

4. 简要描述库存控制的主要模型及使用方法。

5. 某企业每年以 15 元单价购入一种零件 4000 件，每次订货费用为 35 元，资金年利息率为 6%，单位维持库存费按所库存物价值的 4% 计算。若每次订货的提前期为 4 周，试求经济订货批量、最低年总库存费用、年订货次数和订货点。

6. 某物料的平均日需求量为 120 件，目标准差为 30 件，库存检查周期为 14 天，进货提前期为 7 天。要求服务水平为 95%，试求该物料的订货点。

7. 某公司每年要向其供应商购入 1200 台 X 产品。当每次订货量大于或等于 75 台时，单价为 32.5 元；当每次订货量小于 75 台时，单价为 35 元。每次订货的准备费用为 8 元，单位产品的年库存维持费为单价的 12%。试求该公司的最优订货量。

研究思考

1. 随着供应链管理在制造企业的应用，供应商管理库存逐步成为一种新的库存管理方式，请查阅相关文献，总结供应商管理库存的概念、原理和方法。

2. 库存作为一种有效的调整生产、稳定供应的方法，在生产管理、仓储管理中发挥着重要作用，但不同种类的物资在库存管理方法上有所不同。以生鲜产品、食品等为例，结合本章所讲述的库存管理方法，分析这些具有保质期的产品如何加强库存管理。

第 5 章
设施选址与设备布局

【学习目标】

1. 能够清晰描述设施选址的主要影响因素。
2. 能够清晰描述设备布局的主要形式及特点。
3. 能够熟练使用设施选址和设备布局的主要方法解决实际问题。
4. 能够使用计算机辅助布局技术进行生产系统的设备布局。

【知识点思维导图】

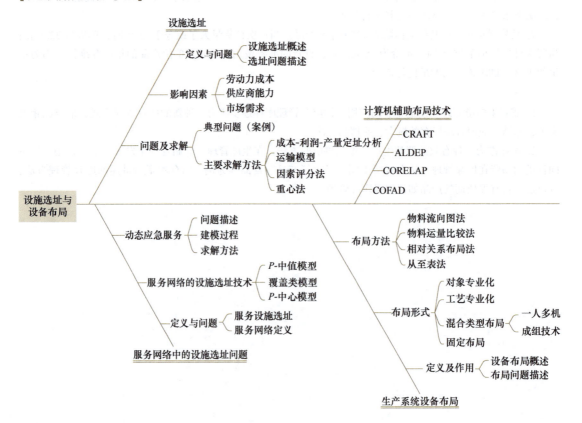

【案例导入】

随着新能源汽车的飞速发展，适应行业需求的电动汽车充电基础设施得到了世界各国的高度重视，并投入大量资金予以建设。以美国的 ChargePoint 公司为例，其建立了一个庞大的充电网络，还可以向电动车车主、经销商及制造商提供大量云服务。例如，电动汽车使用者可以通过手机下载充电服务公司的 App，以寻找就近的空闲充电桩，并可直接导航至充电桩所在地。

近年来，我国电动汽车充电基础设施也得到快速发展，全国多个城市陆续推出了大规模建设充电设施的发展规划，并伴随国家新基建规划落地实施。作为新型基础设施七大领域之一，智能充电桩是智慧能源和智能交通的枢纽。一方面可以在技术上支撑新能源汽车产业发展，拓展其应用场景与市场；另一方面也可以加速推进电网智能化进程。近年来，我国充电桩数量高速增长，截至 2021 年年底，全国充电桩保有量达 261.7 万台，较 2020 年新增 94 万台，同比增长 56%。从 2017 年到 2021 年，我国公共充电桩保有量从 21.39 万台增加至 114.7 万台，年均复合增长率达 52%；私人充电桩保有量从 23.18 万台增加至 147.01 万台，年均复合增长率达 59%。由于新能源汽车保有量持续增长，作为配套设施的充电桩建设依然滞后，造成充电桩供应量相对不足。截至 2021 年全国新能源汽车保有量达 784 万辆，车桩比约为 3∶1，这与国家要求的车桩比 1∶1 的行业发展要求还存在着相当大的数量供应缺口。

另外，功能单一的传统充电设施的规模简单扩张并不能满足市场需求。建设充电桩基础设施，要提升充电桩建设在智能交通、智慧城市和智慧能源等领域的资源整合。相较传统充电桩，智能充电桩加装了温度、湿度与电压等传感器，可感知与积累充电桩状态等数据信息，同时加装互联网交互设备，并具有削峰填谷的作用，即在电力系统负荷较小时，电网给充电桩充电，而在电力系统负荷较大时，将充电桩的电回送给系统，从而有效缓解了电力系统的调度压力，实现能源的高效利用。

坐落于常州武进高新区的万邦新能源充电公司，创新"众筹建桩""私桩共享"智能充电桩建设与运营模式。该公司凭借对消费者需求的精准认知，融合物联网、云计算、大数据等现代信息技术，采用集"充电设备硬件、软件平台网络、运营运维服务"于一体的"云管端"模式，历经 5 年多完成骨干充电网络建设，业务范围已覆盖全国 278 个城市，筹建公共充电桩超 16 万台。在万邦新能源的充电展厅，智能充电桩大小不一，但均能通过智能控制器对充电桩进行检测、控制与保护，具备运行状态监测、故障监测、充电计量计费、充电过程远程控制等功能。

智能充电桩不仅"懂车"，能根据新能源汽车的品牌、型号计算出最优的充电方案，还更"懂人"，能让消费者享受线上支付的便利，并且还能将运营数据反过来用于支撑企业服务升级与技术优化。

在新基建趋势下，新能源充电桩的运营已经不是单纯的传统式"建桩"，而是以"建网"的模式来运营，实现桩与桩之间的互联互通，即桩联网。在充电桩领域，企业规模化布局是赢得市场的关键。然而，如何合理布局场地、降低建桩成本、提高充电桩运营效率，并不是容易的事。

以自用充电桩为例，一般涉及桩主、小区物业、小区开发商、桩企等主体，需要取得各方许可，也需要符合消防、电力、安防等硬性规定，其中任意环节出现问题都会让整个建设陷于停滞。在提升选址精确性方面，为缓解充电桩分布不均、运营效率低等难题，万邦新能源充电公司综合考虑、分析充电桩与城建、交通等之间的匹配性，搭建了适合自己的选址模型，综合人流、车辆保有量、市场份额等多维度指标，分析、判断、确定最有利位置，方便用户就近充电。在降低建设成本方面，为突破土地获取壁垒大且代价高等瓶颈，该公司利用互联网思维，颠覆式推出"众筹建桩"模式。在"众筹建桩"模式下，建设充电桩的土地不需要专门拍卖或划拨，而是由业主来供地，该公司提供充电桩免费安装，充电桩产权归公司所有，未来的充电服务费与业主分享。在提高运营效率方面，针对公桩使用率低、私桩闲置率高的现象，该公司率先创新推出"私桩共享"的商业模式。个人可在平台上共享自己的充电桩，平台与个人进行交易分成，不仅盘活了私人充电桩资源，更推动了个人用户参与平台运营，分享发展收益。

利用互联网思维跳出单一经营模式，万邦新能源充电公司创新推出的"众筹建桩""私桩共享"新模式，提高了选址、运维、服务能力，同时也证明了充电桩共享化、通用化的开放模式具有强大的生命力。

智能充电桩积累的数据一直是万邦新能源充电公司的法宝。为配合智能充电桩高效运营，该公司汇集分布于全国各地的充电桩状态信息、充电数量、使用频率等数据信息，打造智能运维平台，同时，将能源传输系统、能源管理系统、能源交易系统、智能决策系统、安全预警系统综合到智能运维平台中，为高稳定性与安全性的充电设备加装"智慧大脑"，既能有效解决城市级充电运营的车桩比低、使用率不高等难题，又能快速发现故障、解决故障，降低运维成本。

对于消费者而言，安装平台后，可迅速锁定周围充电桩的位置，获取充电桩状态、充电功率等详细信息，享受预约充电、线上结算、洗车与保养等服务；对于充电桩运营商，万邦新能源充电公司推出交易管理、运营维护、增值服务等互联网平台，更高质量地服务充电桩运营商且帮助其节省开支；对于整车企业，万邦新能源充电公司利用自己的运营数据为其设计、生产充电桩，使充电桩业务与新能源整车销售形成良性互动。

讨论：

1）电动汽车充电桩的设施选址需要考虑哪些因素？

2）万邦新能源充电公司提出的"众筹建桩""私桩共享"是否可行？如果可行，需要哪些政策或技术手段来支持这种模式？如果不可行，主要问题是什么？

3）电动汽车充电桩在使用过程中可以采集哪些数据？有哪些手段可以让消费者及时掌握充电站设施的空闲情况、排队等候情况等？

5.1　设施选址

选址问题是运筹学中非常经典的问题，一般针对物流系统规划过程中，在确定选址对象、选址目标区、成本函数以及存在何种约束条件的前提下，以总成本最低、总服务最优或社会效益最大化为目标，以确定系统中物流节点的数量、位置，从而合理规划物流网络结构。设施则是指生产运作过程中依赖的具体硬件，通常由工厂、办公楼、车间、设备和仓库等物理实体所构成。

　　设施选址是指运用数学、计算机等科学方法决定设施的地理位置，以满足企业整体生产运作系统的需要，实现企业高效生产与稳定经营的目的。设施选址一般包括两个方面的问题：一是区位选择，即选择在什么地区（区域）建设相关设施，如在沿海还是内地、南方还是北方、国内还是国外等；二是确定地址，即在区位选定后，具体选择在该地区的哪个位置建设相关设施。

5.1.1　设施选址的影响因素

　　随着经济全球化的飞速发展，企业的生产运作早已不再局限于企业所在地，尤其是在高速发展的物流运输手段支持下，企业经营地域已突破地理空间限制。在此背景下，企业在进行生产设施选址时，要充分考虑经营地域的影响。为保持自身竞争能力，企业一般需要考虑以下三个方面：

　　1）采取合理化措施，建立产品结构，降低劳动成本，提高属地化经营效益。

　　2）采取新技术，不断更新产品，突破地域限制，占领新生市场。

　　3）调整生产基地，把生产基地搬到销售机会好或生产成本低的国家和地区，实现本土化生产、本土化销售。

　　以上三个方面都涉及设施选址问题，包括对属地化经营效益的考虑，对突破地域限制占领新生市场的考虑，以及对属地化生产与销售的考虑等。因此，对于当今的企业来说，跨地区、跨国家进行生产协作，在全球范围内寻找市场，是企业发展过程中必须重视的问题，但也需要考虑到全球化过程中所面临的风险。因此，企业应该根据促使生产运作全球化的具体情况及要求，具体分析本企业的产品特点、资源需求和市场，慎重考虑和选择生产基地，进行设施选址决策。

　　综合来看，影响设施选址的核心因素主要包括劳动力成本、供应商能力及市场需求。此外，劳动力条件、与市场的接近程度、生活质量、与供应商和资源的接近程度、与其他企业设施的相对位置等，也是进行设施选址时要考虑的因素。对于制造企业而言，在进行设施选址时，要更多地考虑地区因素。而对于服务企业来说，由于服务项目难以运输到远处，那些需要与顾客直接接触的服务企业，其服务质量取决于与最终市场的接近程度，因而设施选址必须靠近顾客群。

　　随着产品服务系统的出现，针对服务领域的设施选址越来越引起企业的重视。例如，对于农机制造企业，在农忙季节要派出大量的服务车与服务人员，为全国各地的农机装备，包括收割机、拖拉机等提供现场服务。在这种情况下，服务车的分布位置就是一种选址问题。因为这种服务大多出现在农机发生故障的时候，农机制造企业为此要提供应急的维修服务，因此称之为应急选址。由此可见，应急选址最大的影响因素是故障或者需求出现的位置。

5.1.2　设施选址的主要原则

　　生产设施选址对企业发展至关重要，在具体选址过程中，应遵循以下原则：

1. 低成本原则

企业进行设施选址，意味着投入资金建设新厂房、购置新设备或者改造原有生产线等活动，一般都属于固定资产投资范畴。作为经济实体，企业在任何时候都要考虑成本，由于设施选址及后续投入巨大，完成建设后的产品生产、销售等也都涉及具体的生产成本，因此，成本控制对于设施选址尤为重要。

2. 人力资源稳定原则

企业在进行设施选址时，一定要考虑企业人力资源保障问题。因为新的设施建设或者原有设施搬迁进行的选址，都会带来企业原有员工的工作地点变化，而交通是否顺畅也是影响企业人力资源稳定的重要因素。因此，在选址过程中要充分考虑人力资源保障问题，以减少人才流失。

3. 面向未来发展原则

设施选址是企业成长、发展过程中事关未来的重大事件，选址也往往带有战略目的，因此需要有面向未来的长远发展意识。生产系统或服务设施选址要考虑到企业产品、产能等的合理布局，以及今后市场开拓、技术创新、如何在国际市场上获得优势等各方面的因素，因此要有面向未来发展的长远构想。

5.1.3 生产设施选址的一般步骤

生产设施选址一般是指独立地选择一个新的设施地点，其生产与运作不受企业现有设施网络的影响。在有些情况下，所要选择位置的新设施是现有设施网络中的一部分。对于新成立企业或新增加独立经营单位时，设施选址基本不受企业现有经营因素的影响，在进行选址时要考虑的主要因素与一般企业设施选址考虑的因素相同。对于企业扩大原有设施的情况，需要考虑两种选择：原地扩建或另选新址。原地扩建的益处是便于集中管理，避免生产运作的分离，充分利用规模效益；但也可能带来一些不利之处，如因生产规模扩大导致物流管理与生产控制难度增加。另选新址时，企业可以不依赖唯一的设施厂地，便于引进、实施新技术，有利于企业采用更为先进的生产组织方式，还可在更大范围内选择高质量的劳动力等。无论哪种情况，企业在进行设施选址时，通常要采取以下主要步骤：

1. 分析需求，确立目标

要在结合企业发展战略、充分分析产品市场等多种情况的基础上，分析设施选址需求，进一步确定设施选址的目标，以符合企业发展定位和生产运作战略。在此基础上，建立项目团队，推进设施选址工作。

2. 收集数据，形成方案

在确定目标后，项目团队要收集各种相关数据，分析设施选址的影响因素，对各种因素进行主次排列，权衡取舍，拟定出初步候选方案。

要收集的资料数据应包括多个方面，如政府部门有关规定，地区规划信息，工商管理部门有关规定，土地、电力和水资源等有关情况，以及与企业经营相关的该地区物料资源、劳动力资源和交通运输条件等信息。在有些情况下，还需要征询一些专家的意见。在收集数据的基础上列出要考虑的因素，但对所有列出的影响因素必须注意加以分析，分清主次，并进行必要的权衡取舍。在必要的情况下，对多种因素的权衡取舍也需要征询多方面的意见，如运用德尔菲法等。经过这样的分析后，将目标相对集中，拟出初步候选方案。候选方案的个数根据问题的难易程度或可选择范围，在数量上可多可少，少则 2~3 个，多则 5~6 个或更多的备选方案。

3. 方案分析，评审决策

综合各种因素，对初步拟定的候选方案进行详细分析、评审，所采用的分析方法要根据评价因素的特点来决定，如可以考虑定性评价和定量评价相结合的方法。对于成本类指标，如运输成本、建筑成本、劳动力成本和水电成本等，可以明确用数字度量，因此可通过计算进行分析比较；还可以把这些因素转化为财务指标，用现金流等方法来分析。另一类因素，如生活环境、当地的文化氛围和扩展余地等，难以用明确的数值来表示，则需要进行定性分析，可以采用分级加权法、层次分析法等科学方法，人为地加以量化，再进行分析与比较。在对每一个候选方案都进行详细分析后，经过专家的多次评审，分析得出各个方案的优劣程度的结论，并准备详细的论证材料，最后提交企业最高决策层批准。

5.1.4　设施选址的主要方法

1. 成本-利润-产量定址分析

基于成本-利润-产量定址分析的选址方法，是指对供选择的选址地点进行经济分析对比，以选择最优选址方案的方法，又称为盈亏平衡分析法。该方法主要基于以下假设进行决策：可供选择的各个方案均能满足厂址选择的基本要求，但各方案的投资额不同，投产以后原材料、燃料和动力等变动成本不同，这时可利用损益平衡分析法的原理，以投产后生产成本的高低作为比较的标准。

进行成本-利润-产量定址分析时，可以采用数字或图表的方式进行对比。图表方法更能清楚地说明情况，直观对比得出不同供选方案的优劣程度。该方法的一般分析过程包括以下几个重要步骤：

1）确定每一备选地址的固定成本和可变成本。

2）在同一张图表上绘出各地点的总成本线。

3）确定在某一预定的产量水平上，哪一地点的总成本最低或者哪一地点的利润最高。

采用这种方法需要建立以下几点假设：

1）产出在一定范围时，固定成本不变。

2）可变成本与一定范围内的产出成正比。

3）所需的产出水平能近似估计。

4）只针对某一种产品进行分析。

通过下式具体计算每一地点的总成本：

$$总成本 = FC + VC \times Q \tag{5-1}$$

式中，FC 是固定成本；VC 是单位可变成本；Q 是产出产品的数量或体积。

【例 5-1】

表 5-1 列出了四个可能成为工厂所在地的备选地址的固定成本和可变成本。

表 5-1　某工厂选址方案的四个备选地址

备 选 地 址	每年的固定成本（元）	每单位的可变成本（元）
A	250000	11
B	100000	30
C	150000	20
D	200000	35

请根据成本–利润–产量定址分析法回答以下问题：

1）在一张图上绘出各地点的总成本线。

2）指出使每个备选地址产出最优的区间（即总成本最低）。

3）如果要选择的地点预期每年产量为 8000 单位，哪一地点的总成本最低？

解：

1）绘出各总成本线。选择最接近预期产量的产出（如每年 10000 单位），计算在这个水平上每个地点的总成本线。计算过程见表 5-2。

表 5-2　某工厂选址方案四个备选地址的总成本

备 选 地 址	每年的固定成本（元）	每单位的可变成本（元）	总成本（元）
A	250000	11×（10000）	360000
B	100000	30×（10000）	400000
C	150000	20×（10000）	350000
D	200000	35×（10000）	550000

绘出每个地点的固定成本（在产出为 0 时）及产出为 10000 单位时的总成本，用一条直线把两点连接起来，如图 5-1 所示。

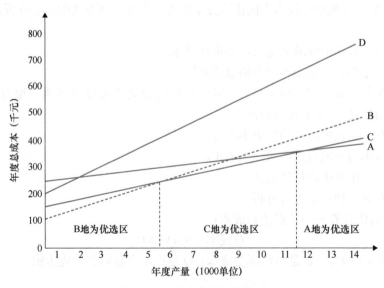

图 5-1　总成本最低区间分布

2）图 5-1 中显示出各个供选择地点的总成本最低时的区间。其中，D 地从未优于其他任何备选地。因此，可以从 B 线和 C 线的交点以及 A 线和 C 线交点所得到的产出水平求出确切的区间。为了得到这点，使它们的总成本公式相等，再求 Q，即得到它们最优产出水平的界限，即

对于 B 和 C，令 $100000+30Q=150000+20Q$，解得 $Q=5000$ 单位/年。

对于 A 和 C，令 $250000+11Q=150000+20Q$，解得 $Q=11111$ 单位/年。

因此，从图 5-1 中可以看出，每年产出 8000 单位，地点 C 的成本总额最低。

在利润分析中，计算每一个备选地址总利润的公式为

$$总利润 = Q(R-\text{VC})-\text{FC} \tag{5-2}$$

式中，R 是每单位收入。

当预期产出水平接近某一备选地址最优产出区间的中间时，这时的选择就很明确简单。当预期产出水平靠近某区间的边缘时，就意味着两种不同选择的年成本相似。因此，这时经营者就不会将总成本作为选择依据。认识到这一点非常重要，因为在很多情况下，成本以外的其他因素也应该被考虑在内，如运输成本就是一个非常重要的因素。

2. 运输模型

运输成本有时在选址决策中扮演着非常重要的角色，原料运输或成品运输中均会产生运输成本。如果一个工厂是一项运输的唯一起始地或终点，那么企业可以通过将每单位运输成本合并到每单位可变成本中。把运输成本算进成本利润定量分析，如果已包含原材料，那么运输成本必须换算为每单位产出的成本，使之与其他可变成本相对应。

如果商品从不同的发出点运输到不同的接收点，并且在整个体系中增加了新地点（发出点或接收点），企业需要对运输成本进行独立分析，可以采用运输线性规划模型。如果有一个新地点增加到现有体系中，就必须用特别的算法来测定最小运输成本；如果增加了许多新工厂或整个新体系要发展，也可以用这种特别的算法。这种模型被用来分析各种配置方案，显示各个方案的最小成本。

3. 因素评分法

因素评分法在是使用最广泛的选址方法之一，因为它以简单易懂的模式将各种不同因素综合起来。因素评分法的具体步骤如下：

1）决定一组相关的选址决策因素（如位置、交通、供应、潜在收入等）。

2）对每一因素赋予一个权重，以反映这个因素在所有权重中的重要性。每一因素的分值根据权重来确定，而权重则要根据成本的标准差来确定，而不是根据成本值来确定。

3）对所有因素的打分设定一个共同的取值范围，一般是 1～10 或 1～100。

4）对每一个备选地址的所有因素，按设定范围打分。

5）用各个因素的得分与相应的权重相乘，并把所有因素的加权值相加，得到每一个备选地址的最终得分。

6）选择最高总得分的地址作为最佳选址。

运用因素评分法应注意：在计算过程中可以感觉到，由于确定权重和等级得分完全靠人的主观判断，只要判断有误差就会影响评分数值，最后可能影响决策结果。目前关于确定权重的方法很多，比较客观准确的方法是层次分析法，该方法操作并不复杂，且有较为严密的科学依据，因而推荐在做多方案多因素评价时尽可能采用层次分析法。

4. 重心法

重心法是一种布置单个设施的方法，要考虑现有设施之间的距离和要运输的货物量。在最简单的情况下，这种方法假设运入和运出成本是相等的，并未考虑在不满载的情况下增加的特殊运输费用，如空载费等。首先，要在坐标系中标出各个地点的位置，目的在于确定各点的相对距离，坐标系可以随便建立。在选址中，经常采用经度和纬度建立坐标系。其次，根据各点在坐标系中的横、纵坐标值求出成本运输最低的位置坐标 C_x 和 C_y。重心法使用的表达式为

$$C_x = \frac{\sum D_{ix} V_i}{\sum V_i} \tag{5-3}$$

$$C_y = \frac{\sum D_{iy} V_i}{\sum V_i} \tag{5-4}$$

式中，C_x 表示重心的 x 坐标；C_y 表示重心的 y 坐标；D_{ix} 表示第 i 个地点的 x 坐标；D_{iy} 表示第 i 个地点的 y 坐标；V_i 表示第 i 个地点运入或运出的货物量。

最后，选择求出的重心点坐标值对应的地点作为要布置设施的地点。

【例 5-2】

某汽车公司每年需要从 A_1 地运输橡胶，从 A_2 地运输玻璃，从 A_3 地运输发动机，从 A_4 地运输其他零配件，各地与某城市中心的距离和每年的材料运量见表 5-3。

表 5-3 某汽车公司关键物料运输情况

原材料供应地及其坐标	A_1		A_2		A_3		A_4	
	X_1	Y_1	X_2	Y_2	X_3	Y_3	X_4	Y_4
距市中心的坐标距离/km	45	60	100	70	40	10	50	80
年运输量/t	3000		1500		1300		2900	

假设城市的中心为原点，各种材料运输费率相同，请用重心法确定该汽车公司的合理选址。

解：

设中心坐标为 (C_x, C_y)，则根据重心法公式计算如下：

$$C_x = \frac{\sum D_{ix} V_i}{\sum V_i} = \frac{45 \times 3000 + 100 \times 1500 + 40 \times 1300 + 50 \times 2900}{3000 + 1500 + 1300 + 2900} = 55.4 \text{km}$$

$$C_y = \frac{\sum D_{iy} V_i}{\sum V_i} = \frac{60 \times 3000 + 70 \times 1500 + 10 \times 1300 + 80 \times 2900}{3000 + 1500 + 1300 + 2900} = 60.92 \text{km}$$

因此，该汽车公司的合理选址坐标为 $(55.4, 60.92)$。

5.2 服务网络中的设施选址问题

广义而言，服务系统也属于生产系统，即服务性生产。服务网络就是在服务性生产中，

为向客户提供及时、满意服务的相关主体构建的网络，一般是由核心企业、备件供应商、服务商、客户等成员通过一定的组织关系连接而成的网络结构，也就是服务资源获取、服务能力形成以及有形产品和无形服务交付所涉及的企业组成的网络。

分析服务性生产的服务交付过程，主要涉及服务流、信息流和客户流。以制造企业面向客户提供备品备件的过程为例，核心企业与服务商根据客户需求从备件供应商获取相关备件，并向客户提供服务，同时客户将产品、服务等信息反馈给核心企业与服务商，为产品设计研发及服务的进一步改进提供依据。面向产品服务系统服务交付的服务网络主要以产品流动为载体，提供增值服务，也就是传统制造网络的延伸，服务类型主要包括咨询、运输、分销、维护维修等。如今产品维护维修服务已逐渐成为企业增加利润、提高竞争力的有力途径。

5.2.1　服务网络组成

以农机装备制造企业为例，为面向客户提供农机装备的运维服务构建相应的服务网络，主要包含农机装备制造商（核心企业）、服务商、备件供应商。农机装备制造商作为核心企业，采用与服务商合作的模式为客户提供产品服务，包括经销、维护维修等，在这一过程中，备件供应商为服务商或客户提供服务所需的备件。

核心企业（如农机装备制造商）是整个服务网络的主导者与管理者，主要承担三方面工作：①引导服务网络中的所有成员参与服务网络的实现与优化；②直接向客户提供产品服务，如咨询、投诉、远程故障诊断、电话指导、作业指导等，同时收集来自客户的需求信息与产品服务的反馈信息，为产品服务的改进优化做基础，在此过程存在逆向物流，即维修的故障件及报废农机产品的回收再利用；③间接为客户提供产品服务，即为合作的服务商直接提供产品服务，如运输产品给服务商进行产品分销、为服务商提供定期服务培训、解决服务商不能解决的客户服务问题等，同时收集来自服务商的产品服务及经营管理的反馈信息，为服务网络的优化做基础，在此过程中同样存在逆向物流，核心企业将服务商无法处理的故障件与报废的产品回收再处理。

服务商是服务的主要承担者，直接向客户提供产品服务，如产品咨询与分销、运输、维护维修等，服务商具备一定的管理与技术能力，采用与核心企业合作的模式，根据产品服务的质量和数量向核心企业与客户获取经营利润。

备件供应商通常是零部件制造商或代理商，直接为核心企业、服务商、客户提供产品所需零部件。他们通常不直接给客户提供产品服务，但是有些备件供应商为提高自己的竞争力，在提供备件的基础上提供高价值备件（如移动终端）的监测维修等服务，以获取利润。

客户（如农机手、农业合作社等）是服务的最终对象。客户向服务商寻求帮助的同时，也向服务商提供反馈服务信息。在整个服务网络中，客户不仅仅是服务接受者，同时也是服务优化的原动力，对整个服务网络的管理改进与绩效提升有着重要的作用。

目前，农机制造企业采用与经销商合作的方式建立服务站，经销商即为服务商。类似的模式在汽车维护保养行业比较常见。此类维修模式基本以现场维修的形式出现。农机制造企业服务部门的职责主要是服务商建立资质认证、客户信息管理、客户满意度调查、为服务商提供培训、处理客户投诉、建立和维护售后服务体系的日常运作。农机制造商通过服务商的扩充，提高对客户服务需求的响应速度，将自身的售后资源更多地用于服务体系的正常运作和管理，通过完善制度和提高服务商技能，建立服务品牌。

5.2.2 服务网络的特点

服务网络不同于传统制造网络，网络结构趋于扁平化，同时由于服务具有无形性、不确定性、多样性等特点，使得服务网络具有一些鲜明的特点。

1. 响应性

不同于实物产品可触摸、可存储的特点，服务具有无形、易逝的特点，不可以通过提前存储一定的库存来满足客户不确定的需求，因而服务的快速响应成为一大难题。为了减少需求波动带来的对服务响应的影响，服务网络趋于扁平化。

2. 动态性

服务网络的动态性表现在服务商的动态性以及服务资源的动态性。服务商与核心企业是合作共赢的关系，但是在激烈的市场竞争下，有些服务商难免会被竞争者赶超，所以核心企业需要根据服务质量、服务能力等指标适时变更服务商。同时，由于农机维修服务具有空间和时间上的集中性，每个服务商的服务资源需要适时进行快速优化配置，实现在满足快速、高质量服务的同时降低服务成本。

3. 波动性

由于客户的服务需求以及对服务质量的要求各有差异，甚至同一客户对同一服务由于时间、地理位置等的改变也会发生改变，这就导致服务网络必须是一个拉动式系统。服务波动性的产生因素有很多，主要由于服务交付是通过服务工程师的劳务来完成，以及服务过程与结果很难进行评价。波动性导致服务质量的不稳定性，给服务网络的质量评价与管理带来挑战，同时它也是影响服务交付效率的重要因素。

4. 共享性

服务交付过程是在客户需求驱动下，服务网络中的节点共同努力满足客户需求，实现共赢的过程。在此过程中，服务网络中节点各执其职、分担风险，在一定范围内实现资源和信息共享，为共同的目标而努力，实现整个服务网络的高效运行。

5.2.3 服务网络的设施选址技术

在服务网络的设施选址中，服务站的被选择点一般是离散的，所以此类问题属于离散设施选址问题。该类问题通常设定服务设施点和需求点都位于网络节点上，服务需求点的位置是确定的，且网络上的所有节点都可以作为服务设施的被选择点，需求点与被选择点之间有相关约束的连线。

1. P-中值模型

P-中值模型是离散选址中的经典模型，最先由 Hakimi 在 1964 年提出，其目标是使得所有需求点到设施之间的平均权重距离（时间）最短。他认为对于给定的任意设施数 P，总存在至少一个最优解使总距离最小。其经典的中值问题的整数规划模型表达式为

$$\min \sum_i \sum_j h_i \, d_{ij} \, Y_{ij} \qquad (5\text{-}5)$$

式中，h_i 表示需求点 i 的需求；d_{ij} 表示为需求点 i 与设施被选点 j 的距离；当 i 需求点被设施点 j 满足时，Y_{ij} 为 1，否则为 0。

2. 覆盖类模型

覆盖类模型是 P-中值模型的优化模型，考虑了 P-中值模型在某些情况下不太适合以降低总运输成本（总距离）作为目标的情况，如城市的消防车、医疗急救车必须在规定时间内到达事故现场的情况。覆盖类问题按照模型参数是否确定可以分为两大类：确定性覆盖和概率性覆盖。其中，确定性覆盖包括集合覆盖模型和最大覆盖模型；概率性覆盖模型包括最大期望覆盖模型、最大可获得覆盖模型、超立方排队模型等。此外，覆盖类问题根据已知条件也可以分为集合覆盖问题和最大覆盖问题。其中，集合覆盖问题是通过确定服务半径，在潜在的候选设施点集合中寻找出一种设施点的配置方式，使得以最少的服务设施覆盖所有的需求点；最大覆盖问题是在确定设施点数量的情况下，要求找到一种设施点的配置方式使得其覆盖尽量较多的需求点。

（1）集合覆盖模型　集合覆盖模型是 C. Toregas 等人于 1971 年提出的，用于解决应急设施的选址问题。其表达式为

$$\min \sum_{j \in w} x_j \qquad (5\text{-}6)$$

$$\text{s. t.} \sum_{j \in w_i} x_j \geqslant 1, i \in V \qquad (5\text{-}7)$$

$$x_j \in \{0,1\}, j \in w \qquad (5\text{-}8)$$

式中，x_j 表示在 j 处建立设施点时为 1，否则为 0；V 表示所有需求点的集合；w 表示所有设施点的集合。

因此，该模型表示在能够覆盖所有需求点的情况下建立最少的设施点。

集合覆盖模型经常被运用于应急医疗服务设施的选址。通过将现实生活中的医疗系统简化为静态和确定性系统，在此基础上，研究者们提出了放松一些假设的集合覆盖模型，如假设医疗救护的应急电话是在一个连续的区域内产生的，而不是在离散点产生的，从而考虑相关的随机响应时间来建立医疗资源的覆盖模型，通过在覆盖集合模型中集成救护车服务能力的概念和考虑路况和人口分布的特点，提出了救护车能力配置模型。

（2）最大覆盖模型　最大覆盖模型由 Church 等人于 1974 年提出。模型表达式为

$$\max \sum_{i \in V} d_i \, y_i \qquad (5\text{-}9)$$

$$\text{s. t.} \sum_{j \in w_i} x_j \geqslant y_i, i \in V \qquad (5\text{-}10)$$

$$\sum_{j \in w} x_j = P \qquad (5\text{-}11)$$

$$x_j, y_i \in \{0,1\}, j \in w, i \in V \qquad (5\text{-}12)$$

式中，d_i 表示需求点 i 的需求量；在需求点 i 被设施点覆盖的情况下，y_i 为 1，否则为 0；P 表示计划建立的设施点数量。

和集合覆盖模型不一样，该模型的目标是在规定的设施点数量的情况下能够最大化覆盖的需求。最大化覆盖模型已被成功应用于哥伦比亚、美国和多米尼加等国家的应急医疗服务

车选址问题。

3. P-中心模型

P-中心模型同样是由 Hakimi 在 1964 年提出的，其目标是求解任意需求点到与它最近的设施点的最大距离的最小值，即最小化最大值问题。该模型表达式为

$$\min D \tag{5-13}$$

$$\text{s. t. } D \geqslant \sum_{j} d_{ij} Y_{ij} \, \forall \, i \tag{5-14}$$

该模型约束条件限定了任意需求点 i 与最近设施 j 的最大距离。近年来对 P-中心模型的研究主要在于模型的算法。

关于离散设施服务设施选址问题的大部分模型都属于 NP（Non-deterministic Polynomial，非确定性多项式）问题，精确解的方法很难对模型进行计算。所以针对该类问题，近年来不少人探索了各类优化技术，比如启发式算法、仿真方法等。通常被运用的启发式算法包括遗传算法、禁忌搜索算法、拉格朗日松弛算法、模拟退火算法和蚁群优化算法等。

5.2.4 服务网络的设施选址案例

伴随我国农业机械化的快速发展，农机装备越来越广泛地应用到农业耕种管收的全过程。但由于农机装备的连续工作能力有限，在大规模的田间作业过程中，农机装备故障频发。特别是我国作为农业大国，地域辽阔，农作物的成熟受地理位置和时间的影响，南北方作物成熟与收获时间呈现出由南向北渐进化的特点。因此，在每年的收获季节出现了农机装备跨区作业的特有场景：大量收获机械会从四川、湖南、湖北、河南、河北再到东北三省由南向北渐进作业。在此背景下，为保障在跨区作业过程中针对农机故障做到快速响应，保证能在较短的时间内提供快速维修服务，产生了农机装备领域比较典型的农机运维服务网络构建问题。

在农机运维服务网络的设施选址中，需要充分考虑服务主体农机装备的作业特征，主要表现在以下两个方面：

1）作业时间具有集中性。农机装备用于农业生产活动中，而农业生产活动具有季节特征，因此农机装备作业在一段时间内具有集中性。在三夏三秋的农忙时节，作业时间集中且作业强度大，加之不注重维护保养，农机装备故障数量易激增。因此，农机装备的运维服务网络构建过程中，需要考虑农机装备作业时间集中的特点，提前进行服务资源的规划与配置，保证农忙时服务资源的供应保障。

2）农机装备作业区域的分散性。根据农业生产需求，农机装备分布在不同地理位置进行作业。因此，农机装备的维护服务需要考虑维修服务路线和成本。目前农机维护服务采用人工调度的方式，这种方式难以找到维修路线最优且成本最低的方案。因此，农机装备企业需要引入科学的维修服务调度决策机制，指导企业进行科学合理的维修服务调度。

在农机装备维修服务网络中，装备制造企业需要结合农机作业特征，提供资源和技术支持，并与服务网络中的各个服务商共同制定维修服务调度方案，确保维修服务及时、高效地交付。农机装备跨区作业运维服务网络一般包括两类服务设施节点：静态节点和动态节点。静态节点是指与企业合作的服务商，负责其服务区域内一年四季的运维服务。然而，由于装

备故障会因为地理环境、气候等因素突然爆发，导致在某时间内运维服务需求会激增，使得服务商无法及时满足客户的维修需求，所以还需要构建阶段性服务的动态节点（应急服务站）来满足服务需求。

如图 5-2 所示，在农机跨区作业中，农机故障的维修需求也大致由南向北变化。若整个区域的维修需求可以按照其时间聚集特点分为 t_1、t_2、t_3 三个时间段：t_1 时间段内维修需求主要集中在区域下部由三个服务商主要负责服务的区域；t_2 时间段内维修需求主要集中于中部由两个服务商负责的服务区域；t_3 时间段内维修需求主要集中于上部由一个服务商负责的区域。为满足服务网络中每个时间段内的服务率和每项服务的交付时间，需要规划装备制造商的服务资源数量，决策出每个时间段内的应急服务站数量、位置及资源配置情况。应急服务站没有服务区域的限制，但在对应急服务站进行规划时，应当综合考虑服务商的地理位置及其服务区域的限制。当应急服务站完成当前时段的运维服务后，当地的应急服务站将关闭，服务车等服务资源将被分配到下一时段规划的应急服务站。当完成整个规划时间段内的运维服务后，服务车将全部返回装备制造企业。

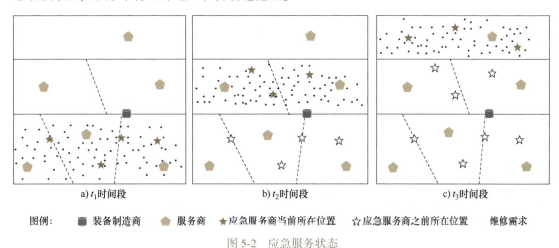

| a) t_1 时间段 | b) t_2 时间段 | c) t_3 时间段 |

图例：　■ 装备制造商　　⬠ 服务商　　★ 应急服务商当前所在位置　　☆ 应急服务商之前所在位置　　维修需求

图 5-2　应急服务状态

综上所述，农机运维服务网络的设施选址需要解决两个问题：应急服务站选址和应急服务车指派。

（1）应急服务站选址　决策人员需要结合服务商的情况规划出各时间段内应急服务站的位置。与传统服务商的选址研究不同，该应急服务站有固定的服务时间，所以具有如下三个特点：

1）应急服务站具有短期性，即应急服务站只能在特定时间内提供维修服务。

2）应急服务站的服务区域不限。应急服务站的目的是协助静态服务站满足服务需求，故应急服务站协助的是所有没法满足要求的静态服务站，没有服务区域的限制。

3）应急服务站不储备服务资源，即当应急服务站处于关闭状态时，该应急服务站不产生任何附加费用。

（2）应急服务车指派　由于应急服务站不储备服务资源，需要明确应急服务站的服务车的来源与去向。例如，假设应急服务规划人员得到如图 5-3 所示的规划结果，在 t_1 时间段内需要建立 4 个应急服务站，t_2 和 t_3 时间段内分别需要建立 3 个应急服务站，服务站位置如图所示。其中，t_1 的应急服务资源均来自装备制造商，而之后的应急服务站资源可以来自之前的服务站或者装备制造商。规划人员需要了解应急服务站的服务车的来源及数量。如 t_1 时间段应急服务商 1 需要在如图所示地点配置 30 辆服务车，全部来自装备制造企业，应急服务商 2 需要在如图所示地点配置 20 辆服务车，也全部来自装备制造企业；在 t_2 时间段建立的应急服务站 5 需要 50 辆服务车，分别来自应急服务站 1 的 30 辆和应急服务站 2 的 20 辆；在 t_3 时间段建立的应急服务商 8 需要配置 50 辆服务车，全部来自应急服务站 5，最终应急服务站 8 的 50 辆服务车将全部返回装备制造企业。

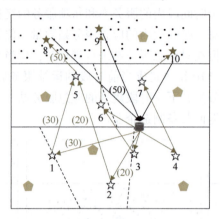

图例：■ 装备制造商　⬠ 服务商　★应急服务商当前所在位置　☆应急服务商之前所在位置　·维修需求

图 5-3　应急服务资源路线图

　　综上所述，在建立应急服务站时，需要通过考虑服务需求的动态性和时变性，将整个区域的维修需求按照时间分为多个阶段，考虑在多个阶段分别建立相应的应急服务站来满足每个时间段的维修需求。该问题属于选址中的覆盖问题，可以采用前述覆盖模型加以解决。

5.3　生产系统设备布局

　　生产系统设备布局实际就是生产过程的空间组织，是指在一定的空间内合理地设置企业内部各基本生产单位，如车间、工段、班组等，使生产活动能高效地顺利进行。其实质就是生产设备及系统的空间布局，即将一些设备/设施按照一定顺序和要求合理地布置到一定的空间之中，从而达到一定的目标要求。例如，车间物流运输成本最低，占地面积最小，面积利用率最高。有效的设施布局能极大地提高生产系统的生产能力和生产效率，而对设施布局的评价指标中最重要的就是车间物料的搬运费用。

　　生产系统的设备布局形式，决定着生产系统内部的分工与协作关系、工艺进程的流向，以及原材料、在制品在厂内的运输路线等。按照生产的专业化形式布局，主要有三种基本形式：对象专业化（或产品导向）布局、工艺专业化（或工艺导向）布局和混合类型布局。

5.3.1 对象专业化布局

对象专业化布局是指按照不同的加工对象（产品或零件）来划分生产单位，每个生产单位集中了为加工某种产品（零件）所需的全套设备、工艺装备和有关工种的工人，对同种或相似的产品（零件）进行该产品（零件）的全部（或大部分）工艺加工。如图 5-4 所示，A、B、C 三种零件的工艺路线在车间按照对象专业化布局。

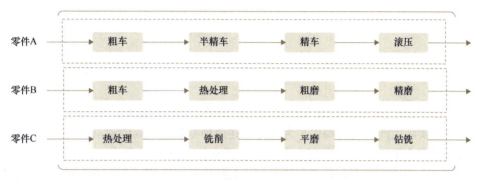

图 5-4 对象专业化布局示意图

对象专业化布局的优点如下：
1）缩短了产品运输距离，节省了运输费用，减少了仓库面积的占用。
2）便于使用专用高效设备和工艺装备。
3）缩短了停放、等候时间，减少了在制品，流动资金占用少。
4）简化了生产单位之间的生产联系，便于管理。

对象专业化布局的缺点如下：
1）很难适应产品品种的变化。
2）易造成生产过程中断。
3）工艺和设备管理较复杂。

5.3.2 工艺专业化布局

工艺专业化布局是指按照生产过程各个工艺阶段的工艺特征建立生产单位。在工艺专业化布局的生产单位中，统一集中了相同类型的设备和相同工种的工人，对不同种类的工件进行相同工艺方式的加工。图 5-5 是工艺专业化布局示意图。

工艺专业化布局的优点如下：
1）产品的工艺路线具有一定弹性，能较好地适应产品品种的变化。
2）同类设备集中，不易造成生产中断，提高了设备利用率。
3）同种工人集中，有利于技术交流和提高技术水平。
4）工艺和设备管理较方便。

工艺专业化布局的缺点如下：
1）运输路线较长，往返、交叉运输增多，增加了运输费用。

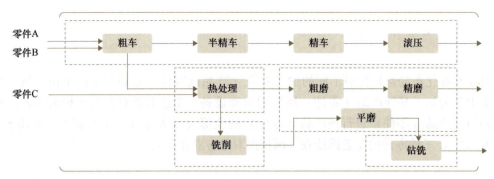

图 5-5　工艺专业化布局示意图

2）产品在加工过程中停放、等待的时间增加，延长了生产周期，增加了在制品，流动资金占用多。

3）各生产单位之间的协作关系复杂，生产管理工作难度增大。

在企业的实际生产系统布局中，为避免上述两种专业化布局的缺点，经常将其结合起来应用，形成了混合类型布局。在制造企业中，既有按对象专业化建立的车间，如流水线加工、装配等，也有按工艺专业化建立的车间，如热处理车间等。在一个车间内部，也存在两种专业化布局同时存在的情况，即有些工段或班组是按对象专业化建立的，而另一些工段或班组则按工艺专业化建立。总之，一个生产车间（单位）采用何种专业化布局，需要因地制宜、灵活运用。

5.3.3　混合类型布局

混合类型布局是指将上述两种布局方式结合起来的布局方式。混合类型布局是一种常用的设备布局方法。例如一些工厂总体生产流程包括加工、部装和总装三阶段，按混合类型布局进行设备布局，在加工阶段采用工艺专业化布局，在部装和总装阶段采用对象专业化布局。这种布局方法的主要目的是：在产品产量不足以大到使用生产线的情况下，也尽量根据产品的一定批量和工艺相似性来使产品生产有一定顺序，物流流向有一定秩序，以达到减少中间在制品库存、缩短生产周期的目的。混合类型布局方法又包括一人多机、成组技术等具体应用方法。

1. 一人多机

一人多机（One Worker, Multiple Machine, OWMM）是一种常用的混合布局方式。这种方法的基本原理是：如果生产量不足以使 1 个人看管一台机器就足够，可以设置一人可看管的小生产线，既可使操作人员保持满工作量，又可在这种小生产线内使物流流向有一定秩序。这个所谓的小生产线，即指由 1 个人同时看管的多台机器，如图 5-6 所示（图中 M_1、M_2 等分别表示不同的机器设备）。

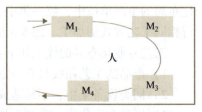

图 5-6　一人多机布局示意图

在一人多机系统中，因为有机器自动加工时间，员工只在需要看管（装、卸、换刀和控制等）的时候采取照管，因此可能在 M_1 自动加工时，去看管 M_2，依此类推。通过使用不同的装夹具或不同的加工方法，具有相似性的不同产品可以在同一 OWMM 中生产。这种方法可以减少在制品库存以及提高劳动生产率，其原因是工件不需要在每一机器旁积累到一定数量后再搬运至下一机器。通过一些小的技术革新，如在机器上装一些自动换刀、自动装卸、自动起动和自动停止的小装置，可以增加 OWMM 中的机器数量，以进一步降低成本。

图 5-6 所示的 OWMM 系统呈现一种 U 形布局，其最大特点是物料入口和加工完毕的产品的出口在同一地点。这是最常用的一种 OWMM 布局，其中加工的产品并不一定必须通过所有的机器，可以是 $M_1 \rightarrow M_3 \rightarrow M_4$，也可以是 $M_2 \rightarrow M_3 \rightarrow M_4$ 等。进一步，通过联合 U 型布局，可以获得更大的灵活性。这在日本丰田汽车公司的生产实践中已被充分证实。

2. 成组技术布局

成组技术布局也称单元式布局，是指将不同的机器组成加工中心（工作单元），对形状和工艺相似的零件进行加工的布局方式。成组技术布局和工艺专业化布局的相似点是加工中心用来完成特定的工艺过程，加工中心生产的产品种类有限。

成组技术（Group Technology，GT）就是为了有效地进行多品种小批量生产的方法和设想，将相似零件（如形状相似、尺寸相似、加工工艺相似）汇集成组，使工艺设计合理化，对各组提供适当的机床和夹具，减少调整时间、工序间的搬运和等待工件的时间，与无次序生产情况相比，可扩大批量，得到接近大量生产的效果，提高生产率。在以过去设计和生产的对象作为重复零件、相似零件时，通过对零件生产信息的检索，可以使零件设计、工艺设计和生产估计都变得容易。

GT 的基础是零件的分类方法，即根据零件的形状、尺寸、加工工艺（调整、装夹方式、机械加工、装配、工艺顺序、测量方法），对零件进行分类。目前，零件的分类系统有各种方案，但不论哪一种都是将图样上关于零件加工方法和形状的信息转换为数字来表示零件的编码系统。也就是说，将零件的图样信息转换为数字，用一系列数字来表示。这样，由数字来表达零件，采用计算机进行工艺设计和图形处理就方便了。GT 的概念做广义解释是这样一种概念：将繁杂的多种加工件和信息按一定的分类规则建立有条理、有次序的标识，从其中选出符合特定目的的并将其汇集起来，集中在一定的组内，对设计、加工、装配的一系列生产可进行合理的设计和计划。

GT 布局是将相似零件汇集成组作为一批进行加工，成为一种有效生产相似零件的设备布局，即 GT 布局。这种 GT 布局根据成组零件加工的流程是否相同，可分为以下三种：

（1）GT 流水线（GT 线）　相似零件组的加工工序相同，所以其加工流程相同，接近大量生产的流水生产方式，可按图 5-7 布局。这是 GT 布局中最理想的一种形式，因为可采

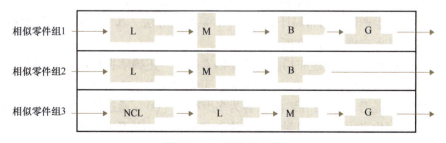

图 5-7　GT 流水线布局

NCL—数控车床　L—车床　M—铣床　B—钻床　G—磨床

用自动机床和输送机等，所以能提高生产率。

（2）GT 单元　当汇集的相似零件组的加工流程不能组成 GT 流水线时，可由多种机床组成机床组，在该组内完成全部的或几乎全部的加工工序。为了加工一个或几个相似零件组，将需要的机床布局在一起，称为 GT 单元。在此 GT 单元内，虽然是以对分配的相似零件组进行全部加工为原则，但实际上，对使用次数不太多的机床和特殊机床，多布局在其他地方。GT 单元布局如图 5-8 所示。

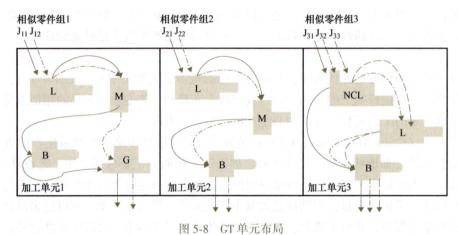

图 5-8　GT 单元布局

NCL—数控车床　L—车床　M—铣床　B—钻床　G—磨床

（3）GT 中心　某一种加工，如在车床上加工外圆，为了能处理加工方法相似的零件组，将性能相同的机床分别集中起来布局，称为 GT 中心布局。

5.3.4　生产系统布局规划

一般来说，影响生产系统布局规划主要因素包括以下五个方面：

1）产品（P）：生产"什么"产品？

2）产量（Q）：各种产品生产"多少"？

3）工序（R）：用"什么加工工序"生产各种产品？

4）辅助服务（S）：以"什么样的辅助服务"支持生产？

5）时间（T）："何时"进行生产？

生产系统布局规划是在准确掌握上述五个因素的基础上，决定进行的从选择工厂用地到设备布局的一系列生产设施的布局计划，是一种系统的方法。其中，车间之间的布局计划和设备布局计划的基本步骤如图 5-9 所示。

（1）P-Q 分析　这是决定布局的最重要因素之一。正确掌握生产产品的种类及其数量的长期关系是非常重要的，根据 P-Q 的关系，可大致决定生产的布局形式。

（2）物流　这是分析各种产品（P）各为多少产量（Q），通过什么加工工序（R），何时（T）开始流动。对物流的分析有几种方法，按 P 和 Q 的大小关系来考虑，当 Q 大 P 小时，采用加工工序分析表；当 Q 小 P 大时，可采用多品种工艺分析表和从至表（From-to-Chart）。

（3）生产活动相互关系　在决定布局计划时，物流虽为最基本的因素，但实际上为了进行生产，还必须充分考虑各种辅助活动的位置关系。为了生产，要调查各种必要活动的相关性，然后将其按接近性分为由"绝对必要"到"不希望"六个等级，以生产活动相关图表示这一关系。

（4）物流/活动相关图　根据前面的物流分析和生产活动相关图，决定各种生产活动的相对布局。一般采用试行错误法进行，以流程图来表示。

（5）面积相关图　在表示生产活动空间布局的流程/活动相关图中，并没有考虑各种生产活动所需要的面积。因此，要决定所需要的面积，进而考虑可能利用的面积，在流程/活动相关图的基础上，绘制生产活动的面积相关图。

（6）设计布局方案　以面积相关图为基础，考虑物料搬运、存储设备、工厂地区等条件和实际的限制，调整布局；然后以最佳化的评价标准（如总运输费用最小），对两个相邻车间（部门）或三个车间（部门）进行交换，给出几种方案。

（7）布局方案的选择　分析已设计方案的优点和缺点，综合各种方案进行评价，选出最佳方案。

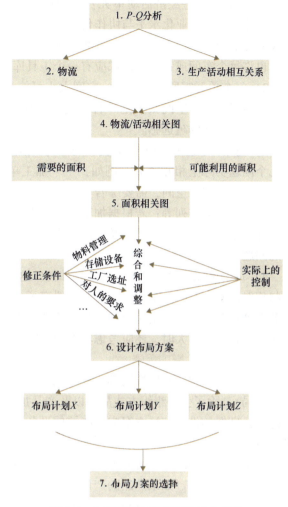

图 5-9　生产系统布局规划的基本步骤

5.3.5　设备布局方法

设备布局是指在一个给定的设施范围内，对多个经济活动单元进行位置安排。经济活动单元是指需要占据空间的任何实体，如机器、工作台、通道、桌子、储藏室和工具架等，也包括人。给定的设施范围，可以是一个工厂、一个车间、一条生产线，或者一个停车场、一座车站等。

1. 设备布局需要考虑的主要问题

设备布局的目的是将企业内的各种设施进行合理安排，使它们组合成一定的空间形式，从而有效地为企业的生产运作服务，以获得更好的经济效果。设备布局在设施位置选定之后进行，它要确定组成企业的各个部分的平面或立体位置，并相应地确定物料流程、运输方式和运输路线等。具体地说，设备布局要考虑以下四个问题：

1) 应包括哪些经济活动单元？这个问题取决于企业的产品、工艺设计要求，企业规模，企业的生产专业化水平与协作化水平等多种因素。反过来说，经济活动单元的构成也在很大程度上影响生产率。例如，有些情况下一个厂集中有一个工具库就可以，但另一些情况下，也许每个车间或每个工段都应有一个工具库。

2) 每个单元需要多大空间？空间太小可能会影响生产率，影响工作人员的活动，有时甚至会引起事故；空间太大是一种浪费，同样会影响生产率，并且使工作人员之间相互隔离，产生不必要的疏远感。

3) 每个单元空间的形状如何？每个单元的空间大小、形状如何以及应包含哪些单元，这几个问题实际上相互关联。例如，一个加工单元应包含几台机器，这几台机器应如何排列，因而占用多大空间，需要综合考虑。如空间已限定，只能在限定的空间内考虑是一字排开，还是三角形排列等；若根据加工工艺的需要，必须一字排开或呈三角形排列，则必须在此条件下考虑需要多大空间以及所需空间的形状。如在办公室设计中，办公桌的排列也是类似的问题。

4) 每个单元在设施范围内的位置如何？这个问题应包括两方面含义，即单元的绝对位置与相对位置。有时几个单元的绝对位置变了，但相对位置没变。相对位置的重要意义在于它关系到物料搬运路线是否合理，是否节省运费与时间，以及通信是否便利。此外，如果内部相对位置影响不大时，还应考虑与外部的联系，例如将有出入口的单元设置于靠近路旁。

2. 设备布局的影响因素

在设备布局中，到底选用哪一种布局类型（对象专业化布局、工艺专业化布局和混合类型布局），除了生产组织方式战略以及产品加工特性以外，还应该考虑其他一些因素。也就是说，良好的设备布局方案应该能够使设备、人员的效益和效率都尽可能好。为此还应该考虑以下因素：

（1）所需投资 设备布局将在很大程度上决定所要占用的空间、所需设备及库存水平，从而决定投资规模。如果产品的产量不大，设备布局人员可能愿意采用工艺专业化布局，这样可以节省空间，提高设备利用率，但可能会带来较高的库存水平。因此，这里有一个平衡的问题。如果是对现有的设备布局进行改造，更要考虑所需投资与可能获得的效益相比是否合算。

（2）物料搬运 在考虑各个经济活动单元之间的相对位置时，物流的合理性是一个主要考虑因素，即应该使搬运量较大的物流的距离尽可能短，使相互之间搬运量较大的单元尽量靠近，以便使搬运费用尽可能低，搬运时间尽可能短。一般情况下，在一个企业中，从原材料投入直至产品产出的整个生产周期中，物料只有15%左右的时间处在加工工位上，其余时间都处于搬运过程中或库存中，搬运成本可达总生产成本的25%～50%。由此可见，物料搬运是生产运作管理中相当重要的一个问题。而良好的设备布局可以使搬运成本大为减少。

（3）柔性 设备布局的柔性一方面是指对生产的变化有一定的适应性，即使变化发生后也仍然能达到令人满意的效果；另一方面是指能够容易地改变设备布局，以适应变化了的情况。因此，在一开始设计布局方案时，就需要对未来进行充分预测；另外，从一开始就应该考虑到以后的可改造性。

（4）其他因素 其他还需要着重考虑的因素有：劳动生产率，在进行设备布局时要注意不同单元操作的难易程度差距不宜过大；设备维修，注意不要使空间太狭小，这样会导致设备之间的相对位置不好；工作环境，如温度、噪声水平和安全性等，均受设备布局的影响；人的情绪，要考虑到是否可使工作人员相互之间能有所交流，是否给予不同单元的人员相同的责任与机会，使他们感到公平，等等。

3. 设备布局的主要方法

（1）物料流向图法 按照原材料、在制品以及其他物资在生产过程中的总流动方向来布置工厂的各车间、仓库和其他设施，并绘制物料流向图。某机加工企业按物料流向图的设备布局如图 5-10 所示。

（2）物料运量比较法 该方法是按照生产过程中物料流向及生产单位之间运输量布置设施的相对位置。其步骤如下：

1）根据原材料、在制品在生产过程中的流向初步布置各个生产单位的相对位置，绘出运量相关线图，如图 5-11 所示。

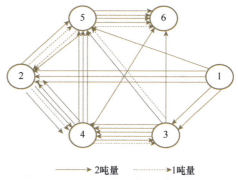

图 5-10　某机加工企业按物料流向图的设备布局

图 5-11　运量相关线图

2）统计各个单位间的物料流量，制定物料运量表，见表 5-4。

表 5-4　物料运量表

至-车间 / 从-车间	01	02	03	04	05	06	总计
01		6	4	0	2		12
02			0	5	3		8
03				8	3	2	13
04		4	3		6	2	15
05		3				9	12
06							0
总计	0	13	7	13	14	13	60

3）按运量大小进行布局，将彼此之间运量大的单位安排在相邻位置，并考虑其他因素进行改进和调整。

（3）相对关系布局法 根据工厂各组成部分之间关系的密切程度加以布局，得出较优方案。工厂各组成部分之间的密切程度一般可分为六个等级，见表 5-5。

表 5-5 关系密切程度分类及代号

代 号	关系密切程度	评 分	代 号	关系密切程度	评 分
A	绝对必要	5	O	普通的	2
E	特别重要	4	U	不重要	1
I	重要	3	X	不予考虑	0

形成其关系密切程度的原因可能是单一的，也可能是综合的，一般可根据表 5-6 中的原因确定组成部分的关系密切程度。

表 5-6 关系密切程度的原因

代 号	关系密切程度的原因
1	使用共同的记录
2	共用人员
3	共用地方
4	人员接触程度
5	文件接触程度
6	工作流程的连续性
7	做类似的工作
8	使用共同的设备
9	可能的不良秩序

应用相对关系布局时，首先根据工厂各组成部分相互作用关系表，然后依据此表定出各组成部分的位置。具体步骤如下：

第一步：绘制生产活动相关图。某工厂生产活动相关图如图 5-12 所示。

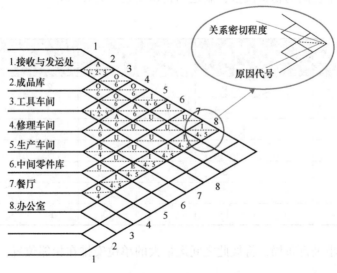

图 5-12 某工厂生产活动相关图

第二步：编制各组成单位的密切程度积分统计表，见表5-7。

表 5-7　各组成单位的密切程度积分统计表

1. 接收与发运处	2. 成品库	3. 工具车间	4. 修理车间
A—2 I—5、8 O—3、4 U—6、7 评分：17	A—1、5 I—8 O—3、4 U—6、7 评分：19	A—4、5 I—8 O—1、2 U—6、7 评分：19	A—3、5 I—8 O—1、2 U—6、7 评分：19
5. 生产车间	**6. 中间零件库**	**7. 餐厅**	**8. 办公室**
A—2、3、4 E—6、8 I—1 U—7 评分：28	E—5 I—8 U—1、2、3、4、7 评分：12	O—8 U—1、2、3、4、5、6 评分：8	E—5 I—1、2、3、4、6 O—7 评分：21

第三步：据各组成单位的密切程度积分统计表进行工厂布局，如图5-13和图5-14所示。

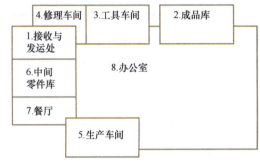

图 5-13　未加整理的方块图

图 5-14　经过初步整理的广场图

（4）从至表法　从至表法是一种常用的车间设备布局方法。从至表是记录车间内各设备间物料运输情况的工具，是一种矩阵式图表，因其表达清晰且阅读方便，因而得到了广泛应用。一般来说，从至表根据其所含数据元素的意义不同，可分为三类：表中元素表示从出发设备至到达设备运输距离的叫作运输距离从至表；表中元素表示从出发设备至到达设备运输成本的叫作运输成本从至表；表中元素表示从出发设备至到达设备运输次数的叫作运输次数从至表。当达到最优化时，这三种表所代表的优化方案分别可以实现运输距离最小化、运输成本最小化和运输次数最小化。

下面，结合一个生产线布局的例子，说明从至表法的操作步骤。

假设一条生产线上加工17种零件，该生产线包括8种设备、10个工作地，任意两个相邻工作地间距离大体相等并记作一个单位距离。用从至表法的解决步骤如下：

第一步，根据综合工艺路线图，编制初始零件从至表，见表5-8。表中每一方格中的数字代表零件从某一工作地移到另一工作地的次数，因而这种表是次数从至表。表中数据距离对角线的格数表示两个工作地间的距离单位数，越靠近对角线的方格，两个工作地间距离越短。

表 5-8　初始零件从至表

至＼从	毛坯库	铣床	车床	钻床	镗床	磨床	压床	内圆磨床	锯床	检验台	合计
毛坯库		2	8		1		4		2		17
铣床			1	2		1			1	1	6
车床		3		6		1				3	13
钻床			1				2	1		4	8
镗床			1								1
磨床			1							2	3
压床										6	6
内圆磨床										1	1
锯床		1	1			1					3
检验台											
合计		6	13	8	1	3	6	1	3	17	58

第二步，改进零件从至表求最佳设备排列顺序，见表 5-9。最佳排列顺序应满足如下条件：从至次数最多的两台机床，应该尽可能靠近。由如上对从至表的分析看出，这需要使从至表中越大的数字越靠近对角线。

表 5-9　最终零件从至表

至＼从	毛坯库	车床	铣床	钻床	压床	检验台	锯床	镗床	内圆磨床	磨床	合计
毛坯库		8	2		4		2	1			17
车床			3	6		3				1	13
铣床		1		2		1	1			1	6
钻床		1			2	4			1		8
压床						6					6
检验台											
锯床		1	1							1	3
镗床		1									1
内圆磨床						1					1
磨床		1				2					3
合计		13	6	8	6	17	3	1	1	3	58

第三步，通过计算，评价优化结果。由于数据方格距对角线的距离表示两道工序间的距离，而数据表示零件在两道工序间的移动次数，所以可以用方格中数据与方格距对角线距离之积的和，来表示零件总的移动距离，即

$$L = \sum_i \sum_j I_j C_{ij} \qquad (5\text{-}15)$$

式中，L 表示总的移动距离；I_j 表示第 j 格移动对角线的格数；C_{ij} 表示移动次数。

第四步，改进前后从至表的比较。将工作地距离相等的各次数按对角线方向相加，再乘以离开对角线的格数，就可以求出全部零件在工作地之间移动的总距离，见表 5-10。

表 5-10 总的零件移动距离计算表

改 进 前		改 进 后	
前 进	后 退	前 进	后 退
$i \times j$	$i \times j$	$i \times j$	$i \times j$
1×(2+1+6)=9	1×(3+1)=4	1×(8+3+2+2+6)=21	1×1=1
2×(8+2+1)=22	2×1=2	2×(2+6+4)=24	2×1=2
3×(1+2+6)=27	3×(1+1)=6	3×(1+1)=6	3×1=3
4×(1+1+1+2)=20	4×0=0	4×(4+3+1)=32	4×(1+2)=12
5×0=0	5×0=0	5×1=5	5×1=5
6×(4+4)=48	6×1=6	6×2=12	6×1=6
7×(1+3)=28	7×1=7	7×(1+1)=14	7×0=0
8×(2+1)=24	8×0=0	8×1=8	8×1=8
9×0=0	9×0=0	9×0=0	9×0=0
小计 178	小计 25	小计 122	小计 37
零件总移动距离 $L = \sum ij = 178+25 = 203$（单位）		零件总移动距离 $L' = \sum ij = 122+37 = 159$（单位）	
零件总移动距离改进前后之差 $\Delta L = L - L' = 44$（单位）			
总距离相对减少程度 $\Delta L / L = 44/203 = 21.7\%$			

可见改进后的零件从至表，零件移动的总距离为 44 单位距离，即总运输路线缩短了 44 单位距离，同时物料的总运量也相应减少了，提高了企业经济效益。

5.4 计算机辅助布局技术

计算机辅助布局技术所用的方法有两类：一类是以 CRAFT（定量布局程序）和 PLANET（分析评价法）为代表的改进型程序，是在原有布局方案的基础上求得改进，得到一个以降低物料搬运成本乃至考虑搬运设备及成本评价的布局方案；另一类是以 CORELAP（计算机化关系布局规划）和 ALDEP（自动布局设计程序）为代表的构建型程序，是将 SLP 运用于计算机，为新建设施寻求一个使各作业单位间的关系密切程度最佳的方案。在物流系统分析中，广泛应用计算机仿真技术，包括从原材料接收到仓库、制造、后勤支持系统的仿真、仓储系统运行分析评价的仿真。

本节介绍的计算机辅助布局方法主要有 CRAFT、ALDEP、CORELAP、COFAD 等，这些方法的思路可以总结为三步：

1）选择，即选择各个设施进入布局图的顺序。

2）放置，即如何将各个设施放入布局图中。

3）评估，即对各种布局结果进行评估。

5.4.1 CRAFT

CRAFT（Computerized Relative Allocation of Facilities Technique，定量布局程序）方法是 Buffa 等人在 1964 年提出的一个以设施间的总物料搬运费用最小为优化目标的设施布局算法，通过再排列设备，最小化中心距来优化生产布局。CRAFT 是一种基于物流从至表的改进型算法，需要用户提供初始布局方案，通过交换设备位置来对原始布局进行改进。在实施 CRAFT 方法时，选择具有公共边或相等面积的设施进行交换，其他无公共边或面积不相等的设施不能交换；交换通常以两两交换的方式进行，也可以采用三设施交换方式，交换的最大次数小于 $n(n-1)/2$，其中 n 是设施数目。其表达式为

$$\min Z = \sum_{i=1}^{n} \sum_{j=1}^{n} q_{ij}\, d_{ij}\, c_{ij} \tag{5-16}$$

式中，q_{ij} 是设施间的物流量；d_{ij} 是设施间的距离；c_{ij} 是设施间单位距离的运输成本；n 是设施数。

物流量矩阵 $\boldsymbol{Q}=(q_{ij})$；单位距离成本矩阵 $\boldsymbol{C}=(c_{ij})$；初始布置方案 P_0；输出的是布局方案 P 和总搬运成本 Z。

步骤如下：

1）将规划区域按要求划分成若干面积相等的方形小单元，满足每个设施至少包含一个单元，且每个单元只在一个设施之中。

2）计算 P_0 中各设施中心间的折线距离 d_{ij} 和目标函数值 Z_0。

3）列出 P_0 所有满足交换条件的设施交换方案进行逐个交换，选择目标函数最小的布局作为交换结果，记为 P，对应的目标函数值为 Z。

4）若 $Z<Z_0$，则令 $Z_0=Z$，$P_0=P$，转 3）；否则，令 $Z=Z_0$，$P=P_0$，CRAFT 方法停止。

下面是关于 CRAFT 方法在计算机辅助设施设计中的应用举例。已知初始布局方案，按照 CRAFT 方法的实施步骤，首先将规划区域分成 9 个小单元布局 P_0，如图 5-15 所示。

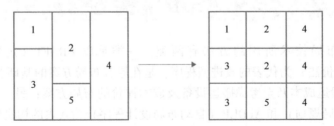

图 5-15　单元划分

方便起见，依据物流从至表直接给出物流量矩阵 $\boldsymbol{Q}$，初始距离矩阵 $\boldsymbol{D}_0$，单位距离矩阵 $\boldsymbol{C}=\boldsymbol{I}$，即 $c_{ij}=1$。

$$Q = \begin{pmatrix} 0 & 0 & 15 & 0 & 35 \\ 10 & 0 & 0 & 0 & 0 \\ 5 & 0 & 0 & 10 & 0 \\ 0 & 10 & 0 & 0 & 0 \\ 0 & 0 & 0 & 0 & 0 \end{pmatrix} \quad D_0 = \begin{pmatrix} 0 & 2 & 3 & 6 & 6 \\ 3 & 0 & 3 & 3 & 2 \\ 3 & 3 & 0 & 6 & 3 \\ 6 & 4 & 5 & 0 & 4 \\ 6 & 3 & 3 & 4 & 0 \end{pmatrix}$$

根据以上信息可以求得总搬运成本，其计算式为

$$Z_0 = \sum_{i=1}^{n} \sum_{j=1}^{n} q_{ij} d_{ij} c_{ij} = 15 \times 3 + 35 \times 6 + 10 \times 3 + 5 \times 3 + 10 \times 6 + 10 \times 4 = 400$$

列出所有 P_0 所有满足交换条件的功能区交换方案，分别是 1-2、1-3、2-3、2-4、2-5、3-5、4-5。先交换 1-2，则布局如图 5-16 所示，距离矩阵变为 D_1。

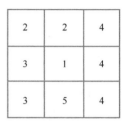

$$D_1 = \begin{pmatrix} 0 & 3 & 3 & 3 & 2 \\ 3 & 0 & 3 & 4 & 5 \\ 3 & 3 & 0 & 5 & 3 \\ 3 & 4 & 5 & 0 & 4 \\ 2 & 5 & 3 & 4 & 0 \end{pmatrix}$$

图 5-16 交换 1-2 后的布局

此方案下总搬运成本 $Z_1 = 250 < Z_0$，费用减少了 150，所以 $Z_0 = Z_1 = 240$，$P_0 = P_2$，同理继续下一个交换，直到找到最小搬运费用的一种布局，结束本轮交换。算出各交换方案的结果如下：

交换 1-3 得 $Z_2 = 240$；$Z_2 < Z_0$，则 $Z_0 = Z_2 = 240$，$P_0 = P_2$。

交换 2-3 得 $Z_3 = 360$；$Z_3 > Z_0$，则 Z_0 不变，P_0 不变。

交换 2-4 得 $Z_4 = 190$；$Z_4 < Z_0$，则 $Z_0 = Z_4 = 190$，$P_0 = P_4$。

交换 2-5 得 $Z_5 = 240$；$Z_5 > Z_0$，则 Z_0 不变，P_0 不变。

交换 4-5 得 $Z_6 - 300$；$Z_6 > Z_0$，则 Z_0 不变，P_0 不变。

交换 3-5 得 $Z_7 = 260$；$Z_7 > Z_0$，则 Z_0 不变，P_0 不变。

由计算的目标函数值可得出 $Z = 190$ 为最小值，设置布局方案如图 5-17 所示。

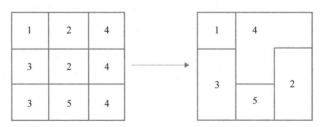

图 5-17 第一轮交换后的最优布局（即交换 2-4 后的布局）

第一轮结束后，确定出首轮布局图，针对这一布局图，再次进行具有公共边或面积相等的设施的交换，直至搬运费用不再降低为止。注意 CRAFT 方法的计算结果与所划分的单位面积大小有关：若单位面积太大，则可行的交换方案少，很难优化目标函数；若单位面积太小，则计算结果可能使各设施的形状不规则，在实际布局中无法接受，而且计算机迭代次数成指数增加。

与基于设施间关系密切程度的 ALDEP 和 CORELAP 不同，CRAFT 使用物流信息或依据从至表得出设施间的物流强度。因此，CRAFT 被称为定量布局程序，而 ALDEP 和 CORELAP 被称为定性布局程序。

5.4.2 ALDEP

ALDEP（Automated Layout Design Procedure，自动布局设计程序）方法是一种构建型的基于关系图的计算机化布局方法，目标是寻求一个相邻设施间关系总和最大的布局方案。在 ALDEP 中，第一个布局设施的选取是随机的；随后的选择方法是根据与第一个布局对象的关系进行排队，直至排到设定的最低关系密切程度（Threshold Closeness Rating，TCR）。所谓 TCR，就是指一个预先设定的关系码，对于相同的关系，则随机选择进入。例如 TCR＝E，则只选择与先布局设施具有 A、E 关系的设施进入布局排列。对于与先布局设施均为 A 或 E 的布局设施，则随机选择进入布局。由于初始布局设施是随机选择的，评估非常重要。评估就是寻求相邻设施的关系总和最大的布局为最后布局方案，首先需要将关系码按照表 5-11 所示的对应关系数值化，然后计算所有相邻设施的关系值，并求和。ALDEP 的关系码转换表见表 5-11，为了强调相邻设施的相互关系，在将关系等级转换成关系值时，拉大了不同等级间数值的差距。

表 5-11　ALDEP 的关系码转换表

关系码	A	E	I	O	U	X
关系值 r_{ij}	61	16	4	1	0	−1024

因此，ALDEP 方法的目标表达式为

$$\max Z = \sum_{i 与 j 相邻} r_{ij} \tag{5-17}$$

该方法的具体步骤如下：

1）先随机选取一个设施作为第一个布局设施。

2）设定关系密切程度门槛，按照与第一个设施的关系密切程度由高到低排序，直到排到设定的最低关系密切程度（TCR）。如果排序没有结束，返回第 1）步。

3）将选定布局顺序的各设施按照其单位面积数，以设定的宽度，从布局图的左上角向下，蛇行蜿蜒，直至布局完所有的设施，如图 5-18 所示。其中，设定的宽度即扫描宽度。

设一个物流节点由 5 个设施组成，已知各设施的作业面积需求及各设施间的关系等级，需确定一个设施布局方案，使各相邻设施的关系值总和达到最大。本节的各例中，各设施面积以所占单元格个数表示。设施间的关系等级如图 5-19 所示。

1）设 TCR＝I，扫描宽度为 1。随机选取第一个设施，如设施 3。寻求与设施 3 具有 A 关系的；没有与设施 3 具有 A 关系的设施，则寻找与设施 3 具有 E 关系的；没有与设施 3 具有 E 关系的设施，再次寻找与设施 3 具有 I 关系的；没有与设施 3 具有 I 关系的设施，结束寻找。

2）再随机选择第二个设施，如设施 4。寻求与设施 4 具有 A 关系的；没有与设施 4 具

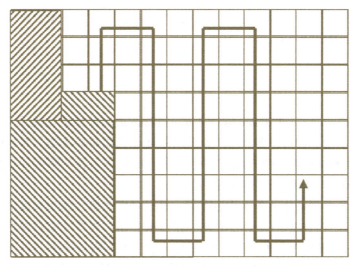

图 5-18　扫描宽度为 2

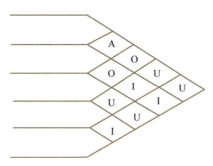

图 5-19　设施间的关系等级

有 A 关系的设施，则寻找与设施 4 具有 E 关系的；没有与设施 4 具有 E 关系的设施，再次寻找与设施 4 具有 I 关系的，有设施 2 和设施 5，随机选取一个。

3）若选取设施 2，则在未分配设施中，寻求与已布局设施具有 A 关系的设施，这里选取设施 1，最后获得布局顺序矢量为 34215，整体过程如图 5-20 所示。

图 5-20　生成 34215 布局图的过程

结合表 5-11 和图 5-19 的内容，对该布局图按照相邻设施原则进行评估，计算出所有相邻设施的关系值的总和，计算式为

$$Z = \sum r_{ij} = r_{12} + r_{14} + r_{15} + r_{21} + r_{23} + r_{24} + r_{32} + r_{34} + r_{41} + r_{42} + r_{43} + r_{45} +$$

$$r_{51} + r_{54} = 64 + 0 + 0 + 64 + 1 + 4 + 1 + 0 + 0 + 4 + 0 + 4 + 0 + 4 = 146$$

(5-18)

进行多次循环（随机选择起始点，再次进行整个过程），生成多个布局方案，选择 Z 值最大的一个方案作为最终方案。

5.4.3 CORELAP

CORELAP（Computerized Relationship Layout Planning，计算机化关系布局规划）是 Lee 等人于 1967 年提出的一种构建型的基于关系图的计算机化布局方法，布局的目标是实现设施之间最大的关系密切程度。CORELAP 中使用的设施间关系密切程度评价值实际上是定性数据，因此 CORELAP 被视为定性布局程序。

CORELAP 用长方形的作业单元构造布局。根据对作业单元密切程度的权重赋值，用以计算每个设施的总密切程度。CORELAP 从一张白纸开始，先将设施总密切程度最大的设施 A 放在纸上，然后扫描各作业单元密切程度表，将与 A 有密切关系的设施放在边上，接着再选择其他有密切关系的设施摆放，直到应该摆放的作业单元都摆放完毕。具体步骤如下：

1）CORELAP 的选择方法，即布局顺序矢量的产生方法，是根据各设施所有关系的总和来确定的。首先将关系图中的每一个关系码所表示的关系数值化，再对每个设施所有关系值求和，即得到每个设施的关系总和（Total Closeness Rating，TCR），见表 5-12。选择 TCR 最大的设施作为最先进入布局的设施。若最大的 TCR 值有多个设施，即出现"结"，则选择面积最大的设施解"结"；若依然解不开，则随机选取。第二个设施选择与第一个设施具有最高关系等级（A 级）的设施，依次选择 E 级、I 级……如果在同一级别中出现多个设施（"结"），则选择这些设施中 TCR 最大的设施先布局（解"结"）。在设计中，设施的形状尽可能设计成正方形。

表 5-12　CORELAP 的关系码转换表

关系码	A	E	I	O	U	X
关系值 r_{ij}	6	5	4	3	2	1

2）生成了布局图后，开始向布局图中放置。放置原则是保证进入布局图的设施与前面进入的相邻设施的关系值（Neighbor Closeness Rating，NCR）之和最大。同样以图 5-19 的设施间关系等级图为基础，如图 5-21 所示，放置设施 1，NCR(1a) = r_{13}+r_{14}=5，NCR(1b) = r_{14}=2，NCR(1c) = r_{13}=3，因此选择 1a。

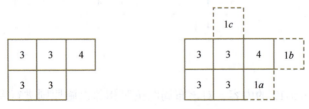

图 5-21　CORELAP 放置方法

3）对布局图的方案进行评估，方法为任意两个设施间的关系值×该两个设施间最短直线距离的总和。根据该值可以比较不同方案的优劣。其表达式为

$$\min Z = \sum_{i<j} r_{ij}\, d_{ij} \tag{5-19}$$

式中，r_{ij} 为设施间关系值；d_{ij} 为设施间距离；i，j 表示参与布局的不同设施。

该评估方法和最大化设施间密切程度的思想是一样的。

同样以图 5-19 为例，设施 1 的关系总和 TCR(1)= 13，同样可得 TCR(2)= 17，TCR(3)= 10，TCR(4)= 12，TCR(5)= 12。设施 2 的总和最大，所以首先布局该设施；其他设施中，设施 1 与 2 具有 A 级关系，所以随后布局设施 1；设施 4、设施 5 与设施 2 同属 I 级关系，且 TCR 值相等，但设施 4 的面积大，所以先布局设施 4、后布局设施 5；最后布局与设施 2 具有 O 级关系的设施 3。这样，布局顺序矢量为 21453。根据各设施面积确定最终布局，如图 5-22 所示，最后评估该方案的 Z 值。

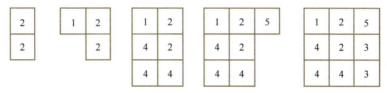

图 5-22　CORELAP 布局过程

进行多次循环，生成多个布局方案，选择 Z 值最大的方案作为最终方案。

5.4.4　COFAD

COFAD（Computerized Facilities Design，计算机化设备设计）是一种以最小化物料搬运系统成本为目标的计算机辅助布局技术。COFAD 流程图如图 5-23 所示。

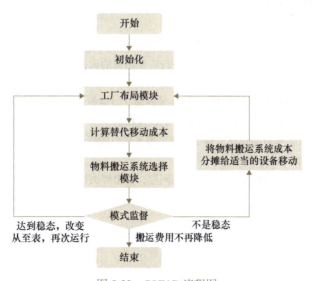

图 5-23　COFAD 流程图

该方法由 James 和 Ruddell（1976）提出。COFAD 与 ALDEP 不同，它不能保证最优性。大多数计算机模型假定处理成本为每个搬运单位距离的成本是不现实的，因为只有在设备或车辆已经分配到需求地点时才能知道成本。COFAD 应该通过"现实地评估"替代布局来摆脱这种问题。由于 COFAD 的方法与 CRAFT 的方法相似,因此在本小节中将不提供有关此方法的进一步示例或说明。COFAD 的特征如下:

1)COFAD 在许多方面类似于 CRAFT。COFAD 是 CRAFT 与 Webster(1969)提出的方法的结合。

2)COFAD 的目标是将物料搬运系统的总成本降至最低。

3)COFAD 的基本输入是从至表,该图表显示了设施之间的物料流。其他输入是要放置的设施、距离、随机选择的每次搬运固定的物料搬运设备的类型、每次搬运的总物料搬运部分、初始布局。

4)COFAD 根据式(5-20)计算总行驶时间 T。

$$T = (t_a + t_c + t_d + t_p) M \tag{5-20}$$

式中,t_a 是加速的标准时间;t_c 是匀速运动的标准时间;t_d 是减速的标准时间;t_p 是通过障碍物的标准时间;M 是运动频率。

5)COFAD 中采用的初始布局对最终解决方案有较大影响。

【习题与研究思考】

习题

1. 简述设施选址问题及其意义。

2. 设施选址的主要影响因素有哪些?

3. 设施选址的主要原则有哪些?

4. 设备布局的作用是什么?

5. 简述设备布局的主要形式及其特点。

6. 计算机辅助布局技术有哪些?

研究思考

1. 设施选址和设备布局对企业生产至关重要,在服务领域,有关选址的问题也同样得到越来越多的重视。例如,出现地震、洪水等自然灾害时,如何进行应急物资的调拨与管理?应该选择什么样的地理位置进行应急物资的存储、发放?

2. 针对医疗救护资源的分布选址也是值得关注的问题。以城市救护车的停放位置为例,如何选择救护车在城市街区的停放,以满足周边区域应急呼叫时的快速抵达?

3. 针对农机装备在农忙季节的作业过程中,需要服务车跟随提供应急维修服务的问题,服务车应该如何合理分布,以满足故障农机的及时维修?

请结合本章有关设施选址的相关知识分析上述问题,提出解决这些问题的主要思路和方法。

第6章
生产作业控制

【学习目标】

1. 能够清晰描述生产作业控制、生产物流、AGV 等相关术语。
2. 能够准确描述 AGV 应用的典型方式、作业控制方法。
3. 能够运用 A* 等算法解决智能工厂环境下 AGV 的车间路径规划问题。
4. 能够清晰描述数字孪生的基本概念及其在车间作业监控中的应用。

【知识点思维导图】

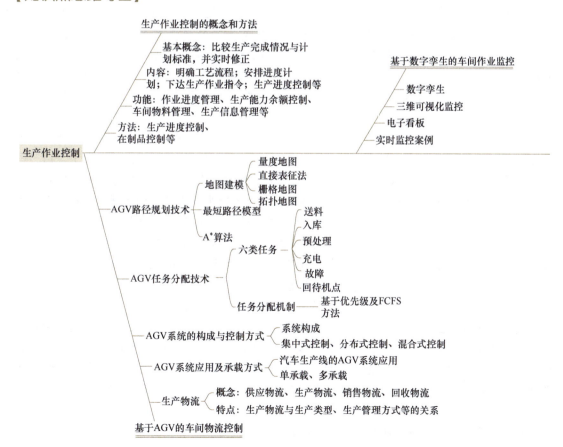

【案例导入】

伴随自动导引车（Automatic Guided Vehicle，AGV）技术的快速发展，其在制造业中的应用也越发普及。目前，AGV 已经广泛运用于汽车行业，助力汽车企业不断提升生产效率。其主要应用场景也从最初的零部件自动化配送，扩展应用到汽车底盘的输送装置，甚至组成了自动化柔性装配线，取代了传统的刚性输送线。所以，AGV 在汽车总装线、发动机生产线和发动机测试线、变速器装配线等产线中得到了普遍应用。

1. AGV 在汽车整车工厂的运用

对于汽车自动化柔性装配而言，总装车间对 AGV 的应用是最成熟的，其自动化程度也是最高的，运送过程可以实现完全自动化，其典型的应用生产线主要包括内饰和底盘等。每个整车厂的总装车间都至少有 2~3 条内饰和底盘输送装配线，而且大多采用 SPS（Set Parts Supply，总成式配送）配料形式。这为 AGV 的自动化输送应用提供了良好的应用环境，同时根据主线体和具体现场环境（空间、设备形式等）的不同，可以采用不同的物料随线输送形式来满足 AGV 物流输送方案的需求。

总装车间还有分装线体，如车门线和仪表线等分装线。此类线体一般也采用 SPS 配料，但其单配料的数量和容器的体积较小，一般采用物料箱的形式。AGV 与物料承载车不脱离，通过自身或辅助设备，在指定的位置和时间段进行物料承载车和物料箱的分离和平移，从而实现自动物料配送。

汽车合装是汽车总装车间的核心工位，基本采用连续运转装配方式，在工艺链及车身连续运行下装配是动态合装的关键。在此方式下，AGV 直接与被装车身的位置同步，避免了由于吊具安装、工艺链条节距匹配等原因造成的位置误差，并可对悬链的爬行等问题做出及时反应，是目前最有效的同步跟踪方式之一。由于跟踪同步是由 AGV 本体进行独立采样完成的，即使是在 AGV 手动离线状态下仍能完成动态同步合装工作，因而更具备整体的灵活性。

底盘的合装工位段目前对 AGV 的应用也非常成熟，是举升式负载 AGV 的应用典范。整体底盘组件，如前后车桥、发动机和变速器等部件按定位要求放置到 AGV 车身上，通过与主线体的同步随行，同时 AGV 本身的举升机构进行托举，与吊具上车身进行准确定位和自动装配，通过人工固定螺栓的方式进行组件连接，大大减少了人员的劳动强度，提升了装配质量和效率。AGV 在汽车底盘合装中因为具有强大的自动化集成度和现场适应性，因此被汽车制造行业广泛应用。在汽车总装线底盘装配发动机、后桥的工艺环节中，由于发动机及后桥零件的质量、体积均较大，底盘举升 AGV 发挥着巨大的作用。AGV 系统能够与制造执行系统进行交互，实现防错、可追溯性等功能。

AGV 在分装系统中既作为无人自动搬运车辆使用，又作为一个个可移动的装配台、加工台使用，能根据生产工艺的变化，自主随机修改装配线布置，实现多品种发动机混编流动生产，形成整个信息流的交互，大大提升发动机的信息化、柔性化、智能化装配水平。同时，AGV 工作时还会采集大量信息，供汽车制造业进行大数据分析及决策，实现质量追溯及提高产品良率。这对于追求效率与品质的汽车工业来说，无疑是最佳装配解决方案。

2. AGV 在汽车配件工厂的运用

通过提升自动化程度来实现产品的标准化、降低人力成本、提高数据准确度，是汽车配件生产企业为满足整车企业的生产需求而进行生产改善的主要方向。引进 AGV 实现汽配工厂内部物流自动化，能够实现物料、产品的运输速度更快、更高效，最大化提高人员与设备的作业效率，并且 AGV 能根据生产需要加速运行，提高运转效率。

　　汽车零部件行业是传统制造行业，其生产线的线边物料供给需要由人员调度搬运。近些年来，在这些搬运场景中，由 AGV 搬运代替人工搬运已实现了广泛应用。其主要应用场景是工厂内部材料之间的转移，例如从原材料库转移物料到生产线边，将生产线边的空料架转移到上料区，或者把生产线边的产成品转移到成品仓库等。零部件的自动化配送大大减少了人为干预造成的错料、货损，同时也大大减少了拉动不均衡（多配送、少配送、早配送、晚配送）造成的线边工位物料拥挤或者缺料的风险，作业效率大大提升。

　　除了对 AGV 进行不断的升级创新，为客户提供更加优质便捷的解决方案外，在技术层面与市场需求方面对 AGV 的功能上进行根本性的创新对于行业的发展也是很关键的。现阶段人们对产品的个性化需求越来越强烈，对质量的要求也更加严格。在此种情况下，于制造业而言，追求生产过程的灵活性和多样化成为新的目标。此时基于柔性技术的生产模式成为大趋势来满足产线快速变更的需求。

　　讨论：

　　1）请从 AGV 功能、技术等多个角度分析说明 AGV 在汽车行业得到广泛应用的原因有哪些。

　　2）汽车整车工厂和汽车配件工厂使用 AGV 有哪些异同之处？

　　3）汽车整车与配件生产过程的作业控制要点有哪些？如何进行 AGV 作业控制？

　　4）面对客户个性化需求，生产系统的柔性要求越来越高，AGV 能否提高生产线柔性？为什么？

 6.1　生产作业控制概述

6.1.1　生产作业控制的内容和功能

　　生产作业控制的本质是为保证生产过程按计划执行而施加的控制活动，通过将实际生产完成情况与计划标准进行比较，根据偏差状况对生产作业进行不同程度的实时修改与调整，保证生产计划按时完成。如图 6-1 所示为生产作业控制的一般过程，包含在系统扰动情况下的日程计划编制（计划调整），生产进度单/生产任务单的数据采集与对比分析，制造加工/装配过程的实时监测，在此基础上对系统实时状态的分析统计，并与生产进度/生产任务（单）比较，进而采取一定的偏差修正措施。

　　生产活动是根据生产计划大纲和生产作业计划安排进行的，但是，由于生产过程的随机性、信息的不完备性、生产计划工作本身的半结构化或非结构化性质以及计划方法的不完备性等，实际生产实施过程不能完全按计划进行。其具体原因可归纳为以下几个方面：①缺乏完善的生产预测方法来适应未来市场的需求，因此，企业生产计划的制订基础本身并不可靠；②生产计划和作业计划所使用的工时数据，如调整时间和加工时间等，都是标准数据，

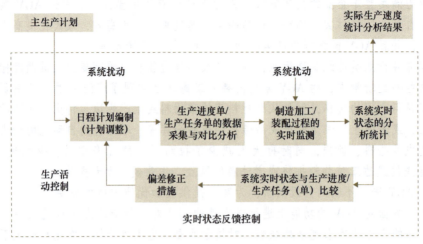

图 6-1　生产作业控制的一般过程

而在实际执行中总是存在差别；③在生产的实施阶段常会出现预料不到的情况，如生产设备的损坏、工人缺勤、原材料供应不及时等；④加工过程中出现次品、废品。生产计划和作业控制是整个生产活动的中心。生产计划的功能在于预先安排各项活动的内容；而生产作业控制是根据各项活动过程的反馈信息，通过对生产系统状态的评价，确定调节各项活动的内容，确保计划目标的实现。

1. 生产作业控制的主要内容

从生产作业控制的一般流程分析，实施生产作业控制需要从起点和基础、前提、手段等角度了解其主要内容。

1）明确产品加工制造的工艺流程。这是生产作业控制的起点和基础。

2）结合订单交货期要求及工艺流程，安排生产作业的进度计划。这是生产作业控制的前提。

3）根据确定的生产进度计划，下达生产作业指令。这是生产作业控制的重要手段。

4）在对生产过程数据采集的基础上，结合计划完成情况统计等进行生产进度控制。这是生产作业控制成败的关键。

2. 生产作业控制的功能

实施生产作业控制是生产活动按计划完成的重要保证。通过生产作业控制能够实现以下生产管理目的，即生产作业控制的主要功能包括：

1）作业进度管理。生产作业控制的核心就是作业进度管理。所谓作业进度管理，就是严格地按照生产进度计划的要求，掌握作业标准与工序能力的平衡，也就是从作业准备开始到作业结束为止的产品生产全过程，根据生产进度计划的规定，掌握作业速度，调整进度上的延迟和冒进，以保证交货期和生产进度计划的实现。其内容包括作业分配、进度控制、偏离校正。

2）生产能力余额控制。生产能力余额又称为剩余能力，是计划期内一定生产工序的生产能力同该期已经承担的负荷的差额。剩余能力管理的目的：一是保证实现生产计划规定的进度；二是要经常掌握车间、机械设备和作业人员的实际生产能力和实际生产数量，通过作业分配和调整，谋求生产能力和负荷之间的平衡，做到既不出现工作量过多的问题，也不出现窝工的现象。

3）车间物料管理。车间物料管理就是对原材料、辅助材料及车间在制品和成品等车间物料，明确其任一时间点的所在位置和数量。在车间物料管理中，做好在制品管理与搬运管理，是实现生产作业有效控制的首要环节。

4）生产信息管理。企业是由管理部门利用"人流""物流""资金流"和"信息流"来组织生产的。所谓生产信息管理，就是根据生产的实际需要，按照逻辑的形式对生产过程中的各种信息进行分类、收集和处理，制定传输的路线和有关责任制度，以保证信息畅通、反馈准确、处理及时、控制有效。

6.1.2 生产作业控制的方法

1. 生产进度控制

对生产进度进行全面跟踪的主要目的，是按照生产计划检查各种零部件的投入和产出时间、数量及其配套性，以确保产品能够准时交货。在生产进度控制过程中，通常运用坐标图、条形图和折线图进行投入进度和产出进度控制。另外，对于零部件加工制造，通常还采用工序进度控制方法进行生产进度控制。

通过坐标图将"实际当日产量""计划当日产量""实际累计产量"和"计划累计产量"都绘制在一个以时间为横坐标、以产量为纵坐标的坐标系中。每天只需将对应的产量数额在坐标系中进行标记，即可达到跟踪生产进度的目的，如图 6-2 所示。

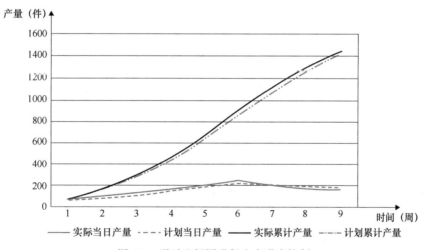

图 6-2 通过坐标图进行生产进度控制

运用条形图将零件名称和零件生产数量以矩阵形式绘制在表格中，形成产量与零部件之间的对应关系图。条形图简单易懂，适用于对配套投产或生产零部件的进度跟踪，如图 6-3 所示。

零部件类型	产量（件）								
	10	20	30	40	50	60	70	80	…
零部件 A									
零部件 B									
零部件 C									
零部件 D									
⋮									

图 6-3　通过条形图进行生产进度控制

通过倾向分析图（又称折线图）将各工序每天实际完成的零部件数量按照时间序列绘制成坐标图。将每天实际完成的零件数量每三天一平均，得到若干平均值，连成一条曲线，称为短波。将短波各峰尖连成一线，各谷底另连成一线。在两条外覆线的中间绘制一条曲线，称为中波，即倾向线。由倾向线的概念，可以看出进行倾向分析的意图，即不仅要控制实际当日产量，还要根据实际当日产量预测未来日产量，以达到全面跟踪生产进度的目的，如图 6-4 所示。

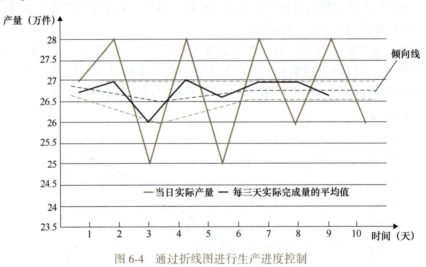

图 6-4　通过折线图进行生产进度控制

（1）投入进度控制　投入进度控制是指对产品开始投入的日期、数量、品种进行控制，以便符合计划要求。它包括检查各个生产环节及各种原材料、毛坯、零部件是否按标准提前投入，设备、人力、技术措施等项目的投入生产是否符合计划日期。

由于企业的生产类型不同，投入进度控制的方法大致可分为以下几种：

1）大量大批生产投入进度控制，可根据投产指令、投料单、投料进度表、投产日报等进行控制。

2）成批和单件投入进度控制比大量大批生产投入进度控制复杂：一方面要控制投入的品种、批量和成套性；另一方面要控制投入提前期，可利用投产计划表、配套计划表、加工线路单等工具。

（2）产出进度控制　产出进度控制是指对产品（或零部件）的产出日期、产出提前期、产出量、产出均衡性和成套性的控制。产出进度控制是保证按时、按量完成计划，保证生产过程各个环节之间的紧密衔接、各零部件产出成套和均衡生产的有效手段。对产出进度的控制，通常是把计划进度同实际产出进度同列在一张表上进行比较来控制。不同的生产类型有各不相同的控制方法。

1）大量生产产出进度控制方法，主要用生产日报（班组的生产记录、班组和车间的生产统计日报等）同产出日历进度计划表进行比较，来控制每日产出进度、累计产出进度和一定时间内的生产均衡程度。

在大量生产条件下，投入和产出的控制往往是分不开的，计划与实际、投入与产出均反映在同一张投入、产出日历进度表上，它既是计划表，又是企业核算表和投入、产出进度控制表。对生产均衡程度的控制，主要利用年均衡率、月均衡率和旬均衡率。

2）成批生产产出进度控制方法，主要是根据零件轮番标准生产计划、产出提前期、零部件日历进度表、零部件成套进度表和成批产出日历装配进度表等来进行控制。

对零部件成批产出日期和产出前期的控制，可以直接利用月度生产作业计划进度表。只要在月度作业计划的"实际"栏中逐日填写完成的数量，就可以清楚地看出实际产量与计划产量及计划进度的比较情况。如果计划进度采用甘特条形图形式，即可直接在计划任务线下画出实际完成线。

在成批生产条件下，对零部件产出成套性的控制可直接利用月度生产作业计划。不仅要对零部件的产出日期和产出提前期进行控制，还应对零部件的成套性进行控制。

（3）工序进度控制　它是指对产品（零部件）在生产过程中经过每道加工工序的进度所进行的控制。在成批或单件生产条件下，由于品种多、工序不固定，各品种（零部件）加工进度所需用设备经常发生冲突，即使作业计划安排得很好，能按时投产，但往往投产后，生产执行过程中一出现干扰因素，原来计划就会被打乱。因此，对成批或单件生产只控制投入和产出进度是不够的，还必须加强工序进度的控制。

工序进度控制的常用方法有以下几种：

1）按加工路线单经过的工序顺序进行控制。由车间、班组对加工路线单进行登记后，按加工路线单的工序进度及时派工，遇到某工序加工迟缓时，要立即查明原因，采取措施解决问题，以保证按时按工序顺序加工。

2）按单工序工序票进行控制。按零部件加工顺序将各个工序开出的工序票交给操作者进行加工，完成后将工序票交回，再派工时再开出工序票通知加工，用此办法控制工序进度。

3）跨车间工序进度控制。对于零部件有跨车间加工的情形，必须加强跨车间工序的进度控制。控制的主要方法是明确协作车间分工及交付时间，由零部件加工主要车间负责到底。主要车间要建立健全的零部件台账，及时登记进账，按加工顺序派工生产；协作车间要认真填写"协作单"，并将协作单单号及加工工序、送出时间等信息标注在加工路线单上，待外协加工完毕，协作单连同零件送回时，主要车间要在协作单上签收，双方各留一联作为原始凭证。

2. 在制品控制

企业从原料、外购件等投入生产开始到经检验合格办完入库手续之前，存在于生产过程中各个环节的零部件都称为在制品。企业生产过程中各环节之间的联系，主要体现在对在制品的供需关系上。在制品控制就是对在制品的数量进行计划安排、对在制品的流转进行有效组织。

车间在制品控制取决于车间生产类型和生产组织形式。在大量大批生产条件下，由于在制品数量比较稳定并有标准定额，在生产中的流转有一定的顺序和规律，因此，通常采用轮班任务报告，并结合统计台账来控制在制品的数量和移动。在单件小批生产条件下，由于产品品种和批量经常变化，在制品数量的稳定性很差，通常采用加工路线单或工票等凭证，结合统计台账来控制在制品。在制品控制的主要措施包括：建立健全收发领用制度；正确及时地登记核对，账实相符，账账相符；合理存放和保管；做好在制品的清点盘存工作等。

6.2　基于 AGV 的车间物流控制

6.2.1　生产物流概述

1. 生产物流概念

根据 20 世纪 90 年代美国物流管理协会对物流的定义，物流（Logistics）是为满足消费者需求，而对原材料、半成品、最终产品及相关信息从起始地到消费地的有效率与效益流动与存储进行的计划、实施与控制的过程，具体包括运输、仓储、包装、物料搬运等内容。在生产领域，物流包含原材料采购、生产过程中的物料搬运与厂内物流和流通过程中的物流或销售物流。

从供应链的角度来看，企业运作过程中物流的主要分类如图 6-5 所示。企业物流涉及生产过程的各个环节，每一个环节都会对企业整体竞争力产生很大影响。

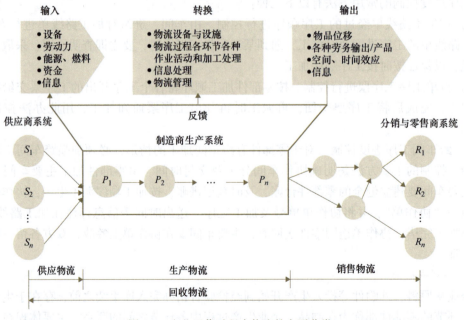

图 6-5　企业运作过程中物流的主要分类

1）供应物流。供应物流即组织原料、辅料、外购件供应的物流活动。供应物流关注的主要是如何降低物料供应过程的成本，提高供应网络的有效性，选择最佳供应方式，增进与供应商的合作伙伴关系等问题。

2）生产物流。生产物流即原料、辅料及外购件从企业仓库或企业"入口"进入生产流程，随着加工过程流过各个生产作业环节，直到生产过程结束，最后"流入"成品库或半成品库。生产物流研究的重点是减少物流时间，缩短生产周期，节约劳动力。

3）销售物流。销售物流即伴随销售活动，将产品所有权转给用户的物流活动。其特点是通过包装、送货、配送等一系列物流实现销售。销售物流重点研究产品的送货方式、包装水平、运输路线等，并采取各种诸如少批量、多批次、定时、定量配送等特殊的物流方式达到目的。

4）回收物流。企业在生产、供应、销售的活动中总会产生各种边角余料和废料，或者客户的退货，或者废旧物品的回收。如果对回收物品处理不当，往往会影响整个生产环境，甚至影响产品的质量，占用很大空间，造成浪费。合理组织回收物流，一方面有利于环境保护，另一方面也可以提高资源的再利用，帮助企业降低原材料成本。

生产物流与供应物流、销售物流和回收物流的最大区别在于，它与企业的生产过程紧密联系，只有合理组织生产物流，才能使企业生产过程始终处于最佳状态。生产物流不畅会导致企业生产混乱，甚至发生生产停顿的现象。物流是企业本身必须从事的重要活动，要保证企业生产和服务过程各种活动的连续性和衔接性，物流的支持和保证作用是不可缺少的。

2. 生产物流的特点

企业生产系统活动的基本结构是"投入—转换—产出"。相对于投入的物流活动是企业输入物流，或称内向物流、供应物流；相对于转换的是企业内生产物流或企业内转换物流；相对于产出的是企业输出物流、外向物流或销售物流；相对于废弃物回收、包装材料回收、退货等活动是回收物流或逆向物流。由此可见，物流渗透到企业的各个生产环节和经营活动之中。生产物流与整个生产工艺过程相伴而生，包括从原材料采购到在制品、半成品等各道生产程序的加工，直到制成品进入仓库全过程的物流活动。企业通过生产物流，将物料/在制品配送到各加工点和存储点，从一个生产单位（仓库）流入另一个生产单位，按照规定的工艺过程进行加工、储存，并借助一定的运输装置在各个加工或存储点内流转，始终体现着物料实物形态的流转，由此构成了企业内部物流活动的全过程。

因此，生产物流的边界起源于原材料、外购件和辅料的出库，止于成品入库，贯穿生产全过程。在这个过程中，物料随着时间进程不断改变实物形态和场所位置，不是处于加工、装配状态，就是处于储存、搬运和等待状态。当企业的生产计划确定之后，生产物流管理的目标就是根据生产计划做好物料的供应、仓储、配送等工作，保证各个工序能够按计划开始其加工或其他作业活动。因此，生产物流具有以下几个方面的特点：

1）生产物流的组织与生产类型有密切关系。由于企业的生产类型不同，生产物流的组织方式也不同。这涉及物料的仓储方式、搬运方式及工序间传送方式的差异。例如，在大量生产条件下，企业通常会采用连续的、机械化或自动化的传送方式；而在单件小批生产条件下，通常采用通用性强的搬运工具，如电动叉车。

2）生产物流与生产管理方式有密切关系。从生产系统的组织过程来看，生产系统可以分为推式生产和拉式生产两种不同的生产系统运行机制，与之相适应的运作管理方法分别为基于制造资源计划（Manufacturing Resources Planning，MRP Ⅱ）的系统和基于准时生产制（Just in Time，JIT）的系统。推式系统一般是按照计划完成物料的生产与补货，而拉式系统则按照后道工序的实际需求准时生产和补充已消耗掉的库存。后者对物流的准时性要求很高，相应地，企业也必须有很高的物流管理水平。

3）生产物流与企业的物流管理方式有密切关系。过去，大多数企业采取自营物流的管理方式，每个企业都可能有自己的仓储和物料搬运及其他物流设施，有专门的部门从事企业生产物流的运作管理。但是，随着第三方物流企业的发展，现在已有越来越多的企业将生产物流业务外包给第三方物流企业。因此，自营还是外包，决定着企业具体生产物流的运行特点。当然，外包不是企业放弃物流管理活动，而是要与第三方物流企业建立良好的合作管理机制，通过第三方物流企业实现快速、准时、低成本的生产物流过程。在这种情况下，企业的物流部往往行使管理职能，而不是具体的物流业务职能。

4）生产物流与企业车间布局方式有密切关系。不同行业、不同生产类型的企业其设施布局也是不一样的。根据生产单位布局原则，目前常见的布局方式有工艺专业化式、对象专业化式、混合类型布局等。不同的设施布局方式，影响生产物流的运作组织方式。一般来说，按工艺专业化布局的企业，其物流设施一般选择通用性较强的工具；而按对象专业化布局的企业，其物流设施的选择连续性和专业性往往比较强。

6.2.2 AGV 系统应用及承载方式

1. 汽车生产线的 AGV 系统应用

伴随客户需求的多样化、个性化，大规模个性化定制的智能制造逐步成为制造企业生产系统的新模式。为满足生产系统柔性可重构要求，制造企业在智能工厂、智能车间建设过程中大量采用了 AGV 系统，用于车间物料输送。AGV 具有自动导引功能，一般通过计算机及软件来控制其行进路线以及行为，或利用电磁轨道固定其行进路线。电磁轨道一般贴于地板上，无人搬运车则依循电磁轨道所带来的信息进行移动与动作。车间的自动化物流系统充分体现了 AGV 的自动性和柔性，实现高效、经济、灵活的无人化生产特点。在个性化定制的汽车企业装配车间，采用多个 AGV 系统取代传统流水线的传送带等设备，作为汽车装配过程中的车体运载设备。

目前国内汽车企业多采用多车型共线的混流生产方式，实行一车一 BOM 的定制模式，线旁的物料配送能力成为影响生产效率的关键环节。AGV 作为高效、稳定、灵活的无人化搬运工具，在汽车总装车间物料配送中有广泛应用。

汽车总装工艺是将来自汽车零部件生产企业数以万计的总成部件组装成完整汽车的全部工艺的总称，是汽车在整车制造四大工艺过程中的最后一个环节。为了便于汽车总装质量的控制与总装工艺的规范化管理，汽车总装工艺通常将其分为若干个模块。例如，汽车整车总装线可以分为内饰线、底盘线、外饰线、门线、检测线和淋雨线等。汽车总装工艺十分复杂。例如，某汽车公司总装工艺的主要工艺顺序为线束→隔音垫→天窗→天花板→地毯→仪表台→后悬架→前风窗玻璃→后风窗玻璃→内饰板→机舱内部件→前后车灯→油箱→制动管→油管→动力总成→前悬架→后副车架→前后保险杠→贴标识→座椅→车轮→添加油液→四门两盖→检验→下线。

汽车总装线一般是由输送设备和专用设备构成的有机整体。输送线的规划应综合考虑厂房空间的利用率、物流配送距离、人员移动的损耗和以后产能扩展的便利性等因素。为了有效利用总装车间的空间，总装主输送线通常采用多段回折的形式。为了实现分装总成搬运路径的最小化，各关键部分的分装线所需的物料配送路线都设置在总装主线的侧面，靠近总成装配点的位置，由此达到最短的物流配送路线。同时，将部件仓储区设置在总装线附近区域，规划成四面物流路线，有效减少部件搬运上线时间，以提高物流效率。AGV 的体积不大，并且具有移动快捷、可控性强和工作效率高等特点。与用于车间物流的其他设备相比，AGV 的活动区域不需要铺设轨道、支座架等固定装置，因此不受场地、道路和空间的限制。图 6-6 所示为汽车总装线的 AGV 应用情况。

a) AGV应用于多车型混线生产车间　　　　b) AGV运行编队　　　　c) 车间中的AGV停靠区

图 6-6　汽车总装线 AGV 应用情况

　　总装车间的工艺布局应充分考虑装配作业和来访参观的双重需要。在物流布局方面，应贯彻人、车、物流分开的设计思想，即在总装车间设置与物流配送通道完全隔开的专门参观通道。这样既照顾了参观者希望了解装配作业全过程的需求，保证了来访者的安全，又可避免来访者的参观对整车装配生产的影响，从而有利于提高装配作业的效率和安全性。为保证汽车总装车间良好的工作环境，汽车总成部件的准时配送均采用电力驱动的 AGV，杜绝了总装线的空气污染，同时大大减少了噪声。目前常见的总装线工艺布局形式主要有 S 型、T 型和 U 型三种。如图 6-7 所示，以 S 型布局为例，将总装线分为 5 条分装线，每条分装线上有多个工位以完成每个装配工艺，部分工艺由于所需部件较小或为校准、预紧、标记等不需要部件，所以这些工位上的物料在一个生产周期的生产准备期已经全部准备好，其他工艺由

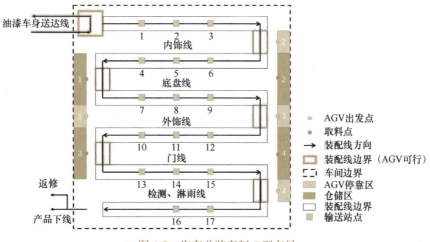

图 6-7　汽车总装车间 S 型布局

于所需部件较大等因素需要进行实时配送，因此每条分装线设置了 2~6 处不等的部件输送站点。另外，该车间内还设置了 4 处仓储区用于存放总装线需要的部件，4 处 AGV 停靠点用于存放 AGV 和为 AGV 充电。该车间布局和设施选址考虑了物流配送对总装线运行效率的影响，便于管理，符合现代化汽车工厂的要求。

2. AGV 的承载方式

AGV 的承载方式是对于单个 AGV 来说的。根据 AGV 每次搬运过程中承载的物料单元数量不同，可以分为单承载和多承载两种方式。单承载方式 AGV 一次搬运中最多运输一个物料单元；多承载方式 AGV 一次搬运中可以运输一个或两个及以上的物料单元。根据空间位置分布，设计出水平结构和垂直结构两种多承载方式 AGV。其中，水平结构多承载方式 AGV 在同一水平面上安装多个承载装置；而垂直结构多承载方式 AGV 在垂直方向安装多个承载装置，可以根据实际情况的不同选择合适的安装方式。相较单承载方式 AGV，多承载方式 AGV 的搬运能力更强，但是承载装置控制更复杂。

单承载方式物流系统的主要任务包括任务调度、AGV 调度、AGV 路径规划。由于每辆 AGV 每次仅搬运一个物料单元，因此路径规划相对简单，调度难度小。使用单承载方式物流系统实现环状机器布局物流配送，每个环内有一辆 AGV 不断沿环行驶，实现环内物料运输。环与环之间物料配送时，首先由环内 AGV 将物料运输至环内物料中转站，再由环与环之间的 AGV 将物料运输至目标环，最后由目标环内的 AGV 将物料运输至目标点。物料配送频率高的快递物流分拣车间一般使用单承载方式，大件物料承载也使用单承载方式，包括定制化汽车底盘承载、大型修理厂等。总结上述使用单承载方式的物流系统，其更适合于物料配送及时性要求高、物流成本要求较低的企业。

相较单承载方式物流系统，多承载方式物流系统中每个 AGV 同时搬运的物料单元数量增多，需要完成物料运输组合优化，目标是使用尽可能少的 AGV 完成一定量的物料搬运任务，同时使得物料运输总成本最低。多承载方式物流系统的搬运能力大幅度提升，但是由于每个 AGV 有多个承载装置，导致多承载方式物流系统不仅需要实现单承载物流系统的所有功能，还需要考虑如何有效地利用系统中运行每一个 AGV 的每一个承载装置，使得物料运输总成本最低。因此，多承载方式物流系统虽然搬运能力较强，但是 AGV 调度管理难度增加，适合技术能力相对较强的企业使用。

6.2.3 AGV 系统的构成与控制方式

1. AGV 系统的构成

AGV 系统是一套复杂的控制系统，一般包括软件系统和硬件系统两部分，如图 6-8 所示。其中，软件系统一般包含车载控制系统、导航系统和调度系统三个主要部分；硬件系统包含 AGV 车体、驱动系统、其他机械部件和外围传感器等。从生产计划与控制角度来看，软件系统是实现 AGV 在生产车间进行物料搬运等活动的关键，因此，以下对 AGV 的软件系统构成进行详细介绍。

（1）车载控制系统 AGV 的车载控制系统（Onboard System）即单机控制系统，在收到上位系统的指令后，负责 AGV 单机的导航、导引、路径选择、车辆驱动等功能。导航是 AGV 单机通过自身装备的导航器件测量并计算出所在全局坐标中的位置和航向。导引是

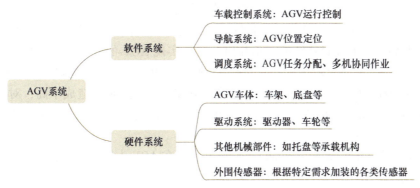

图 6-8　AGV 系统的构成

AGV 单机根据当前的位置、航向及预先设定的理论轨迹，计算下个周期的速度值和转向角度值，即 AGV 运动的命令值。路径选择是 AGV 单机根据上位系统的指令，通过计算，预先选择即将运行的路径，并将结果报送上位控制系统，能否运行由上位系统根据其他 AGV 所在的位置统一调配。AGV 单机行驶的路径是根据实际工作条件设计的，它由若干 "段"（Segment）组成，每一 "段" 都指明了该段的起始点和终止点，以及 AGV 在该段的行驶速度和转向等信息。车辆驱动是 AGV 单机根据导引的计算结果和路径选择信息，通过伺服器件控制车辆运行。

（2）导航系统　AGV 之所以能够实现无人驾驶，导航和导引起到了至关重要的作用。随着技术的发展，能够用于 AGV 的导航/导引技术主要有以下几种：

1）直角坐标导引（Cartesian Guidance）。直角坐标导引用定位块将 AGV 的行驶区域分成若干坐标小区域，通过对小区域的计数实现导引，一般有光电式（将坐标小区域以两种颜色划分，通过光电器件计数）和电磁式（将坐标小区域以金属块或磁块划分，通过电磁感应器件计数）两种形式。其优点是可以实现路径的修改，导引的可靠性好，对环境无特别要求；缺点是地面测量安装复杂，工作量大，导引精度和定位精度较低，且无法满足复杂路径的要求。

2）电磁导引（Wire Guidance）。电磁导引是较为传统的导引方式之一，仍被许多系统采用。它是在 AGV 的行驶路径上埋设金属线，并在金属线加载导引频率，通过对导引频率的识别来实现 AGV 的导引。其主要优点是引线隐蔽，不易污染和破损，导引原理简单而可靠，便于控制和通信，对声光无干扰，制造成本较低；缺点是路径难以更改扩展，对复杂路径的局限性大。

3）磁带导引（Magnetic Tape Guidance）。磁带导引与电磁导引相近，用在路面上贴磁带替代在地面下埋设金属线，通过磁感应信号实现导引。其优点是灵活性比较好，改变或扩充路径较容易，磁带铺设简单易行；但此导引方式易受环路周围金属物质的干扰，磁带易受机械损伤，因此导引的可靠性受外界影响较大。

4）光学导引（Optical Guidance）。光学导引是指通过在 AGV 的行驶路径上涂漆或粘贴色带，通过对摄像机采入的色带图像信号进行简单处理而实现导引。其优点是灵活性比较好，地面路线设置简单易行；但对色带的污染和机械磨损十分敏感，对环境要求过高，导引可靠性较差，精度较低。

5）激光导航（Laser Navigation）。激光导航是在 AGV 行驶路径的周围安装位置精确的激光反射板，AGV 通过激光扫描器发射激光束，同时采集由反射板反射的激光束来确定其当前的位置和航向，并通过连续的三角几何运算来实现 AGV 的导引。此项技术最大的优点是 AGV 定位精确，地面无须其他定位设施，行驶路径可灵活多变，能够适合多种现场环境，它是国外许多 AGV 生产厂家优先采用的先进导引方式；缺点是制造成本高，对环境要求相对苛刻（如外界光线、地面要求、能见度要求等），不适合室外（尤其是易受雨、雪、雾的影响）。

6）惯性导航（Inertial Navigation）。惯性导航是在 AGV 上安装陀螺仪，在行驶区域的地面上安装定位块，AGV 可通过对陀螺仪偏差信号（角速率）的计算及地面定位块信号的采集来确定自身的位置和航向，从而实现导引。此项技术在军方较早运用，其主要优点是技术先进，较之有线导引，地面处理工作量小，路径灵活性强；其缺点是制造成本较高，导引的精度和可靠性与陀螺仪的制造精度及其后续信号处理密切相关。

7）视觉导航（Visual Navigation）。视觉导航是在 AGV 上安装 CCD 摄像机，AGV 在行驶过程中通过视觉传感器采集图像信息，并通过对图像信息的处理确定 AGV 的当前位置。视觉导航方式具有路线设置灵活、适用范围广、成本低等优点；但是，由于利用车载视觉系统快速准确地识别路标这一技术瓶颈尚未得到突破，因此，目前该方法尚未进入实用阶段。

8）室外卫星导航（北斗系统）。室外卫星导航是通过卫星对非固定路面系统中的控制对象进行跟踪和制导。此项技术还在发展和完善，通常用于室外远距离的跟踪和制导，其精度取决于卫星在空中的固定精度和数量，以及控制对象周围环境等因素。2021 年 8 月，我国首台 5G+北斗导航室外无人驾驶 AGV 研制成功，标志着我国在 AGV 无人驾驶领域实现进一步突破和发展，将为客户高效解决生产过程中的超重、超长、超大物料智能运输等问题。

（3）调度系统　AGV 的调度系统又称为地面控制系统（Stationary System），即 AGV 上位控制系统，是 AGV 系统的核心。其主要功能是对 AGV 系统中的多台 AGV 单机进行任务管理、车辆管理、交通管理、通信管理等。任务管理类似计算机操作系统的进程管理：它提供对 AGV 地面控制程序的解释执行环境；提供根据任务优先级和启动时间的调度运行；提供对任务的各种操作，如启动、停止、取消等。车辆管理是 AGV 管理的核心模块，它根据物料搬运任务的请求，分配调度 AGV 执行任务，根据 AGV 行驶时间最短原则，计算 AGV 的最短行驶路径，并控制指挥 AGV 的行驶过程，及时下达装卸货和充电命令。交通管理是根据 AGV 的物理尺寸大小、运行状态和路径状况，提供 AGV 互相自动避让的措施，同时避免车辆互相等待的死锁方法和出现死锁的解除方法。AGV 的交通管理主要有行驶段分配和死锁报告功能。通信管理提供 AGV 地面控制系统与 AGV 单机、地面监控系统、地面 IO 设备、车辆仿真系统及上位计算机的通信功能。与 AGV 之间的通信采用无线电通信方式，需要建立一个无线网络，AGV 只与地面系统进行双向通信，AGV 间不进行通信，地面控制系统采用轮询方式与多台 AGV 通信；与地面监控系统、车辆仿真系统、上位计算机之间的通信使用 TCP/IP 通信。

2. 车间多 AGV 系统控制方式分类

车间多 AGV 系统从控制的角度可分为三种结构：集中式、分布式和混合式。不同结构 AGV 系统的任务调度流程、无冲突控制策略以及设备投入也不同。

（1）集中式多 AGV 系统　集中式多 AGV 系统由一个中央控制系统及包含多个 AGV 的

底层系统构成，彼此之间存在管理与被管理的关系。中央控制系统负责对所有 AGV 的行为、协作以及共享资源等提供统一的协调和管理。其任务调度以及无冲突控制策略都由中央控制系统完成。中央控制系统从全局角度为各 AGV 分配任务、规划路径并下发信息；各 AGV 严格按照指令执行任务，当发生冲突时，中央控制系统根据无冲突控制策略进行调节，防止 AGV 之间发生碰撞。集中式多 AGV 系统的结构如图 6-9 所示。

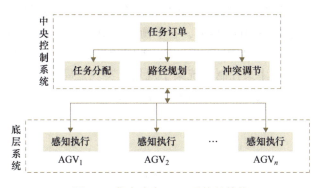

图 6-9　集中式多 AGV 系统的结构

集中式多 AGV 系统的优点在于管理方便，能有效获得全局最优的多 AGV 任务调度方案，对执行任务的各 AGV 智能化要求不高。但由于所有的数据都要通过中央控制系统进行处理运算，对中央控制系统的性能要求较高，不利于并行处理；对动态、复杂的环境缺乏适应性，一旦中央控制系统发生故障，整个系统将处于瘫痪状态。

（2）分布式多 AGV 系统　在分布式多 AGV 系统中，所有 AGV 都是平等关系。在面临任务分配和道路资源冲突时，AGV 根据自身的信息以及其他 AGV 分享的信息，运用知识与进化算法进行协商决策，达到任务分配、路径规划和冲突调节的目的。分布式多 AGV 系统的结构如图 6-10 所示。

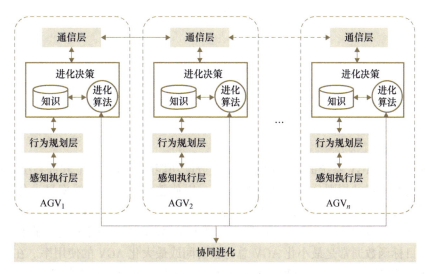

图 6-10　分布式多 AGV 系统的结构

分布式多 AGV 系统的优点在于所有 AGV 都具有知识和自主决策的能力，系统的并行任务处理能力更强；AGV 彼此之间的弱耦合关系有利于系统的伸缩，使系统的柔性更强。但高度智能的 AGV 购置费用高昂；各 AGV 进行行为决策时，要求通信系统的高实时性与高可靠性，整体稳定性较差；此外，由于分布式多 AGV 系统难以从全局角度实现最优调度，整体协调能力不及集中式多 AGV 系统。

（3）混合式多 AGV 系统　混合式多 AGV 系统介于集中式和分布式之间，由一个中央控制系统和多个具有一定智能的 AGV 构成，它平衡了集中式和分布式两种结构的优缺点。各 AGV 的基本行为和简单任务由 AGV 自主完成，如路径规划，无冲突协同等；当系统多任务调度，或协同作业时，可由中央控制系统集中规划，实现全局最优，或借助各 AGV 有限的智能水平，彼此通信进行协同计算，分担中央控制系统部分压力。相较于分布式多 AGV 系统，该方案对 AGV 的智能化要求低，投入成本容易控制。混合式多 AGV 系统的结构如图 6-11 所示。

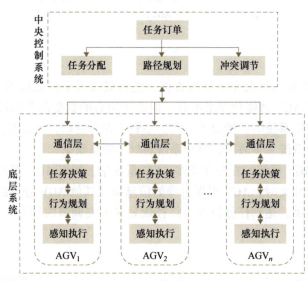

图 6-11　混合式多 AGV 系统的结构

6.2.4　AGV 任务分配技术

1. AGV 任务分配问题的特点

任务分配是多 AGV 系统的基础功能。任务分配功能包括接收其他软件系统请求的任务，以及将任务按照一定的规则分配到具体的 AGV，以使整个系统工作效率最大化。AGV 系统的任务分配主要分为两类：离线式任务分配和在线式任务分配。离线式任务分配是指在任务往下分配之前，所有的运输需求都是已知的，所有的 AGV 的行驶路径都是在执行任务之前优化好的，目标函数通常是最小化 AGV 总行驶时间或最大化 AGV 的使用率。在线式任务分配主要是在环境具有一定不确定性的时候使用，任务不会由于一些意外情况，如车辆故障、任务延迟等，而使整个 AGV 系统瘫痪。AGV 任务分配的主要目标是使时间或者路径最优，或者使用的 AGV 数量最少，或者运行效率最高，或者运行成本最低，进而提高车间多 AGV

系统在物流管理中的综合性能。

　　根据车间的物流需求和 AGV 本身的需要，多 AGV 的调度任务可以划分为送料任务、入库任务、预处理任务、充电任务、故障任务和回待机点任务六类，其中前三种任务可以归于运输任务，后三种任务为自生成任务。AGV 任务分配方法根据任务优先级得到。首先对 AGV 的任务进行优先级排序：故障任务的优先级最高，充电任务次之，送料任务和入库任务并列第三，预处理任务第四，回待机点任务第五，如图 6-12 所示。在任务分配和执行的过程中，优先分配和执行高优先级的任务，后分配和执行低优先级的任务。

图 6-12　任务优先级划分

　　在车间物流中，AGV 系统的任务分配是调度一组 AGV 去完成一批取送货（Pick-up/Drop-off）任务。任务分配问题的输入数据包括所有位置的距离矩阵（用于计算 AGV 的行驶时间）、搬运任务的详细信息（取货位置、送货位置和时间窗信息等）、AGV 信息（类型、容量和速度等）和一些可选的数据（如停车策略和电池信息等）。在生产车间中，由于订单交付的时间需求，搬运任务往往具有时间窗约束。由于每个任务的取料地点和送货地点是已知固定的，搬运任务可以被定义为一次完整的搬运过程。任务的服务时间包括在取料地点装载物料的时间、从取料地点到送货地点的行驶时间和在送货地点卸载货物的时间。

2. AGV 任务分配方法

　　本书介绍一种基于任务优先级及先到先服务（FCFS）方法的单车双任务的任务分配机制。其具体为每辆 AGV 配置一个任务序列，这个任务序列包含两个任务，其中一个为正在执行的任务，另一个是将要执行的任务。这两个任务要求上一个任务的终止点到下一个任务的起始点的路径代价尽可能小，减少空车运行的时间，降低运输成本，提高 AGV 系统的工作效率。由于各个 AGV 任务都是离散的，为了能将这些任务有序、高效、稳定地下发给 AGV 执行，需要将这些任务进行排队，即生成任务序列。具体实施如下：AGV 任务分类完成后通过 FCFS 方法，按照任务生成的先后顺序生成任务序列，先生成的任务放在任务序列的前面，后生成的任务放在任务序列的后面，当下发任务时，按照任务序列的顺序从前往后分发。

6.2.5　AGV 路径规划技术

1. AGV 路径规划问题的特点

　　AGV 路径规划是指 AGV 从起点到终点有多条路径可以选择，而系统根据一定的评价标准从中选出路径或者时间最短的运行路径。路径规划在多 AGV 系统中是 AGV 能否高效、安全运行的关键一步，它不仅需要处理起点与终点之间的关系，还需要解决 AGV 互相之间的关系。当系统给 AGV 分配了任务，它的起点和终点就已经被确定下来，接着就由调度系统为 AGV 进行路径规划，提供一条最优的、安全的路径。

　　路径规划算法主要用来解决三个问题：①能够使 AGV 从起点运动到目标点；②能够使 AGV 避开途中遇到的静态与动态障碍物，并且经过某些必须要经过的位置；③在①和②的基础上，通过优化算法优化 AGV 的运行轨迹。一般地，前面提到的"使 AGV 避开途中遇到的动态障碍物"主要就是解决多 AGV 运行引发的冲突问题。在道路资源相对不足的条件下，根据生产车间环境中 AGV 的运行情况，总结了可能出现的三种冲突如下：

（1）相向相遇冲突　两辆 AGV 在同一条路径上行驶，它们的运行方向相反，并且都向对方驶去，这种情况下由于两车在同一条路径并且是同一时间通过，那么就有碰撞的危险，即为相向相遇冲突，如图 6-13 所示。

图 6-13　相向相遇冲突

（2）节点冲突　两辆 AGV 由不同路径向同一个节点驶去，并且在很短的时间内均到达该节点，即前车刚到达节点还未离开后车就进入该节点，这种情况下就会发生碰撞，称为节点冲突，如图 6-14 所示。

（3）占位冲突　一辆 AGV 的行驶方向上有其他 AGV 在一段时间内因需要或者故障而阻碍该车的前进，造成碰撞的发生，称为占位冲突。如图 6-15 所示，AGV_2 因故障停车而阻碍了 AGV_1 的前进。

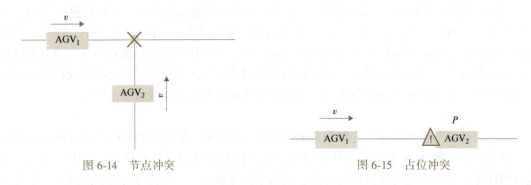

图 6-14　节点冲突　　　　　　　　　　　图 6-15　占位冲突

根据所需要的 AGV 数量，AGV 路径规划问题可以分为单 AGV 路径规划和多 AGV 路径规划，这两者之间的规划方法和复杂程度有所差别。单 AGV 路径规划比较简单，无须考虑多个 AGV 之间的冲突和死锁。多 AGV 路径规划基于单 AGV 路径规划，但是又不同于单 AGV 路径规划，在进行这类路径规划时，必须考虑 AGV 之间是否存在冲突，是否相互构成障碍物。车间里的 AGV 路径规划相当于小规模、区域性路径规划问题，因此 AGV 路径规划问题与宏观的车辆路径问题（Vehicle Routing Problem，VRP）类似。这是一种典型的 NP-hard 问题，根据时间窗、AGV 能力等约束条件的不同，还可以衍生出基于 VRP 的多种变形。

根据规划类型，AGV 路径规划问题可以分为静态规划和动态规划两类。静态规划是指在规划路径时不考虑环境和其他 AGV 的动态影响，只考虑静态的环境下从起点到指定点的静态最优路径。此种规划方式算法简单，无须考虑 AGV 的干扰和碰撞问题，实现起来简单，但不能适应环境和交通的变化的情况，一般用于单 AGV 或者较少 AGV 运行的系统中。动态规划建立在静态规划的基础上，不仅要考虑寻求最优路径，而且在查找路径的过程中，还要考虑环境的影响，以及与其他 AGV 路径冲突和碰撞问题。动态路径规划通过监控各 AGV 的运行状态和位置信息，判断 AGV 是否按照预先指定路径运行，若行驶路径或者时间节点发生变化，还需对路径进行动态调整，避免 AGV 碰撞和道路阻塞。这也是多 AGV 协同运行需要攻克的技术难点。

2. AGV 路径规划算法

经典 AGV 路径规划算法的演进历程如图 6-16 所示。其中，Dijkstra 算法、A* 算法是主流的路径规划算法。随着移动机器人智能化的应用需求逐渐上升，以及计算机技术的飞速发展，在路径规划领域，涌现出了以遗传算法、蚁群算法等为代表的智能搜索算法，以强化学习、深度学习等为代表的人工智能算法的相关研究与应用示范。

图 6-16　经典的 AGV 路径规划算法演进历程

3. AGV 路径规划中的最短路径问题

（1）地图建模　在进行 AGV 路径规划之前，需要对 AGV 的运行环境进行建模，将 AGV 运行环境以电子地图的方式表达。假设是基于已知环境的建模，机器人学中的地图表示方法一般分为四种：量度地图、直接表征法、栅格地图和拓扑地图。

1）量度地图建模方法适用于连续空间的规划。

2）直接表征法省去了特征或栅格表示这一环节，直接使用 AGV 的车载传感器接收到数据，从而构造环境空间。

3）栅格地图可以将连续空间离散化为规则排列的大小相同的区块，这些区块称为栅格，这种电子地图生成方便。栅格的大小决定了 AGV 运行环境模型的精度：栅格越小，精度越高，但是将会增加数据存储空间和计算复杂度；反之，栅格越大，表示 AGV 运行环境的电子地图精度越低。栅格可以赋予不同的属性值以表示是否包含障碍物，如"1"表示该栅格包含障碍物，"0"表示该栅格不包含障碍物，为 AGV 的可行区域。

4）拓扑地图可以由栅格地图转化而来，是空间环境的圈结构表示，将环境中的关键位置用节点表示，如 AGV 停靠点、AGV 充电点、十字交叉口等，节点之间的连接关系用边表示。其中，栅格地图可以转化为拓扑地图。

在上述方法中，应用最普遍的是直接表征法和栅格地图。对于多种不同车型的总装车间，栅格地图易于构建和保存较大的运行环境，对 AGV 可以进行精确定位。

地图可行路径的方向可以分为单车道单向行驶、双车道双向行驶和单车道双向行驶三种。单车道单向行驶情况下道路的利用率较低，主要应用于物流分拣和仓储领域；双车道双向行驶类似于现实的交通道路，这种方法在路径规划上具有较好的灵活性，但是对规划道路的空间需求相应增大，建设和管理费用也更高；单车道双向行驶相对于单车道单向行驶的车辆控制系统更为复杂，但是对规划路径的空间有限制的场景而言，其道路的利用率更高。以单车道双向行驶模式的二维车间 AGV 的调度为例，位置信息用二维坐标来表示。地图环境主要包含四部分：AGV 停靠区（充电区）、AGV 工作区、车间总装线（障碍物）和零部件仓库区。栅格地图的建模过程有如下三个关键要素：

1）栅格尺寸的选取。栅格尺寸相当于比例尺，当栅格所表示的面积较小时，整个需要建模的现实场景所包含的栅格数量将会增加，相应地，地图精度也会提高，同理可知栅格表示的面积较大时的效果。因此，需要根据实际问题的需求选择合理的栅格尺寸。

2）栅格位置的标记。一般通过直角坐标系里的点坐标表示每一个栅格的位置信息。

3）栅格属性的编码。栅格属性代表了栅格的物理性质，可以决定该栅格是否为可行区域。

根据图 6-7 所示的汽车总装车间 S 型布局，在 MATLAB 中构造一个 100×100 的图像矩阵，然后映射为数字图像（或二值图）并且栅格化。在构建的地图模型中，AGV 的面积占据一个栅格大小，地图被划分为 10000 个栅格，AGV 在水平面形状的包络线为 $1m \times 1m$ 的正方形，那么电子地图表示的车间面积为 $10000m^2$。AGV 在栅格线上移动，黑色区域代表不可行区域，白色区域代表可行区域。在实际对 AGV 进行路径规划时，需要考虑到 AGV 的安全行驶距离，因此，障碍物以一个栅格的边长为宽度向外扩大边界。AGV 的位置信息可以由坐标点 (y, x) 来确定，y 和 x 的值分别记录了 AGV 的行和列的信息，y 由上向下依次增大，x 由左向右依次增大，其中 x，$y = 1$，2，3，$\cdots$，101。按照 MATLAB 的编码方式，装配线及其边界、AGV 停靠区、仓储区等重要位置均可以通过坐标进行标注。最终在 MATLAB 中建立的栅格地图如图 6-17 所示。

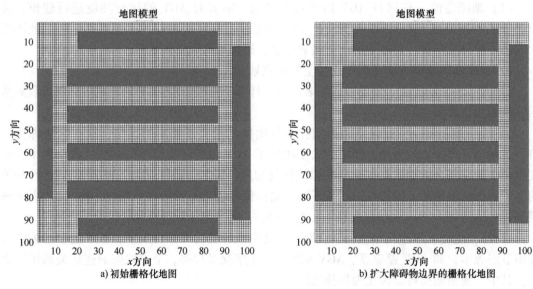

图 6-17　基于图像矩阵构建的栅格地图

（2）最短路径模型　最短路径问题是图论研究中的一个经典算法问题，旨在寻找图（由节点和路径组成）中两节点之间的最短路径。根据 AGV 任务分配的结果，AGV 的路径问题就是确定起点与终点的最短路径问题，即已知起点和终点，求两节点之间的最短路径。

栅格地图中两节点之间所有可行路径中，边的权重之和最小的路径称为这两点间的最短路径。在带权有向图中使用权重函数将每条边映射到实数值的权重上，一条可行路径 $p = (v_0, v_1, \cdots, v_k)$ 的权重 $\omega(p)$ 是构成该路径的所有边权重之和。其表达式为

$$\omega(p) = \sum_{i=1}^{k} \omega(v_{i-1}, v_i) \tag{6-1}$$

式中，$\omega(p)$ 是图中路径的权重；v_i 是 0 到 i 的节点。

在最短路径问题里，式（6-1）加上望小特性就是这类问题的优化目标，约束条件一般描述了节点之间是否可行。

定义从节点 i 到节点 j 的最短路径权重 $\delta(i,j)$ 如式（6-2）所示，从节点 i 到节点 j 的路径 p 定义为权重是 $\omega(p) = \delta(i,j)$ 的路径。

$$\delta(i,j) = \min\{\omega(p) : i \xrightarrow{p} j\} \tag{6-2}$$

（3）A* 算法　A* 算法是求解最短路径最有效的直接搜索方法之一，是一种启发式算法。所谓启发式就是 A* 算法通过启发函数来引导搜索方向，这种方式通常可以较高效地得到路径搜索问题的最优解，即使对于 NP 问题，A* 算法也可以在多项式时间内得到一个近似最优解。

A* 算法在路径规划问题中的估价函数表达式为

$$f(n) = g(n) + h(n), h(n) \leqslant h'(n) \tag{6-3}$$

式中，$f(n)$ 是从初始状态经过状态 n 到达目标状态的代价估计；$g(n)$ 是状态空间中从初始状态到达状态 n 的实际代价；$h(n)$ 是从状态 n 到达目标状态的最优路径的估计代价；$h'(n)$ 是从节点 n 到达目标节点的实际最好代价。

当启发函数 $h(n) < h'(n)$ 时，算法的搜索的范围较广、搜索效率较低，但是可以得到最优解；当 $h(n) = h'(n)$ 时，启发函数就是最短距离，这种条件下算法的搜索效率最高；当 $h(n) > h'(n)$，算法的搜索范围较小、搜索效率较高，但是不能保证得到最优解。

常用的三种启发函数如下：

1）曼哈顿距离。曼哈顿距离由赫尔曼·闵可夫斯基（Hermann Minkowski）于 19 世纪提出，是坐标系中两点的绝对轴距之和。其表达式为

$$h_{\text{manhattan}}(n) = K(\text{abs}(x_n - x_D) + \text{abs}(y_n - y_D)) \tag{6-4}$$

式中，K 是栅格地图中栅格的边长；x_n 是 AGV 当前位置的横坐标值；y_n 是 AGV 当前位置的纵坐标值；x_D 是目标点的横坐标值；y_D 是目标点的纵坐标值。

2）欧几里得距离。欧几里得距离是指在 n 维空间中两点之间的真实距离，或由以这两个点为端点的向量的模。在二维和三维空间中，欧氏距离是指两点之间的实际距离。在二维坐标系中，欧氏距离的表达式为

$$h_{\text{euclidean}}(n) = K\sqrt{(x_n - x_D)^2 + (y_n - y_D)^2} \tag{6-5}$$

式中，K 是栅格地图中栅格的边长；x_n 是 AGV 当前位置的横坐标值；y_n 是 AGV 当前位置的纵坐标值；x_D 是目标点的横坐标值；y_D 是目标点的纵坐标值。

3）对角距离。在二维坐标系中，对角距离启发函数是指如果两点不在同一水平或垂直线上，那么 AGV 可以沿水平、垂直以及与之成 45°的方向从一个点到达另一个点。其表达式为

$$h_{\text{diagonal}}(n) = K(\min\{\text{abs}(x_n - x_D), \text{abs}(y_n - y_D)\}^2 + \tag{6-6}$$
$$\text{abs}((x_n - x_D) - (y_n - y_D)))$$

式中，K 是栅格地图中栅格的边长；x_n 是 AGV 当前位置的横坐标值；y_n 是 AGV 当前位置的纵坐标值；x_D 是目标点的横坐标值；y_D 是目标点的纵坐标值。

生产计划与控制

在以上启发函数中，曼哈顿距离适用于 AGV 只能在水平或垂直共四个方向上运动的情况，对 AGV 而言操作简单，但是这种距离启发函数规划的估计路径最长；欧几里得距离适用于 AGV 可以向任意方向转向的情况，这种距离启发函数规划的估计路径最短，但是对 AGV 的转向机动性及精度要求很高；对角距离用于 AGV 能完成在八个方向（即水平、垂直以及与之夹角为 45°的四个方向）上运动的情况，目前 AGV 普遍可以被驱动在八个方向上运行，因此对 AGV 的转向机动性要求并不高，易于实现，而且对角距离启发函数规划的估计路径较短。A* 算法流程如图 6-18 所示。

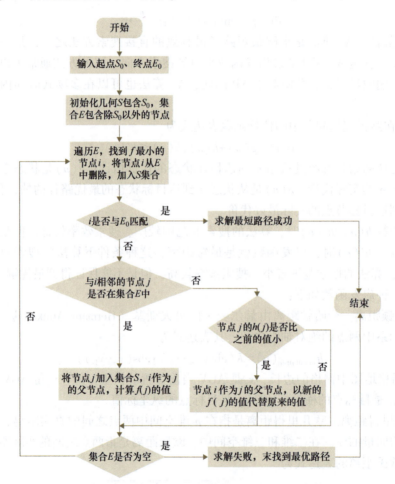

图 6-18 A* 算法流程

6.3 基于数字孪生的车间作业监控

6.3.1 数字孪生概述

随着工厂自动化、信息化建设的不断推进，各种自动化系统、信息化系统的部署与应用越发普及，智能化车间管理变得越来越重要，而且工作量越来越大，对协同性要求越来越高，以及对安全性、可用性和运维管理等要求也越来越高。另一方面，工厂随着智能化建设不断推进，会由于缺乏统一规划等制约条件而面临越来越大的挑战：

1）工厂规模大，智能监控设备部署分散，巡检压力大，人力成本高，不能及时发现问题。

2）工厂监控缺乏集中、直观的可视化监控管理平台，管理人员无法实时、全面、准确地了解现场生产情况和工序流程。

数字孪生（Digital Twins, DT）是充分利用物理模型、传感器更新、运行历史等数据，集成多学科、多物理量、多尺度、多概率的仿真过程，在虚拟空间中完成映射，从而反映相对应的实体装备的全生命周期过程。数字孪生作为实现传统工厂向智能工厂升级的最佳技术途径之一，已经被国内外相关学术界和企业界高度关注。车间作业监控系统作为传统工厂向智能工厂升级的重点技术改造对象，可以通过数字孪生与车间管控系统的深度融合，实现车间的智能监控，最为关键的是数字孪生的引入可以使传统的车间监控系统更加具有开放性和可扩展性，易于新一代信息技术的融入，如工业大数据和人工智能等。

车间是制造业组织生产的基本单位，数字孪生车间的技术进步对推动整个制造业的虚实融合具有重要意义。随着市场竞争日益激烈以及产品需求日趋复杂，车间作业面临产品交付期更短、可靠性要求更高、产品品种变化更频繁等压力。车间管理层需要及时掌握车间现场作业情况，及时发现生产中的异常，从而合理调整生产计划和资源配置，提高生产效率和可靠性。而由车间信息交互不够及时全面、可视化程度低所引发的车间作业"黑箱"问题，导致管理人员对车间底层执行信息的监控力度不够，严重制约了车间智能化的发展。物联网技术的发展，为车间各种应用系统提供了大量的车间底层实时数据。如何管理和应用车间中的实时数据，并在此基础上实现生产车间直观、透明、实时的可视化监控，是企业亟须解决的工程问题，解决该问题也能够为数字孪生车间的落地与实现夯实基础。

6.3.2　基于实时信息的生产车间三维可视化监控

数字孪生车间是物理车间、虚拟车间、信息系统和孪生数据的集成融合，物理车间和虚拟车间通过信息系统及孪生数据，可以进行实时交互和双向真实映射。虚拟车间模型的构建需要从几何、行为、物理、规则等多个维度对物理车间进行映射，完善的虚拟车间模型可以反过来影响控制真实物理车间。在数字孪生车间应用初期，虚拟车间模型的主要工作是真实完整地刻画物理车间。通过三维可视化监控，从几何维度展示数字孪生车间，从行为维度映射车间现场动态，从规则维度约束车间状态信息，从而建立数字孪生车间雏形。通过建立多层次的可视化监控模式，从车间物流、设备资源和产品状态三个层次动态映射物理车间，方便后续车间调度与质量预测等方面的应用拓展，从而建立完善的虚拟车间，实现以虚控实。为实现实时全面的车间三维可视化监控，从基本车间组织结构的监控需求出发，多层次协同展示的三维可视化监控模式，如图 6-19 所示，它包含了车间内全要素全流程的监控对象。

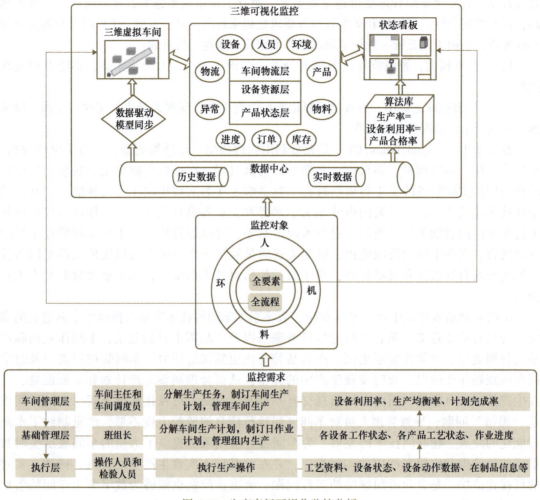

图 6-19　生产车间可视化监控分析

　　车间是企业组织生产的基本单元，通常可分为车间管理层、基础管理层、执行层等。车间管理层主要包括车间主任和车间调度员等，负责分解生产任务，制订车间生产计划，并协调管理车间的生产活动，主要对综合性的车间生产统计指标进行监控，如设备利用率、生产均衡率、计划完成率等；基础管理层主要是班组长，其职能是分解车间生产计划，制订日作业计划，管理组内的生产作业，主要监控各工位和产品的实时生产状态，如各设备的工作状态、各产品的工艺状态、作业进度等；执行层主要是操作人员和检验人员等，执行具体生产操作，主要监控生产所需的工艺资料，以及执行过程中的设备和产品信息，包括设备状态、设备动作数据、在制品信息等。

　　车间监控对象应满足车间不同层次组织人员的监控需求，立足于车间生产活动的全要素和全流程表达，以实现生产车间的全面动态监控。生产车间可视化监控以人员、设备、物料、环境等生产资源为监控对象，建立基于生产资源的实时状态指标和过程统计指标，实现全要素监控，通过生产资源的动态变化监控生产活动全过程。

6.3.3 电子看板——生产活动全过程监控工具

企业内部运营过程的改善是企业在工业 4.0 渐进发展过程中的必由之路，而实现生产过程的可视、可控是工业 4.0 技术在制造企业落地、提高企业生产管控水平的直接体现。因此，将数字化技术与企业的生产管理、生产过程监控紧密结合起来，实现生产过程可视化是企业数字化转型的重要环节。

电子看板（Electronic Billboard）是目视管理的一种表现形式，即对数据、情报等的状况一目了然地表现，主要是对管理项目，特别是情报进行的透明化管理活动。它通过利用形象直观而色彩适宜的各种视觉感知信息来组织现场生产活动。目视管理依据人类的生理特征，在生产现场充分利用信号灯、标识牌、符号颜色等方式来发出视觉信号，快速地传递信息，形象直观地将潜在的问题和浪费现象显现出来，以便任何人都可以及时掌握管理现状和必要的情报，从而能够快速制定并实施应对措施。电子看板具有以下功能：

（1）传递生产和运送指令 在生产方式中，生产的月度计划是集中制订的，同时需要下达到各个工厂以及协作企业。而与此相对应的日生产指令只下达到最后一道工序或总装配线，对其他工序的生产指令通过看板实现，即后道工序"在需要的时候"通过看板向前道工序去领取"所需的量"时，同时就等于向前道工序发出了生产指令。

（2）调节生产均衡 由于生产不可能 100% 按照计划进行，月生产量的不均衡以及日生产计划的修改都需通过看板来进行微调。看板就相当于工序之间、部门之间以及物流之间的联络神经而发挥着重要作用。

（3）改善机能 通过看板可以发现并暴露出生产中存在的问题，从而可以立即采取相应的对策，防止过量生产和过量运送，其中要求看板必须按照既定的运用规则来使用。

因此，管理看板是发现问题、解决问题非常有效且直观的手段，是优秀的现场管理必不可少的工具之一，也是 5S 现场管理法的基本工具。电子看板作为智能工厂的信息显示与车间管理设备，是作业控制的新方法，目前已广泛应用于大型工厂车间，使企业管理更加方便快捷，提高工人劳动生产力。车间状态看板表达车间全要素监控，详细展示了各生产资源的实时和统计信息。针对车间多层级的运行状态信息，为了满足适用性的监控需求，需要针对不同信息进行不同消息处理构建看板模型，如图 6-20 所示，通过不同的显示效果，实现车

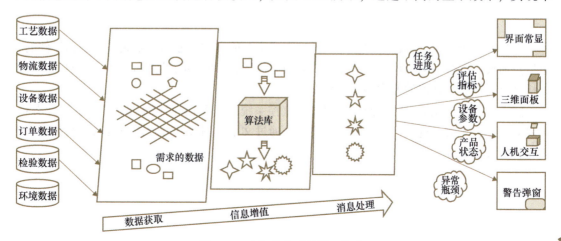

图 6-20 车间状态看板模型构建

间运行状态信息的可视化展示。

状态看板监控主要针对车间、设备、产品三个层次。其数据源主要包括：针对车间层次的物流数据、订单数据；针对设备层次的设备数据；针对产品层次的工艺数据、检验数据等；其他数据，如温度、湿度等环境数据。

数据获取层针对车间具体需求，选择具体的状态信息查询规则，通过与数据中心或者其他平台的数据接口获取满足需求的车间实时数据，通过数据模型管理实时数据。

信息增值层对数据进行增值处理，预先根据指标体系封装并管理指标计算算法，通过实时数据调用指标算法库里的算法，进行统计迭代或者更新计算后更新增值信息。指标体系分为车间、设备、产品三个模块，通过实时指标和过程指标进行评价。

消息处理层对不同的车间状态信息触发不同的消息处理方式，进而配置不同的展示效果，包括在界面常显的看板、在三维世界空间展示的三维面板、通过人机交互显示隐藏的状态面板和针对异常数据的警告弹窗等。其中，任务进度信息、综合评价指标和环境数据采用界面直接展示的方式；车间中的原有看板通过三维面板展示；车间生产资源的实时状态、设备参数、产品工艺等信息以人机交互的方式展示；瓶颈信息和异常消息通过警告弹窗进行提醒，如图 6-21 所示。

图 6-21　车间状态看板

虚拟制造车间在运行过程中，可以通过人机交互的方式来显示和隐藏各设备和工件的状态信息面板，综合性的统计信息会在显示界面中保留，车间中的异常和其他平台的相关数据分析消息会以警告弹窗的方式提醒工作人员。

除了三维可视化监控的界面，车间作业监控系统还需要构建详细的生产信息统计看板，主要对工艺、工时、进度、资源等进行监控，通过文字、图表等方式详细展示车间数据。工艺相关看板如图 6-22 所示。

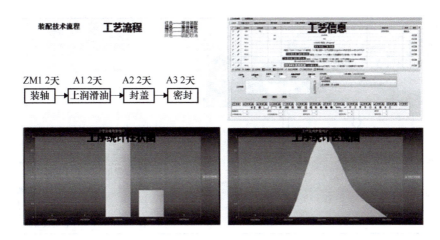

图 6-22 工艺相关看板

6.3.4 机械加工车间作业实时监控案例

本节以某航天产品机械加工车间为例，介绍实时监控的过程。机械加工车间是典型的离散制造车间，具有产品结构复杂、突发情况多、计划变更频繁的特点。由于缺乏有效的车间监控，故障反应时间长、生产进度掌握困难，严重影响和制约了企业的生产效率。针对以上问题，在机械加工车间部署了大量的物联信息采集设备，实时采集各类动态信息，开发了一套生产车间的可视化实时监控系统，该监控对现场动态数据实现有效的组织，提高了车间实时性和可视化程度，使车间各级组织人员都能快速掌握车间生产情况，实现车间的精准管控。该车间的主要制造设备包括 10 个加工工位、10 台数控机床、1 台 AGV、12 个边线库，以及夹具、刀具、人员、人量的物联网采集设备等辅助资源。

结合物理层采集的实时数据，实现模型属性与事件脚本的动态变化，通过脚本实现车间作业逻辑与作业流程，同时采用实例化技术与纹理映射技术，优化场景显示。新工件进入车间时，根据工件类型调取对应的模型库模型，确定其工艺流程，由脚本体现逻辑模型，调用实时数据驱动配套模型运行。手工工位则只需执行操作动画，通过不同工位的加工，工件外形不断发生变化，直至加工结束。虚拟车间构建了各类悬浮框、警示弹窗，可依据类型与生产状态对车间各类信息进行个性化推送。系统监控情况可通过 PC 端或移动设备端实时查看，方便管理员实时掌握车间运行情况。图 6-23 为监控系统的实时运行监控画面。在此基础上，对各类实时数据进行统计分析处理，实现了对设备利用率、任务进度、库存统计等信息的有效实时监控。可根据具体需求，改变算法库规则，进而实现数据更深层次的分析挖掘，数据分析显示如图 6-24 所示。通过本系统的初步实施与应用，目前基本实现了物理车间信息的动态采集，虚拟车间物料及设备的动态映射，生产过程的有效监控等功能，有效解决了线边库存管理混乱、故障反应时间长、关键资源实时定位跟踪难等问题。模型库中的模型包含 95% 以上的物理车间资源，虚拟车间与物理车间的相似度达 95% 以上，虚实映射时间延迟小于 2s。

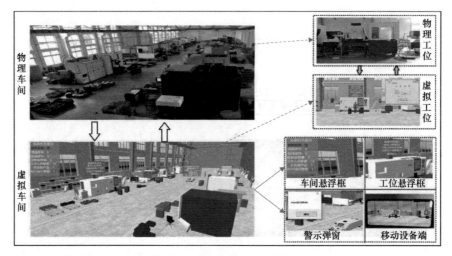

图 6-23　车间可视化监控界面

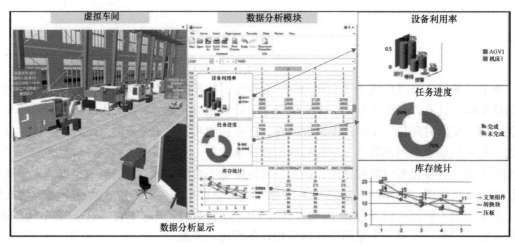

图 6-24　车间数据分析显示界面

【习题与研究思考】

习题

1. 简述什么是生产作业控制。

2. 简述生产作业控制的内容、功能和主要方法。

3. 简述供应链视角下的生产物流及其分类。

4. 简述 AGV 的主要承载方式及其特点。

5. 简述 AGV 系统的主要构成。

6. 简要分析汽车智能工厂中 AGV 的应用情况。

7. 简述运用 A* 算法进行 AGV 路径规划的主要步骤。

8. 简述车间作业监控的主要手段。

9. 简述什么是数字孪生及其在车间作业监控的主要应用。

研究思考

请结合当前智能工厂、数字孪生等技术的发展现状与趋势，思考数字孪生在智能制造领域的应用场景，并举例说明。

第2篇 ▶

课 程 实 验

课 程 实 验

计算机、软件等信息技术的快速发展，极大地推动了企业生产管理领域的技术变革。企业资源计划系统（ERP）、生产线建模与仿真软件等工业软件，为企业的生产计划与控制活动提供了更先进的技术手段。本篇在概述企业资源计划系统、生产线平衡与建模仿真软件主要功能的基础上，详细阐述两项课程实验，以帮助学习者通过实验模拟解决企业生产管理的相关问题。

第 7 章
企业资源计划系统与实验

【学习目标】

1. 能够准确描述企业资源计划的相关术语。
2. 能够准确辨别 MRP、MRP Ⅱ 和 ERP 的关系及特点。
3. 能够简要描述 ERP 系统的主要功能。
4. 能够运用 ERP 系统求解物料需求计划。

【知识点思维导图】

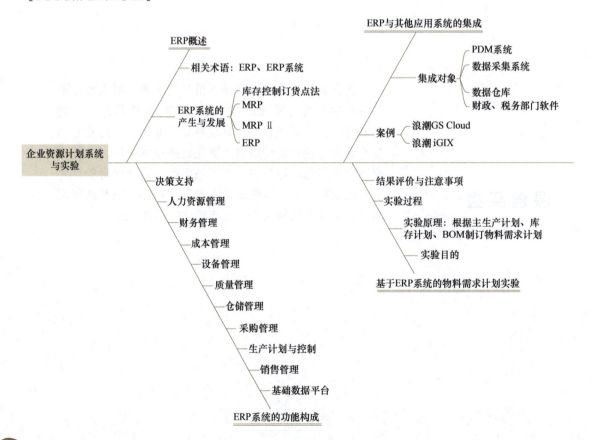

7.1　企业资源计划概述

7.1.1　ERP 的基本概念

ERP 即 Enterprise Resource Planning 的首字母缩写，直译的意思是企业资源计划，是企业为有效进行企业内外部资源（如资金、人力、设备、原料、产品等）的计划与控制而执行的所有不同任务的总称。

ERP 系统即企业资源计划系统，是指通过支持和优化企业内部和企业之间的协同运作和财务过程，以创造客户和股东价值的一种商务战略和一套面向具体行业领域的应用系统。因此，ERP 系统是建立在信息技术基础上，以系统化的管理思想为企业员工及管理层提供决策的一种集成化的信息管理系统。这种信息管理系统是从 MRP（物料需求计划）发展而来的，并扩展了 MRP 的功能。其核心思想是突破原有企业针对内部产供销资源管理的局限，而扩展到企业间的协同，即供应链管理的范畴。ERP 系统打破了传统企业边界，从供应链范围去优化企业的资源，优化现代企业的运行模式，反映了市场对企业合理调配资源的要求。

ERP 既可以被理解为实现企业内与企业间协同的一种系统化管理思想，又通过融合信息技术而形成一种可以提供跨地区、跨部门甚至跨公司整合实时信息的企业管理信息系统，实现了企业内部资源与企业相关的外部资源的整合。因此，在 ERP 和 ERP 系统两个术语中，企业通常用 ERP 代指 ERP 系统，即通过软件把企业的人、财、物、产、供、销及相应的物流、信息流、资金流、管理流、增值流等紧密地集成起来，以实现资源优化和共享。

7.1.2　ERP 系统的产生与发展

ERP 系统起源于制造业的物料管理，从最开始针对物料库存的订货控制到后来的制造资源计划管理，其形成发展经过四个主要阶段：20 世纪 40 年代的库存控制订货点法、20 世纪 60—70 年代的物料需求计划（MRP）阶段、20 世纪 80 年代的制造资源计划（MRP Ⅱ）阶段、20 世纪 90 年代的企业资源计划（ERP）阶段，如图 7-1 所示。

1. 库存控制订货点法

在 20 世纪 40 年代之前，企业进行库存控制的主要方法是通过先设定每种物料的最大库存量和安全库存量，再发出订单和催货来实现。但是，对物料的真实需求要通过缺料表来反映，即将生产中马上要用但却没有库存的物料记录到缺料表中，再安排人员根据缺料表进行物料订货或者催货。

库存控制订货点法（简称订货点法）就是在当时的条件下，为改变生产过程经常缺料的被动状况而提出的一种物料库存控制方法，即依据生产经验预测未来一段时间的物料需求，进而发出订货的时间点和订货数量。

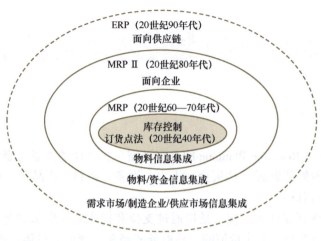

图 7-1 ERP 系统的发展阶段

订货点法的实质是着眼于"库存补充"的原则，即通过发出订货把库存填满到原来的某个状态。库存补充的原则是保证在任何时候仓库里都有一定数量的存货，以便在需要时可以随时取用。当时人们希望用这种做法来弥补由于不能确定近期内准确的必要库存储备数量和需求时间所造成的缺陷，因此设置了物料的最大存储量和安全库存量。订货点法依据对生产需求量的预测进行生产周期内的库存补充，在预测需求量的基础上再保有一定的安全库存储备，进而确定物料的订货点。一旦库存储备低于预先规定的数量（即订货点），则立即进行订货来补充库存。

订货点法是西方经济学家通过对库存物料随时间推移而被使用和消耗规律的研究和总结，形成的在当时生产条件下具有一定适用性的库存控制的方法和理论，并将其运用于企业的实际生产中。订货点法的提出解决了库存缺货和货物积压问题。在使用订货点法时，要注意区别 5 个库存相关的参数：安全库存量、最大库存量、订货提前期、单位时区需求量和订货点，这 5 个参数的量值均为企业生产管理的经验值。库存物料的订货点可以用以下公式求得：

$$订货点=单位时区需求量×订货提前期+安全库存量 \qquad (7-1)$$

【举例】

假定某项物料的需求量为每周 100 件，提前期为 6 周，并保持 2 周的安全库存量，那么，该项物料的订货点可计算如下：

$$100×6+100×2=800(件)$$

在实际生产中，当某项物料的现有库存和已发出的订货之和低于订货点时，则必须进行新的订货，以保持足够的库存来支持新的需求。订货点法的处理逻辑如图 7-2 所示。

订货点法在 20 世纪 40 年代提出后，对改进企业生产管理起到了很大作用，曾引起人们广泛的关注，对它进行讨论的文献也很多，按这种方法建立的库存模型曾被称为"科学的库存模型"。但随着讨论和使用的深入，人们逐渐发现了订货点法的局限性；并不能准确反映物料的实际需求，而且为了满足生产需求，经常出现不断提高订货点数量的情况，造成了库存物料积压等问题。产生这种问题的根本原因在于订货点法确立的库存模型本身存在一定缺陷，具体体现在以下三个方面：

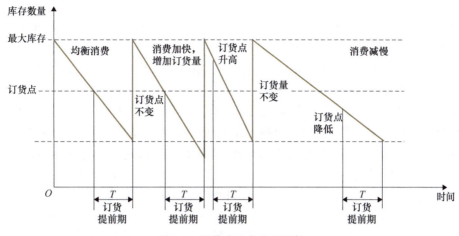

图 7-2　订货点法的处理逻辑

（1）订货点法对各种物料的需求预测相互独立　订货点法不考虑物料之间的关系，每项物料分别独立地确定订货点，而忽视了构成产品的各种物料之间的隶属关系。但实际的产品生产过程中，尤其是离散制造业，如汽车和家电等产品，具有明确的装配属性，即构成产品的各项物料的数量必须配套，且在实现物料齐套后才能装配成产品。若对各项物料分别独立地进行预测和订货，就会在装配时发生物料数量不匹配的情况。因此，尽管单项物料供货率提高了，但物料的齐套率却不能有效保证，导致总的供货率降低了。

例如，用 10 个零件装配成 1 件产品，每个零件的供货率都是 90%，而联合供货率却降到 34.8%。1 件产品由 20 个、30 个甚至更多零件组成的情况是很普遍的，如果这些零件的库存量是根据订货点法分别确定的，那么要想在总装时不发生零件短缺，则必须做好物料的齐套控制。

需要特别指出，基于订货点法进行物料需求预测，造成物料短缺或积压，并非由预测精度不高引起，而是这种未考虑构成产品的物料相互关系的库存管理模型本身的缺陷造成的。这也是到了 20 世纪 60 年代物料需求计划（MRP）产生和发展的重要原因之一。

（2）订货点法假定物料需求是连续发生的　按照这种假定，认为生产过程中物料需求是相对均匀的、对库存的消耗率是稳定的。而在实际生产中，对产品零部件的实际需求往往是不均匀、不稳定的，特别是当下道工序的批量要求增加而引起的库存消耗是间断的时。因此，订货点法根据以往的平均消耗来间接计算物料的需求量和需求时间，对于不连续的非独立需求，会造成系统下达订货的时间或早或迟，进而造成库存积压或者物料短缺的现象。

（3）订货点法假定库存消耗之后应立即被重新填满　按照这种假定，当物料库存量低于订货点时，必须发出订货，以重新填满库存。但如果需求是间断的，那么这样做不但没有必要，而且也不合理，因为很可能因此而造成库存积压。例如，某种产品一年中可以得到客户的两次订货，那么，制造这种产品所需的钢材则不必因库存量低于订货点而立即填满。

从以上讨论可以看出，库存控制订货点法是基于一定的前提假设而建立起来的，而这些假设在实际生产中并不成立。但其产生为后续从理论上解决库存问题、催生 MRP 奠定了基础。

2. 物料需求计划

20 世纪 60 年代，为解决订货点法存在的缺陷，物料需求计划（MRP）被提出并逐步应用到企业的实际生产中。MRP 的产生与发展也经历了两个重要阶段：时段式 MRP 阶段（简称 MRP）和闭环 MRP（Closed-loop MRP）阶段。第 2.4 节详细阐述了 MRP 的基本原理与运算求解过程，主要针对的是时段式 MRP。

（1）时段式 MRP 阶段　针对订货点法的缺陷，提出时段式 MRP，主要解决间断生产的生产计划控制和物料需求供应问题。时段式 MRP 的核心思想是从产品结构或物料清单出发，充分考虑构成产品的各种物料的相关需求，通过物料信息集成克服订货点法中彼此孤立地推测每项物料需求量的局限性。同时，时段式 MRP 对产品结构增加了时间段的概念，包括物料的数量和需用时间。因此，时段式 MRP 与订货点法的主要区别包括三个方面：

1）通过产品结构或物料清单将所有物料的需求联系起来。如前所述，传统的库存管理方法，如订货点法，是彼此孤立地推测每项物料的需求量，而不考虑它们之间的联系，从而造成库存积压和物料短缺同时出现的不良局面。时段式 MRP 则通过产品结构或物料清单把所有物料的需求联系起来，考虑不同物料需求之间的相互匹配关系，从而使各种物料的库存在数量和时间上均趋于合理。

2）将物料需求区分为独立需求和非独立需求，分别加以处理。时段式 MRP 还把所有物料按需求性质区分为独立需求项和非独立需求项，并分别加以处理。如果某项物料的需求量不依赖企业内其他物料的需求量而独立存在，则称为独立需求项目；如果某项物料的需求量可由企业内其他物料的需求量来确定，则称为非独立需求项目或相关需求项目。原材料、零部件、组件等都是非独立需求项目，而最终产品则是独立需求项目，独立需求项目有时也包括维修件、可选件和工厂自用件。独立需求项目的需求量和需求时间通常由预测和客户订单、厂际订单等外在因素决定；非独立需求项目的需求量和时间则由时段式 MRP 系统决定。

3）对物料的库存状态数据引入了时间分段的概念。所谓时间分段，就是给物料的库存状态数据加上时间坐标，也即按具体的日期或计划时区记录和存储库存状态数据。同时，在库存状态记录中增加两个重要数据项：需求量和可供货量。其中，需求量是指当前已知的需求量；可供货量是指可满足未来需求的量。这样，物料的库存状态记录由四个数据组成，它们之间的关系可表示为

库存量+已订货量−需求量＝可供货量

（2）闭环 MRP 阶段　尽管时段式 MRP 在解决订货点法的问题方面做出了很大的理论贡献，但也存在一定局限性。时段式 MRP 是建立在两个假设基础上的：①生产计划是可行的，即假定有足够的设备、人力和资金来保证生产计划的实现；②假设采购计划是可行的，即有足够的供货能力和运输能力来保证完成物料供应。但在实际生产中，生产能力和物料供应能力等往往是有限的，因而也会出现生产计划无法完成的情况。

闭环 MRP 是一种计划与控制系统，在时段式 MRP 的基础上考虑了企业生产能力约束，在生产计划体系中增加了能力需求计划，并把能力需求计划、车间作业计划、采购作业计划和时段式 MRP 集成起来，形成了"计划-执行-反馈-计划"的闭环系统。在计划执行过程中，必须有来自车间、供应商和计划人员的反馈信息，并利用这些反馈信息进行计划的调整平衡，从而使生产计划方面的各个子系统协调统一，使企业的生产计划系统具有生产计划与生产能力的平衡。因此，闭环 MRP 就是在时段式 MRP 的基础上增加了能力计划和执行计划

功能的系统，其基本运作过程如图 7-3 所示。

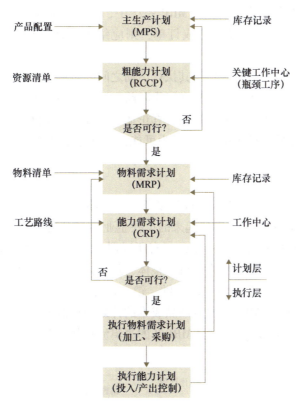

图 7-3　闭环 MRP 的基本运作过程

1）企业根据发展需要和市场需求制订企业综合生产计划。该过程与本书第 2 章的生产计划体系框架确定的各项内容是相同的。在此基础上制订主生产计划，同时进行生产能力与负荷分析。通过对关键资源能力与负荷的分析，才能进一步确认主生产计划的可行性。

2）根据主生产计划、企业的物料库存信息、产品结构清单等制订物料需求计划。物料需求计划对主生产计划做进一步的分解，确定物料清单各个层次物料需求的数量和时间。

3）结合主生产计划、产品生产工艺路线和车间各工序能力数据制订能力需求计划。通过对各加工工序的能力平衡，调整物料需求计划；如果本阶段无法实现能力平衡，则要修改主生产计划。

4）采购与车间作业执行平衡能力后的物料需求计划，同时进行能力控制，并将作业执行结果反馈到计划层。对已下达和未下达的生产订单，要通过工艺路线和工作中心加以分解。工艺路线说明自制件的加工顺序和标准工时定额，其作用与物料清单对于物料需求计划的作用相似。工作中心用来说明生产资源，包括机器设备和人，其作用相当于生产能力的库存。分解的结果是按工作中心产生以标准工时表示的能力需求计划，指出为执行物料需求计划所需要的能力。

闭环 MRP 能够较好地解决生产计划与控制的问题，从能力计划和反馈信息两个方面弥补时段式 MRP 的不足。闭环 MRP 系统中的各个环节是相互联系、相互制约的。如果一个企业通过自己的制造设备、合同转包及物料外购的努力仍不能得到为满足物料需求计划所需的

生产计划与控制

生产能力，则应修改物料需求计划，甚至主生产计划。在计划执行过程中，也要有一系列的信息反馈以及相应的平衡调整。在闭环 MRP 系统中，反馈功能是非常重要的。无论是车间还是供应商，如果意识到不能按时完成订单，则应给出拖期预报，这是非常重要的反馈信息。

但需要指出的是，以上所有计划及其执行活动之间的协调和平衡、信息的追踪和反馈都必须借助计算机才能实现。在 20 世纪 70 年代以前，计算机的能力尚不能满足使计划随时平衡供需的要求，而人们在当时也未理解如何真正地驾驭计划来做到这一点。高速度、大存储的现代计算机的出现才使闭环 MRP 运算成为可能，也促进了物料需求计划在实际生产中的广泛应用。

3. 制造资源计划

20 世纪 80 年代，美国著名生产管理专家奥列弗·怀特（Oliver Wight）提出了制造资源计划的概念，它是在 MRP 基础上发展起来的反映企业生产计划和企业经济效益的信息集成系统。为了与传统的物料需求计划（MRP）有所区别，制造资源计划简写为 MRP Ⅱ。

MRP Ⅱ 的基本思想是把企业作为有机的整体，从整体最优的角度出发，通过运用科学的方法，并充分对企业各种制造资源和产、供、销、财各个环节进行有效的计划、组织和控制，使其协调发展。同时，MRP Ⅱ 把对产品成本的计划与控制纳入系统的执行层，企业可以对照总体目标，检查计划执行的效果。MRP Ⅱ 的逻辑流程如图 7-4 所示。

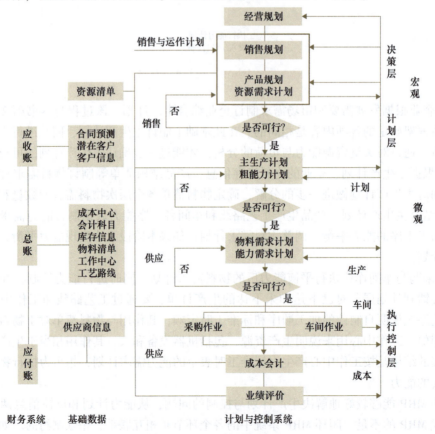

图 7-4 MRP Ⅱ 的逻辑流程

MRP Ⅱ 既是一套集成化的信息管理系统，同时也代表了一种新的生产管理思想，把生产活动与财务活动联系起来，将闭环 MRP 与企业经营计划联系起来，使企业各个部门有了一个统一可靠的计划控制工具。由图 7-4 可以看出，MRP Ⅱ 包括计划与控制系统、财务系统以及企业生产经营活动的各种基础数据，是一个企业级的信息集成管理系统，覆盖了企业整个生产经营活动：销售、生产、生产作业计划与控制、库存、采购供应、财务会计、工程管理等各个业务环节。

1）在计划与控制系统和 MRP 的基础上，增加了成本会计，集成了应收账、应付账、总账等财务管理功能。

2）采购作业根据采购订单、供应商信息、收货单及入库单，形成应付款信息。

3）销售商品后，根据客户信息、销售订单信息及产品出库单，形成应收账款信息。根据采购作业成本、生产信息、产品结构信息及库存领料信息等产生生产成本信息。

4）应付款信息、应收款信息、生产成本信息及其他信息记入总账。产品的整个制造过程都是伴随着资金流的执行过程，通过对企业的生产成本、资金流情况的把握，对企业的生产经营规划和生产计划做出及时决策。

MRP Ⅱ 是一个比较完整的生产经营管理计划体系，是实现企业整体效益的一种有效管理模式，能够实现计划的一致性与可行性、管理的系统性、数据的共享性、动态反馈性、宏观预见性，进而实现企业物流、资金流和信息流的统一。

4. 企业资源计划

进入 20 世纪 90 年代，随着管理思想和信息技术的发展，尤其是经济全球化以及企业间竞争的不断加剧，MRP Ⅱ 的局限性逐步暴露出来。MRP Ⅱ 定位于改变企业内部资源的信息流，已经不能满足企业间以及供应链间的竞争需要。MRP Ⅱ 的局限性主要表现在以下三个方面：

1）企业间的竞争范围的扩大，要求企业加强各方面管理，对企业信息化建设的集成度提出更高要求。企业信息管理的范畴要扩大到对企业的整个资源的集成管理，而不仅仅是对企业制造资源的集成管理。而 MRP Ⅱ 主要以计划、生产和作业控制为主线，并未能覆盖企业的所有业务层面。

2）企业规模扩大化，多集团、多工厂要求协同合作，基于集团化、多工厂相互协作进行统一管控的需求越来越明显，已完全超出了 MRP Ⅱ 的管理范畴。

3）经济全球化、一体化发展要求企业之间加强信息交流、集成与共享，企业之间形成了竞争合作的新模式，既是对手，又是合作伙伴，信息管理及信息系统的功能要扩大到整个供应链管理层面，而这些是 MRP Ⅱ 所无法解决的。

因此，为解决上述问题，企业资源计划（ERP）应运而生。ERP 是在 MRP Ⅱ 的基础上，依托先进的信息技术，利用现代企业的先进管理思想，全面集成企业所有资源信息，并为企业提供决策、计划、控制与经营业绩评估的全方位和系统化的管理平台。图 7-5 所示为 ERP 及其与订单处理、生产计划与控制等之间的逻辑关系。

如图 7-5 所示，ERP 的核心是针对客户订货进行"技术订单处理"的过程。可以从两个方面对技术订单处理过程进行刻画：经典版和加强版。

1）技术订单处理的"经典版"包括企业直接参与产品生产制造的所有部门，从接收订单到产品设计、运作调度、加工制造，直到最终产品装配。

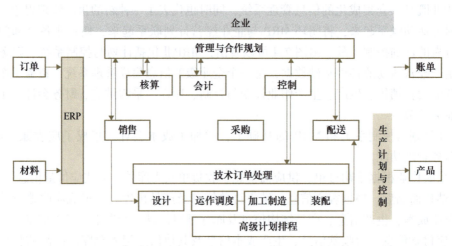

图 7-5 ERP 及其与订单处理、生产计划与控制等之间的逻辑关系

2）技术订单处理的"加强版"除了"经典版"中确定的产品设计、运营调度、加工制造和产品装配等直接参与生产的部门外，还包括客户和企业之间直接对接的部门，如销售、采购和配送部门。生产计划与控制系统支持从收到客户需求到交付所需产品的整个技术订单处理过程，并针对生产过程中的每个活动都要基于产品数量、生产时间和生产能力进行计划和控制。

自 ERP 提出以来，伴随信息技术与生产管理的不断融合，ERP 系统提供商不断丰富和完善其系统功能。国外 ERP 软件厂商，如 SAP、Oracle 等经过长久的生产管理理论和经验积累，功能不断完善，目前占据了国内大型制造企业的主流应用市场。国产 ERP 软件厂商，如浪潮、用友、金蝶等公司的产品近年来也迅速发展，从功能上不断拓展，包括生产计划、能力规划、计划排产等功能，同时在云计算、人工智能等新技术驱动下，基于云架构的智能 ERP 已逐步得到应用和推广。

7.2　企业资源计划系统的功能构成

7.2.1　ERP 系统的基本功能

ERP 将企业的所有资源进行整合集成管理，简单地说就是将企业的三大流（物流、资金流、信息流）进行全面一体化管理的信息系统。从企业的基本职能来看，一般包括三个方面：生产运作、物流管理和财务管理，其中生产计划与控制及其概念的扩展是 ERP 的核心功能，因此 ERP 的基本功能包括生产计划与控制、销售管理、采购管理、仓储管理及财务管理等。随着企业对人力资源管理重视程度的加深，已经有越来越多的 ERP 厂商将人力资源管理纳入其中，成为 ERP 系统的一个重要组成部分，同时，ERP 系统可以根据企业的不同需要对各个系统模块进行组合。以制造企业为例说明 ERP 的主要功能模块，如图 7-6 所示。

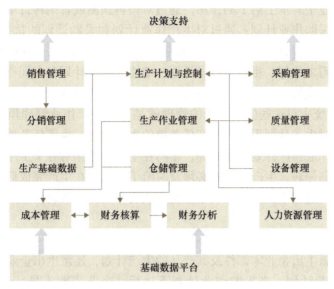

图 7-6　ERP 整体功能结构

1. 基础数据平台

ERP 系统的运行必须建立在大量基础数据上。没有这些基础数据，ERP 系统就不能正常运行。同时，从规范企业管理的角度出发，也必须对这些数据进行统一管理，以保证基础数据的准确性和规范性。

基础数据可以分为公用基础数据和业务系统基础数据。公用基础数据是指众多业务系统都会用到的基础数据，需要进行统一管理，如物料、客户、供应商、会计科目等。业务系统基础数据是指与某个业务系统的关系比较密切，而且在该业务系统中使用得最多，在其他业务系统中较少使用的基础数据，如物料清单、资源清单等与生产制造管理系统关系比较密切，而在其他业务系统中较少使用。所以，一般 ERP 系统都会把这些基础数据放到生产制造管理系统中进行管理。

2. 销售管理

销售管理是企业所有业务活动的源头，没有销售活动就没有企业的其他活动。在企业经营生产活动中，销售预测、销售订单是企业进行生产计划和生产作业活动的源头，企业的生产作业活动必须通过销售管理才能得以实现。销售管理至少应该包含销售政策管理、销售计划管理、销售预测管理、销售报价、销售订单（合同）管理、发货管理、结算管理、售后服务管理等一系列内容。

3. 生产计划与控制

生产计划与控制是 ERP 系统的核心所在，它将企业的整个生产过程有机地结合在一起，使企业能够有效降低库存、提高效率。同时，各个原本分散的生产流程自动连接，也使生产流程能够前后连贯进行，而不会出现生产脱节，耽误交货时间。生产控制管理是一个以计划为导向的先进生产、管理方法。首先，企业确定一个总生产计划，再经过系统层层细分后，下达到各部门去执行，即生产部门依此生产、采购部门按此采购等。生产计划与控制功能在 ERP 系统中主要包含生产计划模块和生产作业管理模块。

生产计划在企业中有承上启下的作用。通过对销售预测或者销售订单进行计划，形成企业生产作业计划和采购作业计划；通过对生产作业计划和采购计划的执行，实现产品增值；把增值后的产品通过销售管理销售出去，实现企业利润。ERP 系统中的生产计划一般包含主生产计划、物料需求计划、粗能力需求计划、细能力需求计划和车间作业排产计划等。

根据生产计划形成的生产作业计划经过生产计划员确认投放后，形成企业的正式生产任务。企业在 ERP 系统中对这些生产任务的管理就是通过生产作业管理模块进行的。在生产作业管理中，需要对生产计划形成的生产任务单的生产状态、生产任务单中相关的物料以及车间生产任务单的作业排产计划进行管理。车间在生产前必须对各个工序进行生产排产，各个工序按照排产计划领料、生产，同时必须及时给予反馈。在生产完成后，应该及时办理入库手续。在整个生产过程中，企业的质量控制应该贯穿始终，以确保生产的产品符合市场和客户的需求。

4. 采购管理

生产计划不仅派生出企业零部件及其产品的生产计划，还派生出企业原材料、包装材料等外购件的采购作业计划。当采购作业计划下达后，企业采购人员就开始进行采购作业活动。

在 ERP 系统的采购作业中，需要进行采购申请调度、采购询价、采购订单（合同）、采购收货、采购结算、采购退货、供应商管理等一系列的活动。

采购到货后，质量部门根据采购到货信息进行质量检验；检验结束后，根据质量检验结果，办理采购收货手续并入库；同时，把到货信息和供应商的发票信息传递到财务管理系统，作为往来账和付款的依据。

5. 仓储管理

仓储管理是指企业为了生产、销售等经营活动的需要而对计划存储、流通的有关物品进行相应的管理，如对存储的物品进行接收、发放、存储、保管等一系列的管理活动。

在仓储管理中，应该允许用户定义不同的事务类型，如外购入库、生产入库、领料出库、销售出库等。仓储管理模块应该支持库存高限、安全库存、库存盘点等业务。

仓储管理模块与其他模块有密切的联系：所有物料的收发都需要通过仓储管理模块进行管理；生产计划模块在进行生产计划计算时，也必须考虑仓库中现有物料的可用库存情况；同时，仓储管理模块和财务管理模块的关系也非常密切，财务管理模块中的有关存货科目凭证，基本都是通过仓储管理模块进行核算后直接生成的。

6. 质量管理

质量管理在 ERP 系统中应该全面支持 ISO 9000 质量管理体系，做到既有质量保证，也有质量控制的管理功能。其中，质量保证管理应该包括质量方针目标、供应商评估、质量分析、客户投诉、质量改进等；质量控制管理应该包含企业质量检验标准管理、进料检验、产品检验、过程检验控制等。

质量管理同采购管理、仓储管理、销售管理、生产计划与控制相结合，控制企业物料的质量情况，确保流入和流出企业的物料都是合格的物料。同时，质量管理应该注重生产过程中的质量控制，以免不合格产品流入下一道工序，给企业造成更大的浪费。

7. 设备管理

企业在生产过程中，必须重视生产设备管理。企业可以利用 ERP 系统中的设备管理模块实现设备的检修、润滑、保养等功能，避免因为设备的磨损、故障等影响车间的生产作业活动。

在 ERP 系统中，设备管理与固定资产管理、能力需求计划、车间作业等模块相联系。

8. 成本管理

在产品生产之前，ERP 系统应该进行产品成本模拟；在产品生产过程中，必须对成本进行控制；产品生产完工后，进行成本核算及成本分析，以明确完工产品的实际成本和获得的效益。这些业务都是通过成本管理模块进行的。

ERP 系统根据仓储管理、生产作业管理、财务核算模块提供的数据，对完工产品进行成本计算，并反馈到仓储管理、生产作业管理、财务核算等模块中。

成本管理模块与财务核算、生产管理、仓储管理、销售管理等模块密切联系。它可以更准确、快速地进行成本费用的归集和分配，提高成本计算的及时性和准确性；同时通过定额成本的管理、成本模拟、成本计划，有效地进行成本预测、计划、分析与考核，提高企业的成本管理水平。

9. 财务管理

在 ERP 系统中，财务管理一般包含财务核算、财务分析等多个模块，其中尤以财务核算模块的使用最为广泛。

财务核算一般包含应收、应付、现金、固定资产、银行、总账等业务，用于管理其他业务模块同财务核算模块的集成，并进行日常的财务记账工作；管理会计通过对企业的预算控制、目标控制等，为满足企业内部管理需求而进行核算统计分析工作；财务分析则是根据财务核算、管理会计及其他业务系统中的数据，对财务指标、报表进行分析、比较，以满足企业经营决策的需求。

10. 人力资源管理

人力资源已成为企业越来越重要的资源。人力资源管理在实现对人员基本信息管理的基础上，还对人员的需求、招聘、培训、考核等过程进行管理，覆盖了员工在企业的整个生命周期。

人力资源管理的薪资来源于企业的车间管理子系统中各人员的绩效情况，同时作为相关账务处理的依据。

11. 决策支持

在 ERP 系统中，决策支持是一个非常重要的模块。决策支持应该可以对 ERP 系统所有业务模块的数据进行深度挖掘，从而使企业的管理决策有据可依。一般来讲，决策支持系统是以管理科学、计算机科学、行为控制论为基础，以计算机技术、人工智能技术、经济数学方法和信息技术为手段，主要面对半结构化的决策问题，支持中高级决策者的决策活动的一种人机交互系统。它能够迅速而准确地为决策者提供决策需要的数据、信息和背景材料，帮助决策者明确目标，建立和修改模型，提供备选方案，评价和优选各种方案，通过人机对话进行分析、比较和判断，为正确决策提供有力支持。

因此，ERP 系统中的决策支持功能模块是帮助决策者利用数据、模型、方法、知识推理等解决非结构化决策问题的核心系统。它主要由会话系统（人机接口）、数据库、模型库、方法库和知识库及其管理系统组成。

7.2.2　ERP 与其他应用系统的集成

在 ERP 系统中，通过各个功能模块的实施，能够实现企业生产经营核心业务的信息集成，也能够实现与其他相关业务的信息集成。信息集成如实地体现了企业业务流程集成，加强了企业管理功能集成。随着 ERP 系统应用的不断发展，在企业 ERP 系统的实施过程中，还需要解决 ERP 系统与其他管理信息系统或生产自动化系统进行信息集成的问题，不同类型的企业面临着不同应用的集成需求。

1. ERP 系统与 PDM 系统的集成

在机械制造行业中，ERP 与 PDM 系统之间的集成是解决 BOM 自动生成的一个典型集成应用方案。

PDM（Product Data Management，产品数据管理）系统是 20 世纪 80 年代开始在国外兴起，并在 20 世纪 90 年代引入国内的一项技术。它是管理企业产品生命周期与产品相关数据的一种理论，能有效地集成管理设计、工艺和制造管理中与产品相关的产品技术文件等内容。通过应用并行工程方法学、网络技术、数据库技术等先进技术，PDM 系统能有效地提高产品数据集成管理和共享的水平，有效地提高产品设计过程中的项目组织管理水平，有效地保证产品技术文件的完整和一致，从而达到真正减轻设计人员在工作过程中管理技术文件的劳动强度、提高设计工作效率、缩短产品生产技术文件准备时间的目的。

ERP 系统汲取了当今先进的企业经营管理理论和模式，对企业活动中和制造有关的所有资源和过程进行统一管理，在目标上充分体现成本控制、质量控制和客户服务的管理，是着眼于企业生产制造领域的管理信息系统。众所周知，现代企业的运作是基于信息流和物料流相辅相成的一个动态过程，而产品的形成周期涉及 PDM 和 ERP 两个领域。所以，基于完整的产品形成周期，以系统的眼光来看，ERP 和 PDM 在以下几个方面有着密切的联系：

1）过程作用对象之间存在着因果关系。ERP 系统中的过程作用对象，即以物理形式出现的零部件或产品，是 PDM 系统中的过程作用对象以及过程作用对象之间逻辑关系的物质表现。

2）过程的逻辑序列间存在着执行和验证关系。ERP 系统中的生产过程序列是对 PDM 过程序列产生信息逻辑关系的物理执行和验证；ERP 系统中生产流程的优化理论以及物料管理理论是 PDM 系统所管理的产品信息和信息逻辑发展完善的基本路线。

3）管理目标的一致性。PDM 和 ERP 在管理目标上有着高度的一致性。虽然两者管理的对象和过程存在区别，但是它们的管理目标都是试图通过科学的调度和控制，减少失误和返工，在尽可能短的时间内，利用最少的资源耗费、最经济的手段和方式，保证产品满足市场需求。

4）过程的支持条件有着先天的联系。产品抽象的几何拓扑信息，既是 PDM 领域过程开展活动的产物，也是 ERP 领域过程开展活动的指导基础和结果验证条件。所以，强化 PDM 和 ERP 之间的联系，必须利用统一的产品几何拓扑信息对与之相关的过程进行沟通。

5）企业的产品是这两个过程序列逻辑关系的耦合结果。PDM 中的过程序列按照从整体到局部逐步细化的设计路线开展，而 ERP 中的过程序列按照从局部到整体的制造、装配过程来进行。企业的最终产品正是这两个从不同路线和领域开展的过程序列在时间坐标上的耦合结果。

2. ERP 系统与数据采集系统集成

企业通过使用 ERP 系统，可以实现对企业内部物流、资金流、信息流的集成一体化管理。数据采集在 ERP 系统中具有重要意义，它是 ERP 系统业务处理模块的数据输入，也是 ERP 系统业务处理模块的处理对象。自动采集数据集中体现了现代企业的业务运作方式。

数据采集的灵活性可使企业 ERP 系统的应用人员摆脱手工录入的烦恼，有更多时间从事数据检查与监控的工作，使高层管理人员可以查看到多角度及全自定义的统计、分析、追踪、回溯、对比报表，大大提高了工作效率，进而提升了企业的管理水平。数据采集的实时性保证企业管理软件能够及时提供最新信息，提高了企业的市场反应速度。

3. ERP 系统与数据仓库的集成

企业在有效地实施 ERP 系统后，逐渐积累了大量的生产经营管理数据，通过对这些数据的分析能为企业的经营决策提供十分有价值的信息。在企业信息化的数据管理层面上，要从应用数据库向主题数据库和信息检索系统的高层次发展。此时，ERP 系统的实施必须考虑与数据仓库的集成应用。根据 "数据仓库之父" 威廉·H. 因蒙（William H. Inmon）的定义，数据仓库是在企业管理和决策中面向主题的、集成的、与时间相关的、不可修改的数据集合。

ERP 系统的成功应用实现了企业内部核心业务流程的信息集成以及企业外部供应链的信息集成。ERP 系统的数据管理处于数据文件和应用数据库的层次，一方面及时准确地处理着业务流程中产生的大量业务数据，使企业的业务进展达到计划和控制的目的；另一方面，这些数据也成为数据仓库的数据源。在集成的应用系统中，使用一定的数据提取和加载工具从数据源抽取出所需的数据，经过数据清洗、转换，最终按照预先定义好的数据仓库模型，将数据加载到数据仓库中去；将分散的、细节的、不一致的数据转变成综合的、完整的、按主题分类的数据，为企业的数据查询系统提供有价值的信息，从而实现 ERP 系统的数据管理与数据仓库的数据管理的集成应用，使企业信息化的数据管理从低级到高级逐渐发展，达到完整的数据管理水平。

4. ERP 系统与财政、税务部门软件的集成

财政部要求基层企事业单位使用财政部决算报表软件来制作上报财政部的决算报表。为了减轻已使用财务软件的基层企事业单位在编制财政部决算报表时的数据录入工作量，ERP 系统提供了财政部决算报表软件与企业 ERP 系统的财务软件之间的数据接口。企业使用的无论是基于 SQL 等大型数据库的企业级财务软件，还是基于 Acsess 小型数据库的部门级财务软件，都可以使用这个接口软件形成财政部所需要的决算报表，完成数据信息从企业财务软件向财政部报表软件的平滑过渡，实现了两个系统之间相关信息的集成应用。

企业使用 ERP 管理软件，在经营过程中都会涉及发票的管理问题，许多用户同时也在使用 Windows 版的金税开票软件。为了减少重复录入发票的问题，数据交换是必须解决的问题。随着电子商务的不断发展，B2B 模式在许多企业中逐渐运行，不同应用系统之间进行发票数据交换的需求也成为必然。基于以上需求，ERP 系统可提供与增值税专用发票防伪税控开票子系统接口，采用标准方式制定出标准增值税发票数据交换接口，通过此接口可实现发票的引入和引出。引入发票是指将符合增值税发票数据交换接口的发票引入 ERP 系统；引出发票是指将 ERP 系统的增值税发票引出到外部系统，从而实现 ERP 系统的发票管理与税务部门或 B2B 企业发票管理系统的集成应用。

以上介绍了 ERP 系统对企业信息集成的作用和方法。其实,早在 20 世纪 70 年代末—20 世纪 80 年代初,我国大中型企业就开始了信息化的历程,经过几十年的发展,取得了很大的进步。但由于大中型企业组织庞大、地域宽广、业务复杂、行业众多、信息系统庞杂,形成了很多信息孤岛。随着企业在市场经济中的发展和企业信息化应用的深化,需要构建一套功能全面并紧密集成的信息系统,要求能适合企业管理模式,适应企业组织结构和业务流程的变化,满足电子商务的应用,实现企业间的协作。

一些企业为增强市场竞争的快速应变能力,采用了适当拆分和多元化运作的管理方式,以恢复创新意识和企业活力。这就需要通过一套完整的综合信息管理系统,把分散的组织和资源更为有效地集成起来,把客户、供应商和企业紧密集成起来,真正形成一个统一的供应链系统,并通过广泛合作及电子商务网络的扩张,帮助企业实现全球化经营。因此,大中型企业管理信息化发展的趋势是继续完善 ERP 系统对企业内部的信息集成和资源优化,同时充分发挥和扩大 ERP 系统对企业外部供应链信息集成的作用,充分利用企业内外部资源,把分散的组织和资源更为有效地连接起来,实现企业与客户、供应商、合作伙伴间的紧密连接和协同,实现企业财务系统、制造系统、采购管理系统、销售管理系统、知识管理等多个应用系统的紧密集成,帮助企业发展为能够赢得全球竞争优势的集团化大企业。

7.3 国产 ERP 系统产品实例——浪潮 ERP

7.3.1 浪潮 GS Cloud

浪潮 GS Cloud 是新一代大型企业数字化平台。作为全新一代云 ERP 软件,它充分利用了云计算、大数据、物联网、移动互联、人工智能等新一代信息技术,面向集团企业智能制造、项目与资产、数字供应链、数字营销、财务共享、司库管理等应用场景,提供端到端全流程的云服务,通过云、边、端多网融合,实现人、机器与业务网络实时互联协同,实时整合云计算、边缘计算、智能设备端的企业组织数据、互联网数据、物联网数据,利用海量数据重塑业务模式,优化制造流程和资源配置,为客户提供更多价值,全面推动企业数字化转型与智能化发展。浪潮 GS Cloud 的整体功能架构如图 7-7 所示。

1. 浪潮 GS Cloud 的产品特性

浪潮 GS Cloud 具备端到端、标准化、集约化、精细化、智能化五大特性,如图 7-8 所示。它采用微服务、DevOps、容器化等云原生技术,提供完整国际化组件和全新用户体验;支持私有云、公有云、混合云多种部署方式,具备敏捷业务响应和高配置中台能力,涵盖技术平台、业务中台、数据中台,打通并顺滑连接前台研发、销售、生产、采购、物流、质量、设备、财务需求与后台资源配置,帮助企业提升客户响应能力,支撑以客户为中心的持续规模化创新,赋能企业绿色、高质量发展。

(1) 端到端:业财管高度融合 浪潮 GS Cloud 提供全产业链端到端数字化流程,面向研发设计、生产制造、数字营销、数字供应链、全面质量、智慧资产、财务管控、人力资源

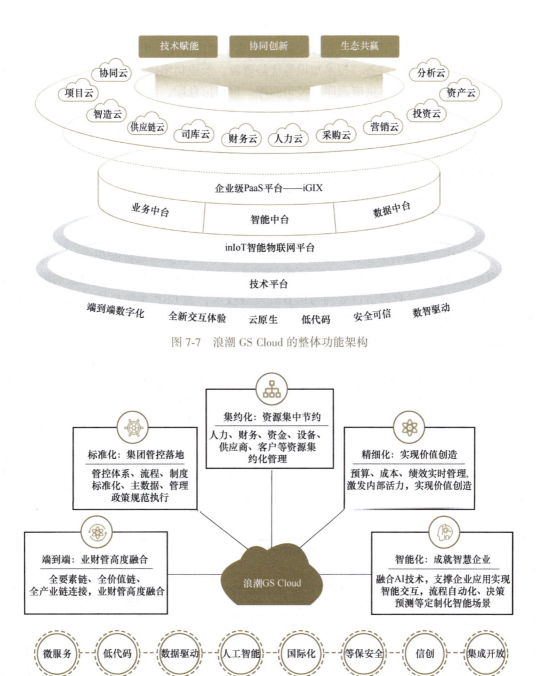

图 7-7　浪潮 GS Cloud 的整体功能架构

图 7-8　浪潮 GS Cloud 的产品特性

等领域提供全流程服务，实现全要素链、全价值链、全产业链连接，消除"信息孤岛"，打造高度融合的业务、财务、管控一体化。

（2）标准化：集团管控落地　浪潮 GS Cloud 底层基础数据、业务流程、岗位权限、业务表单等内容全部实现系统内标准化统一录入，各模块个性化补充，确保同类型数据各模块间的一致、完整、准确，提高数据质量，便于挖掘数据价值。实现管理制度化、制度流程化、流程表单化、表单数字化，强化集团战略贯彻执行。

（3）集约化：资源集中节约　浪潮 GS Cloud 集中集团研发、生产、人力、资金、税务、客户、经销商、供应商、设备、技术知识等优势资源，形成集团研发工程库、人才库、资金池、客户资源库、战略合作供应商库、经销商库、价格信息库、法务库、技术知识库等，充分共享各项资源服务，从而利用集团大的资源池扩大经营商机，降低营销成本、财务费用、生产成本、采购成本、人工成本、技术成本等，实现全集团集约化经营，为集团降本增效、精细化管理提供服务。

（4）精细化：实现价值创造　浪潮 GS Cloud 以预算管理为源头、生产运营为手段、成本管理为核心、考核激励为导向，进行多维度、精细化的成本、利润核算，形成多层级、多领域、多维度管理报告，为绩效管理和业务决策提供支撑，加强企业品牌战略，提高企业综合竞争力。

（5）智能化：成就智慧企业　浪潮 GS Cloud 为企业提供多领域智能化应用：通过机器人流程自动化技术，实现基于标准化、结构化数据，结合任务指令解决大量重复的流程性工作；借助计算机视觉、自然语言处理与语音处理等技术，为 ERP 系统提供视觉、听觉与对外表达的感知能力，为人机交互创造条件；而 AI 算法、知识图谱与数据智能技术，为 ERP 系统提供了学习、模仿、分析能力。

2. 浪潮 GS Cloud 的关键应用

浪潮 GS Cloud 作为新一代云 ERP 的典型代表，围绕智能制造提供一体化工业管理软件关键应用，如图 7-9 所示。它以新一代信息技术与先进制造技术深度融合为主线，以提升创新、供给、支撑能力和应用水平为着力点，加快构建智能制造发展生态，深入推进制造业数

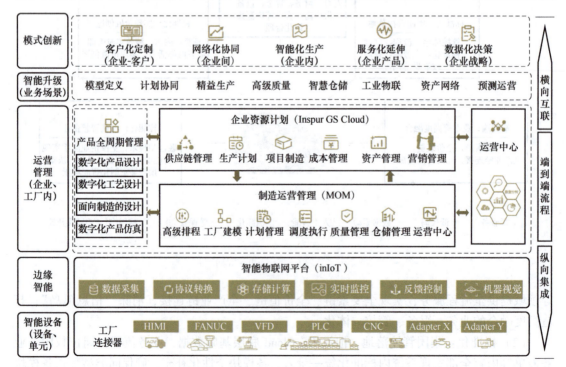

图 7-9　浪潮 GS Cloud 智能制造云的关键应用架构

字化转型、智能化升级，为促进制造业高质量发展、加快制造强国建设、构筑国际竞争新优势提供有力支撑。

浪潮 GS Cloud 针对重点领域提供关键应用，可为各类生产制造型企业提供数字营销、研发设计、生产管理、智能工厂、数字供应链、工业物联、资产管理、质量管理、业财融合、工业大脑等一体化产品与方案服务，自上而下打通从战略决策层到现场执行层的各个系统，实现无边界信息流转，在助力企业提升人员、物资、设备、能源、客户等传统生产要素运营效率的同时，挖掘工业数据、知识等新型生产要素的价值，实现客户化定制、网络化协同、智能化生产、服务化延伸、数据化决策的新型制造管理模式，为制造企业数字化转型升级赋能。

（1）主数据管理 对于大型集团型企业，存在组织多、系统多、数据杂等数据管理难点，需要通过建立规范化主数据模型，对企业各类主数据进行集中管理，保证集团企业内部各系统数据传输逻辑架构稳定、高效；推动关联部门的信息互联互通，使各个系统走出"信息孤岛"；最大限度地实现主数据共享，发挥集中管控优势。

浪潮 GS Cloud 的主数据管理提供如物料、供应商、客户、财务、人员等标准编码集团化管理体系，统一编码体系结构，规范编码的设置、审批、发布、维护工作流程，可保证编码的方便性、完整性、有效性、正确性、适应性、可扩展性，通过建立统一的主数据管理平台，实现企业数据的标准化管理，采用统一的规则和口径实现主数据协同管控一体化，保证数据的实效性及准确性。

（2）产品数据管理 浪潮 GS Cloud 的产品数据管理提供包括产品物料管理、产品物料清单（BOM）、工艺路线、工程变更等产品数据建模全面管理服务。依据离散制造、流程制造不同生产模式特性，结合不同行业特性，建立标准数据模型，可支撑 A 型 BOM、V 型 BOM、X 型 BOM、T 型 BOM、配置 BOM、项目制 BOM、单件生产 BOM 等多类型 BOM 建模。

同时，产品数据管理通过标准化接口服务，可与国内外主流 PDM、PLM 软件集成，将 EBOM、PBOM 转化为 MBOM 与工艺路线，实现研发生产一体化应用。

（3）生产管理 生产管理融合多类型行业方案，建立标准化生产作业体系，以计划管理为核心，帮助制造企业优化资源配置，实现产供销一体化协同，对生产需求、生产计划、物资准备、生产制造、质量检验、产品入库全生产制造周期活动进行精准管控，提升生产效率，缩短交付周期，提升产品质量，降低生产成本。

面向行业特性与个性化需求，浪潮 GS Cloud 的生产管理已在装备制造、冶金、造纸、汽车制造、服装、建筑、粮食、医药、快消品、矿业等众多行业建立了专属方案。

（4）制造运营 借助浪潮制造运营管理（Manufacturing Operation Manangement，MOM）智能工厂数字运营关键应用，通过集成、控制、计算、仿真等技术手段，面向制造企业精益生产过程管控需求，构建智能工厂标准化管理体系，优化管理企业的人员、设备、物料、能源等基础资源，高效率、低成本、高质量地将原材料/零件转化为工业产品。

浪潮制造运营基于离散、流程制造行业特性，面向智能工厂提供八大关键业务领域应用，包括制造执行、质量控制、库存控制、物流执行、设备管理、能源管理、工业物联、制造智能，支撑工厂全链端到端业务流程，重塑多领域协作智能工业生态，助力制造企业构建高效、节能、绿色、环保的新一代数字化、可视化智能工厂，加速向数字化、网络化、智能化转型。

（5）物联网平台　浪潮智能物联网平台 inIoT 基于全新一代信息技术研发，内置机器视觉、预测性维护模型，全面支持工业 AI 场景构建，为企业提供设备接入、数据采集、仿真监控、时序分析及单点智能等基础能力服务，便捷实现 IT 与 OT 融合，支撑生产制造、智能工厂、质量管理、设备管理、能源管理、安环管理、设备后服务等多个业务领域深化应用，助力企业基于工业数据实现管理模式创新。

（6）全面质量管理　浪潮全面质量管理提供原料到货、生产制程、产品完工、产品出厂、售后溯源全场景检验管理服务；基于过程方法与 PDCA 循环管理思想，提供质量管理体系的全过程和全要素管理服务，完善质量体系管理建设，实现标准化、规范化、流程化的全面质量管理，提升质量管理效率和管理水平；依托 inIoT 边缘智能物联网平台，提供质检设备接入、视觉 AI 检测服务，实现质检数据自动采集，智能检验判定服务能力。

（7）数字营销　浪潮数字营销云服务融合了业界大批优秀客户关系咨询专家的管理理念和国内外各行业客户关系管理的最佳实践，为企业组建"以客户为中心"的运营模式提供了一套集营销、销售和服务于一体的客户关系管理解决方案。

数字营销云将企业、销售渠道、终端营销业务与日常办公系统有机结合，完成企业对客户挖掘、销售管理、营销网络、市场活动、日常办公等全面销售管理，支撑企业全面掌控销售业务动态，提升销售管理效率，增强企业盈利能力。

（8）数字供应链　数字技术与创新应用正推动供应链管理发生巨大变革，企业需要考虑如何快速应对复杂多变的外部环境：通过提高供应链的运营能力和管控水平，满足客户日益提高的服务需求；通过最大限度地提高效率，为创新企业转型提供持久的竞争优势。

浪潮数字供应链服务打造从需求提出、采购计划、采购寻源、采购执行，到库存管理、存货核算，再到产品销售与服务的全供应链端到端一体化应用。利用供应网络协同与外部伙伴深度协同，包括供应商采购协同、客户的交付协同、外部仓储、物流机构等，数字化供应链打通设备及工厂层，支持设备运行数据的实时采集，结合运营过程数据，为企业数据分析提供支撑，实现运营过程的可视性，为企业战略决策提供数据支撑。

（9）设备资产　浪潮智慧资产云应用以工单为核心，支持设备资产计划维修、缺陷抢修、故障报修、保养、润滑及设备监测等多种应用场景，可实现对设备资产运行维修维护过程的全程跟踪，帮助企业延长设备资产运行寿命，提高维护维修效率，降低设备故障率，确保企业生产业务的安全运行，实现设备价值的最大化。

（10）成本管理　产品成本管理应用涵盖产品成本估算、产品标准成本、产品实际成本等核心服务。面对企业成本核算精细化管理需求，支持多种成本核算方法，满足不同需求，成本对象灵活设置，可按照品种、订单、批次、工序等进行成本核算。可灵活设置成本动因，将共耗材料、间接费用分配到成本中心或成本对象，支持在制品、废品、联副产品成本核算，灵活选择成本结构进行成本还原，反映产品的原始成本构成。

（11）财务管理　浪潮为集团企业打造以"价值创造"为核心的财务云服务，为企业提供"业财资税档表"一站式财务数字化服务，包含事项申请、审批、商旅服务、智能报账、全面预算、财务共享、资金管理、税务管理、会计核算、财务报表、电子档案等主要应用，并与商旅、银行、税务、社交等平台实现互联互通，注重财务管控与服务并重，推动管理会计落地。

财务云关注企业业财融合，能够连接内外，为业务、财务提供高效、一体化的数字协同服务；同时支持多终端接入，具备影像和档案的数字化能力，融合智能识别、智能审核、机器学习、RPA、财税语义理解等智能服务，实现流程智能和数据智能，支撑财务应用的智能交互、流程自动化与决策预测等智能化场景。

（12）企业大脑　企业大脑是基于企业大数据，为企业在生产、经营和决策等环节提供数据应用分析的软件服务。它汇聚企业全域数据，提供采数据、存数据、管数据、算数据、用数据等数据应用全域能力，利用可视化展示工具实时、全面掌控集团的财务、资金、生产制造、质量、供应链、成本、费用、项目、人力等关键运营指标，支持移动设备、大屏、计算机等不同终端展现，满足多角色、多场景实时洞察企业运行情况，为决策提供依据，改善企业管理，提高企业竞争力。

7.3.2　浪潮 iGIX

浪潮 iGIX 是浪潮的新一代 ERP 系统——GS Cloud 产品线的技术支撑平台，采用云原生架构，基于容器技术构建，支持资源弹性伸缩，支持私有云、公有云、混合云等多云部署方式，是浪潮基于多年的企业管理软件业务领域沉淀，融合云原生、人工智能、大数据、物联网、移动、IPv6 和信创等最新技术，秉承开放创新的原则，为企业提供集开发、运行、集成和运维于一体的技术支撑平台。

浪潮 iGIX 旨在打造一个完整的企业应用生态系统，可以作为企业信息中心、合作伙伴、独立软件开发商（ISV）进行二次开发或创建独立完整应用系统的生态支撑平台，助力企业沉淀出具有行业特色的或企业特有的核心业务资产，赋能企业在数字化转型时代引领新浪潮。浪潮 iGIX 的产品架构如图 7-10 所示。

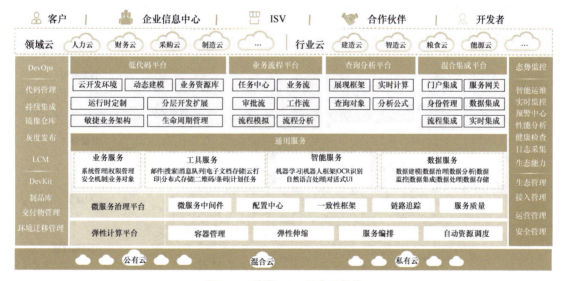

图 7-10　浪潮 iGIX 的产品架构

浪潮 iGIX 基于云原生架构，支持多云部署，提供企业级高生产力平台，实现 ERP 产品的快速开发、快速迭代、快速部署；提供企业级高控制力平台，包括微服务治理、弹性计算、态势监控等能力，支撑企业创新型应用的开发，实现智能运维；提供数字化通用支撑服务。浪潮 iGIX 具有全新一代计算架构、零代码/低代码平台、全新交互体验、智能化、安全开放五大特性。

1. 全新一代计算架构

浪潮 iGIX 基于微服务架构，内置微服务管理单元隔离机制，规范云原生应用的开发与运维管理；主运行环境为容器环境，提供基于 Kubemetes（通常称为 K8s）容器编排管理等运维支撑工具，能够实现自动化运维、弹性自动伸缩，为业务应用提供弹性灵活、高可用性、高可伸缩性的运行支撑；支持多云部署，产品可在浪潮云、阿里云等第三方云上部署；基于开放架构，支持 IPv6，内置 API Gateway，为企业打造开放、安全的信息化环境。

2. 零代码/低代码平台

浪潮 iGIX 平台提供零代码/低代码快速开发能力，支持图形化快速开发与个性化配置，借助可视化、组件化、拖拉拽式的开发工具，显著提升业务应用的开发效率，降低开发门槛，缩短学习曲线和周期。

3. 全新交互体验

浪潮 iGIX 自主研发的全新一代 Farris UI 前端框架，为用户提供全新交互体验。基于 MVVM 前端框架，视图层组件与视图模型分离，视图层组件的修改和替换，不影响前端交互控制逻辑处理；采用以用户为中心、基于角色的场景化交互设计方法，具有快速、可靠、响应式、直觉化、智能化等特性，为操作用户提供良好的用户体验，并支持全终端的 UI 界面展现；内置提供系统界面主框架和灵活的页面布局及小部件发布、集成机制，为门户集成、异构功能界面集成、组合界面提供基础开发、运行支撑框架。

4. 智能化

浪潮 iGIX 融合机器学习、深度学习等 AI 技术，内置认知服务，支撑企业应用实现智能交互、流程自动化、决策预测等智能化场景。图 7-11 为浪潮 iGIX 的主要智能化场景。

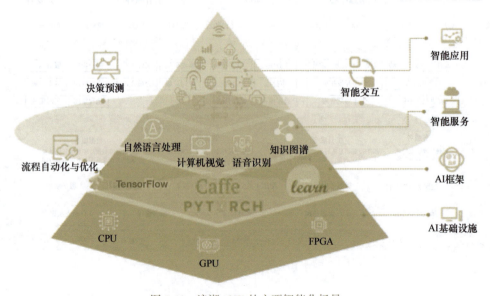

图 7-11　浪潮 iGIX 的主要智能化场景

5. 安全开放

浪潮 iGIX 秉承自主可控和开源开放理念，从底层技术框架到上层业务开发，都采用国际标准和主流开源框架，支持国产 CPU、操作系统、数据库、中间件等基础软硬件环境，并内置完备的应用层面安全保密支撑。平台支持全国产软硬件运行环境，符合信息系统等保密、涉密系统分保认证要求，对信息系统提供全方位的安全支持。

 7.4　基于 ERP 系统的物料需求计划实验

7.4.1　实验目的

基于本书第 2 章对物料需求计划基本原理的学习，结合本章 ERP 系统的相关内容，学会使用 ERP 系统提供的物料需求计划求解功能，编制物料需求计划，充分体验计算机软件在企业生产管理应用中的便利。

7.4.2　实验原理

根据主生产计划求解方法及物料需求计划的基本原理可知：

1）产品的毛需求量（GR）= max{订单值,预测值}。

2）净需求量（NR）= 毛需求量（GR）–期初库存–在途量（SR）。

3）计划订单产出量（PORC）= 对应周净需求量（NR）（采用 Lot-for-Lot，简称 LFL 规则，即根据需求量决定订货量）或计划订单产出量（PORC）= 规定批量的整数倍（采用 Fixed Order Quantity，简称 FOQ 规则，即固定批量规则）。

4）如果提前期为 1 周，那么计划订单投入量（POR）= 第 2 周的计划订单产出量，如果提前期为 i 周，那么计划订单投入量（POR）= 第（i+1）周的计划订单产出量。

产品的可供销售量的计算则根据产品的主生产计划制订，更多关于主生产计划、库存计划、物料清单制订物料需求计划的内容和编制过程可以参考第 2.4 节的内容。

7.4.3　实验过程

1. 明确拟解决的问题

已知产品 A 和产品 B 的结构如图 7-12 所示；对应的 BOM 见表 7-1；物料主文件见表 7-2；物料库存记录见表 7-3；两种产品的需求信息见表 7-4。要求制订未来 8 周内的物料需求计划。需要说明的是，在该例中，产品 A 和产品 B 是独立需求件，毫无疑问是制订主生产计划的对象；另外，部分部件 D 和零件 F 作为维修件和换型所用，所以对于部件 D 和零件 F 来讲，如果作为组装产品 A 和产品 B 所用，则是相关需求件，这是物料需求计划的对象；如果作为维修件或换型用，则应视为独立需求件。本例中，有部分 D 和 F 作为维修件使用。

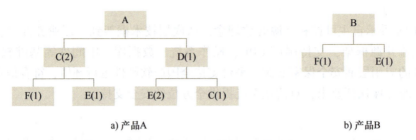

a) 产品A   b) 产品B

图 7-12 产品 A 和产品 B 的结构

表 7-1 产品 A 和产品 B 的 BOM

父　　件	子　　件	所需数量（件）
A	C	2
A	D	1
D	E	2
D	C	1
C	E	1
C	F	1
B	E	1
B	F	1

表 7-2 物料主文件

物　　料	提前期（周）	安全时间（周）	安全库存（件）	批量规则
A	1	0	25	LFL
B	1	0	20	LFL
C	1	0	5	FOQ＝500 件
D	1	0	5	FOQ＝200 件
E	2	0	50	POQ＝3 件
F	3	1	100	POQ＝2 件

注：LFL——批对批，即按需确定批量；FOQ——固定批量；POQ——期间订货量。

表 7-3 物料库存记录

物　　料	现有量（件）	分配量（件）	在途量（件）								
			0	1	2	3	4	5	6	7	8
A	20	0		100	0	0	0	0	0	0	0
B	40	0		50	0	0	0	0	0	0	0
C	60	0		200	0	0	0	0	0	0	0
D	60	20		0	0	0	0	0	0	0	0
E	100	0		1500	0	0	0	0	0	0	0
F	100	0		1000	0	0	0	0	0	0	0

表 7-4　产品需求信息

物　料	类　型	周期（周）							
		1	**2**	**3**	**4**	**5**	**6**	**7**	**8**
A	订单量（件）	80	50	100	60	80	70	60	60
A	预测量（件）	80	50	100	50	100	50	100	50
B	订单量（件）	70	100	50	90	60	110	60	50
B	预测量（件）	50	100	50	100	50	100	50	100
D	订单量（件）	20	12	25	15	20	18	15	15
D	预测量（件）	20	12	25	12	25	12	25	12
F	订单量（件）	200	300	200	300	350	230	260	250
F	预测量（件）	200	200	100	250	200	250	200	170

2. 运用 ERP 系统进行计划编制

根据上述数据，可以在 ERP 系统中编制产品 A 的主生产计划，见表 7-5；也可以确定产品 A 的可供销售量，见表 7-6；同理，可以编制产品 B 的主生产计划，见表 7-7；产品 B 的可供销售量计算结果见表 7-8。展开以后可以得到各物料的需求计划，见表 7-9~表 7-12。

表 7-5　产品 A 的主生产计划　　　　　　　　（单位：件）

项　　目	周期（周）								
	0	**1**	**2**	**3**	**4**	**5**	**6**	**7**	**8**
订单量		80	50	100	60	80	70	60	60
预测量		80	50	100	50	100	50	100	50
毛需求量		80	50	100	60	100	70	100	60
在途量		100							
预计在库量		40	−10	−75	−35	−75	−45	−75	−35
预计可用库存量		40	25	25	25	25	25	25	25
净需求量		0	35	100	60	100	70	100	60
计划订单产出量		0	35	100	60	100	70	100	60
计划订单投入量		35	100	60	100	70	100	60	100

注：毛需求量取订单量和预测量的最大值。

表 7-6　产品 A 的可供销售量　　　　　　　　（单位：件）

项　　目	周期（周）								
	0	**1**	**2**	**3**	**4**	**5**	**6**	**7**	**8**
订单量		80	50	100	60	80	70	60	60
在途量		100							
计划订单产出量		0	35	100	60	100	70	100	60
主生产计划		100	35	100	60	100	70	100	60
可供销售量		20	0	0	0	20	0	40	0

表 7-7　产品 B 的主生产计划　　　　　　　　（单位：件）

项　目	周期（周）								
	0	1	2	3	4	5	6	7	8
订单量		70	100	50	90	60	110	60	50
预测量		50	100	50	100	50	100	50	100
毛需求量		70	100	50	100	60	110	60	100
在途量		50	100						
预计在库量		20	20	−30	−70	−40	−90	−40	−80
预计可用库存量		20	20	20	20	20	20	20	20
净需求量		0	0	50	90	60	110	60	100
计划订单产出量		0	0	50	90	60	110	60	100
计划订单投入量		0	50	90	60	110	60	100	50

注：毛需求量取订单量和预测量的最大值。

表 7-8　产品 B 的可供销售量　　　　　　　　（单位：件）

项　目	周期（周）								
	0	1	2	3	4	5	6	7	8
订单量		70	100	50	90	60	110	60	50
在途量		50	100						
计划订单产出量		0	0	50	90	60	110	60	100
主生产计划		50	100	50	90	60	110	60	100
可供销售量		20	0	0	0	0	0	0	50

表 7-9　物料 C 的物料需求计划　　　　　　　　（单位：件）

项　目	周期（周）								
	0	1	2	3	4	5	6	7	8
毛需求量		270	250	410	260	450	260	220	450
在途量		200	150	0	0	0	0	0	0
预计在库量		−10	390	−20	220	−230	10	−210	−160
预计可用库存量		490	390	480	220	270	10	290	340
净需求量		15	0	25	0	235	0	215	165
计划订单产出量		500	0	500	0	500	0	500	500
计划订单投入量	500	0	500	0	500	0	500	500	

表 7-10　物料 D 的物料需求计划　　　　　　　　（单位：件）

项　目	周期（周）								
	0	1	2	3	4	5	6	7	8
毛需求量		55	112	85	115	95	118	85	115
在途量		0	0	0	0	0	0	0	0

（续）

项　目	周期（周）								
	0	1	2	3	4	5	6	7	8
预计在库量		−15	73	−12	73	−22	60	−25	60
预计可用库存量		185	73	188	73	178	60	175	60
净需求量		20	0	17	0	27	0	30	0
计划订单产出量		200	0	200	0	200	0	200	0
计划订单投入量		0	200	0	200	0	200	0	

表 7-11　物料 E 的物料需求计划　　　　　　（单位：件）

项　目	周期（周）								
	0	1	2	3	4	5	6	7	8
毛需求量	500	400	550	490	560	510	560	600	450
在途量		1500	0	0	0	0	0	0	0
预计在库量		700	150	−340	560	50	−510	500	50
预计可用库存量		700	150	1120	560	50	1100	500	50
净需求量		0	0	390	0	0	560	0	0
计划订单产出量		0	0	1460	0	0	1610	0	0
计划订单投入量		1460	0	0	1610	0	0	750	0

注：物料 E 的固定期间为 3 周，其订购量的计算应以下次产出之前的净需求量与合同量之和为准。

表 7-12　物料 F 的物料需求计划　　　　　　（单位：件）

项　目	周期（周）								
	0	1	2	3	4	5	6	7	8
毛需求量	500	200	800	200	800	350	750	760	250
在途量		1000	0	0	0	0	0	0	0
预计在库量		400	−400	−100	−400	−250	−500	−260	−10
预计可用库存量		400	100	400	100	250	500	240	490
净需求量		0	500	200	500	350	600	260	110
计划订单产出量		0	500	500	500	500	1000	500	500
计划订单投入量		500	500	500	500	1000	500	500	0

在展开计算物料的需求计划时，应同时考虑产品 A 中的相关物料和产品 B 中的相关物料，可以采取先单独计算再叠加的方法进行。例如，物料 C 在产品 A 中作为产品 A 的 BOM 的第一层和第三层同时存在，在产品 B 中则作为第二层存在，计算时不可遗漏任何一个，否则就会造成计算不准。在本例中，产品 A 和产品 B 作为独立需求产品是主生产计划的对象，其他则是物料需求计划的对象；如果其中构成产品 A 和产品 B 的某些物料作为维修件或其他用途相对独立使用，则应把这种物料部分作为主生产计划对象，部分作为物料需求计划对象，在制订计划计算过程中要分开计算。

7.4.4　结果评价与注意事项

在运用 ERP 系统进行物料需求计划求解过程中，需要注意以下问题：

1）基础数据准备及系统定义问题。物料需求计划能够正确求解，很大程度上取决于是否有一套准确完整的数据。在运用 ERP 的实验过程中，需要结合上述实验数据进行物料清单、工艺路线、库存记录、工作中心、物料主文件以及批量规则的定义等。

2）ERP 系统实验结果与图表法编制的结果对比。在基于 ERP 系统完成实验后，尝试通过本书第 2 章介绍的物料需求计划编制的图表法进行手工编制，对比分析结果，并体会 ERP 系统求解的效率。

3）ERP 系统功能的扩展应用。在完成 ERP 系统的物料需求计划求解实验后，要深入分析以物料需求计划求解为基础的 ERP 系统的其他功能，结合实验过程分析系统是否存在改进提升的空间。如果有，应该如何改进？

【习题与研究思考】

习题

1. 简述企业资源计划（ERP）的产生与发展过程。

2. 简要分析 MRP、MRPⅡ与 ERP 的关系及各自特点。

3. 简述 ERP 系统的主要功能。

研究思考

1. 请结合当前企业数字化转型的新趋势，分析 ERP 系统对企业数字化的具体作用。

2. 智能工厂环境下，计算机技术及软件应用越发普遍，请选择航空、航天、汽车、家电、机械装备等行业中的具体企业，深入调研企业在研发设计、生产制造、经营管理等方面采用的计算机软件情况，分析 ERP 与各种软件之间的集成关系，结合企业智能生产的新需求提出 ERP 系统研发与改进的具体建议。

第8章
流水生产线平衡与仿真实验

【学习目标】

1. 能够清晰描述流水生产的定义及流水线的分类。
2. 能够清晰描述流水生产线平衡设计的具体步骤。
3. 能够运用计算机软件进行生产线平衡与仿真分析。

【知识点思维导图】

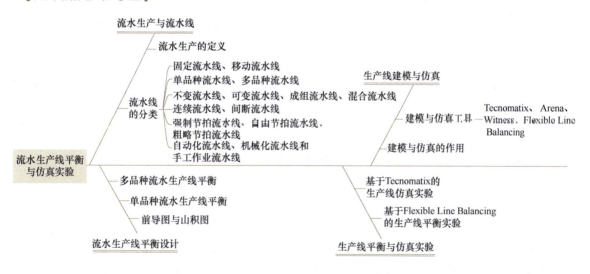

 ## 8.1　流水生产与流水线

8.1.1　流水生产的定义与特点

流水生产是指生产对象按照一定的工艺路线顺序地通过各个工作地，并按照统一的生产节拍完成工艺作业的生产过程。

流水生产的主要特点包括工作专业化程度高、生产按节拍进行、工艺过程封闭、生产对象在工序间单向移动、工位之间有传送装置连接。

实施流水生产的基本条件是具备一定的设施系统，即由设备、工作地和传送装置构成的设施系统是实现流水生产的基础和前提。

8.1.2　流水线及其分类

流水线又称为流水生产线、装配线，是一种实现大规模工业化生产的生产方式，是对实施流水生产的具体设施系统的总称。根据生产对象移动方式、生产对象数目、生产对象轮换方式、运转连续程度、生产节奏性程度以及机械化程度，流水线可分为不同的类别，具体如图 8-1 所示。

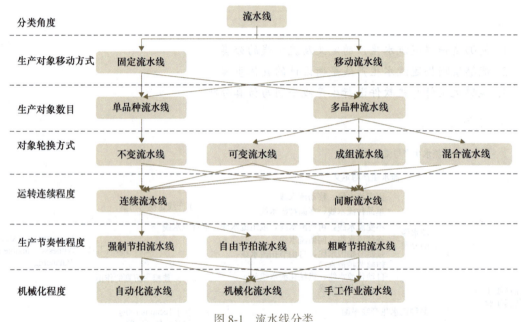

图 8-1　流水线分类

1. 按生产对象移动方式可分为固定流水线和移动流水线

固定流水线是指生产对象位置固定，生产工人携带工具沿着顺序排列的生产对象移动。它主要用于不便运输的大型制品的生产，如重型机械、飞机、船舶等的装配线。

移动流水线是指生产对象移动，工人、设备及工具位置固定。这是一种常用的流水线组织方式。

2. 按生产对象数目可分为单品种流水线和多品种流水线

单品种流水线又称不变流水线，是指流水线上只固定生产一种制品。要求制品的数量足够大，以保证流水线上的设备有足够的负荷。

多品种流水线将结构、工艺相似的两种或两种以上的制品组织到一条流水线上生产。

3. 按生产对象轮换方式可分为不变流水线、可变流水线、成组流水线和混合流水线

不变流水线即上文提到的单品种流水线。

可变流水线是集中轮换地生产固定在流水线上的几个对象，当某一制品的批制造任务完成后，相应地调整设备和工艺装备，然后再开始另一种制品的生产。一般情况下，整个计划期内成批轮换地生产多种制品，但在计划期的各段时间内只生产一种制品；更换产品时，一般需调整设备和工艺装备，但调整变动不大；每种产品在流水线所有工作地的负荷系数大致相同。

在成组流水线中，固定在流水线上的几种制品不是成批轮换地生产，而是在一定时间内同时或顺序地进行生产，在变换品种时基本上不需要重新调整设备和工艺装备。

混合流水线是在流水线上同时生产多个品种，各品种均匀混合流送，组织相间性投产，一般多用于装配阶段生产。一般情况下，同一时间内，将工艺流程、生产作业方法基本相同的若干个产品品种，在一条流水线上科学地编排投产顺序，实行有节奏、按比例、成组的混合生产；更换产品时，不需要重新调整设备和工艺装备；生产不同品种产品时，产量、工时、工作地负荷要全面均衡。

4. 按运转连续程度可分为连续流水线和间断流水线

在连续流水线中，制品从投入到产出在工序间是连续进行的，没有等待和间断时间。

在间断流水线中，由于各道工序的劳动量不等或不成整数倍关系，生产对象在工序间会出现等待停歇现象，生产过程是不完全连续的。

5. 按生产节奏性程度可分为强制节拍流水线、自由节拍流水线和粗略节拍流水线

强制节拍流水线要求准确地按节拍产出制品。

自由节拍流水线不严格要求按节拍产出制品，但要求工作地在规定的时间间隔内的生产率符合节拍要求。

在粗略节拍流水线中，各个工序的加工时间与节拍相差很大，为充分地利用人力、物力，只要求流水线每经过一个合理的时间间隔生产等量的制品，而每道工序并不按节拍进行生产。

6. 按照机械化程度可分为自动化流水线、机械化流水线和手工作业流水线

自动化流水线是指流水线上各道工序作业均由自动化设备完成，不需要人工参与的流水线生产。

机械化流水线是指流水线上各道工序作业通过人工操作设备完成生产活动。

手工作业流水线是指流水线上各道工序作业通过人工作业方式直接完成生产活动。

 ## 8.2　流水生产线平衡设计

流水生产线平衡是对生产的全部工序均衡化，调整作业负荷，以使各作业时间尽可能相近的技术手段与方法，是生产流程设计及作业标准化中最重要的方法。流水生产线平衡设计的核心任务就是要确定流水线的生产节拍、给流水线上的各工作地分配负荷并确定产品的生产顺序。

在进行流水生产线平衡设计时，首先要学会使用前导图与山积图对生产线上各项作业活动之间的关系进行描述。前导图是由节点和箭头组成的网络图，如图 8-2 所示。可以使用此工具图形化描述作业以及它们之间的依赖关系，梳理整个工艺路线，有助于后续的计算分析。其中，每一个圆圈代表一道作业工序；圆圈内上方数字为作业编号，下方括号中的数字为作业工时；箭头表示作业的依赖关系，箭尾作业为箭头作业的前导作业，表示只有完成箭尾作业才能进行箭头作业。图 8-2 表示该制品需要经过 4 道工序，其中工序 2 和工序 3 分别受工序 1 约束，工序 4 同时受工序 2 和工序 3 约束。

山积图是由各个工作地工序的作业顺序堆积而成的，可以反映各个工作地的工序能力、工序顺序以及各个工序中不同作业的时间占用情况，可以直观的得到瓶颈工序以及对生产过程进行 ECRS（取消（Eliminate）、合并（Combine）、重组（Rearrange）、简化（Simplify））分析如图 8-3 所示。图 8-3 是将上面的 4 个作业划分到 2 个工作地，每个工作地包括 2 个作业，自上而下是作业的执行顺序。

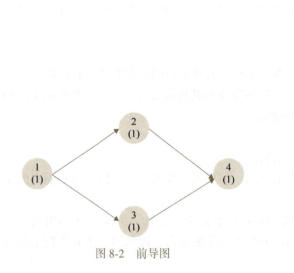

图 8-2　前导图

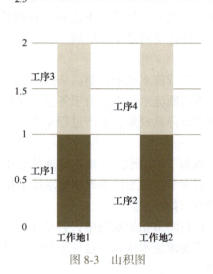

图 8-3　山积图

在流水线平衡设计过程中，还需要注意把握流水线平衡的主要原则：

1）首先应考虑对瓶颈工序进行作业改善，将瓶颈工序的作业内容分给其他工序。

2）适当增加各作业的人员。

3）合并相关工序，重新排布生产工序。

4）分解作业时间较短的工序，将该工序安排到其他工序中。

8.2.1　单品种流水生产线平衡设计

1. 确定流水线节拍

根据第 3.2.1 节的内容，确定流水线生产节拍 R 为

$$R = \frac{T_{效}}{Q} \tag{8-1}$$

式中，R 是流水线节拍；$T_{效}$ 是计划期有效工作时间；Q 是计划期制品产量。

除计划中规定的任务外，还包括不可避免的废品。

2. 确定工作地数量

1）计算所需工作地数量。

$$S = \frac{T_{定额}}{R} \qquad (8-2)$$

式中，S 是计算所得生产线所需工作地数量，当计算所得的工作地数量不是整数时，实际采用的工作地数量应取大于或等于计算值的最小整数，即 $S_e = [S]$；$T_{定额}$ 是产品单件时间定额；S_e 是实际采用的工作地数量。

2）计算工作地负荷系数。计算所得工作地数量与实际采用的工作地数量的比值称工作地负荷系数，表示该工作地的负荷程度。

$$E = \frac{S}{S_e} \qquad (8-3)$$

式中，E 是工作地平均负荷系数，流水线工作地负荷系数应在 0.75~1.05 之内。

另外，除了计算生产线整体的 S，S_e，E 外，上述方法也可以计算某一工序 i 的 S_i，S_{ei}，E_i。

3. 工序同期化

工序同期化是指通过各种可能的技术、组织措施来调整各工作地的单件作业时间，使它们等于流水线的节拍或者与流水线节拍成整数倍关系。

具体措施包括：分解与合并工序；改装机床、改变加工用量、改进工艺装备、合理布置工作地、增加工人等，缩短工序机动时间和辅助时间。

完成平衡后的生产线应满足：

1）不违反作业先后顺序。

2）对每个工作地必须满足 $\sum\limits_{j \in \{1, \cdots, m\}} T_j \leqslant R$，即工作地所有作业的时间总和在节拍范围内。

经过工序同期化后，如果流水线的工作地（设备）负荷系数在 0.85~1.05 之间，一般可组织连续流水线；如果在 0.75~0.85 之间，组织间断流水线；如果刚好是 0.85，可以根据产品生产实际需要采用连续流水线或间断流水线。

【例 8-1】

假设某流水线的节拍为 8min/件，由 13 道工序组成，单位产品的总装配时间为 44min，各工序的作业顺序和每道工序的单件作业时间如图 8-4 所示。试进行工序同期化并计算流水线负荷系数。

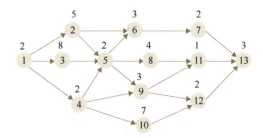

图 8-4 某产品流水线的工序作业顺序和单件作业时间（单位：min）

解：

1）计算装配流水线上的最少工作地数量。

$$S_i = \left\lceil \frac{T}{R} \right\rceil = \left\lceil \frac{44}{8} \right\rceil = \lceil 5.5 \rceil = 6$$

2）工序同期化，由此确定流水线上实际采用的工作地数量。工序同期化通过合并工步进行，即将工步分配到工作地。为工作地分配工步需满足的条件如下：

① 保证各工序之间的先后顺序。

② 每个工作地的作业时间不能大于节拍。

③ 每个工作地的作业时间应尽量相等和接近节拍。

④ 应使工作地的数量最少。

因此，得到工作地分配结果（见表8-1）及对应的各个工序所属工作地分布图（见图8-5）。

表8-1　工作地分配结果

工作地顺序号	工 序 号	工序单件 作业时间/min	工作地单件 作业时间/min	工作地 空闲时间/min
1	1 2	2 5	7	8-7=1
2	3	8	8	8-8=0
3	4 5	2 2	8	8-8=0
4	10	7	7	8-7=1
5	6 7	3 2	8	8-8=0
6	11 12	1 2	6	8-6=2

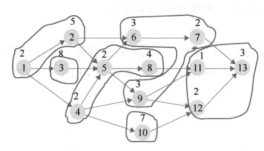

图8-5　某产品流水线工序同期化处理后的工序及工作地分布

3）计算装配流水线负荷系数。

$$K_i = \frac{S_i}{S_{ei}} = \frac{5.5}{6} = 0.92$$

$0.85 < K_i < 1.05$，因此可以组织连续装配流水线。

4. 计算工人人数

为流水线配备工人时，要保证各工作地都能正常工作，还要考虑缺勤率（病、事假等），为流水线准备一部分后备工人。

以手工作业为主的生产线，采用下式计算工人数：

$$P_i = S_{ei} g W_i \tag{8-4}$$

式中，P_i 是第 i 道工序的工人人数；g 是每日工作班次；W_i 是第 i 道工序每一工作地同时工作的工人人数（人/台班）。

以设备加工为主的生产线，采用下式计算工人人数：

$$流水线工人人数 = \frac{\sum 工序设备数(台)}{工人平均设备看管定额\left(\dfrac{台}{人}\right)} \times (1+后备工人百分比) \times 班次 \tag{8-5}$$

8.2.2　多品种流水生产线平衡设计

多品种流水生产线平衡设计过程与单一品种流水生产线的平衡设计具有相似之处，同样包括节拍计算、工作地计算、工序同期化处理等步骤，在此基础上还需进行生产平准化处理。

1. 多品种可变流水线平衡设计

（1）计算节拍　可变流水线的节拍要对每种制品分别计算。计算方法有两种：

1）代表产品法。代表产品法是在流水线所生产的制品中选择一种产量大、劳动量大、工艺过程复杂的制品为代表产品，将其他产品按劳动量换算为代表产品的产量，然后以代表产品来计算节拍。

假设共生产 n 种产品，以产品 i 作为代表产品，则换算后的总产量为

$$Q = \sum_{k=1}^{n} \frac{Q_k T_k}{T_i} \tag{8-6}$$

式中，Q 是换算后总产量；Q_k 是第 k 种产品的计划产量；T_k 是第 k 种产品的工时定额；T_i 是选择的代表产品 i 工时定额。

各制品的节拍为

$$R_k = \frac{T_{效}}{Q} \tag{8-7}$$

式中，R_k 是第 k 种产品的节拍；$T_{效}$ 是计划期的有效工作时间。

2）劳动量比重法。劳动量比重法是按各种制品在流水线上总劳动量中所占的比重来分配有效工作时间，然后据此计算各制品的节拍。

假设生产 n 种产品，总劳动量为

$$L = \sum_{k=1}^{n} Q_k T_k \tag{8-8}$$

每种产品的劳动量比重为

$$l_k = \frac{Q_k T_k}{L} \tag{8-9}$$

每种产品的节拍为

$$R_k = \frac{l_k T_{效}}{Q_k} \tag{8-10}$$

式中，L 是总劳动量；l_k 是第 k 种产品的劳动量比重。

（2）计算工作地数量

$$S_k = \left[\frac{T_k}{R_k} \right] \tag{8-11}$$

式中，S_k 是第 k 种产品所需工作地数量。

经推导可得，所有产品所需的工作地数量是相同的。

（3）工序同期化　针对每个品种的产品，用单品种流水生产线平衡设计的方法计算，此处不再赘述。

2. 多品种混合流水线平衡设计

（1）计算节拍　混合流水线的节拍不是计算某种产品，而是按照产品组计算。其表达式为

$$R_g = \frac{T_{效}}{Q_g} \tag{8-12}$$

式中，R_g 是零件组的节拍；$T_{效}$ 是计划期有效工作时间；Q_g 是产品组数量，即各制品计划期产量之和。

（2）计算工作地数量

$$S = \left[\frac{\sum\limits_{k=1}^{n} Q_k T_k}{R_g \sum\limits_{k=1}^{n} Q_k} \right] \tag{8-13}$$

式中，S 是所需工作地数量；Q_k 是第 k 种产品的计划产量；T_k 是第 k 种产品的工时定额。

（3）混合流水线平衡

1）绘制综合工序图。在进行混合流水线生产时，多个产品可能会有相同的作业工序，不同产品的相同作业应该分配到同一工作地中，所以将多个产品的相同工序合并，形成综合工序图。

2）工序同期化。与单品种流水线类似，进行混合流水线平衡时，也要满足作业顺序限制和各工作地时间限制。可以按照以下原则进行：按任务所处加工区间分配；作业时间较长的工序（综合时间）优先分配。

工作地的时间限制可以表示为

$$\sum_{k=1}^{n} \sum_{j \in \{1,\cdots,m\}} Q_k T_{kj} \leqslant T_{效} \tag{8-14}$$

式中，T_{kj} 是第 k 种产品分配到该工作地的工序 j 的作业工时。

式（8-14）的等式两边同时除以计划期总产量 Q_g，可得到以节拍为约束的工作地时间限制（后续实验中的软件是以节拍限制的）。其表达式为

$$\sum_{k=1}^{n} \sum_{j \in \{1,\cdots,m\}} \frac{Q_k}{Q_g} T_{kj} \leqslant \frac{T_{效}}{Q_g} = R_g \tag{8-15}$$

当产品数量 n 为 1 时，上式就变成了单品种流水生产线的约束。

混合流水线的评价指标主要有：

① 混合流水线负荷率。

$$E = \frac{\sum_{k=1}^{n} Q_k T_k}{SR_g \sum_{k=1}^{n} Q_k} \tag{8-16}$$

② 混合流水线在计划期内的工作时间损失。

$$BD = SR_g \sum_{k=1}^{n} Q_k - \sum_{k=1}^{n} Q_k T_k \tag{8-17}$$

（4）生产平准化　除了流水线平衡外，要在生产中真正实现均衡化，还需做好产品混合生产的计划和组织工作。应合理搭配产品品种，不仅要求生产按节拍不间断地进行，使总体产量达到均衡，而且还必须保证工时和品种的均衡。这样的组织生产方法称为生产平准化。

生产平准化具有以下特点：同一条流水线上有多种产品，在同一时间内循环轮换生产；为达到均衡生产，应减少批量、增加批次；合理选择各品种产品的投产顺序。

实现生产平准化的主要手段是合理安排产品的投产顺序。常用的方法的有生产比例倒数法、逻辑运算法、启发式算法和分支定界法。其中，生产比例倒数法的基本步骤如下：

1）计算生产比。从各品种的计划产量中找出最大公约数，然后计算各品种的生产比：

$$x_k = \frac{N_k}{d_c} \tag{8-18}$$

式中，x_k 是产品 k 的生产比；N_k 是产品 k 的计划产量；d_c 是各产品计划产量的最大公约数。

2）计算生产比倒数 m。m_k 是产品 k 的生产比倒数，用公式表示如下：

$$m_k = \frac{1}{x_k} \tag{8-19}$$

3）确定投产顺序。投产产品的选择规则如下：全部品种中生产比倒数 m 最小的品种先投；在具有多个最小生产比倒数 m 的情况下，晚出现的最小生产比倒数 m 的品种先投；若出现连续投入同一品种的情况，应排除这一品种，在剩下的各种品种中选择晚出现的最小生产比倒数 m 品种先投。

4）标记本轮选择的品种并更新 m 值（即加上该产品的 m 值）。

5）循环步骤 3）和 4），直至所有品种的 m 值大于 1，完成生产平准化。

【例 8-2】

某混合流水线上有 A、B、C 三种产品，平均日产量分别为 40 台、10 台、30 台，一个工作日一班，不考虑停工时间，各产品作业顺序如图 8-6 所示。求混合流水线的节拍 R、S_{min}、综合作业顺序图，并进行混合流水线的平衡。

解：

（1）分别计算三种产品的生产周期

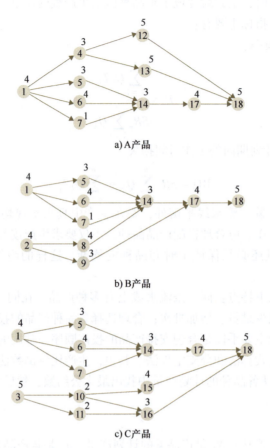

图 8-6　A、B、C 三种产品的作业顺序（单位：min）

$$F_A = 4+3+3+4+1+5+5+3+4+5 = 37(\min)$$

$$F_B = 4+4+3+4+1+4+3+3+4+5 = 35(\min)$$

$$F_C = 4+5+3+4+1+2+2+3+4+3+4+5 = 40(\min)$$

（2）计算混合流水线节拍

$$R = \frac{T}{\sum\limits_{i=1}^{n} N_i} = \frac{1 \times 8 \times 60}{40 + 10 + 30} = 6(\min/\,台)$$

（3）计算最少工作地数量

$$S_{\min} = \left[\frac{\sum\limits_{i=1}^{n} N_i F_i}{c \sum\limits_{i=1}^{n} N_i}\right] = \left[\frac{40 \times 37 + 10 \times 35 + 30 \times 40}{6(40 + 10 + 30)}\right] = 7$$

（4）绘制产品 A、B、C 的综合作业图

针对 A、B、C 三种产品，将相同工序进行归类，不同工序保留先后顺序，形成综合作业图如图 8-7 所示。

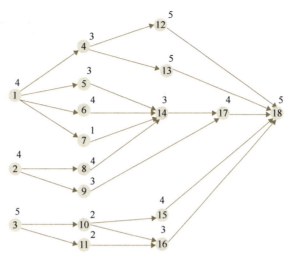

图 8-7　产品 A、B、C 的综合作业图（单位：min）

接下来进行混合流水线的平衡。将综合作业图中的各作业元素合并成工序，要求合并后的工序数尽可能少。要求不违反作业先后顺序，同时必须满足处于同一工作地的所有工序作业时间之和要不大于每天一班的工作时间，即

$$\sum_{1}^{n} d_i \leqslant T \qquad (8\text{-}20)$$

具体平衡步骤如下。

1）按作业先后次序将综合作业顺序图划分成区间，如图 8-8 所示。本例中 A、B、C 三种产品的综合作业图划分成 5 个作业区间。

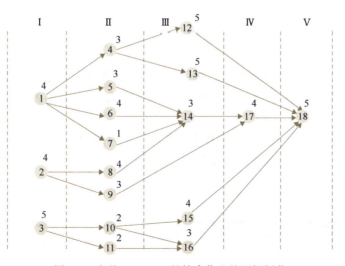

图 8-8　产品 A、B、C 的综合作业的区间划分

2）编制作业元素关系表，明确哪些作业元素的先后次序是可变的，见表 8-2。

表 8-2　A、B、C 三种产品综合作业的作业元素关系表　　　　　（单位：min）

区　间	作业元素	移动的可能性	d_i	区　间	累　计
I	①		320		
I	②		40		
I	③	若移⑮⑯，可移至区间 II	150	510	510
II	④	若移⑫⑬，可移至区间 III	120		
II	⑤		240		
II	⑥		320		
II	⑦		80		
II	⑧		40		
II	⑨	可移至区间 III	30		
II	⑩	若移⑮⑯，可移至区间 III	60		
II	⑪	若移⑯，可移至区间 III	60	950	1460
III	⑫	可移至区间 IV	200		
III	⑬	可移至区间 IV	200		
III	⑭		240		
III	⑮	可移至区间 IV	120		
III	⑯	可移至区间 IV	90	850	2310
IV	⑰		320	320	2630
V	⑱		400	400	3030

3）进行平衡，即进行作业元素分配，并遵循以下原则：

① 按区间顺序进行分配。

② 在同一区间内尽可能先分配 d_i 值较大者，按一日一班计，使 $\sum d_i \leqslant 480\text{min}$，尽可能达到工作地数量最少。

③ 在一个区间内不易继续分配时，可用能够移动的作业元素进行调整。

4）对平衡结果按照流水线平衡的评价指标进行分析，如有必要进行工序的进一步合并。

通过表 8-2，可以看出区间 I、II 和 III 都存在作业时间超出每天一班的生产时间，需要结合作业移动的可能性进行调整，实现平衡。如表 8-2 第三列"移动的可能性"所示，可以做出调整。平衡后结果见表 8-3。

表 8-3　A、B、C 三种产品综合作业平衡后结果　　　　　（单位：min）

区　间	作业元素	d_i	$\sum d_i$	作业元素的移动	修正后的累计时间	作业工序
I	①	320	320			
I	②	40	360			1
I	③	150	510	移至区间 II		
II	④	120			480	

（续）

区 间	作业元素	d_i	$\sum d_i$	作业元素的移动	修正后的累计时间	作业工序
I	③	150	150	移自区间 I		
II	⑤	240	390			2
II	⑩	60	450		450	
II	⑥	320	320	⎫		
II	⑦	80	400	⎬ 移自区间 I		3
II	⑪	60	460	⎭	460	
II	⑧	40	40	⎫		
II	⑨	30	70	⎬ 移自区间 II		
III	⑫	200	270	⎭		4
III	⑮	120	390		390	
III	⑬	200	200			
III	⑭	240	440		440	5
III	⑯	90	90	移自区间 III		
IV	⑰	320	410		410	6
V	⑱	400	400		400	7

再根据混合流水线平衡的评价指标进行平衡效果评价，计算得到：

① 混合流水线在计划期内的工作时间损失

$$BD = SR\sum_{i=1}^{n} N_i - \sum_{i=1}^{n} N_i F_i$$

$$= 7 \times 6 \times (40 + 10 + 30) - (40 \times 37 + 10 \times 35 + 30 \times 40)$$

$$- 330(\text{min})$$

② 混合流水线负荷率

$$E = \frac{\sum_{i=1}^{n} N_i F_i}{SR\sum_{i=1}^{n} N_i} = \frac{3030}{3360} = 0.902 = 90.2\%$$

【例 8-3】

假设某混合流水线上有 A、B、C 三种产品，平均日产量分别为 40 台、30 台、10 台。试确定每日生产批次、每批次批量大小及投产顺序。

根据第 8.2.2 节多品种混合生产流水线平衡设计中生产平准化的五个步骤，由步骤 1）和 2）可得

$$N_A = 40,\ N_B = 30,\ N_C = 10$$

$$d_c = 10$$

$$x_A = 4,\ x_B = 3,\ x_C = 1$$

$$m_A = \frac{1}{4},\ m_B = \frac{1}{3},\ m_C = 1$$

循环步骤 3）～5），计算过程见表 8-4。

表 8-4　生产比例倒数法的计算过程

计算过程	产品品种			投入品种	连　锁
	A	B	C		
1	$\frac{1}{4}$ *	$\frac{1}{3}$	1	A	A
2	$\frac{1}{4}+\frac{1}{4}=\frac{1}{2}$	$\frac{1}{3}$ *	1	B	AB
3	$\frac{1}{2}$ *	$\frac{1}{3}+\frac{1}{3}=\frac{2}{3}$	1	A	ABA
4	$\frac{1}{4}+\frac{1}{2}=\frac{3}{4}$	$\frac{2}{3}$ *	1	B	ABAB
5	$\frac{3}{4}$ *	$\frac{1}{3}+\frac{2}{3}=1$	1	A	ABABA
6	$\frac{1}{4}+\frac{3}{4}=1$	1 *（晚出现且不与上一轮重复）	1	B	ABABAB
7	1 *（晚出现）	$\frac{1}{3}+1=\frac{4}{3}$	1	A	ABABABA
8	$\frac{1}{4}+1=\frac{5}{4}$	$\frac{4}{3}$	1 *	C	ABABABAC
9	$\frac{5}{4}$	$\frac{4}{3}$	$1+1=2$		完成混流顺序编排

注：1. ＊表示当前单元格内的数字（产品的生产比倒数）为这一轮投产产品中生产比例倒数最小，因此表格投入品种列应该填写对应的品种。以第一行为例，标＊的为 A 产品的生产比例倒数 1/4，是 A、B、C 三种产品中生产比倒数最小的，所以投入品种为 A。

2. 各个品种在混合流水线上的流送顺序称为连锁，即一个循环中产品的投产顺序。

所以该流水线每天生产 10 批，每批生产 8 件产品，生产顺序为 A—B—A—B—A—B—A—C。

8.3　生产线建模与仿真

8.3.1　生产线建模与仿真的作用

企业进行生产线设计的过程中，需要围绕如何降低成本并提高生产效率，如何验证生产计划、工艺并消除生产瓶颈，如何针对复杂设备工艺进行虚拟调试、降低物理验证成本等问题，寻求最佳的生产线设计、开发、建造与运营途径。生产线建模与仿真是在初步的产线设计方案基础上，通过计算机软件工具进行三维建模，搭建出数字化生产线，并通过仿真运行，实现在生产线物理实体实际建造之前进行生产模拟的过程。生产线建模与仿真是一种能将实际物理世界的生产线模型化、数字化的一种手段，使项目团队在设计阶段就能将生产线的各种构成要素、运行过程可视化，并快速识别产能瓶颈，同时也为后续的产品工艺验证提供支撑。

企业在规划新生产线或改造现有生产线时，必须明确以下问题：这条生产线用于生产什么产品，生产线运行的目标速度是多少，期望该生产线的生产率是多少，新建或改造的生产线需要的设备是否有空间、场地进行合理布局等。为回答这些问题，采用生产线建模与仿真技术是最为经济和直观的手段。

生产线建模与仿真的主要目的，就是在生产线设计过程中可以预先评估生产线的生产能力，验证工艺路线的合理性，确保设备布局和设备使用的合理性，通过仿真得出的数据及相关结论，优化生产线设计中的资源配置问题和物流管理问题，分析生产线的生产能力和设备的使用率，确定生产瓶颈并进行改善，为生产线的正常运行做好准备。为了对生产线进行优化，达到缩短产品生产周期、提高生产率及资源利用率的目的，生产线仿真技术的发展与应用成为必然。目前，生产线建模与仿真技术主要在物流仿真、布局仿真和工艺仿真三个方面应用较为广泛。其中，物流仿真是针对物流系统进行系统建模，模拟实际物流系统运行状况，并统计和分析模拟结果，用以指导实际物流系统的规划设计与运作管理。布局仿真是指在三维空间中实现车间布局的可视化仿真，以便在生产线建设之前对布局方案进行评估、修改，提高布局规划效率。工艺仿真是对产品的工艺进行验证的过程，借助干涉检查、时间核算等功能，优化生产顺序与路径，既能保证生产质量，又能提高装配效率。

开展生产线建模与仿真主要包括三个关键步骤：

（1）生产工艺规划设计　生产工艺是指其在产品制造过程中，以文件形式对产品制造工艺过程、工艺参数、工艺配方、操作方法等内容的记录，也包括生产过程中用于生产控制的一个或一组文件。

生产工艺规划设计是通过确定生产流程和生产系统构成，对整个生产系统进行合理规划，包括生产系统的布局、生产设备的选择和数量、辅助设备的选择等。

（2）借助计算机软件工具进行生产线建模　生产线建模与仿真分析的关键就是生产线的建模是否正确、合理。仿真模型从本质上反映了实际生产系统的生产能力及各个实体协同运行的合理性。生产线建模一般分为两部分：几何建模和逻辑建模。几何建模是指通过三维建模软件，对进行仿真的生产线上所有的设备，包括加工设备、辅助设备、物流设备等，进行三维建模，要求与设备的实际尺寸相同，保证仿真的真实性。逻辑建模是指通过逻辑控制实现对生产系统的控制，包括生产资源的选择，资源对象的交互等。

（3）仿真优化　通过建立生产线模型，能够精确、真实地模拟生产线的空间布置、运行情况，验证生产线产能、节拍、存储等规划设计要素的合理性，发现系统运行的瓶颈和对方案进行优化，使生产线布局更合理有效。

因此，仿真优化是指对生产线进行建模并完成生产线的仿真，基于所得到的仿真结果进行分析，找出生产线的生产瓶颈，如设备利用率、生产线在制品数量、某工位的工序能力。在此基础上，能够预测生产线的性能、制造成本、可制造性，从而更经济有效、灵活地组织制造生产，使资源得到合理配置，从而提高整个生产线的生产效率，培训员工的设备操作能力以及生产宏观掌控能力。

8.3.2　常用的生产线建模与仿真工具

1. Tecnomatix

Tecnomatix 是德国西门子公司开发的一个综合性的数字化制造解决方案系统，通过同步产品工程、制造工程和生产实现创新。它建立在 Teamcenter 最佳的产品生命周期管理（PLM）平台基础之上，是目前市场上功能最多的一套综合性制造解决方案。为了应对不断变化的市场需求，企业需要借助 Tecnomatix 的诸多功能来提升制造效率、降低生产成本、优化制造过程。

Tecnomatix 通过将所有制造专业领域与产品工程设计联系起来实现创新，其中包括流程布局和设计、流程模拟/工程以及生产管理。本书的生产线建模仿真实验主要使用 Tecnomatix 平台的 Plant Simulation、Process Designer 和 Process Simulate 三种软件。

Plant Simulation 主要用于工厂、生产线及物流仿真，能够对车间布局、生产物流设计、产能等生产系统的其他方面进行定量的验证并根据仿真结果找出优化的方向。Plant Simulation 软件的用途包括：①布局规划及仿真。Plant Simulation 能够通过遗传算法等优化工具能够根据各作业单元的物流量对各作业单元进行优化排序，从而能够实现对车间布局的规划及仿真验证。②生产线产能仿真及优化。Plant Simulation 能够对分布函数及故障率等概率事件进行仿真模拟，从而能够相对准确地计算生产线的产能并根据仿真统计结果发现生产线的瓶颈，为生产线的优化指明方向。③车间物流仿真。Plant Simulation 能够对车间物流系统进行建模仿真，对车间物流设计方案进行验证。

Process Designer 主要用于工件、工装的导入以及工作环境布局。通过对整条生产线进行二维及三维的布局，完成生产布局，建立三维可视化工厂。三维工厂的设计与二维的设计方法相比，其可视化更好，工厂布局一目了然，更加形象具体，同时更容易优化资源配置及布局安排，减少不必要的劳动成本浪费，节约劳动时间。Process Designer 的用途包括：①构建虚拟仿真环境。通过利用二维/三维数据，捕捉和维护制造过程知识，管理制造流程，管理生产中的资源、产品和工厂数据，为规划和验证零件制造过程提供虚拟环境。②生产线设计和制造过程建模。ProcessDesigner 能够基于在分类库中捕捉的制造资源对过程进行建模。只需把合用的资源对象拖拽到规划树中，并根据实际产出目标，调整各制造环节的顺序和检查过程瓶颈。③变更管理和规划方案。用户能够根据企业的业务目标和制造资源约束，比较不同的规划方案，以期识别和采用最佳制造实践。

Process Simulate 主要用于生产及装配过程的模拟，在 Process Designer 已经搭建好的三维工厂生产线上，完成包括装配人员的动作模拟、运输设备的运动路径以及相关机床的运动状态模拟等工作，最终以动态仿真的形式输出装配过程视频。在 Process Simulate 进行仿真的过程中，可以发现生产线所存在的问题，如设备闲置、生产瓶颈等，可以再次对生产线的布局与工艺相关进行优化。

（1）零件规划与验证　使用 Tecnomatix 零件规划与验证（Part Planning and Validation）功能，对零件和用来制造这些零件的工具制定生产工艺并确定生产流程，如流程排序、资源分配等，并验证工艺流程。软件的具体应用包括模拟制造流程，管理制造流程，管理生产中的资源、产品和工厂数据，为规划和验证零件制造过程提供虚拟环境。为了准确制订零件的制造计划，Tecnomatix 将制造机会与生产直接关联起来，使生产效率最大化。

（2）装配规划与验证　Tecnomatix 装配规划与验证（Assembly Planning and Validation）提供了一个虚拟制造环境来规划产品的装配制造过程，并对装配制造方法进行验证和评估，检验装配过程是否存在错误，零件装配过程中是否存在碰撞。通过 Tecnomatix 装配规划与验证，可以在虚拟环境中设计和评估装配工艺计划，以便快速制订产品制造的最佳计划；可以用来同步产品和制造要求，管理更全面的过程驱动设计（装配设计）；可以更清楚地了解装配顺序、资源和活动持续时间；可以通过仿真灵活地检查制造流程，而不会影响当前实际正在执行的制造流程。

（3）工厂设计与优化　Tecnomatix 的工厂设计与优化（Plant Simulation）功能是通过建立基于参数的三维智能对象，更迅速地对工厂布局进行设计。Tecnomatix 对虚拟环境下的工厂进行设计，利用可视化技术对生产线的布局进行设计，并对生产系统中的物流状态进行分析并得出优化结果。在这个仿真过程中，可以发现所设计生产线的生产瓶颈与设计缺陷。在这个离散事件的仿真过程中，工厂内的物料流、生产过程、设备利用率都能得到监控和改进。

（4）机器人与自动化计划　Tecnomatix 的机器人和自动化计划解决方案为开发机器人和自动化制造系统提供了共享环境。该解决方案满足多层次的机器人仿真和工作单元开发需求，能够在处理单个机器人和工作台的同时，也满足完整生产线和生产区域的处理需求。

借助 Tecnomatix 机器人和自动化计划，制造商可以通过产品生命周期管理平台进行虚拟开发、模拟和调试机器人和其他自动化制造系统。这些系统可以从生产特种产品的工厂应用到使用各种生产方法的混合模式工厂。

2. Arena

Arena 是由美国 Systems Modeling 公司于 1993 年开始基于仿真语言 SIMAN 及可视化环境 CINEMA 研制开发并推出的一款可视化及交互集成式的商业化仿真软件，目前属于美国 Rockwell Software 公司的产品。Arena 在仿真领域具有较高的声誉，其应用范围十分广泛，覆盖了包括生产制造过程、物流系统及服务系统等在内的几乎所有领域。

（1）可视化柔性建模　Arena 将仿真编程语言和仿真器的优点有机地整合起来，采用面向对象技术，并具有完整的层次化体系结构，保证了其易于使用和建模灵活的特点。在 Arena 中，对象是构成仿真模型的最基本元素。由于对象具有封装和继承的特点，仿真模型具有模块化特征和层次化结构。

（2）输入/输出分析器技术　Arena 提供了专门的输入/输出分析器来辅助用户进行数据输入处理和输出数据的预加工，有助于保证仿真研究的质量和效果。输入分析器能够根据输入数据来拟合概率分布函数，进行参数估计，并评估拟合的优度，以便从中选择最为合适的分布函数；输出分析器提供了方便易用的用户界面，以帮助用户简便、快捷地查看和分析输出数据。

（3）定制与集成　Arena 与 Windows 系统完全兼容。通过采用对象链接与嵌入（OLE）技术，Arena 可以使用 Windows 系统下的相关应用程序的文件和函数。例如，将 Word 文档或 AutoCAD 图形文件加载到 Arena 模型中，对 Arena 对象进行标记以便作为 VBA 中的标志等。此外，Arena 还提供了与通用编程语言的接口，用户可以使用 C++、Visual Basic 或 Java 等编程语言，或者通过 Arena 内嵌的 Visual Basic for Application（VBA）编写代码，来灵活地定制个性化的仿真环境。针对不同需求的用户，Arena 开发了 Arena Basic Edition、Arena Standard Edition 和 Arena Professional Edition 三个不同的版本。

3. Witness

Witness 是由英国 Lanner 公司开发的一款功能强大的仿真软件系统。它既可以应用于离散事件系统仿真，同时又可以应用于连续流体（如液压、化工和水力等）系统的仿真，应用领域包括汽车、食品、化工、造纸、电子、银行、财务、航空、运输业及政府部门等。

（1）采用面向对象的交互式建模机制 Witness 提供了大量的模型元素和逻辑控制元素。前者如加工中心、传送设备和缓冲存储装置等；后者如流程的倒班机制以及事件发生的时间序列等。用户可以很方便地通过使用这些模型元素和逻辑控制元素建立起工业系统运行的逻辑描述。在整个建模与仿真过程中，用户可以根据不同阶段的仿真结果，随时对仿真模型进行修改，如添加和删除必要的模型元素。并且在修改完毕后，仿真模型将继续运行，而不需要重新返回到仿真的初始时刻。

（2）直观、可视化的仿真显示和仿真结果输出 Witness 提供了非常直观的动画展示。在仿真模型运行的过程中，可以实时地用动画显示出仿真系统的运行过程，并以报表、曲线图和直方图等形式将仿真结果实时输出，以辅助建模和系统分析。

（3）灵活的输入/输出方式 Witness 提供了与其他系统相集成的功能，如直接读写 Excel 表，与 ODBC 数据库驱动相连接，以及输入描述建模元素外观特征的 CAD 图形文件等，以实现与其他软件系统的数据共享。

（4）建模功能强大，执行策略灵活 Witness 提供了30多种系统建模元素，以及丰富的模型运行规则和属性描述函数库，允许用户定制自己领域中的一些独特的建模元素，并能够通过交互界面定义各种系统执行的策略，如排队优先级和物料发送规则等。

4. Flexible Line Balancing

Flexible Line Balancing 是一款较为简单通用的流水线平衡软件，可以快速、简便地将任意数量的工序分配到生产线的工作站，以降低人力成本。该软件可以保存整个流程描述和摘要图以及单个工作任务，并可以构建工作任务库，以及随时将新的任务或任务组插入装配线流程中。

Flexible Line Balancing 使用 COMSOAL（Computer Method of Sequencing Operations or an Assembly Line，装配线的计算机排序操作方法）算法进行工作任务分配，将其分配到具体工作站中。COMSOAL 是一种经过测试和验证的方法，可以获得最佳的装配线平衡解决方案。借助计算机的强大功能，这种方法可以在几秒钟内完成数百或数千次计算，直到找到最佳解决方案。Flexible Line Balancing 可以在标准元素任务库中定义和保存工作任务，并可以在装配线更新优化或构建其他流程场景时重复使用。

Flexible Line Balancing 软件的主要特性总结如下：

1）依赖于 COMSOAL 算法，软件总可以找到最优方案。

2）随着作业单元数据被输入到程序中，程序会自动生成一个优先顺序图。当程序求解问题的时候，优先顺序图中的节点会按照工站自动着上不同的颜色，同时对不同的工站会有相应的工作单元提示。

3）当程序得到最优方案后，程序将给出一个图表，图表上将显示哪些工作单元被分配到哪个工站，以及各个工站总周期时间和生产线瓶颈时间的对比。

4）可以即时编辑平衡结果。可利用鼠标将工作单元从一个工站移动到另一个工站。Flexible Line Balancing 显示了一个任务在其约束内的能移动到的所有工站。

5）可以处理任意类型的约束。工作单元可以是独立的、紧前的、紧后的、分组或者其他情况。因此，可以在输入工作单元的时候选择约束的类型。

6）可以设置标准时间（Standard Time，ST）。ST 可以是任意的时间单位，如秒、分、小时等。

7）保存单个工作单元或者整个制程，将它们导入新的生产线平衡问题中。可以从存储工作单元的库中建立新的生产线平衡问题。

8）该软件支持从 Excel 导入数据，同时支持完整的数据编辑、查看和预览工作单元汇总、优先图和工站分配图。

 ## 8.4　生产线平衡与仿真实验

8.4.1　基于 Flexible Line Balancing 的生产线平衡实验

1. 实验目的

1）掌握生产线平衡问题中工序及工序间约束的形式化描述、生产线平衡的基本思路、平衡效果的评价指标。

2）熟练使用 Flexible Line Balancing 进行生产线平衡。

3）了解生产线平衡的求解算法。

2. 软件基本功能与操作

以图 8-9 所示的生产作业前导图为例，该生产过程包括 13 个作业元素，圆圈内数字表示作业编号，圆圈外数字表示作业工时，箭头表示作业之间的关系。

首先在软件中定义上述生产过程，如图 8-10 所示，图中"ST"表示作业工时，"Elem Task #"表示作业编号，"Prec"表示该作业的前置作业。输入信息后，在软件下方会展示相应的前导图，可以检查输入是否正确。

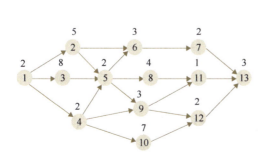

ST	Elem Task #	Prec
2	1	
5	2	1
8	3	1
2	4	1
2	5	2,3,4
4	8	5
7	10	4
3	9	4,5
2	12	9,10
1	11	8,9
3	6	2,5
2	7	6
3	13	7,11,12

图 8-9　生产作业前导图（单位：min）　　　　图 8-10　作业输入

完成生产过程输入后即可进行生产线平衡计算。用户可以输入生产节拍，软件会计算出相应的平衡结果，如图 8-11 所示。平衡结果包括所需工作地数量、工作地包含的作业内容、工作地平均负荷系数。注意：软件并没有作业分解的功能，所以生产节拍必须大于所有作业工时。如果有生产节拍小于现有作业工时的需求，用户需要自行对作业进行拆分，缩短作业工时。

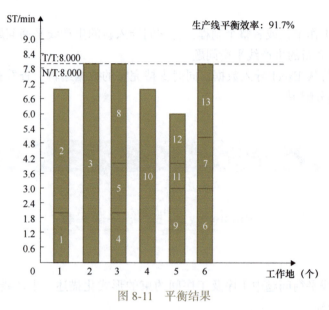

图 8-11　平衡结果

完成平衡后再回到生产过程定义界面，可以看到作业按照所属工作地划分到一块，前导图中用颜色作为区分，如图 8-12 所示。

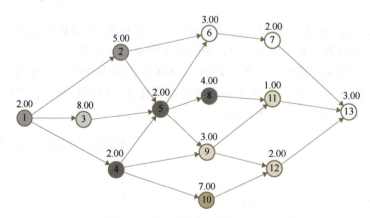

图 8-12　作业划分（单位：min）

3. 实验内容

根据以下给定的实验数据进行生产线平衡：某混流生产线每天需生产 A、B、C 三种型号的产品 35 件、25 件、20 件，采用一班 8h 的工作方式，不考虑停工时间，三种产品的工序流程图如图 8-13 所示。试对该生产线进行平衡（绘制综合工序图，计算节拍、工作地数量，工序划分结果，平衡评价指标，三种产品的投产顺序）。

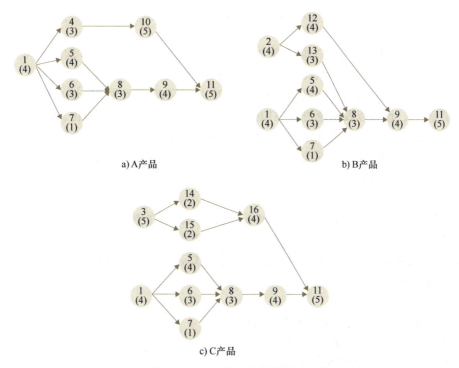

a) A产品

b) B产品

c) C产品

图 8-13　产品 A、B、C 的工序流程图（单位：min）

4. 实验步骤

1）整理案例中的信息，计算节拍和所需工作地数量。

2）在软件中输入整理后的数据，对比软件生成的前导图，确保输入准确无误。

3）设置节拍，运行软件得到平衡结果，记录相关数据。

4）改变节拍（6、8、10min），得到不同节拍下的平衡结果。

5）整理分析实验结果，撰写实验报告。

5. 实验报告要求

1）完整描述实验过程，如综合工序图的绘制、不同节拍下的工序调整、输入与输出的数据等。

2）详细分析不同节拍下平衡结果。

3）介绍 2~3 种生产线平衡算法。

4）写下实验过程中的心得体会，以及对本次实验的建议。

8.4.2　基于 Tecnomatix 的生产线仿真实验

1. 实验目的

1）掌握生产线仿真相关概念与操作步骤，实现利用生产线仿真达到产线优化的目的。

2）熟练使用 Tecnomatix 平台的 Plant Simulation、Process Designer、Process Simulate 软件进行生产线仿真建模。

3）可以使用 Plant Simulation 工具完成生产线平衡计算。

4）掌握生产线平衡计算在生产线仿真建模中的具体应用。

2. 软件基本功能

（1）规划与管理　在一个三维环境中管理产品和流程知识，包含多款协作和分析工具，以数字化形式进行制造规划，从而避免因设计缺陷引起的生产中断。

（2）仿真与验证　验证制造规划中制定的工艺和资源，提供一次性合格的制造计划；借助对生产流程、设备以及系统进行虚拟验证，实现制造智能化、快速化、精益化；在生产实施前提早验证流程计划，确保定义的操作、资源以及系统配置一次性合格。

（3）发布与生产　无缝集成制造规划与生产系统，进而实现产品的完美发布；在规划与生产系统之间建立直接关联，有助于减少产量提升期间的安装、生产和质量问题。

3. 实验内容

（1）实验背景　本实验以常用的小型无人机核心部件的装配线为背景，针对原有固定站位式装配方式，即要在同一工位完成试装、核心部件装配、外部管路装配等多项工序，生产效率较低，无法满足生产需求等问题，开展脉动式装配线的生产线建模与仿真，为后续脉动式装配线建设进行方案验证。

（2）实验要求

1）构建脉动式装配线数字化三维工装模型。

2）建立整机数字化虚拟装配环境。

3）实现整机装配工艺数字化虚拟装配。

4）进行生产线任务分配与功能区设置。

4. 实验步骤

（1）实验准备

1）数据收集。针对该条装配线，收集当前场地信息，如工作区面积、工作区划分，并根据场地信息构建厂区/车间的二维图样。

另外，需要收集工作区中如装配台架、置物架等固定工装或如气密性检测设备等固定位置设备的位置信息、尺寸信息，以及生产过程中所使用如扳手、锤子之类的常见工装或如工艺燃烧室机匣等专用工装的相关图样或尺寸。

目前场内共计22个标准工作区，根据数据收集结果，绘制厂区单一标准工作区的二维图，如图8-14所示。

同时，需要该装配线所生产产品的工艺文件以及各工序用时。收集到各工序用时情况见表8-5。

表8-5　各工序用时

工序序号	工序名称	排产单件工时/h	实作单件工时/h
1	选配	7	7
2	试装	26	26
3	核心机装配	27	27
4	外部管路	22	22
5	打压、翻转	9	9
6	试车前终检	1.2	1.2

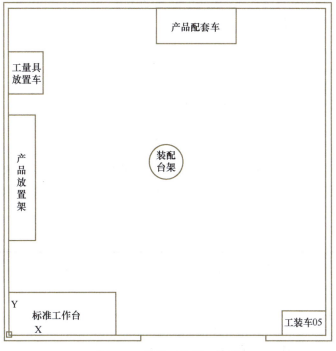

图 8-14　标准工作区二维图

假定综合生产计划为 300 台/年，综合考虑节假日、周末等相关因素，每年工作时间为 250 天，每天工作时间为 10h。

2）三维模型构建。根据收集的尺寸信息以及具体的工装二维模型，进行三维模型构建，并转换为 Tecnomatix 软件仿真专用的轻量化 JT 格式文件。部分模型如图 8-15 所示。

a) 1CZ060锁紧片专用钳　　b) 1CZ163电机放置架　　c) 5CZ333工艺低压涡轮分解工装　　d) 1CZ065风扇轴内孔堵塞

e) 1CZ171拆电机工装　　　　f) 1CZ042工艺低压涡轮机匣　　　　g) 1CZ134工艺燃烧室机匣

图 8-15　工装建模图

（2）基于生产线平衡计算的生产线功能区配置方法

1）计算生产线初步设计方案。

$$R = \frac{T}{Q} \tag{8-21}$$

式中，R 为生产节拍；T 为年度总有效工时；Q 为计划总产量。

根据条件计算得出需要的生产节拍 R 为 2.5（h/台）。

$$S_i = \frac{t_i}{R} \tag{8-22}$$

式中，S_i 为第 i 道工序需要的工作区数量；t_i 为该工序单件的排产工时；R 为生产节拍。

然后将各个工序的排产单件工时代入计算，得出表 8-6 所示各工序的工作区数量计算值。

表 8-6 各工序的工作区数量计算值

工 序 序 号	工 序 名 称	排产单件工时/h	工作区数量（个）
1	选配	7	2.4
2	试装	26	10.4
3	核心机装配	27	10.8
4	外部管路	22	8.8
5	打压、翻转	9	3.6
6	试车前终检	1.2	1.2

由于计算出的工作区数量不是整数，所以按照计算结果的近似值进行初步设计，各工序分配的工作区数量见表 8-7。

表 8-7 初步设计各工序的工作区数量

工 序 序 号	工 序 名 称	工作区数量（个）
1	选配	2
2	试装	10
3	核心机装配	10
4	外部管路	8
5	打压、翻转	4
6	试车前终检	2
总计		36

2）使用 Plant Simulation 建立模型进行生产线仿真。根据表 8-7 的设计方案和工序的基本信息，在仿真软件 Plant Simulation 中建立生产线模型，如图 8-16 所示。建立 6 道工序的生产线，每道工序内部按照分配好的工作区配置方案来配置对应的工作区数量和工作区中工序的排产单件工时，如图 8-17 所示。最后根据实际情况设置工人工作班次时间，如图 8-18 所示。

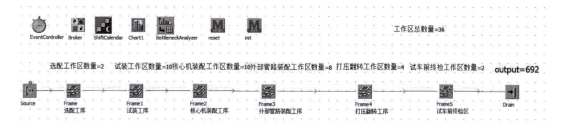

图 8-16　初步布置方案下生产线的 Plant Simulation 模型

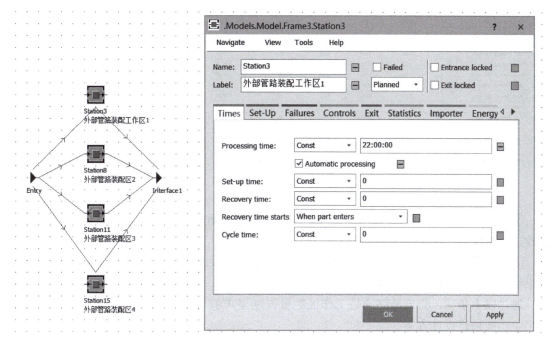

图 8-17　管路装配工序的工作区设置和工时设置

图 8-18　工人工作班次时间设置

　　图 8-16 中给出了当前生产线仿真后的结果，其结果就是图 8-16 中的"output"，即年产量为 692 台，并不符合年产量 1000 台的要求，而且工作区数量上限为 22 个，初步设计方案

中分配了 36 个，超出了工作区数量限制。因此，还需要进一步优化设计，得到满足方案要求的最佳生产线设计方案。

3）通过仿真优化设计方案。

① 使用仿真软件自带的 Bottleneck Analyzer 部件来分析当前生产线中的瓶颈工序，其分析结果如图 8-19 所示。从图中可以得出，最需要改进的工序图中的 Frame、Frame1～Frame5 指代六种工序，排在最后面的就是对最终产量影响最小的工序，可以减少该工序的工作区数量。

string	object 1 资源	real 2 工作中	real 3 已设置	real 4 等待中	real 5 已堵塞	real 6 poweringUpDown	real 7 已中断	real 8 已停止	real 9 暂停	real 10 排序准则
1	root.Frame.Station	34.87	0.00		0.00	0.00	0.00	0.00	65.13	34.87
2	root.Frame3.Station3	26.40	0.00	8.47	0.00	0.00	0.00	0.00	65.13	26.40
3	root.Frame2.Station2	26.34	0.00	8.54	0.00	0.00	0.00	0.00	65.13	26.34
4	root.Frame2.Station6	26.29	0.00	8.58	0.00	0.00	0.00	0.00	65.13	26.29
5	root.Frame3.Station8	26.29	0.00	8.58	0.00	0.00	0.00	0.00	65.13	26.29
6	root.Frame2.Station10	26.20	0.00	8.67	0.00	0.00	0.00	0.00	65.13	26.20
7	root.Frame3.Station11	26.13	0.00	8.74	0.00	0.00	0.00	0.00	65.13	26.13
8	root.Frame2.Station12	26.04	0.00	8.83	0.00	0.00	0.00	0.00	65.13	26.04
9	root.Frame3.Station15	25.97	0.00	8.90	0.00	0.00	0.00	0.00	65.13	25.97
10	root.Frame.Station1	25.91	0.00	8.97	0.00	0.00	0.00	0.00	65.13	25.91
11	root.Frame2.Station	25.88	0.00	8.99	0.00	0.00	0.00	0.00	65.13	25.88
12	root.Frame1.Station7	25.79	0.00	9.08	0.00	0.00	0.00	0.00	65.13	25.79
13	root.Frame1.Station9	25.63	0.00	9.24	0.00	0.00	0.00	0.00	65.13	25.63
14	root.Frame1.Station13	25.48	0.00	9.40	0.00	0.00	0.00	0.00	65.13	25.48

图 8-19　瓶颈分析结果

② 减少对最终产量影响最小的工序的工作区数量，重新设置整个生产线模型，然后仿真改进后的模型，得出改进后生产线的年产量。

③ 观察仿真结果是否满足工作区数量限制要求：如果没有满足，则继续从第①步开始；如果满足要求，则得出生产线最终设计方案。

通过以上步骤，得出最终满足工作区数量限制要求的生产线模型，如图 8-20 所示，并得出生产线最终设计方案。

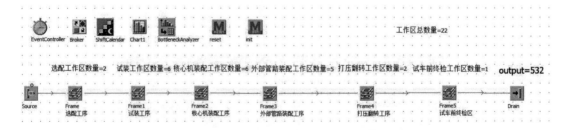

图 8-20　生产线最终设计方案的仿真结果

生产线最终设计方案见表 8-8。

表 8-8　生产线最终设计方案

工序序号	工序名称	工作区数量（个）
1	选配	2
2	试装	6

（续）

工序序号	工序名称	工作区数量（个）
3	核心机装配	6
4	外部管路	5
5	打压、翻转	2
6	试车前终检	1
总计		22
年产量（件）		532

（3）Process Designer 环境下产品模型导入及工作环境布置　由于 Process Designer 只支持轻量化的三维模型格式 . cojt，故在上述数据收集完成后，需要对除装配工艺文件外的各类数据进行数据转换，将各类软件（CATIA、Creo、SolidWorks、NX 等）绘制的三维模型经格式转化软件 CrossManager 转换为 . jt 格式。最后通过添加文件夹（将 . jt 格式文件添加到文件夹，并将文件夹重命名为 . jt 文件的名称，在文件名后添加 . cojt）的操作完成数据转换。

1）建立产品库与资源库。将格式转换完成的 . cojt 文件夹导入，形成产品库与资源库，方便后续工作的取用。

2）建立产品结构树。将产品按照装配顺序与装配层次构建装配结构树，构建完成后，将产品库中的零件以拖动的形式分配到对应的装配体（Compound Part）文件夹，形成产品结构树。

3）创建工艺树。工艺树又称装配操作树，按照工位划分原则，将装配线划分几个工位，工位下面是具体的装配操作步骤，依据获取的装配工艺卡片，将对应工艺信息输入装配操作树的对应位置，完成工艺树的创建，并将产品树中的零部件拖入所要装配的工位。

4）完善资源树。在工艺树创建完成后，系统会自动生成与工艺树结构完全相同的资源树，打开各工步节点，将资源树中的设备模型及工装模型拖入工步节点，完成资源树的创建。

（4）人体模型导入与产品模型拆分布置　将人体模型导入工装分类中，然后在“Human”指令栏对人体模型进行动作设定，包括对零件进行的操作，如自动抓取（Auto Grasp）、移动对象（Place Object）等，也有对人体本身的动作设定，如行走路径创建（Walk Creator）等。如图 8-22 所示为“Human”指令栏。

图 8-21　“Human”指令栏

对相关部件进行拆分，将本工位涉及的零件按照装配过程的实际工作环境进行布置，如图 8-22 所示。放置零件时，若有多个相同零件，应注意对应位置及对应组装关系。

（5）Process Simulate 环境下关键装配工艺仿真　装配工艺仿真是指根据建模过程中规划好的装配顺序，在虚拟环境中进行模拟实际装配的过程。在这一过程中，需要对零部件的装配路径、操作工人与设备的运动路径进行规划。仿真过程借助干涉检查、可达性检查、可视性检查等手段对规划好的装配顺序和装配路径进行不断改进的过程，即为装配工艺优化。

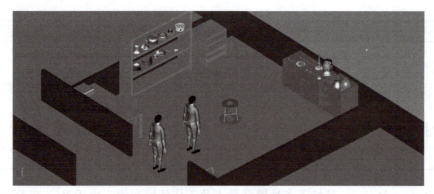

图 8-22　试装区的产品摆放

两者之间关系紧密、相辅相成。

1）装配路径规划方法。零部件的装配路径是指从零部件的初始位置到正确安装位置之间的运动轨迹。合理的装配路径不仅有助于提高装配效率和质量，而且还会减轻工人劳动强度，避免反复拆装。在传统的装配工艺规划过程中，只能根据工艺人员的经验规划装配顺序，并没有或很少对装配路径进行规划，而且工艺卡片中也没有对零部件装配路径的明确指导。所以，有必要借助虚拟装配仿真环境对零部件的装配路径进行合理规划与优化。

借助虚拟环境进行装配路径规划主要有以下两种途径：

① 在装配线建模时先将产品各零部件拆分，将零部件放至初始位置，然后依据经验知识，自主设定起点到终点之间的装配路径，通过干涉检查，得到仿真结果，判断路径是否合理，若不合理，则通过重新寻找路径节点的方法，解决干涉问题，最终形成一条合理的装配路径。具体装配路径规划方法如图 8-23a 所示。

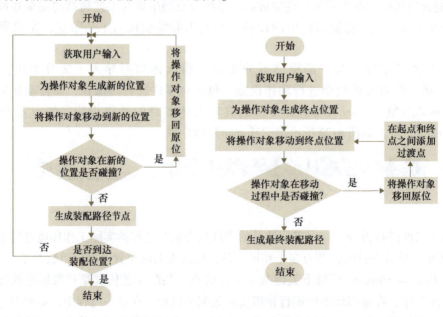

a）产品零件拆分模式下的装配路径规划　　　　b）产品零件不拆分模式下的装配路径规划

图 8-23　装配路径规划方法

② 装配线建模时，并不拆分产品，在装配工艺仿真时，拆卸各零部件，在拆卸的过程中进行干涉检查，防止拆卸过程的干涉，并记录起点到零部件放置点之间的过渡点，在进行装配操作时，按照过渡点进行装配即可，由此规划出合理的装配路径。具体装配路径规划方法如图 8-23b 所示。

通过上述两种方法的流程图可以看出，第二种装配路径规划方法的步骤明显少于第一种规划方法，可以提高装配工艺规划效率。第二种方法也是目前最常用的基于仿真的装配路径规划方法。

2）干涉检查。干涉检查是指在装配过程中，针对零部件之间、零部件与工装/设备之间可能发生相互阻挡而影响正常装配的情况进行的检查、验证。它是检验装配顺序规划与装配路径规划合理性的重要判定标准之一。合理装配路径的首要前提是零部件在运动过程中不会与生产现场其他零部件和设备工装发生干涉。零部件之间发生干涉状况会导致零部件的装配效率降低、装配质量下降，以及零部件不能顺利装配，严重的还有可能导致产品报废。产品在装配过程中发生干涉的原因主要有以下几种：

① 装配工艺设计时，零部件的装配顺序设计不合理导致装配干涉。

② 装配工艺设计时，零部件的装配路径设计不合理导致装配干涉。

③ 零部件设计或制造过程中发生错误，导致零部件的几何形状或尺寸产生缺陷，不能正常装配导致装配干涉。

借助虚拟环境进行干涉检查，可以发现上述干涉产生的原因，并在装配工艺设计与仿真过程中将第①②类问题解决，将第③类问题反馈给设计部门解决。

干涉检查可分为动态干涉检查与静态干涉检查。动态干涉检查是指在零部件按照轨迹运行过程中与其他设备或零部件发生干涉的情况，如图 8-24a 所示。动态干涉检查可以检查上述第①②类干涉原因，并通过反复优化装配顺序与装配路径的方式得到合理的装配方式。静态干涉检查是指在零部件静止状态时与其他设备或零部件发生干涉的情况，如图 8-24b 所示。静态干涉检查多可以检查上述第③类干涉原因，并将其反馈全产品设计与制造部门予以解决。

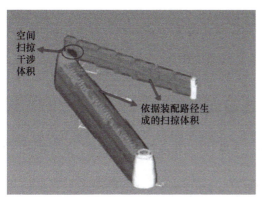
a) 动态干涉检查

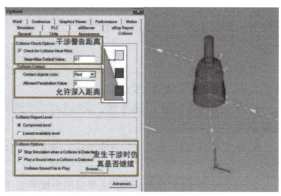
b) 静态干涉检查

图 8-24 干涉检查

3）可达性检查和可视性检查。

① 可达性检查。可达性检查是指在产品装配过程中，目标零部件的初始位置或终点位置是否在人体或设备的可操作性范围之内，如图 8-25 所示。可达性检查是检验装配路径规划与设备工装布局合理性的重要判定标准。零部件摆放位置的可达性较差会导致装配工人操作环境差，间接影响装配效率与装配质量。可达性检验可以优化零部件装配路径与零部件初始摆放位置，得出合理的装配方式。

② 可视性检查。可视性检查是指在产品装配过程中，目标零部件在装配过程中是否在操作工人的可见视野之内。可视性检查也可以作为判定装配顺序与装配路径规划合理性的标准。产品装配可视化情况较差会导致装配难度增大，且装配过程中的误装错装率会大大提高。可视性检查可以优化调整零部件装配顺序，检查工人装配操作空间的合理性，如图 8-26 所示。

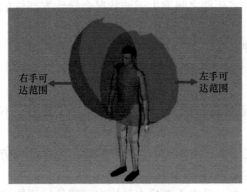

图 8-25　可达性区域

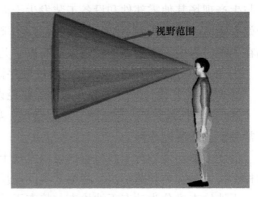

图 8-26　可视性区域

5. 实验报告要求

1）完成产品装配数字化建模与仿真研究报告。

2）实验过程中记录生产线平衡优化过程，借助软件完成生产线仿真的操作过程。

3）记录实验过程中的心得体会，以及对本次实验的建议。

【习题与研究思考】

习题

1. 简述什么是流水生产，以及流水生产的主要特点。

2. 简述流水生产线的主要分类。

3. 简述生产线平衡的主要步骤，说明生产线平衡的评价指标及其含义。

研究思考

1. 结合【例 8-2】思考，是否能够将工序进一步合并，实现一个工作地设置多个工位，达到减少工作地数量的目的？

2. 结合【例 8-3】思考，为什么要采用小批量生产且混流编排生产顺序？这种方式的优点有哪些？可以从及时交货、库存的角度考虑。

3. 结合虚拟现实、增强现实等技术，查阅相关文献总结生产线建模与仿真过程中应用虚拟现实或增强现实的可能性。

第 3 篇 ▶
研 究 选 题

研 究 选 题

　　有效帮助学习者提高对专业基础知识的掌握程度，提升融合专业知识解决实际问题的能力，是专业课程教学改革的重要目标之一。本篇在前述篇章的基础上，介绍了从基础知识、科研项目、企业需求等角度指导学生进行研究选题，并运用所学专业基础知识解决具体问题的方法、过程，包括如何进行研究选题，以及如何开展选题研究与评价两部分内容。

第9章
如何进行研究选题

【学习目标】

1. 能够清晰描述开展研究选题的目的与意义。
2. 能够结合课程知识点选择合适的研究选题。
3. 能够根据确定的研究选题撰写开题报告。

【知识点思维导图】

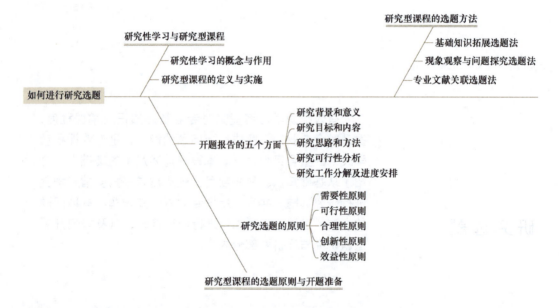

9.1 研究性学习与研究型课程

9.1.1 研究性学习

"生产计划与控制"作为工业工程专业的一门核心课程,最终目标是要实现学生能够运用课程的基础知识解决实际工程问题。那么，有哪些实际工程问题可以用到本书基础知识模块所阐述的内容呢？学习者又该如何灵活运用这些知识去发现新知识、提出新方法？如果在专业课的学习过程中，始终带着这样的疑问去不断发现问题，并思考运用课程的基础知识及相关学科的知识/技术去解决问题，将极大地提升学习者主动思考、创新创造的能力。

研究性学习就是以培养学生发现问题、提出问题从而解决问题的能力为基本目标，以学生在参与的社会活动、生产实习或实践中获得的各种课题或项目设计、作品设计与制作等为基本学习载体，融合课程基础知识与教师教学指导，实现在提出问题和解决问题的过程中学习知识、创造知识的学习方法。研究性学习主要与传统的接受性学习相对。一般来讲，凡是学生通过自己亲身参与的实践活动（如观察、调查、访谈、实验、设计、制作、评估等）获取知识、得出结论、形成产品，而不是由教师将现成的知识、结论通过讲解传授的方式教学直接教给学生的学习方式，都属于研究性学习。

因此，为提升专业课在人才培养中的核心作用，鼓励在"生产计划与控制"课程学习过程中，采用研究性学习的方式，以提高学生发现问题、提出问题和解决问题的能力。研究性学习这种方式在"生产计划与控制"等专业课学习中的具体作用体现在以下几个方面：

1. 研究性学习具有强化理论与实践相结合的指导作用

研究性学习强调的是学生不能只是接受教师在课堂上的知识传授，不能满足于课程考试的高分数，而应在参加实习实践等活动的过程中，发现与课程知识密切相关的问题，并通过自主开展研究选题、制订研究计划、阅读课外文献、撰写研究报告等方式解决这些问题。学生通过研究性学习，能将课堂讲授、课下实践与创新创造相结合。

2. 研究性学习具有强化专业知识的体系化集成应用的作用

研究性学习倡导的是运用专业知识解决实际问题的能力，在解决具体问题的过程中会驱动学生综合运用多门专业课或者跨学科知识，实现多学科知识的融会贯通。学生通过研究性学习，不仅能知道如何运用学过的知识，还会很自然地在已经学过的知识之间建立一定的联系，而且为了解决问题，还会主动地学习新的知识，实现专业知识的体系化集成应用。

3. 研究性学习能充分调动学生的学习积极性和主动性

相对于"老师课上讲、学生课下记、期末考一考"的传统学习方式，"研究"具有一定的挑战性。研究性学习的本质在于：让学生亲历知识产生与形成的过程；使学生学会独立运用其脑力劳动；追求知识发现、方法习得与态度形成的有机结合与高度统一。同时，由于学生选的课题往往是平时自己最感兴趣的，这样就能充分调动学生的学习积极性和主动性。

9.1.2　研究型课程

1. 研究型课程的定义

研究型课程是以学生创新能力培养为核心目标，以开展课题研究、实验分析与设计、撰写论文等为手段，融合课程基础知识课堂教学、专业知识运用综合实验、问题驱动的课题研究等多种教学方式，实现课程知识点的"教学—实验—应用"连贯性、一体化教学过程的课程。如果说研究性学习的主体是学生，那么研究型课程改革的主体则应该是教师，而对于研究型课程的实施则需要教师与学生共同完成。因此，在开展研究型课程改革的过程中，始终要遵循以学生为中心、以能力为导向。

研究型课程以"培养学生创新思维，提高学生主动发现问题、自主融合课程知识解决问题的能力"为目标，实现了传统课堂教学的三个转变（如图9-1所示）：以教师为主、学生为辅转变为以学生为主、教师为辅；学生被动接受知识灌输转变为学生主动学习并理解运用知识；教师传授知识、学生应用知识转变为学生主动地发现问题、融合知识和解决问题。

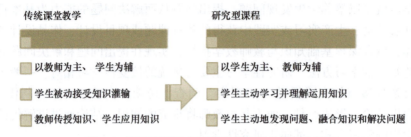

图9-1　研究型课程实现传统课堂教学的三个转变

　　实现上述课堂的具体转变，突出的是以学生为中心、以能力为导向的研究型课程教学理念，体现了研究型课程改革从形式导向到内容导向再到能力导向的演变路径，如图9-2所示。

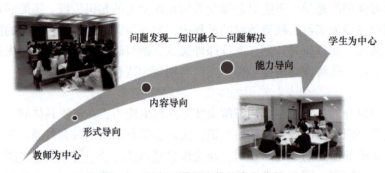

图9-2　研究型课程改革的演变路径

　　1）形式导向：研究型课程改革的初级阶段，反映的是教师上课方式的变化，从传统以教师为中心的"满堂灌"，逐步增加学生之间的对话讨论、专题研讨等研讨式、启发式教学方法。

　　2）内容导向：研究型课程改革的中级阶段，体现的是教师针对课程内容的创新性重构，将与课程知识点相结合的实际问题、科研项目中的相关技术开发等研究性内容融合到课程教学体系中，以培养学生对所学知识的综合分析与应用能力。

　　3）能力导向：研究型课程改革的高级阶段，以提高学生解决复杂工程问题的能力为目标，实现以学生为中心，遵循"问题发现—知识融合—问题解决"的教学过程创新，真正实现课程对培养目标的有效支撑。

　　以"生产计划与控制"课程为例，在进行研究型课程改革与教学创新设计过程中，突出以学生为中心、以能力和成果为导向的研究型课程内容/模块的优化设计、课程实施与评价方法的达成度量化为目标，促进课程与企业工程实践、科研项目的结合，提高研究型教学内容的综合性、开放性，全面提高学生运用专业知识解决实际问题的能力，形成基于预期学习成果（Intended Learning Outcomes，ILOs）的学习目标定义。

ILOs1：理解生产和生产系统的基本概念，能够准确描述生产系统的构成、生产计划的框架体系。

ILOs2：理解库存管理的基本概念，能够清晰阐述作业控制的基本方法、库存控制的具体指标，能够运用库存控制系统进行库存控制。

ILOs3：理解生产计划的基本概念、原理，能够准确说明计划之间的逻辑联系、数据关系；掌握物料需求计划的建模与求解过程，能够进行产品物料清单的分析、分解。

ILOs4：掌握生产计划控制的基本内容、方法，能够根据具体的生产计划实施生产进度控制与过程分析。

ILOs5：能够根据生产计划控制的基本内容、方法，利用现有计划排序、生产调度、库存管理与控制的理论及方法，解决生产作业计划排产、生产调度与库存管理、控制与优化的问题。

ILOs6：理解准时制、精益生产、智能工厂等先进生产系统理念，根据所掌握的先进生产系统理念、生产计划与控制技术，能够针对各种社会需求提出相应的生产系统管控方案。

ILOs7：具有生产系统作业瓶颈、流程优化、生产线平衡的能力，形成对生产系统进行规划、设计、优化与控制的思维模式。

2. 基于 ILOs 的研究型课程实施

在研究型课程中，教师在课堂的基础知识教学之上，指导学生组成研究小组，经历研究题目发掘、研究方法制定、研究过程执行和研究成果总结的完整研究过程，并对学生在课程中的研究经历做出全面的评价。相比于传统的教学型课程，研究型课程主要有三个特点：①将科研思维贯彻于教学过程，强调用科学方法思考问题，培养学生的创新能力；②将科研要素贯穿融入教学过程中，并与基础知识有机整合，培养学生的科研思维；③将研究过程引入学生的学习过程中，引导学生积极参与选题研究，培养学生解决实际问题的能力。

针对"生产计划与控制"课程，按照"基础知识教学类、综合运用实验类、问题驱动研究类"三类课程内容，分别采用研讨式、案例式和项目式进行研究型课程教学。

1）研讨式教学方式，使学生知悉和理解生产和生产系统的基本概念，生产系统的构成，生产计划的框架体系，生产作业控制、库存系统等的基本概念。

2）综合实验与案例式教学，使学生知悉和理解生产计划体系内各种计划的基本概念、原理，计划之间的逻辑联系、数据关系；掌握物料需求计划的建模与求解过程，能够进行产品物料清单的分析、分解；掌握生产计划控制的基本内容、方法，以及典型的库存控制系统。

3）生产线平衡综合试验教学，使学生能够针对各种社会需求提出相应的生产系统管控方案，具有生产系统作业瓶颈、流程优化、生产线平衡的能力，形成对生产系统进行规划、设计、优化与控制的思维模式。

4）项目式教学模式，使学生能够根据生产计划控制的基本内容、方法，利用现有计划排序、生产调度、库存管理与控制的理论及方法，解决生产作业计划排产、生产调度与库存管理、控制与优化的问题。

将研究课堂模块的教学进程划分为研究选题、方案设计、研究开发和研究总结四个阶段，如图 9-3 所示。

以北京理工大学工业工程专业 2015 级学生的教学实践为例，引导学生通过观察现象提

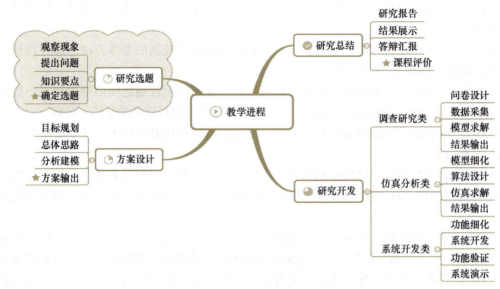

图 9-3　研究课堂模块的教学进程设计

出现象背后的关键技术问题，以及科研项目的研究内容等，指导学生开展研究选题。表 9-1 所示的是 2015 级部分小组的选题情况。

表 9-1　北京理工大学工业工程专业 2015 级部分小组的选题情况

序号	选题题目	主要研究内容
1	复杂环境工厂 AGV 参与物流策略开发	提出基于"网格式布局"的工厂规划模式与该模式下的 AGV 最短路径算法开发，并采用 C++语言编程实现策略开发，完成 AGV 可视化仿真运行软件
2	面向北京理工大学中关村校区的共享单车调度研究	基于北京理工大学中关村校区共享单车需求时间段划分明确、需求地点划分明确等特点，进行有针对性的调度优化。根据相关调研预估出每个区域共享单车的需求量，结合现存共享单车数量进行区域需求分析分类和区域类型分类，采用搜索算法对区域间的单车进行调度，使得在划分时间段即需求高峰时共享单车的数量可以满足用户的需求
3	互联网时代的"准时"物流——京东"准时达"	从实际问题出发，研究使用遗传算法解决基于京东物流的车辆调度优化问题。分别将距离和时间作为优化目标，将时效性和运载量等作为约束条件，通过合理的假设，使用遗传算法对问题进行求解
4	图书馆开架书库的库存管理相关问题研究	针对北京理工大学图书馆现存的开架书库管理混乱、书架空间严重不足的情况，为了保证读者满意度，提出新的图书馆书籍剔除方法，即通过最优书架摆放量确定剔除点，然后运用文献半衰期及模糊评价算法进行剔除
5	基于智能停车场的多 AGV 路径规划	根据真实的停车场布局，使用 MATLAB 等平台进行编程，模拟真实的 AGV 自动停车场景，并以搜索速度、安全避障和路径长短作为评价指标，在单通道中、单个 AGV 条件下，对 Dijkstra 算法和 A* 算法进行比较，得出较优算法
6	外卖配送点在中关村地区选址布局和人员分配问题的研究	重点分析中关村地区外卖配送站选址的目标、原则及影响因素，提出外卖配送站选址模型构建的时效性、可覆盖性、经济性等问题，并进行后续选址模型构建和求解，为外卖设施布局问题提出一整套的分析过程与求解方案

小组选题研究极大提升了学生团队之间的协作能力及解决实际问题的能力，有利于将课程核心知识点与企业实际问题结合起来，使学生感觉学到的知识真正有用，自然会极大地提

高主动学习意识和自学解决问题能力。

9.2　研究型课程的选题原则与开题准备

9.2.1　研究选题的主要原则

研究选题是进行研究型课程教学、推动学生开展研究性学习最关键的一个环节，就是要确定解决的具体问题是什么，以及可以运用课程所学的哪些知识解决这些问题，其本质是明确研究目的与目标。通常，开展科学研究的第一步也是研究选题，这不仅是科研的关键性第一步，而且是对科研工作目标及内容的高度概括和研究过程的方向指引。因此，专业课程学习过程中的研究选题，能够帮助学生了解科学研究的过程，为其后续研究生阶段的深造奠定基础。正确的选题是取得成果的基础和前提，在选题时要符合科学认识的规律，找到从已知信息通往未知信息的桥梁。

针对研究型课程的研究选题，可以参考科学研究选题的指导原则，使选题过程事半功倍。

（1）需要性原则　这也是研究选题最基础的原则，即研究必须符合解决问题的实际需要、社会需要和科学发展需要，要考虑到研究的经济价值、实用价值和科学价值。尽管研究型课程的研究选题不是科研项目申请，无须从国家、社会需要层面考虑，但是选题必须满足课程学习的需要，选择的研究题目要能运用课程所学的相关知识来解决问题。

（2）可行性原则　这是保证研究具备实施条件的原则，分为主观和客观两个层面。主观层面上，研究小组的成员需要正确评估自己掌握的知识结构和水平、研究能力、个人专长和研究兴趣等，保证能适应选题研究的需要；客观层面上，要评估研究需要的相关资料、设备、时间、技术和人力等客观要素是否满足研究的需要。

（3）合理性原则　这是保证研究符合科学规律的原则。选择的研究题目要符合客观规律，在选题时要充分阅读相关的研究资料、文献，保证选题有切实的理论依据或实践依据，不能主观臆测或者凭空猜想。

（4）创新性原则　这是保证研究具有价值的根本原则。重复别人的研究是没有价值的，因此，研究选题应该是在别人已有研究基础上的再创造。因为课程的课时和学生的学术水平的限制，在选题时追求突破性创新不是必要的，但可以考虑对现有的概念、理论、方法等进行补充、应用或者改良。

（5）效益性原则　这是思考问题的指导原则。在寻找问题时，要从社会效益、经济效益和环境效益的角度考虑，无论是从实际问题出发还是对已有研究进行改良，都必须思考研究能带来的效益。

9.2.2　撰写开题报告

研究型课程不仅是要学生参与一次课堂研究活动，更是注重培养学生的科学素养和科创能力，各个环节都要符合现代科学研究严谨的程序化管理要求。因此，学生在研究选题时，在分小组讨论确定研究题目和内容后，需要在教师指导下总结选题过程并撰写开题报告，对研究的内容、目标和方案进行科学的论证，并请教师和同学们评审和把关。在形成开题报告过程中，学生们可以集思广益、发现问题、完善题目、制订计划、提高效率，为正式的研究过程夯实基础，把科学研究思维贯穿到研究选题过程中。

研究选题的开题报告一般包括五个方面：

（1）研究背景和意义　阐述拟开展研究工作的具体背景，以及有什么研究价值。在撰写开题报告前需要查阅相关的论文、专著等，注意选择文献的代表性和可靠性，尽量选用近几年核心期刊上的论文与经典专著，分析相关领域的国内外研究历史、现状、进展与存在问题，针对该领域中存在的问题或争议，提出自己的研究设想，简单论述研究的内容和研究目标，然后从学术价值和实用价值两个层面来论述研究题目的价值和意义，要能反映出研究的深度和广度。

（2）研究目标和内容　论述所选定的研究选题要解决的具体问题、拟达到的效果和具体研究内容等。研究目标和内容两者不能混淆。研究目标是从实际问题出发，解释研究希望能解决的问题和达到的效果，是对本研究方向的精准概括，要反映出研究的性质；研究内容是对解决问题过程中需要突破的技术、方法的解释和总结。研究内容的论证一是要突出重点，侧重阐述研究的创新点；二是必须具体化，一般分成 2~3 个研究点，各个研究点之间要有明确的逻辑联系，形成一个完整的研究体系。

（3）研究思路和方法　阐述针对选定研究内容拟采取的主要研究方法、技术路线等。首先要明确研究中采用的科学的研究方法，如文献查阅、问卷调查、实验分析、建模求解等。研究方法的论证要重点论述如何应用这些方法来解决问题，而不要罗列一大堆研究方法，侧重于主要应用的一种或几种方法即可。技术路线是研究方案实施的技术流程，包括详细的研究步骤、拟采用的技术和必要的技术说明等，要采用文字结合流程图等方式表达，用图文并茂的方式来阐述清楚研究实施路线。

（4）研究可行性分析　解释完成研究具备的各种条件和基础。详细分析和总结研究小组具备的与研究内容、技术路线有关的设备、技术、知识、人力、时间等研究条件，对于缺少的研究条件也需要提出切实可行的解决方案，保证研究可以顺利进行。

（5）研究工作分解及进度安排　论述具体研究工作的细化分解、小组成员任务分工、具体的进度安排。研究工作的分解一般按照研究点进行，根据研究点拆分成不同的任务，并根据各个小组成员的专长和兴趣来分配任务，要求任务分配合理、职责明确，确定好具体任务的负责人；研究进度安排要按照研究阶段进行，细化各个阶段的具体任务和预期达到的成果，明确各个阶段具体由谁负责、由谁处理相关事项，阶段时间分配要合理，保证研究有步骤、有计划地实行。

对于研究型课程的研究选题，在开题阶段应严格按照上述五个方面组织开题报告，详细论证本研究小组的选题，这是研究活动的良好计划性的保证。但研究的开题不仅是停留在书面上的工作，还需要组织相互学习、相互促进的交流活动，如组织开题评审交流活动，各个小组在课堂上展示与论证开题内容，由教师和其他同学从研究目标合理性、研究思路可行性等方面给出评价和建议，各小组应虚心听取不同学术观点与研究思路，修改完善开题报告，真正将科学研究的思想与内涵引入课程中。

9.3　研究型课程的选题方法

9.3.1　基础知识拓展选题法

　　基础知识拓展选题法是从基础知识出发，在知识拓展的过程中寻找研究问题的方法。对于"生产计划与控制"课程而言，基础知识的主要范围可以本书前 6 章的内容为主，这些知识已经比较完备和成熟，并且在实际的生产计划与控制中得到了广泛应用，可结合基础知识在工程领域的应用拓展挖掘相关问题。基础知识拓展选题法的优点在于选题与课程知识结合更加紧密，能在选题研究中运用、巩固和扩展课程专业知识。

　　基础知识拓展选题法就是在某一学科领域中，对知识进行整理、归纳，分析和总结知识的实际应用及发展趋势，在这个过程中进行思考，找到可以研究的题目和内容。该方法的运用过程可以简要归纳为三个关键环节：选择方向、拓展知识、发现问题，如图 9-4 所示。

图 9-4　基础知识拓展选题法流程

　　（1）选择方向　选择课程内某一领域和方向的知识，从这个方向开始拓展知识与发现问题。例如本书前 6 章介绍了生产计划、库存管理、设施选址、布局规划和生产作业控制等各个方面的知识，学生可以根据自己的兴趣和知识掌握程度，自主选择某一个方向的知识进行拓展。

　　（2）拓展知识　调查、分析和总结选择方向的知识在最近的应用和研究中新的发展趋势和应用改进路径。可以通过查阅文献资料、实地调研和问卷调查等方式，如选择了生产计划排产方向后，可以查阅相关的核心期刊论文、相关的学术专著，了解当前先进的生产计划排产的技术，也可以通过调查问卷调研企业具体的实际需求，并对查阅或调研内容进行整理和总结，通过这些途径来完成知识的拓展。

　　（3）发现问题　在知识拓展过程中，通过思考和总结来挖掘可以研究的问题。一般可以从两个角度来思考如何发掘问题。一是知识迁移应用，即考虑将新知识用于解决本领域的经典问题，或者用经典知识来解决本领域的新问题。例如，通过文献了解到现在有研究在探索机器学习应用于生产调度问题，那么熟悉机器学习方法的研究小组就可以考虑研究如何使用机器学习用于求解经典的生产计划问题，如流水车间排序、非流水车间排序问题等。二是对已有技术方法的改进。例如，现在的生产计划方法在解决生产线的动态扰动问题，如设备故障、临时插单等可能存在不足，因此可以考虑研究如何在考虑动态扰动因素情况下进行生产计划的方法。值得注意的是，一般对现有技术方法的改进研究难度可能较大，学生需要充分考虑自身的能力，并与教师交流后，再确定是否选择这一类型的选题，避免因难度太大而影响研究的兴趣。

9.3.2　现象观察与问题探究选题法

现象观察与问题探究选题法是从实践出发，通过观察真实生产或服务过程来发现和总结出值得研究的问题。所谓现象观察，就是要观察、了解和熟悉制造企业的生产过程和服务系统的服务流程，在观察中做出记录和思考，总结规律和发现问题。现象观察与问题探究选题法是最基础的挖掘研究问题的方法。该方法的优点在于与实践紧密结合，往往能挖掘出具有实际意义和社会经济价值的研究题目。

现象观察与问题探究选题法看似简单，但是单纯的观察缺乏可操作性，现象观察不只是要对生产现场和生产活动进行详细的参观，而是要有有效的方法来辅助归纳和发现问题。这里介绍三种实用的方法：经验法、访谈法或问卷调查法、数据分析法。这三种方法基于不同的观察视角。

（1）直接观察——经验法　这是从个人经验角度出发的直接观察，亲自参与或者想象带入生产或服务活动中，去感受和想象在活动中体验到的缺点或者不足，并对这些感受进行总结和归纳，很多时候就可以形成需要的研究选题。例如，在某奶茶店中，负责分拣材料的员工对订单就是按下单顺序排序分拣，面对一个 a—b—a—b 顺序的订单，需要在各个取料区中跑四次。如果带入这个员工身份，就会觉得如果跳过中间订单，把相同需求的订单合并起来一起分拣，只需跑两次就可以了，既节省了力气，也提高了效率。从该主观体验后的想法出发，就可以考虑为该店开发一个订单排序系统，研究如何根据订单进行整合排产，生成效率最高的分拣方案。

（2）间接观察——访谈法或问卷调查法　这是借助一线员工的经验和想法的间接观察，帮助挖掘生产活动中存在的问题。一线员工往往是最熟悉生产现场的人员，其在长期的生产实践中会意识到存在的问题，或者感受到不合理、不协调的地方，这些都可能总结出值得研究的问题。因此可以借助访谈或者问卷调研的方式，引导他们提出自己的体验、看法和问题，进行记录和整理，进而总结出适合研究的问题。

（3）数据观察——数据分析法　这是一种从数据这一独特角度进行观察的方法。对生产过程的数据进行整理、分析也是一种独特的观察，而且往往能挖掘出颇具价值的研究问题。这里可以分析的生产数据在前 6 章中已经介绍了很多，包括单位时间产量、生产节拍、库存、在制品数量等，具体数据类型要根据实际情况和需要来选择。数据分析法需要借助统计学的方法，如时间序列分析、相关性分析等，通过分析解读出数据中的规律和现象，进而探究这些规律和现象出现的原因，从而总结和归纳出研究问题。

9.3.3　专业文献关联选题法

专业文献关联选题法立足于研究专业文献，阅读一定数量的前沿论文，在阅读后对这些专业文献进行归纳、总结，找出当前的研究中存在的不足和空白，从而将这些不足或空白转变为可以研究的问题。专业文献关联选题法是在科学研究中发掘研究问题最常用的方法之一。其优点在于，使用该方法提炼出的研究题目的研究脉络清楚，并且有很多前人的研究方法、研究思路和技术路线可以借鉴。

专业文献关联选题法的要点有两个：文献选择与归纳和问题挖掘。其主要流程如图 9-5 所示。这两个部分都需要注意操作的技巧性和方法性，不能仅仅阅读完几篇文献后就坐着空想，合理地运用一些有效的操作手段可以帮助激发思维，并找到值得研究的内容。下面简要介绍文献选择与归纳和问题挖掘的操作方法。

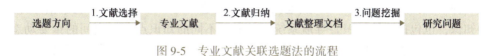

图 9-5　专业文献关联选题法的流程

（1）文献选择与归纳　在文献选择过程中要注意文献质量，选择具备新颖性、典型性和严谨性的文献。其中，新颖性是指文献的研究提出了新的方法或者角度；典型性是指文献有代表性，能有力地揭示研究问题的本质，能集中地表现研究内容；严谨性是指文献中有详细的程序化研究过程，可供学习和参考。一般来讲，满足这些要求的文献可以在近几年相关领域的核心期刊、顶级会议论文中查找。在文献选择完成后，就要阅读文献并进行整理和归纳。可以按照研究问题、研究方法、研究结论等几项内容制作表格或文档，将不同的研究文献内容归纳到一起，便于对比和分析。文献归纳的方法一般有两种：共性归纳和差异性对比。其中，共性归纳就是找出不同文献中共性的地方，从而揭示事物的内在联系，总结出问题的规律和特点；差异性对比就是对不同文献的共有部分进行比较，找出存在差异的地方和原因。例如，很多针对车间作业调度问题的研究文献中都存在数学模型部分，可以通过对比这些模型，发现不同文献中的数学模型采用了一些不同的约束，这些不同约束就是各文献根据不同的真实场景特点提出的，而且很多时候代表了其创新之处。这个发现就可以为我们提出车间作业调度问题的优化和改进研究提供支撑。

（2）问题挖掘　在研究文献中挖掘问题需要注意技巧。一般论文中的展望部分会指出研究中存在的不足，但这些不足往往是顶级学者在认真思考后也无法解决的难题，直接将这些不足作为研究问题往往难度较大。因此，在文献中挖掘问题可以考虑在已有研究的基础上做出改良和优化。例如，某文献对车间调度问题建立了模型并用算法求解，我们可以考虑是否能修正该模型，使其更符合车间生产的实际情况，或者考虑更换或改进算法，让问题的求解过程更简便、高效，求解结果更优化。此外，也可以在近些年发表的综述类文献中挖掘选题。该类论文会通过对已发表的论文的组织、综合和评价以及对当前研究现状的考察来澄清研究问题。论文中一般包括以下内容：对问题的定义；总结以前的研究；辨明文献中各种关系、矛盾以及差距；建议解决问题的后续研究方向。这些内容可以为选题定向提供指导与帮助。但需要注意，按照文献综述中的指导方向确定的选题往往比较具有挑战性，研究小组需要合理审慎团队的能力再确定选题。

9.4 "生产计划与控制"研究选题案例

9.4.1 知识点地图与选题案例

本小节介绍几个通过知识点拓展来选题的典型案例,以便为学习者选题时提供参考。首先介绍一种知识拓展工具——知识点地图。知识点地图是一种知识点(既包括显性的、可编码的知识,也包括隐性知识)导航系统,并显示不同的知识点存储之间的重要动态联系。它是知识经整理、总结后的输出,输出的内容包括知识的来源、整合后的知识内容、知识流和知识的汇聚。知识点地图的表达形式可以借助思维导图的方式。图 9-6 所示即为本书第 2 章"生产计划"的知识点地图(思维导图)。

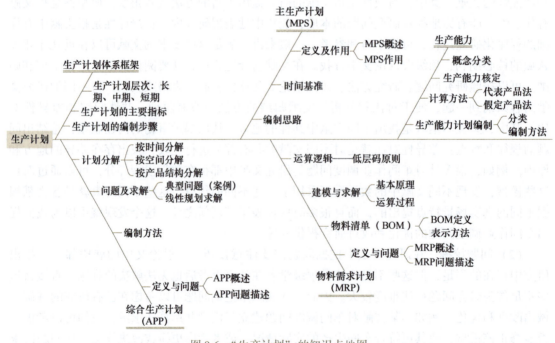

图 9-6 "生产计划"的知识点地图

知识点地图的主要功能有两个:知识管理与知识开发。将知识点按照知识点地图的形式进行整合和归纳,不仅是知识的一种描述形式,还是对知识的重要管理手段。一方面,知识点地图不仅可以存储个人或组织掌握的知识点,还可以将知识存量、知识结构、知识关联以及知识发展趋势等信息一起存储,这些隐性的信息也是知识的关键内容;另一方面,知识点地图是对概念和知识关联的切实表述或分类,起到了一种搜索导航的功能,可以使用户快速找到所需要的知识点,然后重新返回到相关的知识源。此外,知识点地图还能实现知识的开发。在拓展新知识时,可以将新知识加入知识点地图中,就能清楚地了解新知识的出现与发展过程、新知识开发需要的支撑知识及支撑知识之间的相互关系。这些内容可以辅助快速评估与总结新知识的开发。因此，将知识点地图用于研究选题的知识拓展是非常有用的。学习者可以选择课程学习中掌握的某个方向的知识，归纳整理为知识点地图的形式，并将拓展的新知识不断加入知识点地图中。在选择某个感兴趣的新知识的应用作为研究题目时，即可借助知识点地图明确研究题目需要具备的知识是否已经掌握，以及现有的知识存量能否支撑小组进行研究。

下面介绍两个基于知识点拓展的选题案例。这两个案例的知识点地图的出发点都是第 6 章生产作业控制中介绍的 AGV 系统作业控制部分。相比传统的车间物流系统，AGV 系统具有高度的自动性和柔性，并且可以实现高效、经济、灵活的无人化车间物流。随着智能制造的不断发展，越来越多的企业在生产车间中引入了 AGV 物流系统。因此，在生产计划与控制领域，关于 AGV 系统应用的研究也成为热点。图 9-7 所示为这两个研究选题案例对于 AGV 作业控制方向的知识总结归纳得出的知识点地图。从图中可以看出，在 AGV 作业控制的相关研究中，有两个大的方向，分别是 AGV 路径规划方法和 AGV 调度方法，并且总结了 AGV 路径规划方法和 AGV 调度方法中的主要方法。

图 9-7　AGV 作业控制的知识点地图

选题案例 1：基于车间作业计划的 AGV 调度算法开发。

在该选题案例中，由于小组成员比较擅长运筹学知识，比较熟悉建立数学模型和使用启发式算法，而且对研究算法问题比较感兴趣，具备研究 AGV 调度方法的条件，因此选择 AGV 调度方法研究作为小组的研究选题。

（1）明确问题背景与研究目标　在查阅了相关的文献资料后，首先整理出研究的问题与实际场景：面对一批不同类型的待加工零件（每种类型有不同的数目、不同的工艺流程、不同的加工时间），在给定车间布局（各设备的类型、数量及各自位置、出入口的位置、允许路径）的情况下，对一定数量的 AGV 进行搬运任务的分配（不考虑路径冲突的情况），要求对总加工时间、设备及 AGV 的运行效率进行优化。

（2）明确研究思路与技术路线　在将实际研究问题描述清楚后，小组进行了适当的假设，并明确场景中的决策变量和条件约束，初步构建出一个数学模型，可以抽象地描述 AGV 系统调度问题。因为对数学模型进行精确求解的复杂性太高，小组成员选择研究如何使用已经掌握的分布估计算法（Estimation of Distribution Algorithm，EDA）来进行求解。该算法基于统计学习的理论和方式，从群体宏观的角度建立概率模型，用以描述候选解在搜索空间中的分布信息，然后通过对概率模型的随机采样产生新解，再利用优良解的信息更新概率模型，如此反复迭代进而获得问题的优良解。为了明确算法的效果，研究小组决定在完成算法构建后，设计数值实验，将提出的算法与企业实际调度中基于规则的启发式方法进行对比。

（3）明确研究进度与任务分工　在明确技术路线后，小组成员讨论了任务进度与各自分工安排，将研究整体分成"建立数学模型""构建求解算法"和"数值实验对比"三个阶段，各个阶段都有清晰的预期成果，各个成员有明确的职责。至此，完整的研究问题、研究思路、技术路线和进度规划都已明确，该选题的开题流程就已经完成，并在选题交流中获得了其他同学和老师的认可。

选题案例 2：基于机群布局工厂的物流最短路径研究与 AGV 导航策略开发。

在该选题案例中，研究小组成员对实际 AGV 的导航与路径规划问题比较感兴趣，有的成员比较擅长数学建模与计算，同时有的小组成员在软件开发上有一些经验，因此小组讨论后决定探寻 AGV 在机群布局的中小工厂里应用的研究问题。

（1）明确问题背景与研究目标　在查阅文献与调研后，小组成员总结出研究背景与目标：在许多中小型工厂，尤其是在机群布局的生产制造企业，如零件加工厂中，鲜有 AGV 参与车间物流。究其原因，中小型工厂内复杂、凌乱的工程环境对 AGV 导航精度要求高，而工厂可用资金有限，对高精度导航 AGV 的成本难以负担。因此，需要研究和开发低成本、高精度的 AGV 控制策略与路径规划系统。

（2）明确研究思路与技术路线　研究小组讨论后认为研究内容可以分成三个研究点：①AGV 最短路径规划方法研究。在查阅文献资料后，小组成员决定研究采用栅格地图建模方式，并使用动态规划求解算法。②导航策略的改进。小组成员针对低成本的 RFID 导航 AGV，把近年来应用较多的卡尔曼滤波室内定位方法与 RFID 技术相结合，研究提高定位精度方法。③基于研究的路径规划方法和导航方法。根据擅长的 C#语言与 Visual Studio 开发工具，开发出基于给定地图与算法的可视化软件；根据输入的车间布局图，规划并演示 AGV 在车间内的作业情况。

（3）明确研究进度与任务分工　小组成员讨论明确了各自分工：擅长数学建模的成员负责主导研究路径规划算法，对硬件感兴趣的成员负责主导导航策略优化，擅长软件开发的成员负责主导软件开发，并明确了各项研究点的进度安排。至此，研究小组针对选题——基于机群布局工厂的物流最短路径研究与 AGV 导航策略开发的研究问题、研究思路、技术路线和进度规划都已经明确，该选题的开题流程顺利完成。

9.4.2　结合科研项目选题的案例

科研项目，即开展科学技术研究的一系列独特的、复杂的并相互关联的活动，这些活动有着一个明确的目标或目的，必须在特定的时间、预算、资源限定内，依据规范完成。承担和完成科研项目也是高校必不可少的一项重要职能。科研项目包括国家、省部级的纵向科研项目，以及来自企事业单位合作开发的横向科研项目。在研究型课程教学过程中，可以将科研项目融入具体研究选题环节。学生可以选择参与教师的科研项目，选择其中部分内容作为研究型课程选题，既完成了研究性学习的目标，又丰富了自己的科研经历。结合科研项目选题方法的优点在于，选题往往有扎实的背景与实际的问题，学生可以了解和熟悉本专业的前沿领域和关键技术问题，在培养和锻炼科研与创新能力的同时，还可以开阔研究视野、拓展见识。

科研项目选题中最重要的部分是明确科研项目的背景与研究要求。在科研项目的背景描述中，会清楚地提出研究对象、研究内容和研究意义等，可以通过这些内容判断科研项目是否有与生产计划与控制课程的知识体系相贴合的研究点，从而判断是否可以从该科研项目中挖掘选题。在明确了科研项目中存在可以挖掘的研究内容后，就要进一步明确科研项目的研究要求。科研项目的研究要求往往会明确提出该项目需要突破的技术、理论和方法，以及研究成果的具体考核方式和指标。

　　在结合科研项目的实际选题过程中，学生要充分发挥主观能动性。首先主动向老师表达意向，了解可以参与的科研项目的基本情况，明确项目的背景和研究要求等；在有初步的选题想法后，要多与老师交流，提出自己的选题想法和具备的研究条件，让老师根据项目进度情况和人员安排，明确其选题想法的可行性；在确定参与科研项目后，学生要积极主动投入项目的研究中，不能认为只是参与一个研究性学习活动，而要明确自己承担了研究项目的任务，因此在研究过程中要做好与其他参与项目人员的协作与配合，服从科学项目的研究进度安排。

　　表 9-2 给出了一个具体的结合科研项目的选题案例——面向新能源汽车大规模个性化定制的智能制造新模式，以供参考。该案例项目的研究背景、研究内容与要求见表 9-2，学生可以从中选择相关内容开展选题研究。

表 9-2　选题案例情况介绍

项 目 信 息	内　　　容
项目背景	本项目以实现汽车企业大规模个性化定制与智能制造为目标，重点突破新能源汽车模块化设计和个性化组合技术、基于产品工艺优化与柔性装配约束的计划排产技术、基于大数据的产品全生命周期协同优化等核心技术；开发新能源汽车用户个性化需求管理与定制服务平台、支持个性化组合的产品模块化设计平台；集成产品研发、生产制造与整车运维等核心数据，构建支持产品全生命周期协同优化的工业大数据平台；重点建设支持新能源汽车整车大规模个性化定制的柔性高效生产线，建成以生产基地为核心的新能源汽车智能工厂，实现该车型的大规模个性化定制与智能生产，年产量达到 22 万辆；研究建立新能源汽车大规模个性化定制的智能制造新模式相关标准，形成我国新能源汽车自主开展大规模个性化定制新模式的智能制造能力平台及高层次研发人才网络，推动国产新能源汽车占据产业价值链高端并逐步走向国际市场
研究内容与要求	本项目以世界汽车工业生产模式变革为背景，以新能源汽车大规模个性化定制的具体需求为牵引，针对"模块化设计、智能化生产、协同化运作"面临的具体问题，开展面向新能源汽车大规模个性化定制的智能制造新模式研究与建设。 　　1. 突破新能源汽车大规模个性化定制的核心技术，开展面向新能源汽车大规模个性化定制的智能制造新模式的相关研究。重点突破以下核心技术与研究：面向柔性个性化定制的装配线模块划分技术研究；面向装配约束的工艺优化与调度集成研究；面向大规模定制的动态柔性布局规划研究和基于柔性制造车间的 AGV 任务调度与路径规划研究；基于大数据的产品全生命周期协同优化技术 　　2. 集成开发支持新能源汽车大规模个性化定制的智能制造支撑平台，具体包括新能源汽车用户个性化需求管理与定制服务平台、支持个性化组合的产品模块化设计平台、支持新能源汽车整车大规模个性化定制的工业云和工业大数据平台 　　3. 建设支持新能源汽车大规模个性化定制的智能化柔性高效生产线，应用工业机器人、自动化输送线、自动测量、自动检测、自动识别、远程监控、自动维护、AGV、RFID 等先进技术，建立智能化柔性生产线；构建数字化工厂，实现三维车间、立体生产线、产品仿真、工艺仿真，实现自动化和信息化的深度融合

【习题与研究思考】

习题

  1. 简要描述研究选题的主要原则有哪些。

  2. 简要描述研究选题的主要方法有哪些。

  3. 简要描述撰写开题报告的注意事项有哪些。

研究思考

  1. 总结"生产计划与控制"课程的主要知识点，思考可以开展的研究选题，并完成一份选题的开题报告。

  2. 结合所学专业知识及学校所在地区的经济社会发展需求，思考并提出一项具有应用价值的研究选题，并撰写开题报告。

第 10 章
如何开展选题研究与评价

【学习目标】

1. 能够清晰描述开展研究选题需要进行的准备工作。
2. 能够结合不同类型的研究选题与小组同伴协作完成选题研究任务。
3. 能够结合选题研究的结果进行成果总结,撰写论文与汇报。

【知识点思维导图】

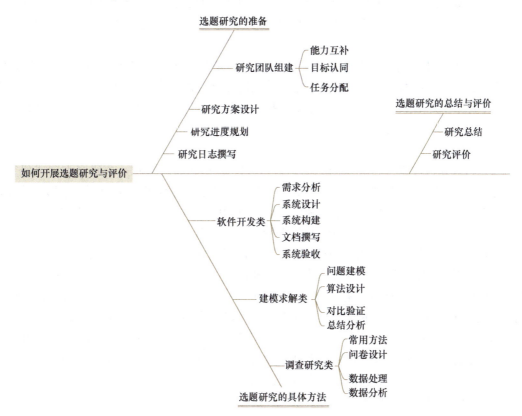

10.1 选题研究的准备

10.1.1 研究团队组建

研究小组的组建是投入研究性学习的重要准备工作之一。现代的科学研究往往涉及很广的领域，需要运用复杂的实验手段和多学科的合作攻关，需要的知识和技能不断拓展和整合，未知领域探索和研究的难度也在不断增大，需要高效的团队协作共同攻关以取得创造性突破。在本科阶段，依托研究型课程的选题研究，通过研究小组的团队协作进行研究性学习，有助于学生团队协作能力的培养与锻炼。在课程中鼓励学生自己组建研究小组。在研究过程中，小组成员之间要做好分工协作和优势互补，能够相互交流、相互学习和相互促进，体验科研团队合作攻关的模式，锻炼自我在团队中的协作能力。

在研究型课程中，不建议由教师直接指定学生小组，而是由学生自由选择队友，组成研究小组。研究小组一般在课程开始后的第二周内组建完成，一般推荐3~4人组成一个研究小组，研究小组内部协商讨论，推举出一位小组长，并确定团队名称。学生们在组成研究小组的时候，要发挥各自的主观能动性，既要能"推销"自己，也要能"慧眼识人"，挑选合适的研究团队成员，发挥优势互补和共同促进的效果。在组建研究小组过程中，可以参考以下原则：

（1）能力互补原则 团队强大的真正原因，不是只有某个人或某个方面技能的强大，而是核心层的整体强大。因此，学生在选择队友时应该遵循能力、知识的差异互补原则，而不是选择自己偏好的队友。例如，有爱好和擅长编程的学生，应该挑选擅长算法和建模的同学做队友，两者结合就是研究解决问题的好搭档，而不适合再挑选也擅长编程的同学，把协作研究变成同好交流。

（2）目标认同原则 目标认同原则是指研究团队成员都认同同一个研究方向或研究目标，这也是组建团队很重要的原则。例如，某学生希望进行系统开发类的研究，那么就应该挑选愿意参与系统开发研究的同学作为队友。只有团队成员都认可一个研究方向或目标，这个团队才能同心协力，大家都有热情和信心投入研究性学习中。

（3）任务分配原则 在团队组建中，明确的任务分配也是必不可少的关键环节。研究小组要维护团队团结的气氛，发挥集体的智慧和能力，合理的任务分配是首要目标。学生在挑选研究成员时，不能抱有"抱大腿"的思想——想加入实力强的队伍而少出力。首先，在任务分配时，要考虑任务的难度、工作量和个人能力优势，尽可能保证各个成员都发挥所长的同时付出同等的努力；其次，每项任务分配后都要指定验收时间和预期成果，由其余人对负责任务的成员进行监督和评判，保证其按时完成任务；最后，在研究完成时，各小组成员要实事求是，根据每位成员的任务完成情况给其打出贡献度评分，这个评分将是该成员课程研究课题模块成绩的重要组成部分。

10.1.2　研究方案设计

研究方案设计是研究小组确定选题后，在正式开始研究型课程选题研究前的重要准备工作。研究方案设计就是以研究目标为核心，对研究内容、研究方法、研究步骤和研究成果进行详细规划和设计，从而形成指导研究活动进行的具体执行方案。在选题明确之后，研究小组必须制订详细周密的研究计划和研究路线，才能对研究做到胸有成竹。

研究方案的设计，一般可以概括为以下三个环节：

1. 明确核心内容，拟定总体设想

首先，要弄清楚选题研究的核心内容，抓住解决问题的主要症结，确定要研究的未知因素；其次，按照一定的逻辑关系，将研究目标分解成若干小的研究点，提出研究的总体构思。以第 9 章介绍的研究选题案例——基于机群布局工厂的物流最短路径研究与 AGV 导航策略开发为例：学生们首先明确了研究的核心内容，就是要解决工厂物流 AGV 系统的低成本高精度导航，以及在车间复杂布局中路径规划问题；然后，按照"硬件开发—算法开发—系统集成"的实现逻辑，把研究内容分解成三个研究要点，分别是基于 RFID 的导航与通信策略研究、最短路径规划算法研究、仿真与可视化软件开发。在该选题中，研究点的分解方法与逻辑根据实际研究的不同而有所不同。例如，调度算法研究可以按照"问题描述与模型构建—算法设计与程序实现—数值实验与算法测试"的递进逻辑来分解。在提出研究总体构思时，一定要多阅读相关研究的文献资料，学习和借鉴前人研究的思路。

2. 确定研究手段，构思研究方法

在上面拟定的研究内容基础上，确定研究实现的具体方法、使用的技术、工具和实现的步骤等。要根据各自小组的研究内容来进行合理的规划与设计。对于算法类研究，需要初步描述研究对象的数学模型，确定可能采用的求解优化算法；对于调查类研究，要构思需要收集得到的数据，以及收集这些数据的途径和方法，确定合适的数据分析工具和数据分析方法；对于系统开发类研究，需要明确拟开发系统的主要功能和架构，选择合适的开发语言与开发平台等。此外，确定研究方案时，要注意对使用的研究手段和方法的可靠性有充分的估计，对可能需要调整和变更的部分留有一定的余地，要从知识体系及相关研究的文献资料出发，有充分的知识支撑和理论依据。

3. 明确研究进度，确定预期结果

在构思研究实现的手段和方法后，明确不同研究步骤之间的逻辑关系，形成研究路线规划，同时分析并确定在研究进程各个阶段可能获得的研究成果，整合成为完整的研究方案。所谓明确逻辑关系，就是厘清不同研究步骤之间的支撑关系和因果关系，从而将不同的研究步骤梳理成为研究路线。这是研究方案设计的关键内容，要保证研究路线是一个逻辑严密的体系，避免在研究过程中因前置条件考虑不足等情况影响研究进程。

在完成研究方案的设计后，推荐使用"研究技术路线图"的形式进行表达和存档。所谓技术路线图，就是在明确研究路线方案的基础上，以流程图或思维导图的形式把理论支撑、研究内容、研究方法、研究步骤、研究成果之间的逻辑关系清晰地呈现出来。以技术路线图形式表达研究方案，可以清楚地反映出研究执行的路线，使研究小组明确当前的研究进程和下一步要研究的内容。

10.1.3　研究进度规划

研究进度规划就是在研究方案制定的基础上，为各项研究任务分配时间和指派人员，制订出详细的研究计划的环节。正如前面章节提到的生产计划一样，周密细致的研究计划是研究组织协调的前提，是控制研究活动的依据。因此，在研究性学习中，学生需要在选题研究中学习，并进行研究进度的规划和控制，提高自身开展项目研究的计划能力、组织能力与协调能力。

研究进度规划一般可以分成六个环节：

1. 活动定义

识别和记录是完成预期研究成果而需采取的具体行动。这里的具体行动出自上面完成的研究方案设计，但并不是研究方案的复制，而是进一步的细化。为了保证计划能分配到周甚至天，就必须保证活动划分的粒度。例如，单纯的"AGV调度系统开发"一般不适合作为计划的一项活动，因为它太过于宽泛，计划时间将难以估测，因此可以再细化为"×××功能实现"和"×××算法设计"等活动。

2. 排列活动顺序

识别和记录活动之间的关系，确定和整合依赖关系，从而明确所有单项活动的执行顺序。

3. 估算活动持续时间

根据活动复杂度、资源、人力等进度制约因素，估算完成单项活动所需工作时段数，一般以天为工作时段单位。可以考虑采用"三点估算"的方法，即预测活动三种预估时间：最可能的时间、最悲观的时间和最乐观的时间，然后分别赋予 $\frac{4}{6}$、$\frac{1}{6}$ 和 $\frac{1}{6}$ 的权重，最后进行加权求和，得出最终的估算时间。

4. 分配活动负责人员

根据人员的优势和兴趣，为所有单项活动分配负责人员。这里注意工作量的问题，要求尽可能让所有成员都能发挥自己的作用，每个人负责的活动和完成情况将是评判其贡献度的重要指标。

5. 制订进度计划

分析活动顺序、持续时间、资源需求和人员分配等因素，创建研究进度规划模型，从而落实研究执行和监控的过程。这里介绍一种研究进度规划表达模型——甘特图，通过活动列表和时间刻度表示出各项活动的顺序与持续时间。甘特图采用横向条形图的形式，横轴表示时间，纵轴表示活动，横条表示期间计划和实际完成情况。甘特图能直观表明计划何时进行，以及进展与要求的对比，便于研究小组弄清项目的剩余任务，评估工作进度。图10-1所示为本书第9.4节中选题案例2的研究进度规划甘特图。

6. 控制进度

监督研究进展状态，以更新研究进度和管理研究进度基准变更。只有顺利落实的计划才是好的计划。在研究进度规划完成后，对实际进度的监督和控制也是一个重要环节。建议各个研究小组定期组织小组讨论，讨论研究进度规划执行情况并明确下一步的任务，在计划没有按时完成时要分析原因，及时调整计划，避免出现在临近结课时拼命赶进度的情况。

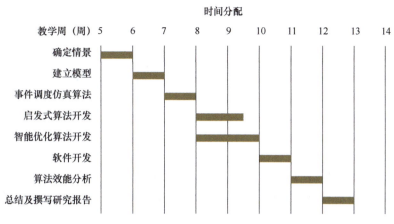

图 10-1　选题研究案例 2 研究进度规划甘特图

10.1.4　研究日志撰写

研究日志就是对当前阶段研究工作进行记录和总结的文章。研究日志的撰写不是科学研究中必需的部分，它对研究成果的取得影响不大，但对于研究性学习而言，是一个不可缺少的环节，是促进研究性学习效果、培养学生科学素养的重要手段。

研究日志的重要作用有三个方面：①培养学生严谨的学习态度，避免懒惰和拖延。学生要按时整理和提交当前阶段的研究内容，这是一种隐性的监督和要求，引导学生认真、尽力做好每个阶段的各项任务，养成一种严谨的工作态度，避免懒惰和拖延的发生。②帮助学生梳理研究思路、锻炼逻辑思维。学生们将记忆里的工作转换为书面内容时，必定会对已经完成的工作进行梳理，帮助他们清晰地认识研究过程，使研究过程更有条理性，也锻炼了学生的逻辑思维。③促进学生与老师交流，及时解决问题。老师要审阅学生们按时提交的研究日志，通过这种方式深入掌握学生们的研究状态和遇到的困难，以便及时给予指导和解答。

研究日志的内容一般包括三个部分：当前阶段的工作内容、遇到的困难以及下一阶段的计划。具体的写法、字数都没有要求，只要学生们根据实际情况实事求是撰写即可。一般建议每一周或者每两周提交一次研究日志，以便于教师及时把控各个研究小组的进度。研究日志模板见表 10-1。

表 10-1　研究日志模板

_____小组 第____周 研究日志	
小组研究选题题目	
小组长	
成员	
成员	
本周工作总结	
问题或困难	
下周工作计划	

10.2 选题研究的具体方法

10.2.1 调查研究类

调查研究类选题是有目的、有计划、系统地获取研究对象材料，并对材料进行分析的研究。调查研究的作用是对拟定的研究问题进行更深入的探索，为后续的研究收集数据、明确研究方向、细化研究内容。因此，该选题研究不仅仅是属于一类选题，也是其他类选题前期工作中不可缺少的，是科学研究中必须掌握的方法。本节首先介绍几类调研方法，然后深入介绍调研问卷的设计方法以及调研数据的处理分析方法。

1. 常用方法

调研方法是指为收集到数据所采取的途径和手段。选题研究常用的方法包括现场调查法、问卷调查法等。

（1）现场调查法　现场调查是研究者身临现场，直接观察研究对象，主动获取资料的方法，可以获得最直接、真实可靠的第一手资料。以往的选题中，有自动售票机售票量研究、人流密集区域（如地铁站、火车站等）安全设施分布研究、共享单车流动研究等选题，都需要到现场进行实地调研。现场调研要有明确的目的性，必须事先计划好观察记录的内容和具体实施过程，在调查过程中应有高度敏感性，善于捕捉现象背后的问题。在调查过程中应将安全放在首位，远离危险区域、杜绝危险活动，同时要注意避免影响正常社会秩序。

（2）问卷调查法　问卷调查法是访谈法的延伸和发展，对人力和时间资源要求较低，已成为一种具有广泛用途和重要作用的调查方法。问卷调查法的优点包括：题目较为标准，便于定量的统计分析；电子问卷可以突破时空限制、扩大调查范围；可以匿名，从而保护被调查者隐私，减少被调查者的顾虑。问卷调查法的关键点之一是对问卷的数量与质量的把握。问卷的数量一般要达到问卷题数的 $5\sim10$ 倍；问卷的质量主要受问卷填写者的影响。在发放问卷时，要选择与目标关系密切的人员，同时要注意与填写者的沟通，尽可能避免出现胡乱填写的情况。

2. 问卷设计

问卷设计是开展问卷调查最为重要的环节，也是问卷调研的难点，它对调查的有效程度、问卷的回收和应答质量都有直接影响。在设计问卷时应遵循以下几点：

（1）整体结构　问卷的基本格式分为标题、引导语和问题三个部分。标题应该简明扼要，可以让填写者明白问卷主题；引导语用 $30\sim50$ 字具体说明调查的目的和意义，填写的要求和注意事项，以及对数据信息安全性的保证；最后一部分是调研问题。

（2）问题的必要性　在正式设计前应先做研究计划，对研究目标所涉及的研究内容有深入全面的了解，这样才能有的放矢。问卷中除了少数几个必须涉及背景的题目外，其余题目应与研究内容直接相关，切忌在问卷中出现与研究无关的问题。

（3）控制题量　很少有人乐意花时间去填写问卷，因此需要严格控制问卷的数量，建议问卷包含 20 个左右的问题，填写时间应控制在 10min 左右，降低填写成本，确保问卷的完成度。同时，如果问题过多，问卷量也要求更多，使得调研难度更大。对于实验反馈类问卷，即邀请了专门的被调查者参与实验，并在实验后填写问卷进行实验数据收集，可以增加问题数量，但应保证回答时间不超过 30min，否则会对答题质量产生影响。

（4）答题的简便性　设置的题目应尽量能被简便回答。建议多设置封闭性问题，即提供可选答案的选择题，被调查者在候选项中选择即可。封闭性问题的另一个优点是便于数据的整理统计，特别是电子问卷，可以快速得到调研的数据信息。此外，问题必须能被自愿且真实地回答。凡是不可能被真实回答，或是超出被调查者理解能力、记忆能力、计算能力的问题，都不能正面提出。问题的表述也应尽可能简短准确，避免出现语义的不明确性，导致在理解上出现歧义。

（5）整体逻辑　问题的整体结构要清晰有序。问题的排列应该按先事实、后情感、最后问理由，先易后难逐层深入。在设计问题与选项时，要避免个人主观立场的引导性和倾向性，力求正确、客观，否则调研会有一定的局限性。

（6）礼貌用语　这也是问卷最基本的要求。问卷中要使用敬语，在指导语和结尾要对被调查者表示感谢；问卷内容要尽量避免涉及个人隐私，不能对被调查者造成压力或是引起被调查者反感。

3. 数据处理

收集到数据后，就进入调查研究类选题的主体阶段——数据处理。数据处理是将收集的数据资料转换为适合分析的形式，是有效分析的前提，数据处理一般包括数据清洗、数据集成、数据规约和数据变换四项内容。

（1）数据清洗　数据清洗主要针对数据的缺失、离群问题。对于数据缺失，如果某变量的缺失率较高，且重要性较低，可以直接删除此变量；若缺失率较低，则可以根据数据情况进行填充，补上缺失值。常用的数据填充方法有基于统计的填充（如均值法、最近邻法、冷/热平台法等）、插值填充（如随机法、拉格朗日法、牛顿法等），或是基于预测模型填充（如回归、贝叶斯等模型）。异常值是数据分布的常态，有些异常是在正常情况下产生的，而有些则是由于数据错误等原因造成的。由数据错误等原因造成的异常称为离群。离群点对数据质量有很大的影响，因此需要进行离群检测。常用的检测方法有：①基于距离，即检测异常对象与其他对象的远离程度；②基于区间，设置数据的取值区间进行判断，如正态分布的数据可以设置 3σ 区间；③基于聚类，利用聚类算法检测远离数据簇的点，发现离群点后可以按照缺失值处理。

（2）数据集成　数据集成适用于有多个数据源的情况，将多个数据源中的数据以相同的格式、规范合并到一个存储中。数据源也可能有多种类型，如数据库、电子文件、纸质文档等。数据集成时要注意三个问题：①一致性，保证数据描述的是相同的对象；②冗余，去除含义和数值都相同的重复数据；③数据值冲突，对描述同一对象、同一属性但数据值不同的情况进行处理。

（3）数据规约　数据规约是指在尽可能保证数据完整有效的情况下，最大限度地精简数据量。数据规约常用的方法是维度规约，即通过删除或转换的方法降低数据的维度。具体方法有：①主成分分析（PCA），是通过空间映射的方式，将当前维度映射到较低维度空间，使变量在新空间差异性最大；②聚类分析，将具有相似性的特征转化为一个特征；③线性组合，为多个变量赋予权重系数，将多变量线性组合为一个变量。数据规约操作适合在数据量较大的情况下使用，通常现场调研和问卷调研收集的数据并不需要经过规约处理。

（4）数据变换　数据变换主要是对数据进行规范化处理。不同类型的数据量纲可能不一致，数值间的差别可能很大，因此需要对数据按一定方法进行缩放，便于数据的综合分析。常用的规范化处理方法大家应该都很熟悉，例如，最大-最小规范化 $x_{new} = (x_{old} - x_{min}) / (x_{max} - x_{min})$，可以将数据缩放到 $[0,1]$ 区间；正态标准化 $x_{new} = (x_{old} - \bar{x}) / \sigma$，处理后的数据均值为 0，方差为 1；对数变换：$x_{new} = \lg x_{old}$，适用于时间序列中，数据量级变化较大的变量。

4. 数据分析

数据分析阶段就是利用收集的数据来解决研究问题。数据分析的方法有很多，需要根据研究内容和数据的特点选择适合的方法，通常可分为数据统计分析和数据挖掘两个大类。

数据统计分析类方法一般有明确的主题。例如某因素对某现象的影响等，常用的方法包括：①描述统计，如频数统计、集中趋势分析（平均数、中位数、众数）、离散程度分析（方差、标准差）、数据分布模型（正态分布、泊松分布）；②假设检验，根据样本推测总体是否满足某种假设，如卡方检验、t 检验、F 检验、秩和检验等；③方差分析，可以用作假设检验，或是选择最佳水平、变量调优等；④回归分析，定量分析变量间的依赖关系；⑤时间序列分析，从时间角度分析数据间的关系。从这些方法可以看出，分析类方法需要明确的目标，在分析时要根据目标选择对应的方法，可以选择 Excel、SPSS、SAS 等工具辅助分析过程。

数据挖掘类方法是近些年研究的热点。数据挖掘通常没有明确的目标，利用算法或模型从数据中发掘有价值的知识信息，而这些信息一般是"意想不到的"，如"啤酒与纸尿裤的故事"。

这个故事发生于 20 世纪 90 年代的美国超市中，超市管理人员分析销售数据时发现了一个令人难以理解的现象：在某些特定的情况下，啤酒与纸尿裤两件看上去毫无关系的商品会经常出现在同一个购物篮中。这种独特的销售现象引起了管理人员的注意，经过后续调查发现，这种现象出现在年轻的父亲身上。故事起因是在美国有婴儿的家庭中，一般是母亲在家中照看婴儿，年轻的父亲前去超市购买纸尿裤。而父亲在购买纸尿裤的同时，往往会顺便为自己购买啤酒，这样就出现了啤酒与纸尿裤这两件看上去不相干的商品经常出现在同一个购物篮中的现象。如果这个年轻的父亲在卖场只能买到两种商品之一，则他很有可能会放弃购物而到另一家超市，直到可以一次同时买到啤酒与纸尿裤为止。超市发现了这一独特的现象，开始在卖场尝试将啤酒与纸尿裤摆放在相同的区域，让年轻的父亲可以同时找到这两种商品，并很快地完成购物。

数据挖掘与机器学习有密切的关系，相比机器学习，它更加偏向实际的应用。数据挖掘的应用场景包括关联问题、分类问题、聚类问题和回归问题，每种问题都有相应的模型和算法，可以根据需求进行深入了解。

分析类方法一般对数据量没有太多要求，而挖掘类方法是建立在大量数据基础上的。建议先采用分析类方法分析，条件允许的情况下，可以尝试数据挖掘类方法。

不管采用上面哪种方法，数据分析过程中的一项重要工作就是数据可视化。数据可视化贯穿整个分析的过程，在初始分析阶段，绘制成图的数据可以更好地传达数据中的信息，可以使人们对数据有初步的理解，有助于选择分析方法；在分析阶段，每一步的分析结果都需要用恰当的图来展示，单纯通过数字是无法理解模型算法是怎么处理数据的；最后是分析结果的展示，选择合适的可视化表达方法可以使结果一目了然，不需要烦琐的文字解释。

10.2.2　建模求解类

建模求解类选题是用数学的方法科学、定量地解决实际问题的一类研究题目，根据实际问题建立数学模型，然后设计相应的求解算法，并通过代码实现整个流程，在适当的时间内得到最优解或满意解，最后根据数学结果生成指导解决问题的决策方案。本类选题研究涉及问题抽象、数学建模、算法设计以及编程实现，能使学生解决实际问题的能力有较大提升。建模求解类选题研究包括以下步骤：

1. 问题建模

问题建模是将现实问题转化为抽象的数学模型，是建模求解类研究中难度最大的部分。该过程一般分为问题分析和数学表征两个阶段。问题分析是通过对现实问题的梳理分析，将问题描述为以下三个要素：①要实现什么目标；②可以改变的因素和采取的措施；③因素和措施会受到什么限制。目标一般是"趋利避害"，如提高产量、效率，或节省时间、消耗等；因素和措施是可以主动改变且对目标有影响的实体或动作，如选择哪种物料、采取什么顺序等；因素和措施的限制可能来自环境，也可能是它们之间相互限制，如有限的资源、顺序冲突等。现实的问题往往很复杂，通常很难全面地提取出这三种要素，可以适当地对目标、决策内容和限制做出取舍，抓住问题中主要的要素即可。问题分析阶段的一项重要工作就是收集真实的数据。数据的作用包括：通过整理分析大量的数据，可以对问题有更深入、更充分的理解；精准的参数数据会使模型更加贴合实际问题；真实的数据最后会作为模型的输入，验证模型是否有效。

完成上面的工作后，需要对三个要素进行具体严格的数学表征。影响目标的因素或措施是要求解的变量，称为决策变量；决策变量与目标之间数学关系的表达式为目标函数；因素或措施的限制是约束条件。这一过程对数学抽象能力有很高的要求，在实际建模过程中用数学语言合理精准地表征这些要素有很大的挑战性，所以查阅资料与参考已有的模型是必不可少的。目前，很多问题都有相关的模型，如资源调度、存储、路径规划、排队等，可以选择相似的问题与模型作为参考来建立自己的数学模型。除了参考相似问题建模，也可以根据模型的数学特征进行建模，如线性/非线性规划、凸优化、随机优化、多目标优化、动态规划等，可以借鉴这些方法描述问题，使自己的模型更加准确、规范。

如果现实问题很复杂导致模型难以建立，可以对问题做出简化，如给出假设、估计真实值等。简化必须遵守两点要求：①自洽性，即简化后的问题不能出现逻辑矛盾；②合理性，即简化后的问题不能严重脱离实际情况。

2. 算法设计

构建出数学模型后，需要设计算法进行求解。提出新的算法难度很大，因而本课程要求学生针对自己的模型利用现有的算法求解即可。如果想在算法研究上进一步扩展和深入，可以针对具体问题的特点对现有算法做出改进，提高算法的寻优性能。

求解算法大的分类可分为精确算法和非精确算法。

精确算法是指可以求出最优解的算法，如分支定界法、割平面法、动态规划法等。在问题规模较小时，精确算法可以很快得到最优解。但实际应用中一般问题的规模很大，在现有计算能力下寻找最优解几乎不可能。这种情况下，一些非精确算法应运而生。

非精确算法一般包括启发式算法、元启发式算法和近似算法三类。启发式算法通常是问题导向的，没有通用的框架，针对具体问题设计专用算法，一般是贪婪算法，只能得到局部最优解，也没有跳出局部解的有效办法。元启发式算法有通用的框架，几乎对任何优化求解问题适用，但需要针对具体问题调整参数，通常设计了跳出局部最优解的方法，相比启发式算法有更好的性能，如遗传算法、蚁群算法、模拟退火算法、人工神经网络等都属于此类。需要注意的是，尽管元启发式算法可以跳出局部最优解，但并不能保证在一定时间内得到全局最优解，通常会设置迭代次数使算法停止。近似算法的本质是贪婪算法，但与一般的贪婪算法不同的是，通过算法设计，可以严格证明算法得到的解与全局最优解的相差程度。通常选题研究的问题单纯利用精确算法可能是无法求解的，建议选择一种元启发式算法求可行解或满意解，如果想进一步对目标进行优化，可以先采用元启发式算法快速得到一个可行解，然后利用精确算法优化。有时候很小的优化在实际应用中带来的收益也是很可观的。

算法研究的另一项重要工作就是将设计好的计算过程编写为计算程序。用编程语言实现算法逻辑是很有难度的，很多时候会感觉明明很清楚流程却写不出程序。出现这种问题的原因有两点：①算法流程不够细致；②对编程语言不够熟悉。在实现算法时，建议先根据算法的流程结构写伪代码。伪代码是独立于编程语言的算法描述语言，类似于自然语言，但不包含任何编程语言的语法特性。利用伪代码梳理实现算法所需的变量、数据结构、逻辑处理结构以及程序的组织。整理出伪代码则表示算法已经可以被计算机执行，然后选择编程语言将其"翻译"成最终的代码程序。如果有编程开发基础，可以根据自己的喜好选择开发语言；如果对编程了解不多，建议使用 MATLAB 或 Python 编写，前者专门为数学开发，并提供了很多有用的工具库，后者语法简单，对编程新人比较友好。在编程时要多查资料，善于利用已有的工具，如一些已经封装好的求解器，如 Cplex、Gurobi 等，或编程语言的工具库等。

3. 对比验证

建立模型与算法后，接下来的工作是验证模型与算法的有效性，可以从纵向与横向进行对比。纵向对比是基于问题来源的已有历史数据，将问题分析阶段收集的数据作为输入，经过求解计算后输出结果，分析结果能否解决问题或能否使原有情况得到改善。在研究过程中可能因为条件限制而无法获取真实的数据，可以自行设计问题场景进行数值仿真。横向对比是与其他的方法进行对比。常用的可以对比的方法有基于规则的方法、历史经验、未改进的算法等。对比验证最基本的原则是尊重事实，即使自己的方法效果不理想，也不能编造虚假的结果。

4. 总结分析

这一步是对上面三个过程及结果进行全面深入的分析与总结。分析过程应以问题为导向，解释模型、算法、结果与要解决的问题之间的关系，归纳方法的创新点、研究中存在的不足、研究过程中发现的新问题、以后值得研究的内容与方向以及对研究的思考与感悟。选题研究的目的不仅仅是解决问题，而是让学生用科学的思维与严谨的逻辑去探求解决问题的方法，提高自身的能力。

10.2.3　软件开发类

软件开发类选题研究是针对某一具体场景设计开发相应的应用软件系统。本类选题旨在培养学生的逻辑思维能力、对现实环境的抽象与建模能力，训练学生的软件开发与编程能力，进一步加深对制造业数字化、信息化的认知。

软件开发类研究主要包括以下五部分内容：

1. 需求分析

需求分析是后续工作有效性的重要保障，因而全面且精准的需求分析是至关重要的。需求分析一般分为需求感知和需求建模两个阶段。

需求感知是通过与用户、实际场景、具体问题的交互得到模糊非格式化的需求元素。需求感知常用的方法是用户调研，通过与用户的交流沟通等方式，获取用户的需求信息。但在实际研究过程中可能并不容易收集到用户的意向，更有可能的是用户由于缺乏专业知识导致自身并不清楚具体的需求，这种情况下可以采用共情法来获取需求信息。共情是站在用户的角度思考，想象自己作为软件的使用者，期望软件应该具有什么功能。需求感知过程中要注意防止无止境发散，要把握重要与关键需求，避免因需求过多、过杂造成时间和精力的浪费或后续工作无法顺利完成。可以使用卡诺模型对需求属性进行分类与优先排序，如图 10-2 所示。卡诺模型中，影响用户满意度的需求属性分为五种：①基本需求：充分满足此需求，用户满意度不会提升；不充分满足此需求，用户满意度会大幅降低。②期望需求：用户满意度与需求满足程度呈正比。③魅力需求：不满足此需求，用户满意度不会降低，提供此需求用户满意度会大幅提升。④无差异需求：需求是否满足对用户满意度无影响。⑤反向需求：用户满意度与需求满足程度呈反比。在需求感知过程中，可以大致评估小组能力与技术条件，合理确定需求。

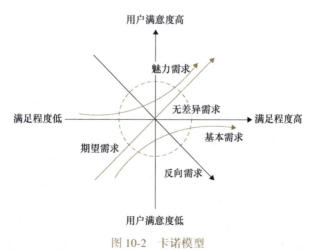

图 10-2　卡诺模型

需求建模是对需求感知结果的技术表示，通过生成需求规格说明用来指导系统设计，在这一过程中产生软件系统的具体功能。需求模型一般包含基于场景的模型、类模型、流模型、行为模型。常用的模型是基于场景的模型和流模型。基于场景的模型多用于管理系统

（如库存管理系统），是面向用户的，通常使用用例图建模。每个用例表示一种或多种软件使用场景，进而确定具体的软件功能。当预期的系统设计大量数据处理或存储、与用户交互较少时，可以选择流模型。流模型采用数据流图建模，表示数据在系统中的流动与处理过程，流动方向与处理方法决定了系统的功能。用例图和数据流图都可以逐层深入递进，每一层的功能可以关联，在建模时可以由整体到细节以树形结构建模，逐渐细化到不可再分的子功能。

2. 系统设计

系统设计主要是针对应用场景与具体问题分析软件的需求，设计软件的整体架构，并根据现有的条件基础选择合适的开发技术与工具。系统设计是软件开发类研究的起点，也是最关键的环节，决定了研究的价值以及研究能否顺利进行。

确定了系统的需求后，根据业务流程、使用环境等因素确定软件系统的类型与整体架构。对于软件的类型，可以选择 Web 应用，即在浏览器中输入网址访问网站，或是桌面应用。在设计整体架构时，尽可能采用分层架构，将界面、业务逻辑、数据存储等功能分开，这样有利于小组成员分工，同时目前成熟的软件开发框架大多也是分层的，利用框架可以大大提高多人协作开发的效率。

确定整体架构后，需要选择开发语言、框架、工具、平台等。掌握 1~2 种编程语言对个人有很大的提升，目前主流的开发语言有 Python、Java、3C（C、C++、C#）、JavaScript等，可以根据自身喜好和系统特点选择。框架是对某领域底层服务的封装，使用框架可以使开发者专注于业务逻辑，而不必重复"造轮子"。框架是与编程语言直接相关的，需要根据选择的语言和软件系统的特点确定。是否使用框架需要慎重考虑，如果是接触编程不久或软件系统并不复杂，不建议使用框架。工具与框架的作用类似，都是为了简化编程，不同的是框架是面向系统的，而工具是面向程序的。对于像界面设计这类编程难度不大但很繁杂的编程工作，鼓励使用各种工具来提高效率；对于一些与主体业务无关但难度比较大的功能，如动画、三维展示或硬件控制等，可以借助一些平台开发。

3. 系统构建

搭建好整体框架并选择好使用的技术后，就进入系统构建阶段。系统构建分为功能详细设计、编码和测试三个过程。

（1）功能详细设计　功能详细设计是将需求分析阶段形成的需求树，由细节到整体设计出计算机处理的逻辑、合适的数据结构、高效的计算处理算法以及不同功能间的数据接口。这一过程需要了解使用的编程语言的特性，熟悉业务流程和解决问题的逻辑，是本类研究最有挑战的内容。对于编程语言不需要系统的学习，只需掌握基础的语法，在后续编程中有需要时再深入学习；算法和业务处理流程需要细致的学习，在设计流程时要多查资料、多做笔记，一步步厘清逻辑，否则在编码时会时常出现意想不到的问题。

（2）编码　编码是实现设计的过程。这一过程要注意代码规范和注释。团队协作开发时必须遵守统一的编码格式，如变量的命名格式等，保证小组成员可以顺利读懂彼此的代码。代码注释也是编码过程阶段必不可少的。选题研究一般会持续 3~4 个月，如果不写注释，自己写的代码读起来也会很吃力，对于后期修改和小组协作十分不利。因此，在编码阶段要同步做好注释，做到宁繁勿缺。

（3）测试　测试是为了正确地构建系统，软件测试中常用的方法有白盒测试、黑盒测试、灰盒测试。白盒测试是依据程序内部的逻辑和相关信息，检测内部动作是否按照设计进行。对于详细设计阶段的算法、业务处理流程，建议使用此方法。黑盒测试是在不考虑程序的任何内部结构和逻辑的条件下，根据需求测试用例。如果使用了工具或框架，对其内部处理逻辑不了解，则可以采用这种测试方法。灰盒测试是介于二者之间的测试方法，可以酌情选用。测试除了验证程序的正确性外，还可以评估软件的鲁棒性，用户在使用软件时不会按照规定好的输入方式或操作顺序使用，可能会出现很多意料之外的问题，所以在软件设计阶段还要考虑容错能力。

4. 文档撰写

很多人刚接触编程时可能会认为软件开发就是敲代码，最后的成果就是做好的软件。但从前面介绍的两阶段研究内容可以看出，编码只占开发过程很小的一部分，分析与设计过程才是软件开发的主体，而这部分是通过各种文档实现的。软件文档不是软件开发过程的总结，而是每个阶段思考分析的成果，也是后续阶段的指导，以及软件程序、功能追踪的依据。可以说文档决定了软件能否开发成功。因此，文档撰写伴随着系统开发的整个过程，是最后研究成果中最重要的一部分。系统开发必要的文档包括需求（规格）说明书、设计说明书、测试报告、用户操作手册以及软件开发总结。文档撰写最重要的要求是详细与全面，记录软件系统从无到有的整个过程，开发过程中的需求变动或代码修改都要反映在文档中，最后形成一套完整的系统开发文档。

5. 系统验收

软件开发类选题是一项系统的研究，综合性强、研究任务量大，最后验收环节需要突出研究重点。可以参考需求分析阶段的卡诺模型，从魅力需求和期望需求中找出系统的亮点功能做重点演示，同时也可以突出软件设计过程中重要的业务处理逻辑和算法，以及有特色的功能界面等。除了检查软件是否完成外，系统验收主要是为了判断是否做出了正确的软件，即确认软件是否是用户需要的。因此，系统验收要以问题为导向，介绍软件可以为用户处理哪些问题，带来什么价值，从而证明系统是真正有效的。

10.3　选题研究的总结与评价

10.3.1　研究总结

从事科学研究的人员必须具备以下几个方面的能力：自学能力、思维能力、研究能力、创新能力、组织能力和表达能力。其中表达能力与其他几种能力密切相关，是其他几种能力综合反映和具体表现，在科研工作中发挥着日益重要的作用。选题研究的总结评价环节重在培养学生的表达能力：一方面，学生通过学术论文的形式对研究进行总结与阐述，提高自我的书面表达能力；另一方面，学生在课堂上以答辩展示形式来对研究过程、研究成果进行展示，锻炼自我的口头表达能力与演讲能力。

在研究型课程中，研究总结环节最重要的部分就是以学术论文的形式对选题研究进行组织与表达。学术论文写作对于一个科研人员来说，是其表达能力的直观表现，是有效完成本职工作的基本能力之一，对于本科生和研究生来说，也是需要着重培养的关键能力之一。因此，在研究性学习中，学生必须根据自己参与的研究实践，学习学术论文的写作方法与表达形式，完成自己的学术论文。当然，考虑到课程时间与学生的水平，也可以推荐学生以研究小组的形式共同讨论、共同组织，协作完成一篇总结研究的学术论文。

学术论文是用来进行科学研究与表达科学研究成果的文章，其本质在于内容的创新性与表达方式的科学性。在学术论文的写作过程中，必须认识和把握以下特性，才能写出一篇优秀的论文：

1）内容的科学性。要求学术论文的观点正确、材料真实、论证严密，一切内容都要立足于科学的思想方法，要求实事求是，不可主观臆断，更不可捏造数据、事实。对于研究性学习的学生而言更是如此，即使研究不能得出很好的研究成果，但只要实事求是，认真总结失败原因与教训，也不失为一次优秀的学习经历。例如，某小组选择的研究题目是车间作业 AGV 的调度问题，小组决定采用数学建模和遗传算法结合的解决方法。但在面对经典问题时，他们提出的方法计算速度和结果都不及已有论文里的算法。他们认真总结了原因：遗传算法这种进化算法需要多次迭代，运算速度是难以与梯度下降的精确求解算法相比的，两类算法适用的问题类型、应用场景是有所区别的。最后他们将这些对比和分析写入总结论文里，得到了老师和同学们的好评。

2）理论的逻辑性。在论文的行文过程中，要注重在表述研究过程时的逻辑性，按照严谨科学的逻辑将研究过程、研究方法、技术路线清晰地表达出来，要让读者容易理解作者的想法与做法，不能随意组织内容，造成阅读和理解的困难。

3）结果的创新性。学术论文要求作者有独到的见解，有创造性，在学术论文中明确重点，突出创新之处。但对于研究性学习课程的学生而言，只需要能对前人的研究成果进行实事求是的补充与修订，或选题上有新的角度，或方法上有新的改良，或材料上有新的发现，做到持之有据、言之有理。

4）表达的简明性。学术论文的重点在于表达科学研究的方法、成果，行文用词必须做到"言简意赅"与"深入浅出"。要做到"言简意赅"：首先，在进行论述时要抓住重点，避免啰唆重复；其次，必须注意语句的书面化，避免口头化的表达；最后，要注意使用专业的学术词语，要体现"深入浅出"，就要合理借助图表、数学语言等描述形式，把复杂、抽象的系统、模型或体系描述清楚。

5）格式的规范性。学术论文的科学性体现在规范的学术过程与表达形式。学术论文的论证步骤、参考文献的规范、标点符号的规范、注释形式及作者的署名都有严格的规范，在进行学术论文写作时需要严格遵守。虽然学生撰写的不一定是要在期刊上发表的论文，但是也必须按照严格的规范要求来书写，才能起到学习和锻炼的效果。

研究总结论文内容一般包括如下几个部分：题目、内容摘要与关键词、引言与绪论、正文、总结和参考文献，必要时可以附上附录。下面分别介绍这些部分写作的内容和注意事项。

1）题目。题目一般是在研究选题阶段时已经确定好的。需要注意，题目必须准确反映研究内容的范围和深度，不能太笼统和宽泛。例如，"车间 AGV 系统调度方法研究"这样的题目就过于宽泛，不能反映和突出研究的重点，可以考虑改成"基于多目标遗传算法的车间 AGV 系统调度方法研究"，明确研究的重点在于使用多目标遗传算法求解 AGV 调度问题。

2）内容摘要与关键词。内容摘要应扼要叙述论文的主要内容、特点，文字要精练，是一篇具有独立性和完整性的短文，包括解决问题、研究内容、研究方法、创新点或创造性成果及其理论意义与实际意义等几项内容，篇幅一般在 300 字左右。关键词是供检索用的主题词条，应使用能够覆盖研究（论文）主要内容的通用专业术语，一般 3~5 个即可。

3）引言与绪论。正文的第一部分是引言或者绪论，其作用在于强化和补充研究的主题。其内容一般包括以下几部分：选题的目的、背景与意义，明确研究的动机、背景与起因，希望解决什么问题，有何作用和意义；本研究方向在研究领域中所占的地位，研究所涉及的界限、规模或范围；对国内外研究现状的综述，对他人已有成果的评价和相互关系，这个部分也可以放在引言的后面；研究的理论依据和实际基础等；新概念或新术语的定义等。一般情况下，上述这些内容并不是必须全部要写，应根据研究的实际情况和侧重点进行取舍。

4）正文。正文的主体部分是一篇论文的本论，包括研究内容、研究方法、研究过程和研究成果等。这部分要求内容充实、论据充分、论证有力、逻辑清晰、主体明确。在实际写作时，这部分的行文逻辑结构会根据研究类型而有所不同。例如，问题建模求解类型的学术论文，通常按照"概述问题场景—提出假设—描述数学模型—介绍求解算法—介绍数值实验或实际案例—论述与讨论研究结论"这样的结构来撰写；实验验证类型的学术论文，一般按照"介绍实验材料与实验方法—总结实验结果与分析—得出结论并进行讨论"的结构来撰写。因此，学生在撰写这一部分时，要充分学习和借鉴相关的研究论文的叙述逻辑、行文结构、书写方式，来组织和撰写本小组的研究论文。

5）总结。正文主体部分之后就是总结，该部分要在概述研究内容与研究成果的基础上，提出研究者的总体认识与观点。不是简单罗列研究的成果，而要重点论述研究成果说明了什么问题，研究解决了什么理论或实际问题，得出了什么规律，提出了什么新的方法，以及当前存在的不足、遗留的问题和解决的设想等。

6）参考文献与附录。参考文献是学术论文的最后部分，要列出本篇论文在研究和写作中参考或引证的主要文献资料。参考文献部分要注意格式和规范，可以参考国家标准 GB/T 7714—2015《信息与文献　参考文献著录规则》。注意，在撰写学术论文时引用文献的主要目的是服务于论文的研究证明和理论依据，不能为了凑文献数量而引用一些与论文主题无关的文献资料。附录是论文内容的一个补充，不是必不可少的。一般将一些由于篇幅过长或者有损正文条理性、逻辑性和简练性的内容放入附录部分，如原始数据、数学推导、计算程序等。

研究的总结不能只停留在书面表达上，在课堂上同学间的展示答辩与交流活动也是必不可少的。学生要在小组内合作完成答辩 PPT，并在课程上进行答辩展示，向同学和老师介绍小组的研究经历与研究成果。研究型课程就要通过这样的环节来培养学生的口头表达与演讲能力，鼓励学生分享小组研究经历，展示小组研究成果，展现自我的学术风采。答辩展示 PPT 的制作和现场的答辩形式没有严格的规定，希望学生们能充分发挥创造力。

10.3.2　研究评价

选题研究评价，就是指依据明确的目标，按照一定的标准，采用科学方法，测量选题研究的研究目标、研究方法、过程组织和研究成果等各个方面，对整体做出价值性的判断并给出评定成绩。研究评价是学生们的研究性学习到结束阶段时的总结性评价，是研究型课程实施过程中必不可少的关键环节。对于教师而言，研究评价可以使其对学生实现多元化评价，充分掌握学生的研究性学习情况，为研究型教学积累经验教训；对于学生而言，研究评价可以引导他们进行自我评价，反思和总结研究性学习的过程，促进学生的积极性和主动性，更加深入地理解科学研究的思想和方法。

科学研究的评价过程包含三个基本要素：评价对象、评价指标体系与评判者。评价对象一般指被评价、被衡量的研究项目或研究课题。在研究型课程中，评价对象主要是学生组成的研究小组的选题研究的研究目标、研究过程、研究成果和答辩展示。评价指标体系是评价研究工作的工具，通过它有目的地进行研究资料的整理、归纳与总结；同时，它又是评价判断的依据，依据它做出价值性的判断。评判者在这里指的就是参与研究型课程的教师、学生。研究评价的三要素关系如图10-3所示。

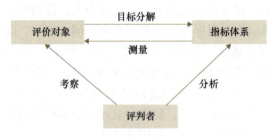

图10-3　研究评价的三要素关系

在研究评价中，评价指标体系的建立是最关键的环节。我们希望评价的目标就是学生在研究性学习中展示出来的科学研究思想、创新思维，但是不能将这些思想和思维作为评价指标，因为思维与思想是大脑内部的活动，不具有直接观测性。可以把评价的目标分解为若干层次，每个层次又可分解出若干组成要素，依据每个要素和每一结构层次所起的作用和功能形成评价指标体系。指标实际上就是目标在一个方面的规定，它是具体的、可测的、行为化和操作化的目标。依据这些指标体系，就可以完整、准确、合理地评判学生在研究中所展现的科学研究思想和创新思维。评价指标体系的建立一般包括三个环节：

（1）评价指标建立　指标必须与目标相一致，可以通过分解目标的方式来形成指标体系。这是建立指标体系的基本途径。考虑到评价指标体系较为复杂，还可以在目标与指标之间设置若干中间环节过渡。中间环节通常称为次级目标。因此，可以把目标分解为三个基本层次，如图10-4所示。它分为总体指标（零级指标）、结构类指标（一级指标）、单项类指标（二级指标）三部分。

（2）评价标准建立　评价标准就是在针对某一指标进行测量或评判的准则。常

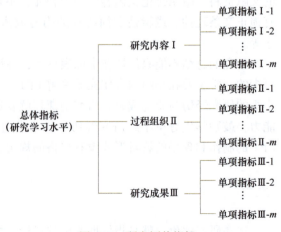

图10-4　研究评价指标

用的评价标准有三种，即描述式标准、期望评语量表式标准以及客观可数等级式标准。在实际进行研究评价时，往往同时使用几种标准，而很少单独使用一种标准。描述式标准就是运用文字描述每个不同要素的等级，并赋予每个等级分值。表 10-2 是描述式标准的一个实例。这是一种使用广泛的标准形式，但它要求所描述的各要素概念明确、清楚、合理、方便判别。期望评语量表式标准是根据目标要求，写出期望达到的评语或要求，同时把该项指标分为若干等级，为每个等级赋分值，由评判者根据达到期望评语或要求的程度逐项打分。表 10-3 是关于教学工作的若干期望评语及其量表。客观可数等级式标准是对某些条件指标，采用客观、可数的定量数值作为标准，分成不同的等级，凡达到一定的数值者则可归于某一等级中，见表 10-4 给出的实例。

表 10-2　描述式标准

指　标	标　　准	分值（分）
研究创新性	与该研究方向的已有研究相比，做出来较大改进与优化	4
	与该研究方向的已有研究相比，稍有改进和优化	3
	是该研究方向的已有研究的复现与重复	2
	未达到该研究方向的已有研究的水平	1

表 10-3　期望评语量表式标准

期　望　评　语	等　级			
	4	3	2	1
	非常满意	满　意	基本满意	不　满　意
（1）研究问题联系实际、清楚明确				
（2）研究内容突出重点、有创新之处				
（3）研究技术路线逻辑清晰、有合理依据				
（4）研究方法严谨、科学				

表 10-4　客观可数等级式标准

参考文献数量	等　级			
	4	3	2	1
文献总数量	>15	>10	>8	<8
外文文献数量	>8	>6	>4	<4
核心期刊文献数量	>5	>4	>3	<2

（3）评价指标权重设置　在评价研究中，根据不同的测评目的、测评对象和测评侧重，为不同的指标赋予不同的比例系数，这就是评价研究的指标加权。权重也分为两种，即自重权数与加重权数。所谓自重权数，就是以权数作为指标的分值（或分数），或者以权数直接作为等级的分值。所谓加重权数，是指在各指标的已知分值（即自重权数）前面设立的权数。一般推荐使用自重权数，可以避免因为分值量级不同而需要的归一化处理。在具体权重系数的确定上，一般有两种方法：一种是经验法，通常由教师来确定，以教师长期的工作经验和丰富的学识作为指派权数的依据。这种方法简便易行，但它实质上是使主观判断数量

化，带有教师的主观成分。另一种是统计法，是设计一项重要程度意见表，让学生们对各项指标的重要程度进行投票，把投票结果按统计公式进行计算，以确定权数。这两种方法可以根据情况灵活使用。在此之后，就形成了完整的研究评价指标体系。

指标体系建立完成后，就进入实际评判打分环节，可以通过组织答辩展示与评分的课程活动进行。各个研究小组按顺序在课堂上对研究内容进行答辩，然后教师和其余学生将按照评价指标体系，根据答辩内容和效果，对小组的研究做出评判。小组成员将共同商讨出各自的贡献系数，将最终各个小组的成绩乘以贡献系数，得出每位学生的成绩。当然，单纯的成绩数值并不是追求的目标，真正的目标是希望学生能通过这样的评价形式和评价结果，反思和总结自身参与研究的过程、方法和结果，对自身在研究中的不足和长处有更清楚的认识，为今后的进步指明方向。

【习题与研究思考】

习题

1. 简要描述开展选题研究的准备工作有哪些。
2. 简要描述如何进行选题的研究方案设计。
3. 简要描述不同选题类型的研究方法有哪些。

研究思考

1. 根据第 9 章中研究思考确定的研究选题，撰写一份选题研究方案，并请老师和同学给予指导和评价。
2. 结合"生产计划与控制"课程的知识点与所开展的研究选题，思考总结研究选题对基础知识学习、应用有哪些帮助，以及如何改进选题研究工作。

参 考 文 献

[1] NAHMIAS S. 生产与运作分析：第6版 [M]. 影印版. 北京：清华大学出版社，2009.

[2] GROOVER M P. 自动化、生产系统与计算机集成制造：第4版 [M]. 影印版. 北京：清华大学出版社，2016.

[3] 周济. 智能制造："中国制造2025"的主攻方向 [J]. 中国机械工程，2015，26（17）：2273-2284.

[4] 王喜文. 中国制造2025解读：从工业大国到工业强国 [M]. 北京：机械工业出版社，2015.

[5] 陈荣秋，马士华. 生产与运作管理 [M]. 2版. 北京：高等教育出版社，2005.

[6] 李怀祖. 生产计划与控制 [M]. 北京：中国科学技术出版社，2001.

[7] 王丽莉. 生产计划与控制 [M]. 北京：机械工业出版社，2006.

[8] 潘尔顺. 生产计划与控制 [M]. 上海：上海交通大学出版社，2003.

[9] 吴爱华，赵馨智. 生产计划与控制 [M]. 2版. 北京：机械工业出版社，2019.

[10] 马士华，林勇. 企业生产与物流管理 [M]. 2版. 北京：清华大学出版社，2015.

[11] 陈国华. 生产运作管理 [M]. 3版. 南京：南京大学出版社，2016.

[12] 周康渠，肖燕，龚立雄. 汽车精益生产物流设计与管理 [M]. 北京：机械工业出版社，2012.

[13] 胡耀光. 企业数字化转型与工业4.0渐进之路：电子元器件行业视角 [M]. 北京：电子工业出版社，2019.

[14] 陈启申. ERP：从内部集成起步 [M]. 2版. 北京：电子工业出版社，2005.

[15] 张涛. 企业资源计划（ERP）原理与实践 [M]. 3版. 北京：机械工业出版社，2020.

[16] 罗亚波. 生产系统建模与仿真：双语版 [M]. 武汉：华中科技大学出版社，2020.

[17] 古秋盛. 面向动态分布式装备集群运维服务的调度与决策方法研究 [D]. 北京：北京理工大学，2020.

[18] ZHANG L X, HU Y G, GUAN Y. Research on hybrid-load AGV dispatching problem for mixed-model automobile assembly line [J]. Procedia CIRP, 2019, 81: 1059-1064.

[19] 景轩，姚锡凡. 走向社会信息物理生产系统 [J]. 自动化学报，2019，45（4）：637-656.

[20] 胡耀光，卢山. 拖挂式多AGV系统任务调度与路径规划方法 [D]. 北京：北京理工大学，2021.

[21] 赵浩然，刘检华，熊辉，等. 面向数字孪生车间的三维可视化实时监控方法 [J]. 计算机集成制造系统，2019，25（6）：1432-1443.

[22] 吴鹏兴，郭宇，黄少华. 基于数字孪生的离散制造车间可视化实时监控方法 [J]. 计算机集成制造系统，2021，27（6）：1605-1616.

[23] 林海，朱元捷，刘畅. 认证理念下的研究型课程改革 [M]. 北京：北京理工大学出版社，2020.